博物馆藏品与
文物保护管理研究

泥立建　孟艳锋　◎著

中国华侨出版社
·北京·

图书在版编目（CIP）数据

博物馆藏品与文物保护管理研究 / 泥立建，孟艳锋
著. -- 北京 : 中国华侨出版社，2024.1
ISBN 978-7-5113-8856-8

Ⅰ. ①博… Ⅱ. ①泥… ②孟… Ⅲ. ①文物－藏品保
管(博物馆)－研究 Ⅳ. ①G264.2

中国版本图书馆 CIP 数据核字(2022)第 118471 号

博物馆藏品与文物保护管理研究

著　　者：泥立建　孟艳锋
责任编辑：刘晓静
封面设计：北京万瑞铭图文化传媒有限公司
经　　销：新华书店
开　　本：787 毫米×1092 毫米　1/16 开　印张：17.75　字数：259 千字
印　　刷：北京天正元印务有限公司
版　　次：2024 年 1 月第 1 版
印　　次：2024 年 1 月第 1 次印刷
书　　号：ISBN 978-7-5113-8856-8
定　　价：78.00 元

中国华侨出版社　北京市朝阳区西坝河东里 77 号楼底商 5 号　　邮编：100028
发行部：(010)69363410　　　传　真：(010)69363410
网　　址：www.oveaschin.com　E-mail：oveaschin@sina.com

前言

我国是一个具有悠久历史和灿烂文化的文明古国，我们的祖先用其聪明才智创造了灿烂辉煌的华夏文明，留下了丰富多彩不可再生、不能代替的具有历史价值、艺术价值、科学价值的文物瑰宝。而博物馆是文物标本的收藏机构、宣传教育机构和科学研究机构。文物藏品是博物馆事业发展的前提，是博物馆一切业务活动的基础。文物的利用是其存在的最终意义。藏品是博物馆从社会教育与科学研究的目的出发，以自身的性质为基础，所收集保藏的自然界与人类社会物质文明以及人类社会精神文明发展的见证物。对于博物馆藏品来说，其不仅包括古旧的文物与各类标本，还包括最先进的科技成果以及先进的工农业产品。从藏品的含义来看，能否对博物馆的藏品进行有效的保护，是博物馆工作的重要内容之一。

随着历史的发展，尤其是文博事业的不断发展，博物馆怎样用科学的方法管理、保护好这些文物，利用馆藏文物开展宣传教育和科学研究尤其重要。由于文物具有不可再生性和特殊性，把管理科学运用到文物保管工作中，更是一门新的科学。在博物馆事业的不同发展阶段，博物馆藏品与文物保护管理工作的指导思想、组织机构、人员素质、管理制度和设备设施也在不断变化。近年来，博物馆事业发展迅速，藏品内涵更加丰富，藏品利用途径与方式日渐增多。这必将给文物在利用过程中带来不同程度的影响与损伤。所以，如何解决文物利用与保护的关系，怎样使文物最大限度地得到利用，这就要求我们从传统的文物保管模式中摆脱出来，用系统化、制度化的科学管理方法，这对我们在新形势下用科学的方法使文物得到合理的管理和利用提出了更新更高的要求。

博物馆藏品与文物保护管理工作效率的提高，是多种藏品保护措施共同作用的结果。不同的博物馆或者同一博物馆的不同时期，应从自身藏品保护的实际情况出发，确定合理的藏品保护措施，并针对实际情况的变动不断地对藏品保护措施进行调整，只有这样才能从根本上促进我国藏品保护工作不断发展，发挥博物馆藏品应有的功能。

作者在撰写本书的过程中，借鉴了许多前人的研究成果，在此表示衷心的感谢！由于本书涉及的范畴比较广，需要探索的层面比较深，作者在撰写的过程中难免会存在一定的不足，对一些相关问题的研究不透彻，恳请前辈、同行以及广大读者指正！

目录

第一章 博物馆与博物馆藏品开发

第一节 博物馆概述

一、博物馆的基本特征

所谓特征，是指一个事物区别于其他事物的特别显著的标志。博物馆是以文物或标本为基础，组成形象化的科学的陈列体系，对群众进行直观宣传教育的公共文化机构，其特征可表述为广博性、开放性、实物性和直观性。

第一，广博性。随着社会的发展，博物馆呈现多元化的局面，博物馆的收藏内涵不断丰富，涉及文物、艺术、科技、自然等多个方面，从文物到日常用品、从物质文化到非物质文化、从标本到活物等资料都是博物馆收藏和研究的对象。博物馆类型不断增多，专门性博物馆大量涌现，并且出现了许多新形态的博物馆。由此可见，广博性是博物馆区别于其他文化机构的显著特征，而且随着社会的前进与博物馆的发展，这个特征日益显著。

第二，开放性。博物馆的开放性不仅体现在对公众开放，更体现在对社会的广泛关注以及与观众的交流互动。陈列在设计之前要进行观众调研，明确目标观众群，确立陈列定位；设计过程中，要接受观众代表的优化建议，考虑观众的特点，选择适宜的知识背景和语言表达方式；展陈阶段，欢迎观众进入陈列场所，允许观众基于自身的知识解读陈列内容，鼓励观众将参观成果转化为有利于个人发展的资源和动力，并收集整理观众的反馈意见，对陈列效果做出科学评价。

第三，实物性。虽然博物馆也收藏非物质文化遗产，但实物仍然是博物馆一切活动的基础和出发点，随着科技的进步、信息化的发展，博物馆藏品的实物特征并不会发生动摇，数字博物馆、虚拟博物馆与智慧博物馆等博物馆的出现也不能改变博物馆藏品的这一特征，藏品仍然是博物馆区别于一切其他文化形式的根本界限，未来的博物馆非但不可能离开实物藏品，反而会更好地发掘藏品的意义和价值。

第四，直观性。博物馆中的实物并不能直接发挥作用，必须在科学而完整的陈列体系中才能与观众进行交流，通过内容表现与视觉表达手段，向观众的各种感官输送知识、艺术、历史、情感等多元化信息。以文物、标本为主，辅以模型、图表等实物性辅助展品的陈列，比其他文字资料和图片资料更直观生动和有吸引力，更有助于加强观众的记忆。所以，直观性是博物馆的又一特征。随着现代科技在展陈中的应用，观众不仅能多角度观察藏品，而且可以通过亲自操作实验，获得身临其境的情感体验，使博物馆的直观性特征更为明显。

二、博物馆的基本功能

（一）科学研究的功能

博物馆最初的研究主要是对藏品本身的基础研究以及应用性研究，只有对大量藏品进行深入的研究，其所具有的历史价值、艺术价值与科学价值才能被揭示，明确主题、挑选藏品、设计展览与撰写解说词等过程都需要进行科学研究，可以说，研究工作贯穿博物馆工作的全过程。随着时代的前进与社会的发展，博物馆作为全民共享的文化机构，其研究对象已不再局限于藏品本身，而是扩展到博物馆实践以及博物馆公众研究等方面。

博物馆研究的目的是社会利用、展览和教育普及服务，只有达到较高的研究水准，才能保证博物馆各项工作水平与服务的质量，许多著名的博物馆不只藏品丰富，也是重要的学术研究重镇，如美国史密森博物学院、大英博物馆、芝加哥艺术博物馆等。博物馆为了加强研究，还专门设有研究部门并主办学术刊物，如中国国家博物馆设有学术研究中心，故宫博物院设有故宫研究院，河南博物院设有研究部，等等。

（二）收藏与保管功能

博物馆现象起源于收藏珍品，中国古代收藏书画、彝器、古玉、玺印的现象起源较早，在商周时期即已出现。古希腊、古罗马等文明古国贵族对奇珍异宝的收藏是现代博物馆产生的基础。藏品是人类文明的重要见证，是博物馆工作的核心与基础，收藏、保管也是博物馆的首要功能与最基本的功能。

随着社会的发展，目前博物馆收藏、保管的对象已不限于珍贵文物与艺术品，而是涉及人类与人类生存环境的各种见证物，既包括物质文化遗产，又包括非物质文化遗产。只有博物馆能最广泛、最全面地保藏人类活动和自然发展的真实物证，并把它永久地传给后人，这是博物馆特有的功能。

博物馆获得收藏的途径主要有文物征集、获得馈赠和遗赠、从私人收藏家处或拍卖会上购买藏品、田野考古发掘和调查等。

（三）教育相关功能

教育作为博物馆的基本功能之一，是收藏与研究功能的延伸与扩展。博物馆对外开放后，观众走进博物馆，通过观看展览受到教育与启发。博物馆的教育对象为整个社会的全部成员，从儿童到老人，从一般群众到残疾人，从国内观众到外国旅游者，从个人到团体，博物馆均对他们开放。因此，博物馆不只是学校的第二课堂，也是家庭教育与社会教育的第 N 个课堂，人们可以自由地出入各个陈列室，通过参观展览、参与博物馆的各项活动，吸取科学文化知识。

博物馆的教育方式生动形象，通过大量运用文物标本、模型等实物资料，作用于观众的感官。无论是从人的生理机制还是认知过程来说，这种教育方式都会使观众感到亲切，易于接受和理解。此外，博物馆还通过讲解服务、公众讲座、出版物以及举办丰富多彩的文化活动等方式来加深观众对博物馆陈列的理解。

近年来，国家文物局在对博物馆的评审工作中，也已经将教育以及相关的比重提升，博物馆观众研究越来越得到重视，从以藏品为中心到以观众为中心，是博物馆发展的趋势和潮流。

（四）休闲娱乐功能

我们一定不能忽视博物馆作为公众娱乐场所的价值，观众有很多在博物馆这种健康而充满生气的环境中享受闲暇时光的机会。随着博物馆的发展，国内的博物馆学者也越来越认识到博物馆娱乐功能的重要性，在文化生活高档化趋势下，一个值得重视的现象就是文化娱乐的需求。在工业社会紧张喧嚣的生活中，闲暇时间是很宝贵的。高尚的文化娱乐活动是休息和积蓄精神再生产能力的积极方式。博物馆是提供高尚文化娱乐、培养生活情趣、满足美感要求的场所，博物馆应该强化这方面的职能。

随着博物馆的免费开放，博物馆已成为公众休闲娱乐的必选，博物馆与文化创意、旅游等产业相结合，参观博物馆也已成为旅游的重要日程，许多博物馆成为旅游热点。这是博物馆面临的机遇与挑战，一方面博物馆的陈列设计要融入休闲娱乐的文化元素，使专业知识通俗化，向观众提供趣味性强的展览；另一方面要增加这方面的项目设施，积极开办各种具有吸引力的欣赏娱乐活动。

博物馆教育功能的实现，在很大程度上取决于观众的自发行为（自觉地走进博物馆）。出于娱乐性动机和目的参观博物馆的观众在数量上远远多于以接受教育为动机和目的的观众，因此，现代博物馆既要重视教育，也应关注观众的娱乐性需求，吸引观众，寓教于乐，使观众在接受教育的同时能获得愉悦、新奇、惬意等娱乐性的享受。值得注意的是，博物馆娱乐功能的发挥必须以博物馆的藏品为基础，以教育为最终目的，博物馆并不是纯粹的娱乐机构。

三、博物馆的类型标准

博物馆在演进与发展过程中，随着其数量增长，它的面貌也日益凸显差异化。因而，依据一定标准为博物馆分类并探讨不同类型博物馆的特征则显得十分必要。博物馆类型的探讨也构成了博物馆理论研究与业务活动开展的基础。

随着博物馆事业的蓬勃发展，博物馆面貌日益多元化，呈现出不同的特质。博物馆分类的意义也由此显现。所谓博物馆类型，是指由一定数量的博物馆依据某种共同的标准相互联系所形成的类别。

从宏观层面来看，博物馆分类有利于掌握各类博物馆的特点，便于国家博物馆行政管理部门进行分类统筹与管理，也有助于更科学地制定发展规划，指导博物馆事业建设。

从实践层面来看，同类型博物馆在业务活动、工作方式等方面具有较高的一致性，博物馆的分类有利于有针对性地指导不同类型博物馆的工作，从而有效提升某类博物馆的业务水平，创造更大的社会价值。

从理论层面来看，对博物馆进行分类，便于更深刻地认识各类博物馆不同的发展规律，对博物馆学研究具有重要意义。

然而，随着博物馆实践发展，划分博物馆类型的标准与角度逐渐多样化。不同国家与地区的博物馆事业发展也呈现出差异性。因此，世界各国的博物馆也很难形成公认的统一的分类标准。

（一）遗址博物馆

1.遗址博物馆的概念界定

早在 20 世纪 50 年代，中国文博领域就已出现"遗址博物馆"的称谓。1958 年陕西省西安半坡博物馆的建立标志着中国现代意义的遗址类博物馆的诞生，这是我国第一个以考古遗址为基体建立的博物馆。20 世纪 70 年代兵马俑的发现和发掘，对中国遗址保护和遗址博物馆发展具有促进作用，而后建立的秦始皇兵马俑博物馆（现秦始皇帝陵博物院）成为全国乃至全世界的重要旅游地。遗址博物馆是以保护移动或不可移动的自然或文化的遗产为目的，建立在原址上，也就是在遗产被创造和发现的地点上的博物馆。我们可以认为遗址博物馆是指依托考古遗址，以发掘、保护、研究、展示为主要功能的专题博物馆。由于考古遗址的空间是"发生历史的地点"，因此遗址博物馆具有其他博物馆所不具备的天然情境。

遗址博物馆是博物馆空间内容与形式在时间上统一的一种形式，两者的时间都是指向过去的同一点。这是遗址博物馆时空的最根本特点。这种在历史时间上自然统一的时空突破了传统博物馆的局限。

遗址对于遗址博物馆的意义主要表现为以下几个方面。

第一，遗址本身对博物馆的重要性。从成因和价值方面看，遗址具有固有属性，它是在人类历史发展过程中形成并遗留下来的具有特定价值且不可移动的人类活动遗存。学术界对遗址的界定并不统一，因此关于遗址博物馆的定义也有不同的观点，但其核心都是围绕遗址存在，即遗址博物馆必须在遗址的基础上建立，围绕遗址来开展一系列工作。

第二，遗址博物馆的藏品具有不可替代性。与一般博物馆藏品来源不同，遗址博物馆的藏品大多为本遗址发掘出土，且数量相对有限。从藏品收藏范围和种类看，遗址博物馆不如综合博物馆范围广、种类多，而是相对比较集中，主要就是遗址、遗迹和遗址出土文物或标本。在很大程度上讲，遗址是这类博物馆最重要的收藏品。另外，由于遗址具有不可移动性，遗址出土文物或标本亦不能脱离遗址这一母体而单独存在，这种特殊藏品只能就地保存；又由于遗址的唯一性和不可再生性，失去它，所谓的遗址博物馆就不能存在，所以遗址本身的保护就显得尤为重要。

第三，遗址环境对博物馆的重要性。遗址博物馆的构成物，除了遗址本身、遗址出土物外，还应包括遗址的所在环境。遗址所在的环境对我们解析遗址是很重要的，有的甚至本身就是遗址的组成部分。博物馆的一切工作都是围绕博物馆的遗存开展的。对遗址周围环境的保护是目前遗址博物馆建设中认识的进步和保护的重点。特别是在目前中国城市化与遗址保护矛盾突出的情况下，对遗址环境影响、对城市空间的营造是需要格外重视的。因此，遗址环境的保护和展示是需要明确提出的遗址博物馆的重要任务之一。

2. 遗址博物馆建设理念与模式

遗址博物馆的建设必须在科学保护考古遗址的前提下，协调考古科研、遗址保护、社会展示，以及经济社会发展、居民生活改善等诸多方面的关系。因此，遗址博物馆的建设应具有整体规划性与循序渐进性。

（1）遗址博物馆的建设理念

遗址博物馆建设，首先应当保护遗址本体及其周围环境。随着考古遗址保护项目的推进，越来越多的遗址博物馆设计者更加关注考古遗址本体与环境的维护，而对博物馆建筑形式的表现保持克制。这种思路以保护考古遗址的真实性和完整性为前提，以对历史信息和背景环境的最小干扰为原则，重新理解遗址博物馆在选址建设、功能组织和表现形式等方面应该遵守的理念和规则。如南越王博物院（西汉南越国史研究中心），突出以古墓为主题，保持遗迹的历史纯洁性和历史可读性，在遗迹与新构筑之间，外观识别要有明显的区分，不以今损古，不以假乱真，尊重环境，结合陡坡和山冈地形，上下沟通，将展馆与墓室空间有机地连成一个整体，即围绕南越王墓本体及其周围环境，在保护遗址原始风貌的前提下，进行博物馆建筑与功能设计，将展馆与墓室作为一个统筹考虑。

坚持可移动文物与遗址本体在原生地进行就地保护的原则不是将文化遗产搬移到博物馆建筑里，而是将其保留在原生地和原生环境中。遗址和一般的可移动文物不一样，它是和人的生活相结合，和相应的地理、自然环境风貌的结合体。遗址出土的文物应该作为遗址一部分就地建设博物馆，进行原址保护。遗址出土的文物一旦脱离了文物原生地，就形成不了独具特色的地域文化，保护也就失去了意义。把遗址与博物馆分离开来是一种倒退，是国际博物馆协会决策中的一个重大错误，这些年的实践也已经证明了，把遗址和博物馆分离开来，不仅不利于遗址的保护，也不利于遗址博物馆的建立与发展。

（2）遗址博物馆的选址和建设模式

根据遗址博物馆选址位置和建设方式的不同，可以将其分为四种基本模式：①直接建在考古遗址上面的遗址博物馆；②建在考古遗址保护范围内的遗址博物馆；③建在考古遗址建设控制范围内的遗址博物馆；④建在考古遗址附近的遗址博物馆。

第一种选址和建设模式，即直接建在考古遗址上面的遗址博物馆，往往以建筑物覆盖考古遗址空间，以遗址现场为主要展品，同时达到考古遗址保护的目的。秦始皇帝陵博物院是以秦始皇兵马俑博物馆为基础，以秦始皇陵遗址公园为依托的一座大型遗址博物院，主要参观点包括秦兵马俑一号坑、二号坑、三号坑，铜车马陈列厅及相关临时陈列。同时，秦始皇帝陵博物院也是以秦始皇陵及其背景环境为主体，基于考古遗址本体及其环境的保护与展示，融合了教育、科研、游览、休闲等多项功能的公共文化空间。

第二种选址和建设模式，即建在考古遗址保护范围内的遗址博物馆，往往以建筑物覆盖部分重要的考古遗址，与保护范围内的其他考古地点形成整体性的考古遗址保护展示空间。安阳殷墟博物馆是在保护范围内建设考古遗址博物馆的成功范例。出于对考古遗址保护和考古遗址参观流线的综合考虑，安阳殷墟博物馆选址在殷墟宫殿遗址与洹河河道之间，宫殿宗庙保护区东侧的考古遗址保护范围内。安阳殷墟博物馆集中展示在殷墟发掘出土的文物精品，有效地整合了国家和地方保管的文物资源，既使大批出土文物回归原生地，得到妥善的保护与展示，又解决了考古成果社会化、普及化的问题，这种互利双赢的做法被称为"安阳模式"。

第三种选址和建设模式，即建在考古遗址建设控制范围内的遗址博物馆，往往将博物馆作为整个考古遗址的展示中心，展示考古发掘成果，并可以就近参观保护范围内的考古遗址。如杭州南宋官窑博物馆位于杭州玉皇山以南乌龟山西麓，地处西湖风景区南缘，著名的郊坛下南宋官窑遗址就坐落在馆区之中，是中国第一座依托古窑址建立的陶瓷专题博物馆。

第四种选址和建设模式，即建在考古遗址附近的遗址博物馆，是将博物馆建在已经探明的考古遗址保护区以外，并与考古遗址密切相关区域，距离考古遗址不远，以展示考古遗址出土文物和相关信息为主。随着考古遗址公园的建设，一批遗址博物馆相继落成，例如安阳殷墟博物馆、金沙遗址博物馆、隋唐洛阳城定鼎门遗址博物馆等。这些遗址博物馆既对重要考古遗址或出土文物进行保护展示，又通过博物馆选址与建设强化考古遗址的主题。作为考古遗址上的增建内容，遗址博物馆在选址、功能、建造、展示和景观等方面，必须遵守反映真实性和可读性的原则，其中最直接的就是室外建筑形式，清晰的古今并置往往有利于准确传递文化信息。

3. 遗址博物馆的职能

遗址博物馆的最重要职能就是对遗迹、遗物的保存职能，这也是历史类相关博物馆的基础职能。遗址博物馆建立之后，要继续加强对本遗址出土的文物及遗址本身的保存、修复、展示等工作。遗迹、遗物的保存设计也是遗址博物馆设计的重点。如秦始皇帝陵博物院下设的文物保护修复部，是负责该院文物科技保护与修复的业务职能部门，具体工作包括负责院藏文物科技保护与修复的科学研究和实施工作以及博物院考古发掘出土文物的现场保护与修复工作等。对遗址的保护是其他一切工作的前提，博物馆因遗址而存在。遗址博物馆本身的价值是建立在遗址基础上的，这就要求对遗址保护时要保持其原状，保持遗址的原真性。

遗址博物馆具备的博物馆一般职能主要是对遗址的展示、传播等工作。博物馆的教育活动，包括围绕文物藏品和陈列展览开展的讲解、导览等教育活动。而最能体现遗址博物馆特色的就是立足于博物馆情境，基于博物馆作为收藏人类和人类环境的物质见证的文化机构所体现出的文化氛围所开展的一系列活动。

（二）高校博物馆

1. 高校博物馆的概念界定

高校博物馆作为博物馆行业的重要组成部分，是培育大学校园人文精神的特殊教育载体，在传承中华优秀传统文化、塑造大学精神方面扮演着至关重要的角色。高校博物馆是以教育、研究、欣赏为目的，由高等学校利用所收藏的文物、标本、资料等文化财产设立并向公众开放，致力于服务高等教育发展和社会文化发展的社会公益性组织。

高校博物馆的最大特点就是其隶属高校，与主要隶属文化、文物部门的博物院（馆）美术馆、纪念馆、文物保护单位，以及部分自然保护单位、森林公园、动物园、植物园等既有广泛的共性，也存在个性。作为博物馆系统中的一员，高校博物馆具备一般博物馆的全部功能，而且收藏了大量珍贵文物藏品、具有比一般博物馆更强的研究能力、面向观众开放，在社会教育活动方面独树一帜。

当前，高校博物馆出现一个显著特点——由校友为代表的社会力量广泛参与到高校博物馆的建设过程中。未来我国高校博物馆除了保持现在的这种由高校自行投资运营的模式之外，还可能出现其他类型的运行模式，其投资主体可以有地方政府、慈善家、企业家和本校毕业学生等，而投资主体的多样性在一定程度上也决定着运营模式的多样以及运营理念的多样。这一切都将成为促进我国高校博物馆蓬勃发展的平台与力量。

随着高校博物馆的发展，高校博物馆也逐步走出校园，开始与文物行业进行广泛联系，加强各方面的交流与合作。中国博物馆学会高等学校博物馆专业委员会是中国博物馆学会下属的二级专业学会，是高校博物馆按自愿原则组成的学术性组织，其目的在于团结广大高校博物馆工作者，开展学术交流活动，促进我国高校博物馆事业的繁荣与发展，为社会主义精神文明和物质文明建设服务。该组织自成立后，一直致力于促进高校博物馆之间的联系与合作，组织学术交流，每两年定期举办一次学术研讨会，为有关中国高校博物馆发展的研究工作提供了重要的平台。

2. 高校博物馆的资源优势

高校博物馆植根于大学的深厚土壤，是大学深厚学术和文化积淀的重要标志。高校博物馆的社会功能与一般博物馆完全相同，都是对文物展品进行收集保存、研究、陈列展示，对公众进行宣传教育，传播精神文明。同时，高校博物馆除了具备一般博物馆的功能之外，作为学校的教育基地，更多的是侧重为高校的教学、科研和人才培养服务。它不仅具有公共博物馆的共性，即收藏、研究和教育，也具有自身的特殊性，即作为隶属高校的个性，能更加有效地发挥其教育功能的优势。高校博物馆大多出自教学和科研的需要，对课堂教育具有辅助功能，是文化素质教育基地。这是高校博物馆区别于其他博物馆的最有代表性的资源优势。

（1）服务教学

作为学校教学基地，履行作为教学基层单位的职责，这是学校对所属博物馆的首要要求。高校博物馆是为大学服务的，高校博物馆应该庆幸其唯一性，而不用总是为此不停地做出解释。虽然高校博物馆可以娱乐中学生，但它还有更重要的任务，那就是为高等教育服务。

高校博物馆在辅助教学工作中，力争做到形式多样、内容丰富。我国高校博物馆从建立之初就肩负辅助教学的使命，以开阔学生的视野为己任，积极主动与校园文化协调起来，转变工作观念，从对"物"的保管转移到为"人"的服务上来。利用高校博物馆完整系统的资源进一步打造强势学科和深化专业教育，弥补空洞和抽象的课堂教学之不足，扩大学生的知识面并培养其兴趣和加深其理解，使学生在欣赏展品的过程中达到对其内涵层次的理解。高校博物馆也应成为师生创造实践的理想之地，可不时收藏和展出一些代表师生集体智慧与劳动结晶的作品，增强他们的自豪感并激励他们的创作热情。高校博物馆也是大学良好的科普教育场所，可将最新科技成果通过平台展示给广大学生，这也是生动的励志教育课。如中山大学人类学博物馆的馆藏资源可以为人类学、历史学、民族学、考古学、地质学和古生物学等十几个学科的教学研究服务，让学生通过走进博物馆亲身体验的方式，将书本上难以理解的术语变得亲切可感。

（2）服务科研

高校作为实施高等教育的场所，进行科研攻坚是其重要任务之一。高校博物馆的蓬勃发展为大学学术的建设和进步提供了必不可少的研究资源，18世纪初期到19世纪末期自然科学领域发生的一系列革命性飞跃与当时高校博物馆的专业收藏和研究密不可分。我国高校博物馆馆藏资源丰富且专业性强，是高校开展科研工作的重要资料来源。高校博物馆拥有的丰富馆藏为高校科研提供了研究平台，对于促进高校科研进步发挥着重要作用。中国美术学院中国国际设计博物馆最重要的财富是拥有数量超过7000件的包豪斯藏品，中国美术学院的包豪斯研究院立足于这些藏品，聚集全世界的包豪斯研究学者，编辑《包豪斯研究》年刊，成为具有国际影响的现代设计艺术研究中心之一。

（3）服务社会

高校博物馆除了以为学术研究和更广泛的领域提供文化服务为主要职责外，更肩负起与公共博物馆相同的社会教育职责。高校博物馆的服务已经超越了大学围墙，渗透到周边乃至更广阔的社会中。高校博物馆不再局限于象牙塔中，它正逐步成为社区、城市、国家的文化承载者和传播者。

欧美高校博物馆除了以为学术研究和更广泛的领域提供文化服务为主要职责外，更肩负起与公共博物馆相似的社会教育职责，将传统教育大学学生的范围扩展到社会教育的广度，而教育的形式也从研究和讲授等正式教育，拓展为展示和娱乐等非正式形式的教育。如牛津大学的 7 所博物馆，每年接待观众 53 万人次，其中绝大多数是大学校园外的普通公众，这些博物馆已经成为大学所在的牛津郡及附近城市的主要文化教育机构。剑桥大学的博物馆几乎全年不休地举行各种讲座、演奏会、展览和陈列，除为不同的学院提供教学协作计划外，菲兹威廉博物馆一年中还举办各种主题的当代艺术展、提供免费午餐的画廊讲座、周六下午的演奏会、一些晚间演奏会和讲座等，吸引了许多校园外的艺术爱好者。

近年来，随着我国高等教育事业的发展，高校博物馆也取得了令人欣喜的发展成绩，不仅数量增加，博物馆专业化建设也迈上了新台阶。许多高校博物馆成为科普教育基地，很多高校博物馆对社会公众免费开放，高校博物馆的社会服务能力和社会影响力显著提升，高校博物馆集聚效应逐步凸显，文化服务能力不断提升。上海交通大学钱学森图书馆入选上海市爱国主义教育基地"三公里文化服务圈"，中国地质大学（武汉）逸夫博物馆、中南民族大学民族学博物馆等参与武汉"洪山博物馆街"建设，为周边学校、社区、企事业单位等提供优质文化终身教育。

（三）非国有博物馆

1. 非国有博物馆的概念界定

从诞生到现在，非国有博物馆没有统一的身份界定。管理部门先后冠之以"私立""私人""民办""非政府办""民间""民营"等名称。2015 年 1 月发布的《博物馆条例》则从法律的角度称之为"非国有博物馆"。非国有博物馆是指以教育、研究和欣赏为目的，收藏、保护并向公众展示人类活动和自然环境的见证物，由社会力量利用或主要利用非国有文物、标本、资料等资产设立，经登记管理机关依法登记的非营利性组织。

由此可见，非国有博物馆是与国有博物馆并列的博物馆形式，其主要特点是利用或主要利用非国有文物、标本、资料等资产设立。这类博物馆从投资主体上看，不是由国家直接出资；从隶属关系上看，不属于文物系统。

非国有博物馆作为博物馆体系的重要成员，是对国有博物馆的补充，甚至填补了一些国有博物馆未进行深入研究的领域空白。非国有博物馆是民间收藏的高级阶段，是城市文化底蕴的体现，无论是对于博物馆事业的发展，还是对于国家文化软实力、民族文化形象的提高都具有重要意义。

2.非国有博物馆的特点与体系

（1）非国有博物馆的特点

非国有博物馆具有高度的市场敏锐性。国有博物馆的藏品大多来自考古、捐赠等渠道，而非国有博物馆则对民间文物市域和民间收藏走向十分了解，建立了与民间联系沟通的有效渠道与广泛途径，能掌握民间群众的文化收藏趋向。这不仅是对国有博物馆的有益补充，更重要的是在对散落在民间的文博物品的收集、整理、保护、研究等各个方面，始终显示着更加具有灵活性、执着性和带动性的示范力量。可以说，非国有博物馆作为一个特殊的机构，扮演了中华诸多个性文化承载者的特殊角色。

非国有博物馆藏品丰富，种类繁多，是国有博物馆的有力补充。通过艺术品的市场化、大众化，使民间收藏文物艺术品有效填充文博部门收藏的空隙，可以防止文物艺术品外流，是保护我国历史文化遗产，弘扬民族优秀文化的有效途径。非国有博物馆在藏品特色、社会关系以及藏品管理的灵活性等方面，也都有自己独特的优势，以自己执着的文化视角，时刻观照着那些尚未被官方机构和学科人员注意到的新领域，不断扩展我们对于文化的认识范围，为社会和专业人士不断提供新的文化研究素材。

与国有博物馆以综合类、历史类博物馆为主体不同，非国有博物馆由于自身定位和发展的原因，专题类博物馆占有较大的比重。非国有博物馆多源于个人兴趣，因此藏品主题性更强，收藏的领域"窄而深"。一些非国有博物馆在收藏上也形成了自己的内容特色，从中医药、木石金雕、织锦刺绣、皮影、印染等民间非物质文化遗产，到钟表眼镜、锁具剪刀、农机农具、老相机、茶叶茶具、徽章证件、邮品货币等具有时代印记的日常生活用品，都可以成为非国有博物馆的收藏主题，填补了我国博物馆门类上的许多空白。非国有博物馆的类型涵盖了各地丰富的物产和多彩的民俗文化，以其民众性、专题性，在拓展我国博物馆门类、促进博物馆大众化、提供多样性文化服务等方面发挥着越来越大的作用。

（2）非国有博物馆的体系

当前，非国有博物馆的体系构成相对比较单一。从举办主体来看，由个人力量投资兴办的非国有博物馆占非国有博物馆总数的3/4以上，而依托企业、机构和社会团体等力量兴办的非国有博物馆仅占少数。

中国私人投资兴建博物馆主要出于以下几种情况。

第一，文物收藏家建立私人博物馆。中国历来有收藏文物的传统，出于公益考虑，收藏家往往想把自己多年的收藏与更多人共享，并从收藏家"升级"为私人博物馆馆主。如四海壶具博物馆是由著名壶具收藏家、紫砂陶艺家许四海先生创立。由个人力量投资兴办的非国有博物馆大多存在与国有博物馆同质化的现象，缺乏互补意识，影响自身发展和布局。

第二，企业办馆，希望树立形象等。企业博物馆是指为了自身历史的保存与传达设立的展览场所，用此增强员工对企业的归属意识并以身为其中一员而感到骄傲。多年来，成功的企业博物馆，如云南白药博物馆、中国茶叶博物馆、中国煤炭博物馆，不但传播企业文化，也为企业创收和博物馆良性循环提供了资金支持。经过多年的努力，中国的企业博物馆，其内涵与外延的结合都达到了历史新高度。

第三，有雄厚资产的文化爱好者，围绕自己从事的行业和兴趣爱好来建博物馆，收集藏品，把开办私人博物馆看作一种个人理想的实现。香港富华国际集团有限公司董事长陈丽华花费数亿元巨资，在北京建立了中国紫檀博物馆。

值得注意的是，非国有博物馆是博物馆事业的重要组成部分，但时下也有部分热心人士存在一些认识上的误区，如把私人陈列室误当成非国有博物馆。国际博物馆协会章程明确规定，博物馆具有永久性、开放性、公益性，因此，那些隐藏在私密场所偶尔对外开放的陈列室，或是以营利、增值等为目的的收藏展览或陈列，都不能与真正的非国有博物馆画等号。

（四）生态博物馆

在西方现代主义运动背景下，作为新博物馆学运动的代表生态博物馆与社区博物馆在各自关注的领域中几乎同时诞生，体现出传统博物馆突破窠臼的实验性。

1.生态博物馆的概念界定

从学科角度看，生态博物馆最早也正是生态学与博物馆学两门学科交叉而形成的。生态博物馆这一概念诞生于 1971 年，这一概念表达出人、文化与自然环境三者紧密结合的新思维。生态博物馆是由公共权力机构和当地人民共同设想、共同修建、共同经营管理的一种工具。生态博物馆是一面镜子，在这面镜子里，当地的人民为发现自己的形象观察自己，寻找对该博物馆所处的土地及该土地上以前居民的解释。生态博物馆是一面当地人用来向参观者展示以便能更好地被人了解，使其行业、风俗习惯和特性能够被人尊重的镜子。

生态博物馆是一个致力于社区发展的博物馆化机构。它融合了对该社区所拥有的文化和自然遗产的保存、展现和诠释功能，并反映某特定区域内一种活态的和运转之中的（人文和自然）环境，同时从事与之相关的研究。

生态博物馆不是一个建筑，一间房子，而是代表了整个社区。生态博物馆所保护、所传播的，既包括自然的遗产，又包括文化的遗产，是自然和文化两种遗产的复合。所以，我们讲生态博物馆，应该把自然和文化遗产作为一个整体，传播给我们的子孙后代，而不应该把这些文化精品从这种自然的原有的环境中搬走，以免损坏了整个遗产的完整性。

2.国内生态博物馆的发展

1986 年，《中国博物馆》杂志陆续发表中国学者关于生态科学、环境科学与博物馆的文章，同时一些学者编译了国际生态博物馆相关论文及资料。中国博物馆学界开始关注并引入生态博物馆的理念和方法。

20世纪90年代，作为中国生态博物馆第一次尝试的贵州六枝梭嘎生态博物馆筹备建设。1997年中国博物馆学会与挪威开发合作署签订《关于中国贵州省梭嘎生态博物馆的协议》，1998年10月正式建成开馆。贵州六枝梭嘎生态博物馆位于贵州省西北的梭嘎乡陇嘎寨内。此处生活着苗族支系"箐苗"，因生活环境的封闭，最大限度地保留了该民族的传统文化习俗。博物馆的建成使村民对自己民族文化的价值有了新的认识，从而为民族文化的有效保护提供了内在动力。梭嘎生态博物馆的成功尝试带动了首批生态博物馆的发展，并为中国生态博物馆形成自己的理论和观点奠定了实践基础。

1998年至2005年，中挪合作共建成4座生态博物馆。此外，2001年内蒙古建成中国北方地区首座生态博物馆——敖伦苏木草原文化生态博物馆；2004年广西建成南丹白裤瑶生态博物馆，此后又建成3座民族村寨博物馆；2006年云南省西双版纳建成布朗族生态博物馆。广西提出生态博物馆建设的"1+10"工程，即1个广西民族博物馆+10个分布在广西各地的生态博物馆，由广西壮族自治区政府牵头将新建的广西民族博物馆与各地的生态博物馆结合起来统筹规划、共同建设。

2012年，安吉生态博物馆正式开馆。安吉生态博物馆在吸取贵州、广西、云南、内蒙古等生态博物馆建设经验的基础上，立足安吉地域文化特色，采用一中心馆、十二个专题生态博物馆、多个村落文化展示馆的"安吉生态博物馆群"的框架结构，充分展示安吉物质文化遗产与非物质文化遗产。安吉生态博物馆的实践创造了生态博物馆建设的"中国经验"，其影响与示范作用颇为深远。

（五）社区博物馆

1. 社区博物馆的概念界定

"社区"是社会学概念。现代意义的社区概念及其理论研究发端于工业化、城市化发育较早的西方社会。1881年德国社会学家滕尼斯将该词用于社会学，并在其专著《共同体与社会》中从社会学角度频繁使用"社区"概念。

滕尼斯将社区解释为一种由同质人口组成的具有价值观念一致、关系密切、出入相友、守望相助的富有人情味的社会群体。这一概念的出现，在一定程度上折射出19世纪后期西方社会在工业化、城市化、现代化迅速发展进程中，社会关系日益复杂、人际关系日趋冷漠的社会现实及其发展趋势。

传统博物馆正努力改变原有定位，尝试主动地介入社会问题，承担社会责任。博物馆自觉地与社区接触，社区博物馆的尝试由此产生。社区博物馆是博物馆功能与社区发展内在需求的对接，是博物馆文化基因在社区土壤里生长出的产物。它立足于社区，服务社区，关注社区议题和日常生活，代表社区居民的共同利益，在社区居民主导下开展工作。

生态博物馆体现出对人文生态与自然生态的整体性保护。与之相比，社区博物馆则较少关注自然环境与自然遗产等内容，而主要关注社会性问题。

从当前社区博物馆实践来看，狭义的社区博物馆就是把一个社区或一个街区作为博物馆；广义的社区博物馆可以是一个有关社区的博物馆，也可以是利用社区资源进行发展的博物馆，它可以在社区里，也可以在社区外。

社区博物馆的作用体现在以下四个方面：首先，对社区历史与集体记忆进行收藏与保护，提高社区居民对社区文化传承与文化建设的重视程度；其次，增强社区居民对社区的认同感与归属感；再次，传递无形的社区理想、信念、规范等，促进社区价值的养成；最后，增强社区居民参与、互动，促进协商民主的社区自治文化发展。

2. 国内社区博物馆的实践探索

近年来，我国也出现了若干以"社区"命名的博物馆，或以类似形式运营的博物馆，并在博物馆和社区遗产保护与传承、社区文化建设方面进行了有益探索。

福州三坊七巷社区博物馆是中国第一座由国家文物局授牌的社区博物馆。三坊七巷位于福建省福州市城区，占地面积约45公顷，拥有千年历史，较好地保留了唐宋以来鱼骨架坊巷格局及大量古建筑，形成以"地域＋传统＋记忆＋居民"为特征，"一个核心展馆、各种类型的博物馆、展示馆"为构架的社区博物馆雏形。与西方社区博物馆建设与管理理念不同，三坊七巷社区博物馆由福州市政府主导，采取自上而下的模式，从场馆设置到整体发展，均由政府统筹，统一规划建设。

此外，北京的建国门社区博物馆、花市社区博物馆和南京石头城社区历史文化博物馆等则体现出较为自觉的社区博物馆追求。天津市和平区崇仁里的社区居委会博物馆和河西区秀峰里社区建立的"终身学习中心"是对博物馆促进社区发展进行的有益尝试。

四、博物馆的社会责任与使命

（一）博物馆的社会责任

随着博物馆以"为社会及其发展服务"为宗旨，国际博物馆界将"有助于人的发展与愉悦"作为博物馆的任务。博物馆服务社会的理念无论是体现在以专业化为基础的博物馆功能方面，还是体现在以社会化为基础的博物馆职能方面，都逐步拉近了博物馆与广大民众之间的距离，从而改善了博物馆的公共形象。目前，博物馆自身虽然存在一些亟待解决的问题，但是更为关键的是博物馆如何更多地参与到社会发展的进程中，对于全球的博物馆来说，这都是现实的和永恒的挑战。

1. 社会服务

博物馆是当代民众与历史、与文化对话的空间，是提高公民素质和培养文明市民的第二课堂，是提高城市品位和塑造文化城市的标志设施。博物馆在社会服务的道路上不断探索，越来越深地融入社会生活之中，以更加积极的姿态关注社会、服务社会。博物馆不应该仅仅是收集记忆的地方。文物藏品固然是博物馆事业发展的基石，然而保存、研究博物馆文物藏品，终究还是主要为了文明的传播与传承，即在妥善保护好、研究好文物藏品的前提下，根据现实发展需要，合理释放博物馆藏品所包含的文化内涵，使更多的人感受到人类文明成果的丰富、灿烂和辉煌，使广大民众得以借鉴、吸纳、继承前人的生存智慧和发展经验。

真正现代意义上的博物馆，在我国仅有百余年的历史，但是博物馆在各个历史时期都毅然选择了先进、积极的文化方向。博物馆在保藏中华文明物证、弘扬中华优秀传统文化、启迪各族民众智慧、培育地域文化认同、构建世代爱国情怀等方面，都发挥了巨大作用。在此背景下，博物馆如何改变原有的封闭式管理与运营模式，如何更好地为社会及其发展服务，成为博物馆面临的新课题。

博物馆是推动社会变革与发展的文化力量。在我国，博物馆的教育功能、社会效益及公益性质，都是为了满足社会大众的需求。博物馆作为公益性社会文化服务机构，其使命就是不断满足广大民众日益增长的精神文化需要，促进人的全面发展，这也是公共文化机构的本质特征，是实现公民文化权利和文化福利的重要内容。博物馆拥有大量珍贵的文化资源，是别的文化机构难以提供的特殊的知识源泉，在博物馆中，人们的文化需求得到满足，精神得到愉悦。同时，博物馆所积累的丰富的经验性资源，使其在区域性、全球化的发展里发挥独特的社会作用。随着科技革命的迅猛发展和全球化浪潮所导致的生产方式和社会结构的变革，博物馆工作的性质和特征不断发生新的变化，博物馆工作的组织结构及运作机制也出现了新的特点，需要新的创意与之对应。现代意义上的博物馆不再仅仅是保护物质及非物质文化遗产的场所，还应该是一个底蕴深厚的社会文化机构，担负着传承文明的社会责任，而社会责任是博物馆的生命价值所在。今天，博物馆文化对社会责任的关注是文明进步的标志，彰显出人们的人文追求和精神品位。正是在这一背景下，要求对博物馆的功能与职能有新的定位。

随着博物馆努力纳入国民教育体系的尝试，博物馆事业与民生的联系日益紧密，而通过实施博物馆向全社会免费开放，博物馆正在成为文化遗产事业中与公众接触最频繁、联系最紧密、影响最广泛的平台。时代需要博物馆的社会责任，从保护文化遗产延伸到服务社会并促进社会和谐发展。如今，国际博物馆界已经明显地感觉到，博物馆的公共形象越来越影响到博物馆吸引观众的数量以及社会支持的力度，对于博物馆的生存和发展越来越具有实际意义。尤其是近年来快速发展的资讯业已经成为一个放大器，任何人对博物馆的建议和评价，都可以随着媒体、网络的传播被无限放大，进而在很短的时间内影响更多民众对博物馆的印象。因此，顺应社会发展趋势，构建博物馆的公共形象，作为一个亟待展开的新课题，已经引起博物馆界的关注。一方面，在博物馆工作中不能仅仅"以物为中心"，而应该同时"以人为中心"，以"为社会及其发展服务"为中心；另一方面，博物馆通过建立亲切的公共形象，引导市民将博物馆视为良师益友，将博物馆作为终身教育的课堂、文化休闲的场所，使博物馆从市民生活的旁观者变成参与者的同时，博物馆应担负起主动关注社会诉求、预测社会热点的责任，通过专题展览、咨询服务、互动等各种手段对社会舆论予以正确引导。

以往，我国的博物馆基本上是以收费参观的形式服务社会，博物馆免费开放之后，最显著的变化就是观众数量剧增。这体现出广大民众对博物馆免费开放举措的认可和响应，也是博物馆社会地位和影响力提升的重要标志，免费开放为博物馆事业的发展营造了良好的社会氛围，注入了新的活力。博物馆界应以此为契机，提高社会服务水平，加大宣传引导力度，逐渐使参观博物馆成为社会公众的一种生活方式、一种文化习俗、一种休闲习惯，使博物馆成为培养公民文化素养的沃土。

对于博物馆而言，"为社会及其发展服务"就是努力使博物馆与观众之间相和谐，就是努力使博物馆文化与民众文化需求相协调，就是努力使博物馆事业与社会进步相统一，就是努力使博物馆的社会效益最大化。服务民众是博物馆的天职，如果不主动融入社会、拉近与公众之间的距离、增强博物馆文化的亲和力，博物馆就难以成为社会公众精神文化生活中不可或缺的组成部分，博物馆自身也不可能获得生存和发展的广阔空间。

"以人为本"的理念模糊了身份、地位、收入、文化水平等方面的差别，消除了分享博物馆价值方面的障碍，使博物馆成为所有民众文化生活的一部分，增强了观众参观的知识性和参与性。为了更好地贯彻"以人为本"的理念，博物馆在发展过程中越来越注重针对性、多样性、新颖性、参与性和自主性，以此来增加观众的满意度，满足不同观众的求知欲望和好奇心理，以贴近生活来体现生活的现实意义，以丰富多彩的活动满足观众的多方面需求。要由"以物为中心"转向同时要"以人为中心"，关键是树立人性化的服务理念，举办与广大民众日常生活密切相关的陈列展览，使丰富多彩的博物馆文化进入社区生活、联系学校教学，吸引更多的公众走进博物馆，参与博物馆的相关活动。

从博物馆的发展趋势来看，"以人为本""为社会及其发展服务"已经成为博物馆实现硬件与软件合理配置的主要依据。面向社会、面向观众的办馆理念和以观众为中心的服务宗旨，不是抽象的概念，而应该实实在在地落实在博物馆工作的各个方面。无论是收藏、研究、陈列、教育、讲解还是其他岗位，都是为公众服务的具体环节。因此，博物馆要加强对不同岗位员工进行服务意识教育和服务质量培训，使每一个环节都能为观众提供优质服务，使每一位走进博物馆的观众都能感受到风景如画的室外环境、整洁明亮的室内展厅、精美绝伦的文物展品、图文并茂的陈列展览、通俗易懂的文字说明、深入浅出的现场讲解、操作简单的导览设备、生动有趣的互动方式、标识清楚的参观线路、方便舒适的服务设施、独具特色的纪念礼品、热情主动的工作人员。

2. 社会合作

在博物馆与其他组织机构相互合作方面，例如科研部门、教育设施、文化机构、社会组织、企业单位、新闻媒体、民间团体、社会公众等，都拥有可以为博物馆所用的资源。为了使这些资源能够成为博物馆发展的积极力量，博物馆应与这些组织机构建立合作共享机制，使合作双方能够取长补短、各取所需，实现双赢。博物馆与科研部门，诸如社会科学、自然科学等研究部门之间建立长期稳定的战略合作伙伴关系，可以实现博物馆研究水平的提升；博物馆与教育设施，诸如高等院校、中小学校等之间建立长期稳定的战略合作伙伴关系，可以实现博物馆后续人才的培养；博物馆与文化机构，诸如图书馆、青少年宫等之间建立长期稳定的战略合作伙伴关系，可以实现博物馆文化的社会传播；博物馆与社会组织，诸如妇联、青联、残联等之间建立长期稳定的战略合作伙伴关系，可以扩大博物馆文化活动的社会影响；博物馆与企业单位，诸如国有企业、民办企业等之间建立长期稳定的战略合作伙伴关系，可以实现博物馆强有力的社会支撑；博物馆与新闻媒体，诸如新闻出版、广播电视等传播机构之间建立长期稳定的战略合作伙伴关系，可以实现博物馆文化的广泛宣传；博物馆与民间团体之间建立长期稳定的战略合作伙伴关系，可以在博物馆建设及运营方面不断得到支持；博物馆与社会公众之间建立长期稳定的战略合作伙伴关系，可以增强博物馆的社会吸引力。

建立博物馆馆际之间的合作共享机制，是指博物馆与其他博物馆相互合作，实现彼此资源共享的机制。任何一座博物馆都保存着独有的文化资源，例如独有的文物藏品、独有的研究力量、独有的展示场所、独有的宣传方式等。然而，对任何博物馆而言，其所拥有的文化资源又相对有限，其事业发展都会受到自身资源的限制。博物馆之间只有加强合作，才能取长补短，打破自身资源的局限，促进博物馆文化的共同繁荣，推动博物馆事业更好更快地发展。因此，每一座博物馆均应建立与其他博物馆之间的合作共享机制，以自己的独有资源与其他博物馆的优势资源相互支撑，为观众提供更加优质的博物馆文化，从而实现馆际之间的资源共享。建立博物馆与其他博物馆之间的合作共享机制，可以从多方面探索，例如建立藏品资源的合作共享机制，即通过博物馆之间的藏品交流，实现博物馆之间藏品资源的合作共享；建立人力资源的合作共享机制，即通过博物馆之间的人才交流，实现博物馆之间人力资源的合作共享；建立管理经验的合作共享机制，即通过博物馆之间的管理经验交流，实现博物馆之间管理模式的合作共享。需要注意的是，目前博物馆之间的交流合作机制尚不健全，博物馆之间的资源共享机制尚未真正建立，博物馆之间的藏品资源配置还不能发挥最佳效用。

博物馆馆际之间建立合作共享机制正是出于博物馆文物资源短缺的实际。虽然国家级、省级博物馆以及一些城市博物馆文物藏品资源丰富，但是从观众的需求和展览的需要出发，任何博物馆的文物藏品资源都显得十分有限。只有实现博物馆之间的合作与共享，才能全面揭示人类的漫长发展足迹，全面展现人类文明的多样性特征。

在促进博物馆之间合作方面，各级政府和文物部门应给予关注和支持，通过制定博物馆发展总体规划，建立博物馆资源共享体系，鼓励不同类型的博物馆在藏品、资料、技术、设施和人才方面实现合作，使不同类型的博物馆在相互学习与交流中共同得到发展，从而提高博物馆的整体发展水平。通过制定相关政策法规，推动博物馆的馆藏目录向其他博物馆开放，为使各个博物馆的藏品资源实现共享创造条件。

例如，推动拥有较多文物藏品但无法长期陈列展出的大型博物馆与其他博物馆合作，使适宜陈列展出的文物藏品在不同的博物馆之间流动，以实现博物馆之间藏品资源的共享，充分发挥博物馆文物藏品的社会效益，提高陈列展览的更新频率，吸引观众经常走进博物馆。推动博物馆之间合作举办具有思想性和震撼力的陈列展览，设立国家支持的专项经费，支持各地博物馆，特别是中小型博物馆的陈列展览更新和服务水平提升，发挥博物馆的群体优势和整体效益。推动考古研究单位在考古发掘工作结束之后，依法及时将发掘出土文物移交博物馆，既使珍贵文物得到妥善保存，又使博物馆文物藏品得到补充。此外，各级政府和文物部门还应出台相关政策，推动博物馆之间的人才交流，实现大型博物馆对邻近地区中小型博物馆的支持指导。有条件的地区还可以推动大型博物馆对中小型博物馆的托管，以实现博物馆之间管理经验及人才资源的共享。

博物馆馆际之间的合作将有限的资源集中在一起，增加了举办陈列展览的可行性。多家博物馆的联合，既分享文物藏品，保障展览质量，有利于为观众推出完美的展览，又分担运营风险，为每个博物馆提供展示自己的空间，为观众提供多层次的服务。博物馆馆际之间的合作，往往是在不打破相关博物馆的藏品所有权与管理制度的前提下，通过简化手续，实现文物藏品和人才资源更自由、更通畅的流动。博物馆之间互相借势、取长补短是较为常见，也是具有可操作性的合作形式。例如，在本馆的文物藏品保护中引进合作博物馆的设备和技术，在本馆销售或宣传合作博物馆的纪念品或出版物，在本馆的宣传广告上刊登合作博物馆的展览信息，在本馆的网站上设立合作博物馆网站的链接，等等，这些都是双赢的合作模式。博物馆之间交流与合作的方式多种多样，仅就陈列展览方面的交流与合作就可以包括联展、巡展、互展、借展等方式。联展，即两家或多家博物馆就某一内容共同举办展览；巡展，即一家或多家博物馆举办的展览在不同的博物馆巡回展出；互展，即两家或多家博物馆相互交换同一类型或不同类型的展览；借展，即引进其他博物馆的展览，进行短期或长期的展出。

3. 社会支持

"社会支持"这一概念属于心理学理论体系范畴，是指个体所接收到的各种积极的社会作用，它们能增强个体的归属感、安全感和自尊。今天，社会各部门之间的联系日益紧密，综合性问题不断出现，涉及的领域更加复杂，需要各方面协同解决，而不能仅凭一己之力。良好的社会支持有利于个体的健康，而恶性的社会关系会损害个体的健康。随着"社会支持"这一概念逐渐为其他学科所借鉴，它已经由一个学科的专业概念向通用概念转变。将"社会支持"概念引入博物馆研究和工作中，既是从关注个体的身心健康转变为关注一座博物馆的健康和良性发展，也是从生存的角度考虑哪些社会关系和资源有利于博物馆的发展，以及如何更有效地获取这种支持。由于长期以来博物馆的社会职能定位是文物收藏、研究与展示，各项业务活动主要围绕这些内容展开，在其他社会活动方面则显得力不从心，博物馆不能独立地成功实现其目标，这是博物馆需要广泛社会支持的根本原因。同时，博物馆在寻求和获取社会支持方面的意识比较薄弱，往往将视野主要局限于争取政府的资金投入和政策支持，这说明博物馆潜在的社会支持尚未得到充分认识和有效拓展。为了博物馆更加健康全面地发展，有必要积极构建博物馆的社会支持体系。

在当今社会中，任何机构都不可能处于自我封闭的生存状态，必然与社会各界有着各种各样的联系。博物馆作为向公众开放的社会性公益机构，在满足社会公众教育、审美、感情以及认同等方面需求的同时，自身的健康发展也离不开社会其他成员的关注与支持。当今时代是一个开放与交流的时代，是一个资源共享、互利共赢的时代，加强交流与合作的观念逐渐深入人心。博物馆是一个资源高度依赖外部环境的组织，博物馆的生存与发展离不开外部力量的支持与协作，既需要来自政府的支持，也需要来自社会各界的支持。任何一座博物馆都不应将自身封闭起来，也不可能独善其身，关门办馆没有出路，只有加强交流与合作，才能实现博物馆的可持续发展。同时，信息化时代的到来，为实现交流与合作的深度和广度发展提供了前所未有的条件，无论是博物馆与其他社会成员的合作，还是博物馆之间的合作，都有利于优势互补，有利于在整体上提高效率，有利于实现"为社会及其发展服务"的目标，对博物馆的可持续发展有着极为现实的意义。因此，博物馆自身不能解决的问题应积极争取来自外界的支持，不但要分析哪些社会资源有利于博物馆的可持续发展，还要总结如何成功获取这些资源以建立稳定的联系。

博物馆的社会支持，按不同角度可以划分为不同的结构，按范围划分，包括国家支持、地方支持、社区支持等；按性质划分，包括经济支持、实物支持、智力支持、情感支持等；按主体划分，包括政府支持、社会团体机构支持、个体支持等。各级政府对博物馆的支持是最根本、最稳定的支持，体现在财政拨款和政策扶植两个方面，公立博物馆对国家财政的依赖性大，拨款的力度直接关系着一座博物馆生存与发展的质量，政策扶植在于各级政府在文化政策中对博物馆的定位及其重要性的认识，以及相关文化政策、财政政策等方面对博物馆的具体优惠和倾斜，例如博物馆在文物艺术品竞拍中有优先取得权、博物馆商店免税等。社会团体和机构对博物馆的支持，不仅仅是一种单向的关怀或帮助，在大多数情况下，更体现在通过合作方式来实现博物馆社会功能的发挥，或是无偿地向博物馆提供其自身所不具备的资源和手段。当前，各类社会团体和机构的支持是博物馆需要关注的重点。个体支持是指社会中的个体对博物馆的支持，这不仅体现在最基本的博物馆参观活动中，而且涉及更为深广的方面，例如作为博物馆志愿者、文物标本捐赠者等，来实现对博物馆的具体支持。个体支持虽然作为单体力量较小，但是作为整体具有庞大的潜在基数和巨大的社会能量。

今天，博物馆正在发展成为与社会生活息息相关的现代文化设施，是吸纳知识、体验文明的地方，是陶冶情操、升华气质的地方，是了解社会、思考人生的地方，是舒适优雅、充满乐趣的地方。博物馆应努力摒弃行业神秘感，增强社会亲和力，应将社会公众作为重要的合作者，更多地考虑人们的多样化需求，考虑人们在博物馆中的行为方式与心理需求，扩大博物馆服务社会的范围，提升博物馆服务社会的质量，开展丰富多彩的博物馆活动。同时，应努力强化社会公众对博物馆的认知，构建博物馆与社会公众联系的纽带，使人们每一次走进博物馆，都成为一次真正的文化体验，引导社会公众文明、有序和理性地参观博物馆，逐步树立"感受博物馆""尊重博物馆"的理念。

博物馆有着丰富的实物资源、雄厚的学术力量，因此，社会公众对博物馆的需求必然多种多样。市民对博物馆的期望与需求已经远远超出博物馆藏品与展览所能满足的范围。博物馆教育与传播的职能并非仅仅依靠自身的文物藏品能实现，并非仅仅在博物馆的展厅内能实现，也并非仅仅依靠陈列展览活动能实现。从博物馆的生存与发展角度看，只有经常开展具有社会影响力的文化活动，才能够凸显博物馆的价值与实力，从而更多地争取社会公众的支持。

近年来，博物馆越来越重视与学校、社区的互动，鼓励当地民众参与陈列展览的策划及文化交流活动，在博物馆馆舍内外开展各类颇具特色的活动。例如，有的博物馆组织艺术节庆，既展出本馆的特色文物藏品，又允许公众提供展品，提高社会公众的参与性，使人们在博物馆既获得知识，又可以实现个人收藏展示；有的博物馆组织动手活动，配合主题展览开展科技实验或手工艺品制作，为观众提供参观之外获得技能的机会；有的博物馆组织冬令营、夏令营，在寒暑假期间为学生提供有趣的实践和实习机会；有的博物馆组织主题旅行，结合博物馆的展览陈列内容，组织观众到考古遗址现场或文物景点参观，使观众获得更为直接的体验；有的博物馆组织电影鉴赏活动，结合陈列展览内容，播放相关的主题电影或录像资料，可使观众有偿在馆内使用或向馆外出租；有的博物馆组织艺术创作活动，创办或与艺术家合办工艺制作工作室，指导观众自己进行艺术创作。

博物馆是人们娱乐休闲的理想去处，是自主学习的优雅课堂，应该让观众以愉快的心情更新文化知识，享用品质空间，接受优质服务，体会快乐人生。目前国际博物馆界正在探索一些新的方法，让公众感到来博物馆是一种享受，使观众参与到陈列展览和各项活动中。无论是自然科学还是人文科学，在博物馆的氛围里，人们都可以得到在其他场所难以获得的享受。社会公众希望博物馆能满足他们获取知识与娱乐休闲的需求，能够舒缓现代社会越来越快的生活节奏，能够减轻现代社会越来越大的工作压力，在增长知识的同时，使人们感受到参观博物馆充满乐趣。因此，越来越多的博物馆努力打破传统的封闭模式，加强与社会的联系，提高社会化程度，注重广泛参与，逐步向社会开放，走出博物馆的大门，走进社区民众中间，实现博物馆和社会的互动与交流。一方面，可以从社会需求方面调整博物馆自身的工作，以适应社会的发展；另一方面，可以从社会当中吸收有利于博物馆发展的资源。

（二）博物馆的使命

博物馆是保护、展示文化遗产和人类环境物证的文化教育机构，是一个国家、一个民族宣传其文明成就和发展水平的重要窗口。实际上，博物馆不仅是保存、研究、展示文物藏品的文化场所，更是人们感受历史、引发思考的文化空间。博物馆文化应该以更加丰富多彩的方式，进入社会公众的生活中，成为人们日常文化生活的重要组成部分，如此一来，才能使博物馆文化的传播更加有效，使博物馆文化的影响更加深入。

人们生活在自然生态环境之中，也生活在文化生态环境之中。两种生态环境的优劣直接关系到人们生活质量的高低。实际上，自然生态不过是文化生态的物理显现而已，二者互为表里。

随着社会的发展和信息技术的不断进步，一方面，信息越来越丰富，人们在学习、工作与生活上越来越依赖信息；另一方面，信息超载给人们带来困扰。面对海量的信息资源，人们却又难以有效地获取自己所需的信息。信息的泛滥已经超过了人们注意力可以承受的负载，导致了普遍的注意力匮乏，这种现象使注意力成为一种稀缺资源。

农业社会的竞争力主要取决于劳动力，工业社会的竞争力主要取决于生产工具和科学技术，而信息社会的竞争力主要取决于注意力。成功的传播要求从受众的角度出发，弄清楚是什么影响了受众个体的选择和行为；传播者需要考虑什么样的内容、表达方式和环境有助于吸引受众，保持受众注意力。所以，博物馆的成功不在于它所提供的资讯的多少，而在于它是以何种方式提供的。公众的注意力是有限的，而信息是无限的。如果博物馆想在众多的资讯竞争中获得成功，就必须善于获得注意力，而要吸引公众的注意力就必须注意观众和了解观众。

博物馆如何与青少年建立长期友好的关系，如何根据青少年的年龄特点、理解能力和兴趣特点，推出适合他们的展览，是博物馆面临的一大挑战。目前博物馆需要与电脑游戏、便捷的通信技术争夺青少年群体。

吸引青少年走进博物馆，一直是各国博物馆关注的问题。在当前市场经济条件下，全社会竞争意识高涨，大多数青少年从小学时期开始，就进入应试教育的轨道。对这一人群，博物馆要给予特别的关心，并成为他们的精神家园。因此，博物馆必须改变自己，积极探索青少年与博物馆展览紧密联系的契合点。

近年来，信息技术的迅速发展给各国的视觉艺术和民族文化的发展带来了机遇和挑战，然而发达国家正倚仗其技术优势和经济强势，尤其是在视觉传播上不断更新，将其文化和价值观推向世界的每个角落。当今信息时代最重要的特征就是文化越来越依赖视觉，潮水般的视觉符号构成了我们的生活空间。从广告宣传到影视节目，从报刊书籍到商品包装，从服饰造型到互联网界面，无论在家庭、单位还是商场、影院，视觉艺术日益成为占主导地位的传播方式，视觉活动已普遍渗透于当代人的文化生活中。

目前各种类型的博物馆通过提供形式与内涵极其丰富多样的陈列展览，用直观浅显的方式，向人们介绍社会科学和自然科学的相关知识，有助于人们将原有的文化视野加以拓宽，博物馆的陈列展览应追求精品意识，将精品意识体现于陈列展览的各个环节和具体细节，形成具有影响力的文化品牌。一个主题鲜明、富有思想性和现实针对性的优秀展览，不仅要求在文物展品、陈列方式上精心设计与筹划，而且应从观众参观数量、社会影响程度以及综合效益发挥等方面进行评价。通过对社会民众参观需求进行调查，并对观众心理进行分析，可以了解人们心目中博物馆的应有形象。

在构成陈列展览的诸多因素中，最核心的要素是文物藏品，文物藏品永远是博物馆文化传播的核心内容，其作用与魅力是无法替代的。博物馆的文物藏品中蕴含着丰富的文化信息，将这些文化信息传播给更多的社会公众是博物馆的重要社会责任。

博物馆中的文物藏品能够跨越时代变迁，默默地将它所蕴藏的知识、沉淀的历史保存下来。因此，在文物展品中有真正的知识、有精神的支撑，参观陈列展览就是品读社会、阅读人生。

每一件文物展品都有其自身的特色，都有属于它本身的故事。有的文物展品是在特定的历史条件下诞生；有的文物展品经过战火硝烟历程；有的文物展品经过精心修复后重放光彩；有的文物展品是在被盗窃后失而复得；有的文物展品是对外交往中的国礼精品。这些博物馆藏品在展出时，如能介绍出符合实际的感人故事，就能在文化认同中升华人们的情怀，开阔人们的视野。珍视和传播文物藏品中的历史记忆，就是维护文物藏品的生命历程和应有尊严，使参观展览成为生活中最温馨、最充实、最难忘的时刻，使人们能够看到人类走过的沧桑历程，更能看到人类的智慧创造和追求向往，感受和体味文物藏品对于和谐的呼唤。

博物馆在城市的发展进程中不断完善和创新，具有连续性、继承性和创新性，承载着城市的基本价值追求，孕育着城市的精神。博物馆作为现代化城市空间的精神与文化的代表，其最重要的功能就是为人们提供一个交流与对话的公共空间。与商场、街道不同，博物馆以一种隐性的内在力量放大了历史的精神魅力与文化吸引力，由此丰富了城市空间的文化内涵。没有博物馆的城市是贫乏的，而不在城市发展或城市变迁中发挥作用的博物馆又是单调的。博物馆在当代人类社会发展变革的背景环境中，应该顺应历史，调整自身的社会形象和角色，提升博物馆在城市发展变迁中的影响力，拓展其影响的空间、参与的空间和教育的空间。

第二节 博物馆的发展思路

一、博物馆的内涵式发展

（一）博物馆内涵式发展的基本要求

内涵有两层意思：一层是指一个概念所反映的事物的本质，即概念的内容；另一层是指内在的涵养。外延式发展强调的是数量增长、规模扩大、空间拓展，主要是适应外部的需求表现出的外形扩张；内涵式发展强调的是结构优化、质量提高、实力增强，是一种相对的自然历史发展过程，发展更多的是出自内在需求，而内涵式发展道路主要通过内部的深入改革，激发活力，增强实力，提高竞争力，在量变引发质变的过程中，实现实质性的跨越式发展。外延式发展为内涵式发展提供必要条件，内涵式发展为外延式发展提供丰富内容和智力支撑。外延式发展改变事物的表象，内涵式发展改变事物的结构和本质。由此可见，博物馆内涵式发展，实质上就是博物馆建设要按照科学发展观的要求，走出一条投入较少、成本较低、效益较高、低碳环保、可持续发展的道路。

博物馆内涵式发展与学校发展、图书馆发展、科技馆发展、艺术馆发展、影剧院发展虽然有不同之处，但其建设发展的轨迹、规律是一脉相承的，而且具有异曲同工的教化作用。因为这些独属于文化教育科研机构，它们服务的对象都是人，目的都是以"文"化人。就博物馆内涵式发展而言，更应把握以下六个基本要求。

1. 注重文物收藏的质量

内涵式博物馆藏品不在数量的多寡，重在藏品级别的高低和历史价值、艺术价值、社会价值的大小。因此，内涵式博物馆要从藏品收集的数量规模型向质量价值型转变，多收集珍贵的、有重大价值的、独占鳌头的"镇馆之宝"。

2. 注重文物保护能力和水平的提高

一方面，内涵式博物馆要加大文物库房的环境改造力度，对文物库房的温度、湿度、亮度，以及柜架等要严格按照国际标准建设完善，给文物存放提供科学的环境；另一方面，内涵式博物馆要求必须有能力保护文物。

3. 注重陈列展览的创意策划

陈列展览是学术研究的基础，是社会教育的生动载体。因此，内涵式博物馆务必根据形势任务的变化、观众的文化需求动态，及时设计内容厚重、形式新颖、特色鲜明、社会需要的陈列展览。

4. 注重学术研究的档次与质量

学术研究是博物馆内涵式发展的核心竞争力。因此，我们在课题的立项方面，必须坚持"宁精勿杂、宁缺毋滥"的原则，严格把关，不断提升博物馆学术研究的档次和质量。

5. 注重社会教育活动的品牌打造

如果说学术研究是博物馆的"生命线"，那么，社会教育就是博物馆功能的"延伸线"。博物馆的社会教育有突出教育的全民性、社会性、终身性、直观性、丰富性、开放性、自主性、愉悦性、时代性、参与性、引导性，社会教育的品牌效应才能大力彰显。

6. 注重产业开发系列性

博物馆的产业开发要立足本馆的应用型研究成果的转化和观众需求的多样化，开发出匠心独运、便于携带、易于收藏的系列产品。

（二）博物馆内涵式发展的基本特征

特征是一种事物区别另一种事物的特点和标志，抓住了事物的特征，就抓住了主要矛盾，也就抓住了事物的本质，同时就找准了制约博物馆建设发展的"瓶颈"。博物馆的内涵式发展必须把握以下三个基本特征。

1. 展览方式的特色性

一个优秀的展览就是一个生动精彩的故事，一个展览就是一段厚重的历史，一个展览就是一本鲜活的教科书。要让"故事"引人入胜、"历史"启迪心灵、"书籍"净化灵魂，博物馆陈列展览的内容和形式就必须与时俱进。博物馆的社会教育作用、区域辐射作用、对外宣传作用、对观众的吸引作用，更多的是通过我们的陈列展览来完成的。因此，要看这个博物馆的内涵式发展能力强不强，必须看这个博物馆的展览内容是否丰富、主题是否鲜明、形式是否新颖别致、解说词是否生动形象、陈列"载体"是否有特色。如果展览的创新性、辐射性、推广性、指导性、示范性不强，那么这样的展览就没有特色。没有特色的东西就没有生命力，没有生命力的展览，是难以吸引观众和产生社会影响力和传播力的。所以，博物馆的陈列展览必须把握规律性、赋予创造性、体现时代性。

2. 科学研究的系统性

系统性研究是博物馆形成系列开发的基础，也是凸显一个博物馆生命力和核心竞争力的重要指标。因此，博物馆内涵式发展要把系统研究作为"撒手锏"和"定海神针"来打造。博物馆不但要针对全世界博物馆的发展趋势进行预测性的前沿研究，而且要围绕本馆特色搞一些有深度的特色研究，更要搞一些把理论转化为文化生产力的应用型研究。具体来讲，就是要对馆藏文物、内部机制、项目运作、品牌打造、产业开发、社会教育、人才培养、陈列展览、公共服务、宣传推广等大项工作进行深度研究，为博物馆的规范化、标准化、人性化服务提供理论依据和决策参考。博物馆的研究工作切忌"单打一""零打碎敲"和"散兵游勇"，必须整合力量，强强组合，项目攻关，方能形成"核裂变"效应和持续后劲。只有把博物馆的基础型研究、应用型研究、特色型研究有机统一，整体推进，博物馆研究的系统性才能充分彰显。

3.教育娱乐的针对性

博物馆的终极目标是引导人们进行教育和娱乐。博物馆教育是学校教育的延伸和补充，是社会教育的生动载体和重要课堂。博物馆教育的优势是"寓教于乐"。因此，博物馆教育只要在展览形式的直观化、生动化、形象化和视觉冲击力、艺术感染力方面不断攀升，就能达到"春风化雨"和"润物细无声"的功效。博物馆要充分发挥展览进学校、进企业、进农村、进军营、进社区的作用，让更多的人民群众走进博物馆，了解历史，感悟真理，学到知识、陶冶情操、启迪心灵、净化灵魂。因此，博物馆的社教活动要针对不同观众策划不同的主题活动，避免出现"千人一面"和"千篇一律"的现象。

（三）博物馆内涵式发展的重要环节

博物馆走内涵式发展道路必须在充分认清世情、国情和馆情，综合分析博物馆自身建设存在的问题和充分了解自身优势的基础上，有的放矢地拿出对策。目前，博物馆走内涵式发展道路至少应把握以下六个环节。

1.坚持科学规划布局

要夯实博物馆建设的基础，规划是关键。博物馆建设的规划应纳入城市社会经济发展总体规划。博物馆建设的总体布局、数量规模、质量效益必须与城市社会经济发展相适应。博物馆建设必须坚持对历史和未来负责任的原则，始终遵循博物馆建设发展的客观规律，既不能"滥竽充数"，更不能"拔苗助长"。在选址上，要定位在人群集中区域，因为无论是社会效益还是经济效益，都要通过"人"来体现。在理念上，要突出"以人为本""以文化人"和"文化的沉淀"。文化消费不应当是老百姓的奢侈消费，而是要把去博物馆、图书馆、影剧院消费作为常态消费，而绝对不是精英消费。要坚决打破博物馆是贵族、社会名流、研究人员等少数人的古物陈列所、学术据点的看法，让博物馆真正成为普通老百姓的"精神家园""文化绿洲""知识殿堂""城市客厅""文明窗口"。在外观设计上，既要充分考虑地域文化、民族风格、城市形象、馆藏特色、研究方向等元素，也要充分考虑时间、空间、地理等元素；既要彰显独特风格，体现大气，又要凸显时代特色，体现庄重和典雅。在内部设计上，既要有设计精美的展厅、别致的展柜，又要有一流的视听设备；既要有残疾观众的通道和卫生间，又要有供观众休息的阅览室、餐厅和咖啡厅；既要有规范有序的办公场所，也要有花园式、园林式的博物馆环境。在建馆的决策上，既要听取专家的意见，又要听取老百姓的意见。

2.注重文化体制建设

从我国文化建设自身看，文化领域正在发生广泛而深刻的变革，文化发展取得了巨大成就,但总体而言,文化发展同经济社会发展和人民日益增长的物质文化需求还不完全适应,束缚文化生产力发展的体制机制问题尚未得到根本解决。从博物馆自身建设看，重研究轻内部管理、重职称评定轻使用、重基础研究轻应用研究、重眼前轻长远、重馆内作用发挥轻辐射带动的现象不同程度地存在，这些问题的存在，根本在于体制不畅、机制不活。如果不高度重视并解决这些问题，影响和制约博物馆建设的深层次和矛盾就得不到根本解决。因此，从体制上讲，博物馆必须建设结构合理、功能齐全、运转高效的管理体制；从机制上讲，就是要建立与文物利用、科学研究、社会教育、人才建设相适应的激励推进机制，这样才能在博物馆实现催人奋进、优秀人才脱颖而出的生动局面。

3. 加强专业人才管理

国际竞争实质是综合国力的竞争，综合国力的竞争说到底是高素质人才的竞争。博物馆与博物馆的竞争，实质上也是专业人才和管理人才的竞争。要建设国际一流的博物馆，就必须建立一流的文博人才队伍。从博物馆的结构功能看，目前至少要建设四支高素质的人才队伍：一是建设一支精本职、通相关、懂邻近的文博专业人才队伍，这支队伍由大量的高学历和高职称人才组成，他们主要从事以文物开发利用和地域传统文化为主的科学研究，这支队伍应当成为博物馆持续发展的"专家库"；二是建设一支政治强、业务精、会协调、善管理的行政管理队伍，这支队伍主要负责博物馆的日常运转、安全保卫和协调管理，这支队伍应当成为博物馆持续发展的"智囊团"；三是建设一支作风实、精打细算、默默奉献的后勤人才队伍，这支队伍主要负责博物馆的经费预算、经费管理、物资采购、物资管理、基建工程、绿化美化等工作，这支队伍应当成为博物馆持续发展的"红管家"；四是建设一支懂市场、会经营、善开发的市场营销队伍，这支队伍主要负责博物馆文化产品包装宣传和市场运作，为壮大博物馆的造血功能"横刀立马"，这支队伍应当成为博物馆持续发展的"助推器"。这四支队伍犹如车之"四轮"，鸟之"两翼"，缺一不可。因此，只有坚持"四轮驱动，全面发力"，博物馆内涵式发展才有强大的人才支撑。

4. 深化品牌特色研究

特色就是一道亮丽的"风景"，特色就是一款众星捧月的"品牌"。博物馆要造"风景"、铸"品牌"，就必须根据自身的优势，结合本地区、本馆实际情况，采取"筑巢引凤""草船借箭""借鸡生蛋"等方式，主动与兄弟博物馆、当地高校、社科院、社科联及民营文化机构开展一些地域文化、地理名胜、人物、历史事件等研究，通过研究，进一步挖掘当地文化瑰宝，在展示当地文化特色上出奇制胜，形成独特的研究成果。地域文化就是一种特色，加强对地域文化的挖掘、保护、传承和研究是我们各个博物馆的应尽之责，实践证明，加强地域文化研究，是可以独树一帜和大有可为的。比如，重庆中国三峡博物馆可在巴渝文化、抗战文化、陪都文化、桥都文化、长江文化、码头文化、火锅文化、石刻文化、红岩文化、川剧文化等方面独树一帜。山东博物馆可在儒家文化、泰山文化、泉城文化、齐鲁文化等方面花力气。湖北博物馆可在荆楚文化、神农文化、屈原文化、昭君文化、三峡文化、武当文化等方面大有作为。江苏博物馆可在吴越文化、苏绣文化、园林文化等方面拿出大手笔。四川博物馆可在巴蜀文化、三国文化、道家文化、三苏文化、大禹文化、蜀绣文化、康巴文化、彝族文化等方面独领风骚。陕西博物馆可在炎黄文化、延安文化、秦川文化、秦岭文化、华山文化等方面独占鳌头。西藏博物馆可在佛教文化、寺庙文化、藏戏文化、文成公主进藏文化等方面遥遥领先。甘肃博物馆可在敦煌文化、古丝绸之路文化、酒泉航天文化等方面打造亮点。湖南博物馆可在湘楚文化、南岳文化、湘西文化、韶山文化等方面出彩。江西博物馆可在赣文化、井冈山文化、庐山文化、景德镇瓷都文化等方面展示魅力。

5. 大力发展文化产业

大力发展文化产业，是市场经济条件下满足人民群众多层次、多样化精神需求的必然选择。因此，博物馆走内涵式发展道路，只要充分发挥公共服务的独特优势，就能把文化产业做大做强。比如，广西博物馆的文化产业可在《刘三姐》系列、《漓江》系列、《桂林山水》系列方面走俏。湖南博物馆的文化产业可在《浏阳河》系列、《边城》系列、《凤凰》系列、《伟人》系列方面出精品。云南博物馆的文化产业可在《五朵金花》系列、《阿诗玛》系列、《阿瓦人民唱新歌》系列、《木府风云》系列、《丽江》系列方面打造经典。贵州博物馆的文化产业可在《黄果树瀑布》系列、《茅台》系列、《遵义》系列方面开发文化产品。湖北博物馆的文化产业可在《编钟》系列、《龙船调》系列、《三峡工程》系列、《王昭君》系列、《屈原》系列方面出重拳。新疆博物馆的文化产业可在《七剑下天山》系列和《花儿为什么这样红》系列方面浓墨重彩。山东博物馆的文化产业可在《孔子》系列、《孟子》系列、《孙子》系列方面扬帆领航。山西博物馆的文化产业可在《杏花村》系列、《五台山》系列、《云冈石窟》系列方面高歌猛进。河南博物馆的文化产业可在《少林寺》系列、《洛阳牡丹》系列、《岳飞》系列方面大放光彩。博物馆对文化产业的深度开发，实质就是对地域文化的深度挖掘、广度开发利用和特色彰显。因此，我们必须把挖掘、发展繁荣地域文化研究与推动博物馆文化产业有机结合和深度融合，才能促进博物馆的可持续发展。

6. 增强品牌宣传意识

博物馆的影响力、知名度和美誉度，一方面靠实力取胜，另一方面靠多渠道、大纵深、全天候的品牌宣传。在具体操作中应该强化以下两种意识。

（1）强化策划意识

主动超前策划、未雨绸缪是品牌宣传终端环节的一种预见性和目的性前期运作，这是做好博物馆品牌宣传工作的首要环节。策划和设计既是博物馆品牌宣传的前提，也是博物馆品牌宣传上档升级的关键。博物馆品牌宣传必须针对不同档期、不同任务、不同对象、不同重点、不同主题、不同要求，精心谋划、超前策划、周密计划、耐心细化品牌宣传实施方案和资源配置，从而达到有的放矢和事半功倍的效果。

（2）强化服务意识

博物馆的宣传部门要牢固树立宣传博物馆是天职，不宣传就是失职的意识，要深入研究、展览、讲解等部门了解挖掘品牌宣传的生动素材，及时与中央及市属新闻媒体进行沟通，保持联络和信息畅通，内刊、内网、信息简报要及时刊登报道博物馆在实际工作中所取得的新鲜经验、成功做法和先进典型。

二、博物馆的改革发展路径

面对我国综合实力的一路提升，文化旅游事业正在蓬勃发展、方兴未艾，博物馆建设管理也进入了历史上少有的黄金时期。国家在文化上的投资逐年提高，文化的社会需求呈现多元化、多层次的态势。如何适应博物馆发展的新要求，是摆在博物馆从业人员面前亟待探索解决的新问题。

（一）博物馆改革发展的新职能

纵观古今中外的发展历史，见证了博物馆事业的兴起与经济社会发展密不可分。博物馆既是经济社会发展的外在成果，也是一个展示不同时期文化建设的重要特征，更是提高文化自信的具体表现，博物馆对于提升全民族科学、文化素质和思想道德水平，有着极其重要的历史作用和现实作用。

博物馆是一个不追求营利的、为社会和社会发展服务的、向公众开放的永久性机构，以研究、教育和欣赏为目的，对人类和人类环境的见证物进行收集、保存、研究、传播和展览。

我国有记载的博物馆历史，可以追溯到 1000 多年前汉武帝时期张骞成立的第一家博物馆，这座博物馆开启了古代博物馆收藏展示的职能，也初步确立了中国古代博物馆的功能和目的，开启了一代文化事业的先河。但许多博物馆受到朝代更迭和战争战乱的冲击，遭受了不同程度的破坏和损毁。

中华人民共和国成立以来，国家对博物馆事业日益重视，各地博物馆相继扩建新建。值得强调的是，改革开放 40 多年来，我国博物馆的职能、功能，已经从文物的收藏、维护和展示扩大到参与地方经济社会进步上，主动与国际博物馆接轨。博物馆通过组织开展丰富多彩的各种活动，提高了社会地位，牵动了地方综合文化的发展，培育了地方文化特色品牌，拉动和促进了全域旅游的营销。

1. 有益的文化产品

博物馆要围绕博物馆职能，为人民群众提供有益的文化产品。收集和典藏文物是博物馆最基本的社会职能，也是博物馆的核心工作内容。博物馆的首要任务就是保护好可移动文物和不可移动文物等文化遗产，经过对这些文物的修复、整理、保养，并以生动、直观的形态展示给公众。博物馆内文物的陈列、保护、保养方面，职能必须明确，划分更加细密，确保博物馆内各种文物的完好性、稳定性、安全性。

2. 良好的文化环境

博物馆要围绕博物馆职能，为人民群众提供良好的文化环境。建立博物馆，旨在展示一座城市、一项事业、一件事物的发展历程，通过观众的参观和体验，展望未来发展的前景。通过博物馆的正式对外开放，展示城市独特的悠久历史和丰富的文化遗存，营造良好的文化氛围，为市民和外来游客们提供寓教于乐的理想去处，并受到全新方式的文化润泽，陶冶思想情操，愉悦精神世界，从而也带动并促进本地旅游、餐饮、住宿等其他服务行业的融合发展，拉动经济快速发展。

3. 厚重的文化认同

博物馆要围绕博物馆职能，为人民群众提供厚重的文化认同。在城市化高度发达的今天，人们的生活状态渐渐远离祖先们生存的田野和乡村，游客通过游览参观博物馆，能置身于浩瀚缥缈的历史长卷之中，了解人类的悠久历史和灿烂文化。在博物馆里，人们可以借助美妙的文字、珍稀的图片、全息的影像、直观的沙盘和多媒体信息技术等展示方式，了解到城市乡村历史的变迁，了解到不同时期所发生的重大历史事件、杰出的历史人物和不凡的建设发展成就，培养和激发市民、游客浓郁厚重的家国情怀，更加热爱祖国、热爱家乡。

（二）博物馆改革发展的新模式

党的十九大后，我们国家进入了改革发展新时代，各级地方政府更加重视博物馆的建设，加大了人力、财力、物力的投入力度，为繁荣和发展博物馆事业提供了更多强有力的支持。博物馆要勇于创新、敢于创新、善于创新，只有创新，才能在日益激烈的城市文化竞争中获取发展和提升的先机和后劲。

1. 创新展示方式

在互联网高速发展的时代，博物馆在完成常规服务的同时，更加注重数字化博物馆的建设，应该在博物馆之间建立联盟，文物展示立足本地特色的同时，加强区域之间优势互补，注重行业之间的统筹协调，对多样性博物馆文化资源进行融合利用，以满足人民群众日益增长的文化需求。有条件的前提下要创建省内博物馆间的"超级链接"，实现区域间协作和跨界融合，搭建更多的博物馆公共文化服务新平台，更多地改善博物馆的优质服务。

2. 融合旅游产业

深化文化体制改革之后，国家文化和旅游部门合二为一，这为博物馆的深入发展提供了新的契机，形成了互相促进的良好氛围和条件。博物馆要积极参与地方的旅游发展，通过强化文化旅游的内涵和外延，助力和吸引更多的游客走进博物馆。一方面，博物馆依托展示方式，丰富旅游体验，确保每一次游客再访时，都能有新的浏览内容和互动方式；另一方面，博物馆要提升博物馆外部接待能力，为游客提供良好的交通、住宿、餐饮服务，优化标识设立与导游指南等服务。

3. 转变经营角色

由于大多博物馆实施免费开放，经营角色发生了根本性的转变。博物馆要有别于一般商业导向，在服务功能与服务设施规划上，最大限度地保持以文化展示为主。一方面，博物馆通过高质量的展示环境与密集的展示内容，弥补过分强调商业利益的弊端；另一方面，要通过文创产品的研发，让博物馆的文化活动与消费内容紧密关联，产生更多的文化效应与集聚效应，在吸引游客从事文化消费的同时，增加以博物馆为核心的景区零售、餐饮、交通和住宿的综合经济效益。

总之，不断完善和扩展创新博物馆的社会职能，可以提高博物馆的整体展示水平，更好地使博物馆改善服务社会、服务人民群众的职能发挥，更好地为公众提供优质的文化服务，管理能力和服务水平不断与时俱进、推陈出新，让人民群众的文化生活更加丰富多彩、日新月异，助力经济社会的全面发展，共同构建幸福美好的新家园。

第三节 博物馆藏品的开发意义

博物馆藏品的开发，指的是利用博物馆所藏有的文物、艺术品、自然标本等资源，通过科学的管理和创造性的方式进行展示、教育、研究、交流与合作等活动，以此发挥其社会价值、文化价值、教育价值和经济价值。这种开发的意义非常多元，包括但不限于以下几点。

一是教育意义。博物馆通过对藏品的开发可以提供丰富的教育资源，使公众尤其是学生能够通过直观的实物了解历史、文化、科学等知识，培养民众的历史意识、文化自觉和科学素养。

二是文化传承。藏品是文化传承的重要物质载体，通过有效的开发，能够使文化得以传播和延续，增强民族文化认同感，保护非物质文化遗产。

三是研究价值。博物馆藏品是学术研究的重要基础，通过系统的整理、研究和开发，能够推动历史学、考古学、艺术史、自然科学等领域的学术进步。

四是社会价值。博物馆通过展览等形式的藏品开发，为公众提供了解世界、启发思考的平台，促进社会文明对话，增强文化自信。

五是经济效益。通过藏品的开发，博物馆可以吸引更多的游客，促进旅游业的发展，增加文化产品的附加值，带动相关文化产业和服务业的发展。

六是国际交流。博物馆藏品的国际巡展等活动，有助于提升一个国家或地区的国际形象，促进国际文化交流和理解。

七是科技应用。随着科技的发展，数字化、虚拟现实等技术的应用，可以使博物馆藏品的开发更加多样化和便捷，让公众在更广阔的范围内接触到这些文化财富。

综上所述，博物馆藏品的开发意义重大，它不仅涵盖了保护和传承文化遗产的基本职责，也拓展了博物馆在现代社会中的作用和影响力。

一、博物馆营销与文化产业开发

自 17 世纪后期具有近代博物馆特征的英国阿什莫林艺术和考古博物馆对公众开放以

来，博物馆成为重要的社会文化活动机构，收集和陈列精美的艺术品，逐渐走进大众视野。然而到 20 世纪 70 年代，博物馆的吸引力被越来越多兴起的文化机构和娱乐场取代。观众的流失以及经济的萧条，使有些博物馆不得不采取措施，英国伦敦的科学博物馆于 1977 年开辟了科学探索厅供孩子们玩耍，美国芝加哥的科学与工业博物馆也以成功的营销吸引了大批的观众。博物馆的市场化行为一时兴起，与传统博物馆理念产生了激烈的争论，直至 1989 年国际博物馆协会在哥本哈根召开大会修改了博物馆的定义，将博物馆"不追求营利"修订为"不以营利为目的"。

虽然早期博物馆营销主要是为了获取经济利益，但是随着活动的开展，人们对博物馆营销的认识更愿意从博物馆的核心价值的角度出发，将其区别于市场销售，重新认定博物馆营销是通过一系列的努力以试图建立广大观众了解博物馆并且欣赏博物馆的思想基础。博物馆营销不再只是获取经济利益的销售行为，更是博物馆社会效益取得的过程。此原则也应用于建立在博物馆营销框架内的博物馆文化产业。因此，目前有学者将博物馆文化产业定义为从事文化产品和文化服务的生产经营活动以及为这种生产经营活动提供相关服务的产业，注重其参与博物馆活动的服务性，即其与博物馆传统行为共同创造的博物馆社会效益，以文化为主要资源，通过生产经营和市场运作，为消费者提供精神文化产品和服务，其最终目的是满足人民的精神文化生活的需要。从目前我国博物馆文化产业开发来看，大致可以归纳为以下五种类型。

（1）围绕博物馆收藏、展示、研究等博物馆基础功能开展的产业行销，包括博物馆藏品的利用、博物馆精品展览的打造、博物馆研究成果的发布等，如博物馆精品陈列的设计制作、博物馆流动展览的策划与运作、博物馆文物的仿复制。

（2）博物馆文化技术的服务经营，包括艺术品的鉴赏与咨询服务、文物保护修复技术服务、馆外展览的设计与制作等。

（3）博物馆文化产品的开发与经营，包括民族工艺品与文创产品、博物馆印刷品、博物馆数字化产品的开发、制作与经营。

（4）打造博物馆品牌特色，形成博物馆社会效益与经济效益最佳结合的博物馆产品，包括民族地区生态博物馆的文化观光、民族服饰与歌舞的动态表演、文化遗产技艺的培训等。

（5）博物馆特色商店、书店、餐饮的经营。

二、博物馆文化产业开发对博物馆藏品的意义

目前，博物馆文化产业的收益多源于博物馆礼品店、茶歇厅、咖啡厅、餐厅等，实际而言，博物馆行销是指行销博物馆的内容。要行销美，不是行销咖啡。所以，当代的博物馆回到本位，在美与好奇心上做文章，以博物馆物质为载体的文化资源成为产业开发的主要对象。博物馆文化资源就是博物馆实现从传统的展示、研究、典藏、教育功能到富有开创性的沟通、信息、实证与休闲主张等一系列功能的物质基础，包括有形资源与无形资源。

　　有形资源包括场馆建筑、经费、人力资源、文物藏品、技术方法、研究成果等，无形资源包含博物馆形象与风格、文化元素、美学价值、精神追求等。其中博物馆藏品是博物馆有形资源的主体、无形资源的物质载体，也是博物馆产业开发区别于其他领域文化产业开发的特色资源。新博物馆学研究催生博物馆营销的合理化，以博物馆功能重新认识博物馆及其藏品。博物馆收藏范围不再局限于奇珍异宝，而是收藏"文化"，与观众的交流打破以往静态陈列的唯一方式，而是加强与大众的互动，通过多种方式让观众"把文化带回家"，以此来"活化"藏品。博物馆藏品一改以独立体的身份充当博物馆的价值表达和博物馆行为的工具，在文化表达的背景制约下，博物馆物件被赋予特定文化的价值标准，博物馆藏品角色扩大为博物馆的运行资源、物质基础、工作环节、传播媒介、研究成果等，在博物馆整体大机械运行中，参与博物馆研究、展览、保护、宣传、服务等多项活动，向社会提供产出。博物馆文化产业开发是对博物馆功能的延展，更是博物馆发挥藏品意义最大化，满足社会公众多元需求，提供社会产出的有效手段。

　　博物馆文化产业的核心资源是博物馆藏品，如何取得藏品维护和商业经营之间的平衡以确保博物馆营销的永续，使博物馆既能获得社会对博物馆运营的经济支持，又不脱离博物馆以社会效益为目的的公益性质，这需要博物馆藏品和文化产品在双方利益平衡点上相结合，形成"社会性企业光谱"，用非营利组织与主要利益相关者的关系表示其商业化程度即公益化程度。博物馆藏品参与文化产业，不是以商品的身份出现的。每个藏品带有独特的知识信息，包括质地、色泽、形制、大小、重量等感知信息，用途、工艺、性能等判断信息，民族、历史、社会的文化信息，这些才是文化产业加工的对象。因此，理性看待藏品保护与产品开发的关系在于认识藏品转化为博物馆经营产品的不是物质本身，而是物质信息的内涵与外延。

　　现代博物馆的功能，不仅在于教育或学习方面，运作所具经验、体验、故事、历史的智能，以及艺术美学的领悟，而是成为"诠释人生价值体系"的文化中心，所以博物馆便成了大众的休闲凝聚地、文化消费与产业的场所。博物馆营销是现代博物馆功能实现的思想引导和组织方式，是博物馆密切与大众联系的必要管理手段。以博物馆营销视野看待博物馆藏品保护与博物馆文化产业，二者并非对立，而是资源与产出的关系，是对藏品信息有效利用的过程，以形成更多博物馆产出，增强博物馆营销力。但是，在文化产业开发过程中，不能背离博物馆的核心功能，要遵循对博物馆藏品资源"保护为主，合理开发"的原则，增强文创动力，达成针对藏品与产品的博物馆行为的协调平衡。

第二章 博物馆藏品保护工作新进展

第一节 博物馆藏品创新保护思路

众所周知，随着互联网时代的到来，人们获取信息的手段和方式迎来了新的变革，促进了全球化的进一步发展，当我们要在现代社会中追求自我，延续本国文化的完整，从传统社会保留下来的文物就会成为民族特殊性的来源。在信息传递快速的今天，在博物馆文物管理过程中，对于文物保护需要探索出一条创新性路径。

文物作为最能体现国家性和民族性的历史产物，有着重要的研究价值、文化价值、审美价值，因此对文物进行保护具有十分重要的意义。在互联网时代，信息传递方便快捷，对文物的保养和修复能够得到更加专业的指导和监督，使文物的美感和承载的历史文化能够呈现在大众面前，从而提高对文物的保护程度，为保护中华民族历史悠久的文化做出贡献。

一、建立网络指导与共享体系

（一）网络指导体系

由于文物年代久远，在其遭到破坏之后，修复文物所需的原材料难以获取，文物制作原工艺难以传承，而文物的修复原则是不改变文物原状，最大限度地保留文物的历史、艺术、社会等价值，在修复时要做到最小介入、最大兼容。

因此，文物修复工作主要对照现存的同类型器物并查阅古籍记载，使其尽量恢复最多的历史信息，以最小干预的方式达到"修旧如旧"的目的。历史文物在经历腐蚀、风化等自然环境的侵蚀后保留至今，而现代社会的科技运用使得环境条件与过去相比有更大的不同，为了防止现存文物被进一步破坏，需要结合现代科技使用更为有效的物理方式和化学药剂对文物进行保存。但是任何原材料的使用都要经过时间的检验，保护和修复材料在老化后有可能给文物带来更大的破坏或影响，因此文物保护材料的选择已经陆续有一些标准，其物理性能和化学性能都有着更加严苛的要求。

连接各个博物馆的内部网络，统一上传需要修复的文物资料，由文物修复专家组成研究讨论小组，对各个博物馆的存储文物进行审查，通过远程网络连接，对需要修复的文物进行修复难度等级划分，选出修复工艺难度较低的文物，通过网络视频连接对博物馆内的文物修复人员进行实时指导，同时达到人员培训和文物修复的目的，提高工作效率。对于修复工艺难度较大的文物，在专家小组派出人员进行文物修复时，以直播的方式将修复工艺流程转播到其他博物馆内，将传统工艺展示给更多的普通人群，并为专业的文物修复者提供更多的修复案例。由于文物修复和保存难度大，需要丰富的历史知识、娴熟的工艺手法、专业的物理化学应用，在网络指导体系的建立下，不同学科之间的交流联系更加便捷，对文物的修复和保存工作也将更加完善。

（二）网络共享体系

文物有可移动和不可移动之分，为了有效地保护文物，各个博物馆之间极少进行文物转移，所以各个地区的博物馆所收藏的文物多为代表本地区域的历史文化，展现出了区域特色。在互联网时代，人们通过网络所了解的信息更多，而博物馆在展现本地文化特色的同时应该为人们提供更多的文化历史信息，在寻找本地重点文物的同时，使用网络共享的方式将更大范围内的重点保护文物展现出来，通过提高人们对重点文物的关注度，实现对类似文物和区域内文物的裙带保护。以大熊猫保护为例，大熊猫自然生活环境内生活着许多比大熊猫更加濒危的物种，通过宣传大熊猫憨态可掬的形象和濒危物种保护意识，使人们为了保护大熊猫的生存环境做出具体有效的措施，在对大熊猫的保护下，和大熊猫共同生存的其他物种也得到了保护，这就是由大熊猫产生的生物裙带保护伞。借鉴成功的生物保护案例，将其合理应用到文物保护上，使用网络共享体系建立文物联系和文化联系，扼制文物走私和文物盗取现象。

二、博物馆手机软件的制作与宣传

在互联网时代，手机成为更加重要的信息传递工具，手机上也装有各式各样的商业推广软件，在博取大众关注的同时引导人们以经济利益为主进行商品选择。近年来，电视媒体的鉴宝类节目以及新推出的鉴宝类手机软件，虽然在一定程度上提高了人们对于文物的认知程度，使散落在大众之间的文物能够被重新收集，得到国家的统一保护，但是也进一步引导了人们对于文物的思考模式，更加偏向于经济利益而非文物本身所具有的文化价值和历史意义。这样的思考模式对于文物的长远保护是不健康的，有可能出现文物保护的两极化和利益化，不利于文物保护的初衷和民族文化的传承。因此，博物馆手机软件的制作目的和宣传方式绝不能是商业化的，不适合将文物贴上价格的标签来博取人们的关注。

博物馆手机软件的制作和宣传方式应该以公益模式进行，增长大众对于文物的相关知识，在功能上除了拥有博物馆收藏文物的基本信息还应该具有文物检索功能，使人们在查询某一历史时期时，能够展示出文物不同时期的工艺特点，随着时代的发展，体现出工艺的进步和文化的传承，加强文化价值的认可和引导。

综上所述，文物的保护不仅需要通过互联网进行文物修复的技术交流，更加需要通过网络传递文物的文化价值。文物本就经历了数百年的历史，在这数百年里保存完好本就不易，文物是将当时的历史背景、工艺手法、文化传承下来，让后人得以了解的重要载体，所以每一件文物都是独一无二的，即使被现代人赋予了价值属性，但是不代表文物可以被现代的金钱衡量。

第二节 博物馆藏品的数字化保护

博物馆当中以数字化对文物进行保护工作和管理的方案，依照的是数字化的应用信息系统的建设。随着经济的发展，人们越来越追求高质量的生活水平，从原来的追求吃饱穿暖逐渐转为追求更高的精神文化。而博物馆又是一个增长文化知识的好去处，这就需要不断对博物馆当中所展览文物的保护工作进行更好的规划，让博物馆能够在有计划保障的情况下运行下去，实现长久发展的目的。

一、藏品的数字化保护

1. 数字化保护是发挥文物价值的前提条件

在计算机文化不断发展的推动之下，博物馆数字化管理以及文物保护已经成为这个领域的新鲜事物，博物馆的数字化文化建设正随着当今信息技术的发展而发展。数字化在当今博物馆当中的应用是文物的保护工作以及发挥文物价值的前提条件，这也是博物馆工作的重中之重。近年来，博物馆公共开放力度逐渐加大，进入博物馆游览的游客日益增长，这就给文物的保护工作带来了一些难题，在博物馆当中人为损坏文物的事件已经成为一种常态。想要解决这类问题，就必须实施文物的数字化保护工作。利用三维激光扫描、远近景拍摄和纹理方面的测量以及虚拟投屏等技术，将文物虚拟地呈现在游客眼前，减少了游客与文物的接触，从而达到文物保护的目的。

2. 数字化保护是发挥文物价值的客观条件

文物作为历史文化的载体，在科学研究及公共教育方面都具有非常重要的价值。文物的价值非常高，能够根据相应的文物来考察一个时代发生的事件。发挥出文物的价值是博物馆内展开各项工作的重点，而对文物实行科学的研究并进行对外开放的展览是实现文物价值的必经之路。数字化的文物保护工作在很大程度上提升了文物对外开放展览的便捷程度，博物馆在进行文物展览时可以采用一些数字化产品，这样既不损害文物又能够供人们参考研究。博物馆借助数字化文物保护工作，使文物能够被拿到别的地方展览，有效地降低了在外展览当中的成本问题，更加提高了对外展的水平及宣传教育的效果。

3. 数字化保护是传播中国文化的重要举措

新兴的数字技术是可持续地为广大观众保护和传播文化遗产的关键因素，并且是创造价值活动的核心，这些活动对创意经济具有一定贡献。国内自上而下的政策，例如"文化技术创新计划"旨在"充分促进科学技术融入文化部门",以及提出的"十四五"规划,旨在"建设文化产业,作为国家支柱产业"。

二、藏品的数字化管理

1. 创新保护方式

随着岁月的不断流逝,文物的形态可能会发生一些改变。文物数字化保护的目的就是通过数字化创新的形式来进行文物保护。文物的修复工作是文物保护工作当中非常重要的一项工作,而传统的文物修复工作既费时间又费人力,更容易让文物出现二次损伤,因此具有很大的不确定性。博物馆当中利用数字化对文物进行保护的主要目标之一就是充分发挥现代化信息技术的作用,对文物的修复工作提供一种保障,让其能够自动还原,自动匹配大小,从而提高文物修复工作的效率,以创新的文物保护方式来加强对文物的保护工作,能够很好地实现博物馆可持续发展的战略。此外,还能够将博物馆逐渐地推到大众面前,让博物馆成为一个大的公共教育设施。

2. 建立审查模板

在博物馆进行数字化管理时,需要馆内的工作人员将数字化管理的系统融入文物的出入库管理模板当中。对藏品的现状、数量和摆放位置等进行审查,然后记录藏品在馆内进出库的时间以及去向和出库的理由等。归还藏品时还要进行相应的审查工作,以确保其没有被损坏。这项流程的主要作用就是能够让工作人员清晰地知道藏品在馆内的什么位置,文物在外出展览时不必将文物的本身直接带走,从而就避免了文物在运输当中会被损坏,还能够直接避免人为造成的损坏,从而能让博物馆当中的文物能够长久地保存下去。

3. 信息数据系统化管理

利用多媒体将馆内文物的资料和图形以及视频等信息进行整理,从而实现多角度的保存和备份,能为游客提供一个准确的查询服务。通过这项工作还能够实现博物馆的自动化办公、管理的现代化,并提高馆内工作人员的工作效率。对馆内文物进行数字化管理,不仅能够很好地了解库存当中文物的种类以及其相应的资料,还能为博物馆提供一种可持续发展的能源。博物馆进行数字化管理时还可以与馆内的防盗、防火系统相结合,形成一套完整的管理体系,从而将博物馆的信息资源与互联网结合起来,建立一个数字化的博物馆,这已成为博物馆与时俱进以及开拓和创新的必然选择。

4. 提高博物馆科技水平

在博物馆当中对文物施行数字化管理,能够促进科学研究视野的开阔。依靠计算机的统计功能,能够在几秒之内就完成馆员几天才能够完成的统计工作,大大节省了研究人员和工作时间,并且让研究更加深入、更加便利。在文物展览时还可与多媒体结合起来,从而能够让展览的场地变得更加丰富、更加生动。

三、博物馆藏品保护中的 VR 技术

VR 技术是计算机技术与通信技术不断发展的成果，在各领域已得到广泛应用。对于博物馆文物保护工作而言，要不断地优化现有工作技术，吸纳社会发展的技术成果，提升文物保护工作效率与品质，满足现代人不断增长的社会需求。

（一）VR 技术的特点

VR 技术全称为虚拟现实技术，是通过三维图像等计算机技术、音频、影像、人工智能、传感、测量以及微电子等多种技术结合而产生的一种现代化的智能技术。可以通过有关技术的辅助来达到有关内容的模拟，从而让整个计算机设计出虚拟现实环境。由此进行对象的交互性操作，让人们在其虚拟操作的情境中感受到如同现实环境、事物一般的逼真场景。由于该技术通过计算机生成有关环境模拟现场，通过有关设备的辅助来提升人们视觉、听觉与触觉的感受。让人们通过虚拟成像的方式感知有关实际社会与事物的情境，参与到与环境、具体文物有关的交互活动中，以减少现实情境中交互状态的高成本消耗。通过该技术可以呈现出在现实中无法实现的情境。在线状况减少情境化感受的成本，提升环境模拟感受的可能性。相较于传统单纯的三维模拟技术，VR 技术的真实感受更为强烈，由此让参与其中的人有更强的环境沉浸感，产生更为真实的互动反应。在该技术的环境相互作用中需要充分调动人自身的感知能力，如此才能更好地获取更为逼真的信息，由此让 VR 技术更符合现实状况所需。该技术的实现仍旧依托于现实人们对环境事物的了解程度，人们了解程度越深，所呈现出来的效果就越逼真。

（二）VR 技术在博物馆藏品保护中的应用目的

我国历史文化悠久，以往所保存的文物，无论是在数量上，还是在品类丰富性以及品质程度上，都有巨大的历史价值。而要做好这些文物保护工作，不是一日之功，需要考虑长远。但现实情况中，较多的文物保护，一方面要进行整体状况的维持，另一方面要做好现代人学习参观的诉求开发。要做好文物的展示工作，就面临着文物保护的更大风险。尤其是较为珍贵的文物，更容易受到品质的损坏，甚至会遭到盗窃。为了更好地保护以及陈列，让其发挥更大的价值，让人们可以更好地欣赏文物成果，VR 技术的价值就越来越受重视。

人们在感知外部事物环境以及有关文物信息时，主要是通过视觉功能来获取，而 VR 技术就是视觉技术的集大成者。它可以更好地还原有关文物的外观形态，甚至模拟有关情境。VR 技术的应用最初源于 20 世纪信息时代的到来，计算机与互联网技术的快速发展，给有关技术的发展提供了更大的机遇。虚拟现实与增强现实技术也越来越被人们熟知，随着技术的成熟，有关成像交互技术也逐渐受到人们的关注。头戴式的显示设备与软件运用相结合，提升了 VR 技术的真切感。随着国家整体经济形势增强，人们对文化等软实力的关注度也不断攀升。VR 技术在一定程度上推动了文化产业的发展，提升了博物馆文物保护与展示工作的开发价值，让悠久的历史文化为人们所熟知，推动了整个国家的文化知识产业发展。

博物馆文物保护中 VR 技术可以展现多种内容，例如，文物不仅是单纯的一个古老的物件，还可以涉及整个历史环境建筑等多方面内容。VR 技术可以将有关文物的时代信息呈现出来，通过虚拟技术模拟还原一个真实场景去感受文物本身，提升整体文物等文化活动的感染力。而常规在博物馆中进行文物的单独呈现，往往只能关注到单个文物作品的本身，不能有更强的沉浸感，也不能更为直观地感受到文物所处年代的实际环境，这样对文物所展现的功能价值缺乏更为直观的感受。过去博物馆文物呈现工作上更多地采用实物陈列或者替代品陈列方式，在一定程度上满足了人们对文物了解的需求，但随着人们对整体文化体系了解诉求的不断攀升，缺乏感染力的文物呈现方式已经不能够吸引人们。VR 技术因为能够提供更具有感染力的环境渲染场景，通过更为直观的感受来刺激人体综合感官，尤其是视觉感官、有关声音的配合等，都极大地增强了文物呈现方式的趣味性，让人们对博物馆有关文物活动有更为浓厚的参与兴趣。通过 VR 技术模拟可以减少贵重文物呈现的风险，尤其是有关整个大场景的陈列风险更大，在这种情况下可以通过 VR 技术来模拟。当还原真实场景的成本高，现实意义较低时，就可以运用 VR 技术来替代，既减少了后期管理工作的压力，又满足了人们对有关事物了解的需求。VR 技术可以配合现实场景中文物现实呈现来互相辅助，满足更多人不同文物学习参观的需求，同时减轻博物馆有关单位在文物保护工作上面的压力。

（三）VR 技术在博物馆藏品保护中的应用形式

1. 在线或异地展示

VR 技术可以更好地异地参观，在线展览可以通过虚拟实景技术呈现出实体博物馆内的参观路径与参观效果。可以通过图像、视频、语音、文字等多种内容呈现博物馆参观的效果，让公众有更为便捷的信息查询体验、更为真实的游览服务辅助，让人们足不出户就可以体验到犹如在博物馆实景参观的感受。

当下计算机技术普及运用，通信技术成本越来越低，与现实情况有较好的融合。一般情况下，在线参观博物馆方式灵活便捷，整体用户方操作没有较高的技术门槛，一般各年龄层人员都可以轻易获取。尤其是这种在线看展览的方式可以最大限度地上复原已经不复存在的文化遗址与建筑，进行场景的复原，而后通过 VR 技术做对应的环境布局，配合有关声光电来增强人们的感官感受，可以模拟古人具体的生产生活环境，让参观者在线预览时犹如身临其境，穿越到古时候。尤其是当下人们对于穿越剧普遍喜好，这种身临其境般的体验活动，更能吸引人们的关注。而 VR 技术可以让人们身临其境地去感受古代生活细节，还可以配合有关手游软件的开发利用，来提升整体博物馆文化活动的推广。

2. 数字化修复处理

除了常规的虚拟现实场景的复原以及在线参观，VR 技术对于文物修复工作也有较好的辅助作用，能够减少人工修复所投入的时间与精力，确保其整体的拼接更为准确。VR 技术可以整理现有的文物碎片，进行自动拼接指引，节省了人力与时间。尤其是文物容易损坏，有脱色与剥脱等问题，需要通过人工修复来复原。而 VR 技术可以预先将修复之后的效果呈现出来，让修复工作者根据不同的情况进行选择判断，保证修复工作顺利展开，并获得最终相对理想的修复效果。这种预见性的 VR 人工修复工作，提升了整体博物馆文物修复保护工作的技术水平。此外，VR 技术还可以更为全方位、多角度地展现文物，对其文物存放管理工作进行预见性的判断。尤其是博物馆文物中大多文物是孤品、单品，如果产生修复偏差，则难以弥补其损失。而运用 VR 技术进行数字化修复处理，可以综合性地判断不同修复办法之后的可行性与效果，而后选择其中最优的办法来处理应对。

3.藏品虚拟化展示

在实际博物馆文物工作中，为了有关文化交流以及有关工作的开展，需要进行文物展示工作，VR 技术的应用可以避免实体文物展示中的运输以及多种损坏问题。采用技术还原逼真的文物效果，为有关文物的收藏与处理提供了一定辅助。尤其是博物馆在进行有关文物的收回以及交易活动中，通过 VR 技术还原其实际状况，避免实物交易处理中导致的风险问题。同时，VR 技术可以通过实际情况进行作品影像的旋转、放大或者缩小，对交互式参观等工作也提供了较大的辅助。尤其是文物触碰中容易有脱色与剥脱等问题，通过数字化的展示可以有效地减少不必要的损伤。

（四）VR 技术在博物馆文物保护中的应用价值

对于专业的文物鉴赏人员而言，VR 技术与实物呈现方式的价值有本质的差别。VR 技术更大程度上是呈现一种多样化的形式，以满足不同程度需求，但是并不能完全替代博物馆文物呈现中的实物实际呈现价值。对于一般人来说，VR 技术可以更好地满足其感受力。例如，可以通过 VR 虚拟技术程序，让人们近距离地感受文物所展现的具体时代环境、场景，甚至配合有关游戏元素来提升与文物互动的效果。但对于专业的文物鉴赏人员而言，他们的兴趣更多地集中在文物真实的本身细节，这种细节甚至会因为不同环境变化而改变，有更强烈的真实感，而 VR 技术设置的程序固定，缺乏真实性的物品与环境的互动状况。因此，对于该技术的应用，只能满足部分人群的需求，并不能够满足所有文物鉴赏与工作人员的诉求。在此方面也不可以过度地夸大 VR 技术的价值，真实与虚拟之间仍旧有各种感官上的差异。

VR 技术应用在博物馆文物保护中发挥了一定的辅助作用，要意识到新时代技术对文物工作的支持，避免资源技术的闲置。要辩证地看待技术带来的价值，充分利用其优势，补充其劣势不足。

第三节 博物馆藏品信息资源开发与动态管理

一、博物馆藏品信息资源的开发

市场经济条件下，针对藏品开发与利用中存在的问题，博物馆要采取相应的措施，建立健全藏品开发机构，增强陈列展览吸引力，提高藏品利用率，同时拓宽利用渠道，积极开展藏品信息开发与利用，培养人才梯队，开展藏品研究，提升自营创收能力，解决部分资金困难。

（一）健全藏品开发机构

市场经济条件下，博物馆需要建立健全藏品征集机构和藏品信息开发机构。为杜绝藏品征集工作存在的盲目性、随机性，各级博物馆要建立健全藏品征集机构，配备专业人员，尤其是热爱藏品征集工作，熟悉本馆藏品情况，具备一定的藏品鉴定水平，了解市场运行规则和征集渠道的专业人员，掌握藏品征集的专项经费，专款专用已势在必行，将博物馆有限的藏品征集经费用到刀刃上。

当前，很多博物馆的藏品信息开发还没有落到实处，博物馆要抽调既熟悉本馆藏品又熟悉信息采集、计算机网络等新技术的工作人员组成专业的藏品信息开发机构，逐步对本馆藏品信息进行统计整理并录入数据库，这样既便于日后的藏品管理，又能与其他博物馆共享藏品信息。

（二）加强陈列展览工作

举办陈列展览是博物馆藏品利用的主要方式之一，对于一些博物馆而言，甚至是唯一的利用方式。那么，市场经济条件下，通过举办陈列展览提高藏品的利用率，吸引更多观众，发挥博物馆职能，可以从以下四个方面去努力。

1.重视观众的娱乐需求

当前，人们的物质生活越来越丰富，开始有更多的时间投入休闲娱乐中，但休闲娱乐的方式有很多，博物馆要想吸引观众，利用陈列展览开展教育活动，就必须重视观众的娱乐需求，人们在繁忙的学习工作之余走进博物馆，在获得知识的同时，追求高层次的文化娱乐是可以理解的。

国外博物馆的观众调查工作也证实了观众的娱乐性要求是参观博物馆的主要目的之一。在欧美一些国家，人们提出了博物馆功能的"三 E"原则，即 Educate（教育）、Entertain（娱乐供给）、Enrich（充实生活）；在澳大利亚，博物馆界则较普遍地把"娱乐消遣"与维护和保存社会文化遗产、通过研究提高知识水平、通过陈列教育公众列为博物馆的四大社会功能；在日本，一些博物馆学者开始赋予博物馆传统职能 RICE（调研、收集、保管、展览）以新的内涵，即娱乐、信息、传播和鼓励，而且把文化娱乐功能写入了博物馆法规之中，认为博物馆是在具有教育意义的前提下，供民众利用，进行有利于社会教育、调查研究、观赏娱乐等方面所必需的事业。

市场经济条件下，我国博物馆的藏品陈列展览工作也要重视观众的娱乐性要求，兼顾陈列展览的知识性、参与性与娱乐性。天津自然博物馆在这方面进行了有益的探索。天津自然博物馆基本陈列改造后，设有40多项多媒体、机械、触摸、连线问答等参与项目，生态景观15个，仿真动植物模型165件。6400平方米的展厅里，根据馆藏藏品分为序厅、古生物一厅、古生物二厅、水生物厅、两栖爬行厅、海洋贝类厅、世界昆虫厅、热带植物园等，展示标本达4000余件，内容极为丰富。陈列展览动静结合，增强了趣味性和观赏性，能够调动广大观众的参与意识和视觉、听觉、触觉等感官，深入浅出地传播科学信息，启发其观察与思考，使人们学到课堂上、书刊上学不到的知识。在展览设计中，努力为观众营造舒适愉快的环境，完善残疾人设施及为老年人服务的项目。专业人员还特意留出了部分空间作为观众休闲的场地。讲解人员一改过去"观者自观，讲者自讲"的枯燥说教方式，热情大方，既注意宜人施讲，又较好地把握信息传播的准确性，使观众在休闲娱乐中陶冶身心，增长知识。

2. 陈列展览要定位准确

市场经济条件下，博物馆的陈列展览要定位准确。博物馆要对自己的办展实力和服务范围有清醒的认识，结合自身优势，办出社会效益与经济效益俱佳的陈列展览。

20世纪90年代以来，精品陈列被博物馆界人士广泛推崇，这体现了市场经济条件下，人们品牌意识、市场观念的增强。形式固然是一方面，但陈列展览的内涵的现代化才是更有意义的。因此，各级博物馆只要结合自身的优势，选择恰当的形式，就能推出优秀的陈列展览。

另外，各级博物馆要对自己陈列展览的服务范围有清醒的认识。博物馆自身想要面向世界，服务全人类的想法是非常好的，但从实际情况来看，很多博物馆的影响力是非常有限的。因此，实力雄厚的大型馆要在服务全国人民的同时，积极参与国际文化交流。中小型博物馆要结合自身优势，积极为辖区内的人民群众服务。

临时展览是适合中小型博物馆开展宣传教育活动的有效手段。临时展览由于形式灵活多变，选题时代感强，陈列周期短，所需资金少，成为各级博物馆提高藏品资源利用率、发挥教育职能、服务社会发展的好方法，尤其适合中小型博物馆开展教育活动。

3. 创新陈列展览的形式

市场经济条件下，随着人们文化水平的提高和经济实力的增强，收藏文物和搞藏品研究的人越来越多，而且其中不乏专业人才。博物馆的基本陈列和临时展览一般考虑普通观众的接受能力，办展时兼顾知识性与观赏性、娱乐性，往往难以满足为研究目的而来的观众的需要。为满足这一部分较为专业的观众的需要，可以考虑采用仓储式陈列的模式。

仓储式陈列虽然还没有正式出现在博物馆学的陈列方法中，但它并非一种全新的事物。例如在法国巴黎塞纳河畔的卢浮宫，就是把宫中所有的藏品，按不同的质地，以长期储存和便于观众观赏的形式陈列，这种陈列就是博物馆仓储陈列。另外，在埃及、意大利等国，这种陈列方式也被广泛使用。它的特点是在接近库房的条件下对藏品进行展示，有利于藏品的保护，同时简化了陈列设计，提高了藏品的利用率，使大批长期闲置的藏品得到了利用。但它有其特殊的要求，如果不能保证，无疑对藏品保护是极其不利的，这种陈列方式应该首先保证藏品的安全和可持续利用，不然就违背了博物馆收藏和保护文物的基本职能。首先要具备丰富的藏品和足够大的场地，而且这种场地应该同时具备陈列室和库房的特点，另外这也给保护藏品的安全带来了极大的挑战。

4.加大陈列展览宣传力度

市场条件经济下，博物馆面临着行业内外的激烈竞争，如博物馆与娱乐业、旅游业等的竞争；各博物馆之间的竞争，如北京、上海等地多家博物馆与本地和外地多家博物馆之间的竞争。因此，博物馆的陈列展览想要吸引更多的观众，扩大社会影响力，真正发挥宣传教育职能，必须积极进行陈列展览的广告宣传工作。

在陈列展览的宣传方面，各级博物馆积累了可以借鉴的经验。如四川省博物馆在展览开幕前都要发布展览预告，印发和张贴有关的宣传材料，并向省内外的报社递送宣传稿件，使展览的消息广为人知。中国革命博物馆的主要做法是：在展览开幕前，编辑、印制展览简介；组织有关同志撰写介绍展览文物、宣传展览内容的文章，在《中国文物报》《中国教育报》《中国档案报》《中国文化报》等报刊上发表；邀请一些报刊、电台、电视台的记者召开新闻发布会，开幕当天，由新华社播发通稿，各新闻媒体也发报道。许多中小型博物馆，也应积极利用当地的媒体如地方电视台、晚报等加大陈列展览的宣传力度。

（三）拓宽藏品利用渠道

博物馆藏品利用不能仅限于陈列展览，博物馆要积极拓宽藏品利用的渠道，博物馆之间的藏品借用和博物馆与其他单位之间的藏品借用是提高藏品利用率，发挥藏品作用的好方法。

藏品借用业务既可解决藏品紧张和使用需求增加的矛盾，也可充分利用博物馆藏品。小型博物馆苦于没有成系统的藏品，难以举办陈列展览，而一些大型博物馆却因展出场地有限，使一些藏品长年得不到利用。这样一些博物馆将其他博物馆长期闲置于库房中的藏品借来展出，既满足了当地观众的需求，活跃了博物馆工作，又因借用品不是很珍稀的物品，从而还可节省博物馆的经费开支。博物馆借用特定的藏品，组织专题展览，向观众介绍异域文化，促进不同文化传统的人们相互了解，从而达到良好的社会效果，充分发挥博物馆的社会教育职能。

藏品借用不仅限于博物馆之间，还可以将藏品借给高校等研究机构，为科学研究服务，发挥藏品的作用，当然借用双方应保证藏品使用过程中的安全。这样既为科学研究提供了依据，又提高了博物馆藏品的利用率。

另外，根据目前社会上流行的"收藏热"，博物馆可以用实物作为"教具"，举办一些关于文物鉴赏的讲座或有偿培训，这样既提高了藏品利用率，又是自营创收的好办法。

（四）培养专业学术梯队

市场经济条件下，藏品研究仍然是博物馆日常业务的重要内容，这不仅是专业水平的体现，也是藏品利用的基础，没有对现有藏品细致深入的认识，是不可能做好藏品开发与利用工作的。这项工作归根结底要靠人来完成，培养专业人才，建设学术梯队，才是做好藏品研究，开发藏品信息的根本。

培养专业人才，建设学术梯队是一项需要长期坚持的工作。首先，博物馆要对自己当前所拥有的专业人才数量和构成有一个清晰的了解，这样才能确定人才培养和引进的努力方向。例如，经过统计发现馆内缺乏研究某一方向的专业人才，而馆内又拥有大量的这类藏品，博物馆就需要根据自己的规模和实力，提供合理的待遇条件，引进该方向的专业研究人员。

博物馆除引进人才外，还可以在馆内营造良好的学术氛围，自己培养人才。例如，很多在博物馆工作多年的老同志具有丰富的实际工作经验，这对博物馆来说是一个财富，要充分利用起来，可以老中青相结合，利用"结对子"的形式，进行传帮带，帮助刚刚进入博物馆的年轻人快速地熟悉博物馆业务，逐步培养起合理的人才梯队。再如，博物馆进行藏品信息开发需要大批既有专业背景又熟悉现代信息技术的复合型人才，而博物馆内很多文博背景的工作人员对信息采集、计算机网络技术不熟悉，不能胜任这项工作，那么可以考虑引进一两个计算机网络方面的专业人才，在日常的工作之余，对这些只具备文博知识的人员进行培训，使他们逐步掌握现代信息技术，从而能够胜任藏品信息开发这项工作。

在馆内营造良好的学术氛围，注重学术梯队建设，是博物馆做好藏品研究和藏品信息开发的重要经验。上海博物馆自中华人民共和国成立以来在藏品研究方面取得了一系列的成就，先后出版了《上海博物馆藏画》《上海博物馆藏法书》《上海博物馆藏明清扇面选集》《上海博物馆藏青铜器》《上海博物馆藏瓷选》《上海博物馆藏印》《上海博物馆藏品选》《商周青铜器纹饰》等大型图录，以及《上海碑刻资料选辑》《上海博物馆集刊》《上海博物馆藏·战国楚竹书》等，获得国内外学术界、出版界的一致好评。之所以取得如此丰硕的研究成果，与上海博物馆良好的学术氛围和学术梯队建设是分不开的，已故上海博物馆馆长马承源老先生自己就是一位资深的学者，不仅著作等身，还是一位著名的青铜器鉴定专家，他非常重视馆内的藏品信息开发工作，使上海博物馆形成了重视学术的良好传统。在学术梯队建设方面，上海博物馆的年轻工作者一般由老专家来带领，结合个人兴趣和项目需要分配任务，在实践中不断进步，另外对于研究人员，包括业务馆长等，每年都要求发表具有一定水平的学术论文若干篇，规定连续两年没有研究成果和工作成果的，将不根据专业职称给予调动工作，逐步培养起较为健全的学术梯队。这对博物馆营造学术氛围，建设学术开展藏品信息开发是一个值得借鉴的例子。

（五）多样化自营创收工作

市场经济条件下，无论是藏品的开发，还是藏品的利用，都需要资金支持，没有良好的资金支持，这些工作是难以开展的。为解决博物馆藏品开发与利用中经费短缺的问题，博物馆在争取政府资金支持的同时，要积极地自营创收，自己解决一部分经费问题。当然，这种创收工作是在博物馆做好本职工作，做好主业的前提下进行的，这样的自营创收才能真正具有意义。如果博物馆没有做好藏品征集、研究、陈列展览等工作，没有发挥宣传教育的社会职能，那创收工作不但没有意义，反而会影响博物馆在公众心目中的形象。

博物馆自营创收的途径是多样化的。例如，市场经济条件下，社会上兴起了收藏热，但大多数收藏者缺乏专业知识，难辨文物真伪。博物馆可以发挥专业优势，积极开展有关文物复制、仿制、鉴定工作的活动，并举办各种专业知识讲座、培训等。在完成本馆本职工作以外，还可以承接其他单位有关文物的拍照、洗印、修整、复制以及书画的装裱、陈列展览的设计制作等各项业务，尤其是为市场需求较大的展览项目提供有偿服务。这些活动得到的报酬可以用来支持藏品开发与利用工作。博物馆制作与本馆藏品和陈列展览相关的明信片、纪念品等一直都是博物馆用来增加收入的好办法。市场经济条件下，博物馆不仅是知识的殿堂，也应该是休闲娱乐的好去处。因此，博物馆应该建立一系列配套服务措施来方便观众参观，如设置停车设施、物件寄存设施、电信通信设施、餐饮设施及休息设施。尤其是餐饮休息娱乐设施，在满足观众需求的同时，又增加了博物馆的收入，是一举两得的好办法。

二、博物馆藏品的动态管理

（一）藏品管理的主要内容

管理学认为，管理是指通过计划工作、组织工作、领导工作和控制工作的诸过程来协调所有的资源，以便达到既定的目标。博物馆藏品管理是博物馆事业发展中的一个重要问题，藏品管理的好坏在一定程度上决定博物馆的发展前景和工作的优劣。我国博物馆事业经过一百多年的发展，在藏品管理上不断地积累、总结和吸收经验，逐渐形成具有中国特色的藏品管理方式。现阶段我国博物馆藏品管理明确要求做到"鉴定明确，账目清楚，编目详明，保管妥善，制度健全，查用方便"，主要是以传统的成熟的管理方式为基础，并且结合新兴技术手段对藏品进行管理。目前藏品管理的主要内容分为以下四个部分。

1.藏品的征集管理

藏品的征集管理是指博物馆根据自身的性质、特点的需要，通过各种途径，有目的地不断补充文物或标本的基本业务工作。藏品的征集工作是博物馆藏品管理的基本工作内容之一，博物馆不仅在建立时需要积累一定数量的藏品，而且在建成后还需要不断地补充和丰富藏品的种类数量，只有这样才能保证博物馆各项业务的顺利开展和业务水平的不断提高，这就要求博物馆要进行有效的藏品征集工作。藏品征集之所以成为藏品管理的基本内容之一，是因为博物馆藏品的数量和质量直接影响博物馆的业务水平和社会效益，藏品征集为藏品管理提供了物质基础。

藏品征集工作并非盲目随意地进行，它要求藏品征集要具有明确的目的性、科学的计划性和超前的预见性。明确的目的性是指对藏品的征集要根据博物馆的性质，从展览陈列的需要和保护国家科学文化财富的角度出发，有目的地展开藏品征集，逐步建立完整的藏品体系。科学的计划性是指藏品的征集计划应该建立在调查研究的基础上，主要是指博物馆藏品现状的调查、展览陈列和研究需求的调查以及有无征集对象和途径的调查。超前的预见性是指博物馆对藏品的征集要具有超前意识，藏品的征集范围不应局限于历史时期的文物，现代物品也应该在藏品的征集计划之内，为了未来而征集藏品。

博物馆藏品征集的主要途径包括考古发掘、民族学调查征集、社会调查征集、购买、接受捐赠、交换、调拨、接受移交等。无论是通过哪一种途径征集来的藏品，都要对与其有关的情况加以详细的记录，记录要求真实、详细和准确，同时与藏品有关的文件、资料要完整地保存，随同藏品作为第一手资料一同移交保管部门，这是建立藏品档案的基本内容，也是藏品管理的开始。藏品的原始记录应包括名称、质地、时代、保存状况、用途、地点、流传经过、征集者和征集时间等，这些记录是下一步展开藏品管理的基础，如果这些原始记录可靠翔实，就为藏品的入库准备阶段创造了十分有利的条件。藏品征集是藏品管理的第一步，它为后续工作提供了物质基础。

2. 藏品的入库管理

藏品的入库管理是指藏品征集完成后对藏品的鉴定、定名和定级。对藏品鉴定、定名和定级后，可以确定藏品在入库后采取何种管理方式和保存标准。将藏品征集来后，在入藏前的第一项工作就是进行鉴定，鉴定是博物馆藏品研究的首要内容，鉴定的主要任务是辨明藏品真伪，考证藏品内涵，评定藏品价值，其中包括藏品的定名和定级。藏品鉴定为博物馆藏品的科学管理、展览陈列和研究利用提供了藏品的价值、名称、年代、级别等鉴定成果。一般而言，藏品鉴定的重点是传世文物，当然自然标本、革命文物、民族文物等也都需要进行科学的鉴定。我国对文物藏品进行鉴定的方法主要有传统的凭借经验鉴定方法、调查研究和考证方法以及通过运用现代先进的技术设备检测等方法。

现阶段藏品定名，国家已经出台了统一的基本规定。自然标本的定名标准是按照国际通用的有关动植物、矿物和岩石的命名法规定名。历史文物的定名标准一般包括三个基本部分，首先是时代、款识和作者；其次是特征、纹饰或颜色；最后是类别、器形或用途。

同时，在定名时应注意，对于有历史、艺术价值而本身有残缺的藏品，定名时应注明"残"；文物不能进行分割的，定名时应该标在一起；对于成组的、完整无缺的，要定一集体名称，失群文物应在单体名称前标集体名称；凡属于文物的附属部分，不标在名称之内，但应在注中说明；文物的质地一般在定名时可不标明。

藏品定级是根据藏品本身的价值，划分等级，区别对待，对于珍贵文物要重点保护。根据《中华人民共和国文物保护法》和《中华人民共和国文物保护法实施细则》的相关规定，我国将文物藏品分为珍贵文物和一般文物两种。珍贵文物划分为三个等级：具有特别重要历史、艺术、科学价值的历史遗存为一级文物；具有重要历史、艺术、科学价值的历史遗存为二级文物；具有比较重要历史、艺术、科学价值的历史遗存为三级文物。一般文物是指具有一定历史、艺术、科学价值的历史遗存。此外，在藏品和非文物之间还有参考品，参考品大体包括对研究器物的质地、器形、铭文或纹饰有参考价值的各种器物残片；在鉴定研究上具有参考价值的近、现代作伪的文物。文物藏品在划分完等级之后，应该将一级藏品编印简目、建立藏品档案，并且上报有关国家文物行政管理部门；同时藏品的定级不是一成不变的，随着人们对文物内涵价值认识的提高，藏品的原定等级就会相应发生变动。

最后应注意，在藏品鉴定中形成的各个结论，是后续的藏品登记、藏品编目和藏品建档各个项目填写的主要依据，所以藏品鉴定又是藏品科学管理、科学保护和整理研究的前提和基础。

3. 藏品的库内管理

藏品的库内管理是指与博物馆藏品相关的登记、分类、入库排架、编目、统计、建档、检查和清点。该阶段是藏品管理的核心阶段，也是藏品管理中的最重要阶段。藏品管理的目标主要有两个：一是保障藏品的安全，防止藏品丢失与损毁；二是方便藏品的研究、利用，使藏品的各方面价值得到最大限度的发挥。

藏品登记是检查藏品数量和藏品管理质量的依据，需要建立起一整套完整、准确、详明的藏品登记账簿。藏品登记账簿主要包括藏品总登记簿、藏品分类登记簿、藏品出入库账簿、藏品修复登记簿、参考品登记簿、借出品登记簿等，其中最重要的是藏品总登记簿。博物馆藏品总登记簿必须由专人负责，永久保存。藏品总登记簿在登记时要按照严格的格式，逐条、逐项填写，具体内容包括藏品登记号、藏品年代、藏品名称、藏品数量、藏品现状、藏品的来源、藏品登记凭证等。藏品总登记簿是博物馆藏品管理的依据，博物馆的每一件藏品都必须依据入馆凭证，核对藏品及时登入藏品总登记簿。

藏品分类是藏品管理、研究和保护的中心环节。藏品分类是按一定的标准，把具有相同特征的藏品聚合在一起，不具有这一特征的藏品区分开来，并另行分类，以便藏品的科学管理、整理研究和提供使用。目前国内国外关于博物馆藏品分类都没有统一的分类标准。因此，需要先制定藏品分类标准，然后根据藏品的自然属性或社会属性的不同，确定具体的分类方法。目前国内主要的藏品分类方法有时代分类法、地域分类法、工艺分类法、质地分类法、属性分类法、来源分类法、价值分类法等。藏品分类是为藏品的入库排架做必要的准备工作。

藏品排架是在藏品分类后，按类入库排架，同一类别的藏品放在一起，原则上按登记号的顺序依次排架或入柜。但由于藏品繁多复杂、形状多样、重量体积相差悬殊，这也就使得一些特殊的藏品必须存放在单独的位置，不可能按顺序号对号入库。藏品在入库排架后应经常检查，发现问题及时处理，以保障库房内每一件藏品的安全。预防藏品丢失、损坏，是每一位库管人员的责任，也是藏品管理的基本要求。藏品排架是为了实现对藏品科学有序的管理。

藏品编目就是编制藏品目录。藏品目录就是按一定的分类标准将藏品分为若干类，并且按照一定的次序排号，说明藏品所具有的基本特点，鉴定藏品所具有的价值，同时考证藏品源流，便于使用者可以按照类目查询到所需的藏品，同时极大地促进藏品本身和有关问题的研究。我国藏品目录形式主要为书本式目录和卡片式目录两种。藏品目录按使用对象分为公用目录和工作目录两种。公用目录是博物馆藏品管理部门对外提供使用的能够检索藏品的使用目录。工作目录是供博物馆藏品保管部门内部人员工作使用的目录。藏品目录应包括前言、目次、正文、辅助资料四个部分。每一个博物馆都应有自己的藏品目录，同时在各个博物馆藏品目录的基础上形成全国的藏品目录，这将大大促进藏品的综合研究，推动博物馆事业的发展。

藏品统计是对博物馆库房藏品实行精细化管理，通过精确的数字来反映藏品各个方面的实际情况。藏品统计要制定统一的统计表格，按要求收集和积累原始数据，查证核实后再逐项填写，统计的数字要求准确无误。统计的基本内容包括藏品年度综合统计、藏品变动分别统计、藏品动态统计、藏品保护统计、藏品损坏统计等。藏品建档是指为藏品建立档案，其内容应包括与藏品有关的研究资料，鉴定、修复和使用记录，以及藏品的照片、拓片影像等资料。藏品档案是一个逐渐积累的过程，因此自藏品入藏之日起就应该对与藏品有关的资料进行收集，这些资料是对藏品进行科学管理、保护、研究和展览陈列的依据和保障。

藏品检查和清点又称为盘库，即对库房内的所有藏品，按藏品总登记簿记录，逐一清点核对，以保证藏品的安全，达到账物一致。盘库是博物馆保证藏品安全采取的必要手段，每一个博物馆都要定期对库房内的藏品进行盘查。藏品清点是藏品管理中最为艰巨的一项任务，因需对库房内的所有藏品逐一进行清点，对于藏品丰富的博物馆而言这将是一项工作量非常巨大的任务，因此藏品仓库要提前准备，有计划、有步骤地进行。藏品盘库通常采取的是分库、分类、分批次进行，按排架目录逐一清点。

4. 藏品的展陈管理

藏品的展陈管理是整个藏品管理过程中最为密集的阶段，由于展览和陈列是博物馆的基本职能，而展览和陈列是以藏品为依托的。在这一阶段，藏品会产生存放位置、运输、保存环境等诸多因素的变化，这也就导致了这一阶段对藏品管理的频率上升。藏品的展览和陈列是以藏品为基础的，是藏品价值的表现形式。博物馆展览和陈列是指在一定空间内，以文物标本为基础，配合适当的辅助展品，按照一定的主题、序列和艺术形式组合而成的，进行直观教育、传播文化科学信息和提供审美欣赏的展品群体。对藏品进行展览和陈列使得藏品从库房排架上走入了大众的视野里，这是藏品管理的目的之一。在藏品展陈阶段的管理主要包括藏品的库房提取、藏品的出入库、藏品的运输、藏品展览陈列等内容。

藏品的库房提取是指藏品保管部门根据展陈部门制定的展陈大纲，在库房内核实提取展陈大纲上所需的文物，根据藏品存量的实际情况给予展陈部门以反馈，对于不在库房内的藏品告知展陈部门改换其他藏品以代替。对于库房核实存在的藏品，在提取的过程中应填写藏品提用凭证，该凭证应包含提取部门、提用目的、提用藏品的具体信息，以及提取人和时间等必要信息。这是藏品出库的准备阶段。藏品在存放库提取完成后进入中转库，等待进行出库点交。

藏品的出入库是指藏品的使用部门与藏品管理部门对藏品进行移交的过程，在此过程中必须对藏品的数量和现状进行认真核对，点交清楚。藏品出入库时必须办理出入库手续，对于一级藏品、保密性藏品、经济价值较大的藏品需经主管副馆长或馆长批准，其他藏品经藏品保管部门负责人批准，藏品在用毕后应及时归库，以保障藏品安全。根据藏品用途的不同，由藏品提借人填写不同的出库单据，所有的单据都必须仔细填写，保证准确无误，填写完成后将所填单据送交主管领导签署意见，藏品在提借出馆时，要在藏品出库单上加盖博物馆馆章，藏品出库单包括藏品出库通知单、藏品出库清单、藏品出库回执单以及藏品出库存根四个部分。库房保管人员在仔细审核出库单无误并确认签字后，方可将藏品点交给提借人。库房藏品保管人员必须妥善保存藏品出库单据，在接受藏品归库时，要严格按照藏品出库单据记录内容逐一核验，以保障藏品的安全。藏品的出入库手续办理虽然烦琐，但是这也是保障藏品安全的有效手段。

藏品的运输是藏品在由库房转移到展厅这一过程中，为保障藏品的安全而采取的管理手段。藏品管理的第一要务就是保障藏品的安全，在藏品的运输过程中，由于各种不确定的因素会对藏品构成威胁，这就需要藏品的管理人员采取措施，应对各种情况的产生，以保证藏品的安全。运输中的藏品首先要有囊匣的保护；其次在管理运送中要选用经验丰富的藏品保管人员，在长途运输中要选用有信誉保证的公司；最后，应提前考察好藏品运输路线，对于各种可能发生的情况加以预见，使不安因素降至最低。

藏品在展厅内管理不同于库房内的管理，库房的环境是相对封闭的，而展厅是一个开放的环境，同时藏品由库房移动至展厅藏品保存的环境也发生了变化，这就对藏品的保护和管理提出了更高的要求，这就要求藏品管理人员在保证藏品安全的前提下，藏品能够正常地展出。藏品展厅是一个开放的环境，需要接待参观者，而参观者的素质也参差不齐，这就对藏品的安全构成了威胁，因此，在藏品展厅管理和保护的过程中应充分考虑游客对藏品安全的威胁，保障藏品在展厅没有被盗和认为损坏的情况产生。

（二）博物馆的信息化

1. 博物馆信息化的概念

博物馆信息化程度的高低，是衡量博物馆发展状况的重要表现，也是博物馆现代化的标志。信息化是充分利用信息技术，开发利用信息资源，促进信息交流和知识共享，提高经济增长质量，推动经济社会发展转型的历史进程。信息化是以信息资源为核心，以信息技术为手段，促使信息资源的开发利用和交流更加高效，进而推动经济和社会的发展达到一个新的水平。

博物馆信息化就是要充分利用信息资源，不断地推动博物馆各项事业的蓬勃发展。博物馆信息化是指现行的博物馆工作的各个部门和一切职能都能够将电脑作为日常工具，并且构成一个以藏品信息数据为核心的网络平台。博物馆信息化应该涵盖收藏保管、研究、陈列、教育和行政管理等博物馆工作的各个方面。博物馆信息化是一个涉及技术、管理、服务、理念等多个方面、多个领域的长期系统工程，不是买几台计算机，开发几个信息系统就可以实现的。因此，在博物馆信息化的实施过程中应该树立全面系统的观念，从整个社会发展的角度，全面地思考博物馆信息化，要清楚博物馆信息化不是一朝一夕就能够实现的，更不可能一步到位，而是一个渐进的发展过程。博物馆在信息化的过程中不仅要吸收借鉴其他行业信息化建设积累的成功经验，使自己在建设的过程中事半功倍，而且要总结自己在信息化建设道路上的经验与教训，加深对博物馆信息化的认识，从而推动博物馆信息化发展水平的提高。

2. 博物馆信息化的内容

信息化就是通过数字技术将文化遗产转化成数据。博物馆信息化是一个渐进的、不断完善和发展的过程，在这个过程中应注意以下内容。

首先，数据库的建设。由于藏品是博物馆赖以存在和发展的基础，博物馆数据的建设应以藏品信息数据为核心。数据库应是存储文字、图片、音频、视频等多媒体类信息的多媒体数据库。博物馆数据库不仅包括藏品档案数据、古建筑和古遗址数据、古文献数据等基础型数据库，而且包括各门类藏品研究的专业型数据库。数据库的建设是博物馆信息化的基础。由于藏品、古建筑、古遗址和古文献等具有形式多样、形态复杂的特点，外加藏品管理的特殊操作规定，因此博物馆数据库的建设是一项长期性、持续性的工作。数据库的建立是博物馆藏品动态化管理的基础。

其次，通用网络平台的建设。网络平台的建设是博物馆信息化的重要内容之一，只有建立起方便简洁的网络平台，才能够满足博物馆工作人员在不同条件下的办公需要，方便各个部门之间的沟通，提高办事效率。网络平台的建设，能够使博物馆数据库发挥最大的效用。在博物馆通用网络平台的建设过程中，应充分考虑到博物馆内部部门较多、专业区别较大的特点，从各个部门的性质出发，采用分布式服务器和分布式数据库的拓扑结构，这样不仅有利于信息的传输和处理，也有利于网络的分阶段实施和扩充。同时，应该考虑到馆内网络平台与外部连接的问题，这样不仅能够满足公众查询的需求，而且能满足馆内人员移动办公的需要。

再次，人才的引进与培养。人才是博物馆各项事业发展的原动力。在博物馆信息化的过程中，对博物馆管理人员提出了更高的要求，其不仅要具备文物保管与修复、陈列展览、文物研究、社会教育等方面的专业知识，而且要具备现代信息技术知识。在博物馆信息化的发展浪潮下，博物馆应该结合自身实际，加强人才的培养。在对馆内员工进行深造的同时，与社会教育部门和高校合作，共同培养信息化中需要的高层次人才，是博物馆信息化的必然要求。只有充分重视人才的培养与引进，才能对信息的加工更专业、更科学、更有效，从而推动博物馆信息化事业蓬勃发展。

最后，管理理念与模式的改变。博物馆信息化在提高博物馆行政效率、管理效果的同时，也改变着博物馆旧有的管理理念与管理模式。例如，在传统的管理模式下，博物馆对藏品管理需要大量的人力、物力，在盘点藏品的过程中不仅耗时耗力，对藏品安全也构成了威胁。在博物馆信息化条件下对藏品进行管理，通过信息化手段能够实现快速有效准确的盘点，既省时又省力，与藏品零接触，保障了藏品安全。博物馆信息化不是单纯地添置新设备和技术组合，它还涉及了管理理念与管理模式的改变，同时伴随着博物馆工作体系、管理机制、规章制度的改革和提高。在信息化的潮流下，博物馆要抓住机遇，转变管理理念与模式，增强创新意识，使博物馆走向更加辉煌的发展道路。

（三）博物馆藏品动态管理

1.藏品动态管理的概念界定

博物馆藏品动态管理是指有关藏品的保护管理、整理研究、展览陈列和提供使用等工作，藏品管理人员不必深入库房，可以利用现代信息技术，通过计算机对藏品的保管、使用和研究等状况进行远距离的实时动态的管理。藏品管理人员的基本工作内容就是对藏品进行保护、管理和研究。在传统的管理模式下，藏品管理人员经常要深入库房一线从事这些工作，不仅费时费力，还会出现差错，有时还会对藏品造成损坏，管理人员大部分深陷于藏品管理中，根本无从谈起对藏品的研究。在博物馆信息化的基础上，藏品动态化管理模式充分利用物联网技术，实现了在不进入库房、不接触藏品的条件下，对藏品的年代、质地、完残、存放位置、使用状况等各项信息一目了然，同时能够对藏品的保存环境进行实时监测，这不仅能够将管理人员从藏品管理琐碎繁重的工作中解脱出来，还能够提高藏品管理效率，保障藏品安全。

藏品动态化管理是以物联网技术为支撑，以藏品信息资源的开发利用为重点，以保障藏品安全为核心，在节省人力、物力的基础上，以提高管理效率为目的的新型藏品管理理念，是博物馆信息化现代化的重要体现。在博物馆信息化的要求下，推动藏品信息化，藏品的信息化又为实现藏品的动态化管理提供了便利条件。藏品动态化管理的根本目的是在节省人力资源的基础上，通过运用现代信息技术，提高博物馆藏品的保护、管理和使用效率。

2. 藏品动态管理的工作内容

博物馆藏品动态化管理的目的就是利用物联网技术，实现对藏品实时、动态的管理，而实现这一目的就需要完成以下四个方面的工作。

首先，藏品档案数据库的建设。藏品动态化管理的核心是信息资源，通过对藏品各种信息的收集建立藏品档案数据库，利用动态管理系统加以整合，为藏品管理人员提供管理决策的信息。藏品的信息采集是进行藏品动态管理的基础性工作，这些信息应是以文字、图片、视频等多媒体信息反映藏品的实际状况。需要注意的是，在采集藏品信息中，由于事物是不断变化发展的，藏品的信息也是处于不断变化过程中，因此对藏品信息的采集要注意信息的有效性。藏品信息数据库的建设是实施藏品动态化管理至关重要的一步，只有做好这一步的工作，才能保证动态化管理的有效性。

其次，动态化管理系统。动态化管理系统是指在藏品档案数据库的基础上，结合物联网技术而开发出来的，对藏品进行实时动态管理的系统。它包含两个部分：软件设计和硬件架设，软件设计就是动态化管理系统的操作界面设计，硬件架设主要是在库房内进行，通过在库房架设无线网络、为藏品分配不同的电子标签等工作实现对藏品的实时监测。该系统会改变博物馆藏品管理上各自为政的局面，如库房的安保系统、环境监测系统等都是藏品动态管理系统的一部分。动态化管理系统是动态化管理的中枢，该系统将藏品管理与藏品信息融为一体，在藏品管理中不断积累藏品信息，再通过藏品信息标准化的要求不断规范促进藏品的管理工作。为充分保障藏品的信息资源安全，藏品动态化管理系统必须设立多重层次、多种手段的安全措施。如对于不同的使用者提供不同的权限，不允许非藏品管理用户随意查询藏品的详细信息，在藏品检索时也只提供浏览信息。

再次，管理组织结构的创新。藏品动态化管理是一个系统工程，它不仅是技术创新，而且代表着一种先进的开放的藏品管理理念。不能简单地认为，藏品动态化管理是在原有组织结构下进行的计算机化和网络化，组织是管理创新的基础，所以博物馆在藏品动态管理建设过程中，必须根据动态管理的要求对组织结构进行重新设计，使其符合要求。

最后，新技术手段的应用。由于物联网技术的成熟与发展，使得博物馆藏品动态化管理由理念走向现实。物联网是以感知为核心的物物互联的综合信息系统，是继计算机、互联网之后信息产业的第三次浪潮。在此次信息产业浪潮中，博物馆为推动博物馆事业不断向前发展，充分把握机遇，大胆地在藏品管理中运用新技术，使博物馆藏品管理事业出现跨越式的发展。博物馆藏品动态化管理就是新技术手段应用的成果。科技是不断进步发展的，在未来的日子里，为了保证藏品管理事业的蓬勃发展，藏品管理人时刻关注新技术的产生与应用，在条件成熟时，将其应用于藏品管理之中。

3. 藏品动态管理的技术条件

博物馆藏品动态化管理能够实现的根本技术条件是物联网技术的成熟与发展。物联网是以感知为核心的物物互联的综合信息系统，其创造性地继承和发展了传感器网络、泛在网络、普适计算、云计算、RFID（Radio Frequency Identification）等信息技术的优点，涵盖形式多样的应用领域，提供打破不同行业各自发展的现状的方式，创造不同产业相互结合的机遇，反映了人们对物物互联、感知世界的普遍的共同的需求。物联网在电力、农业和物流等对国民经济发展起基础和重要作用的行业，已有许多较为成熟的基于物联网技术的解决方案用于优化生产、提高企业的生产力和竞争力，物联网服务生产企业可以有效地提高企业的生产效率和管理水平。在藏品管理中应用物联网技术，可以利用温度、湿度、光照多种传感器对藏品的保存环境进行实时的监控和管理，提高藏品保管安全效率。

物联网是以感知为目的，实现人与人、人与物、物与物全面互联的网络。其突出特征是通过各种感知方式获取物理世界的各种信息，结合互联网、移动通信网等进行信息的传递与交互，采用智能计算技术对信息进行分析处理，从而提升对物质世界的感知能力，实现智能化的决策和控制。物联网的核心能力是全面感知、可靠传输和智能处理。全面感知就是通过感知技术手段随时随地地对物体进行信息采集和获取；可靠传输是指通过各种通信网络进行可靠的物体信息交互和共享；智能处理就是利用各种智能计算技术进行海量的信息分析和处理，进而实现智能化的决策和控制。藏品动态化管理只是应用物联网技术初级阶段，随着物联网不断发展和完善，藏品管理也必然由动态化走向智能化。未来的物联网将真正实现从任何时间、任何地点的互联到任何物间的互联的扩展。

第三章 文物保护概论

第一节 文物的基本内容及分类

我国历史上各个时代的人们在生产、生活和社会实践中产生并遗留下来的具有重要历史、科学和艺术价值的遗物和遗迹，包含着特定历史时期存留下来的丰富信息，从不同侧面揭示出一定的历史现象，直观地反映古代社会的真实面貌。它不仅可以弥补文献资料的不足，而且是研究没有文字记载的史前社会生产、生活、文化、居住、交通、贸易、人口和婚姻等古代社会面貌的唯一根据，是考古学的传统研究对象，是研究人类历史、科学技术和文化艺术及其发展的可贵实物史料。这些实物史料是人类文明信息的一种储存形式，包含着特定历史时期的政治、经济、军事、科学技术、文化艺术、工艺美术等诸多方面的各种信息，开发利用这些信息资源，不仅能长久地为人类文明的发展服务，而且会为我们现在进行的科学研究和生产活动提供极有价值的宝贵资料和有益的借鉴。

随着岁月的流逝，本身的材料组成、结构、性能及自身的不停运动以及所处的各种外界环境因素的变化，导致和加速了文物材质自身的一系列物理、化学、生物等变化，从而改变了文物材料的结构和性能，使文物遭受不同程度的损坏，甚至毁灭了文物材料自身。如出土古尸的腐烂，出土纺织品、纸质类纤维文物的糟朽，古遗址及石质类文物的风化，铁器的锈蚀腐蚀……这表明文物正面临着严重的腐蚀，使文物真品失去原貌，甚至大批珍贵文物正蒙受着无可挽回的损失。这样文物资源利用期限的长久性与文物材料存在期限的有限性之间就产生了矛盾。为了研究这一矛盾的内在规律，使文物长期妥善地保存下去，尽快挽救那些已糟朽腐蚀的文物，尽可能地延长古代珍贵文物的寿命，就必须十分珍惜文物和科学保护文物，否则不仅愧对我们的祖先，也愧对我们的后世子孙。综合以上种种原因，一门文理交叉、理工渗透的新的边缘科学——文物保护学便随之而诞生。

中国古代先民给我们留下了极其丰富而珍贵的文化宝藏。长城、故宫、莫高窟、秦始皇陵兵马俑和铜车马、半坡遗址、殷墟遗址、十三陵、乾陵、商周青铜器、法门寺珍宝等，就是其中的代表。

拥有丰富的具有历史价值、科学价值和艺术价值的珍贵文物，是我们中华民族的骄傲，也是我国的一大优势。

随着社会的发展和经济的增长，广大人民群众的物质、文化生活水平不断提高，人们对文物价值的认识日益增强。这是保护文物成为全社会共识，得到更加广泛的理解和支持的基础。

一、文物的基本内容

《中华人民共和国文物保护法》（2017年修正本）第二条明确指出，在中华人民共和国境内，下列文物受国家保护：

（一）具有历史、艺术、科学价值的古文化遗址、古墓葬、古建筑、石窟寺和石刻、壁画；

（二）与重大历史事件、革命运动或者著名人物有关的以及具有重要纪念意义、教育意义或者史料价值的近代现代重要史迹、实物、代表性建筑；

（三）历史上各个时代珍贵的艺术品、工艺美术品；

（四）历史上各时代重要的文献资料以及具有历史、艺术、科学价值的手稿和图书资料等；

（五）反映历史上各时代、各民族社会制度、社会生产、社会生活的代表性实物。

有些自然物体带有鲜明的时代烙印，又具有历史、艺术、科学价值，可以称为自然与文化双遗产，如我国福建省的武夷山、山东省的泰山等。

二、文物的分类

（一）文物分类的必要性

第一，由于文物种类繁多，加之文物材质不同，要求保存的环境也不同。如果把不同质地、要求不同保存环境的文物放在一起，就难以同时保护好两类完全不同的文物。如把怕潮湿的铜、铁等金属文物和需要保持一定湿度的漆、木、竹器放在一起，就很难保护好这些文物。如果湿度稍大，虽有利于漆、木、竹器类文物的保存，避免因干燥而发生脱水、起翘、干裂，却会使铜、铁等金属锈蚀。因此，对于不同质地的文物，必须将其分门别类地保存在最适宜的环境中。

第二，便于文物的保护修复。由于文物的质地不同，不仅存放的环境要求不同，而且进行保护和修复所用的材料和方法亦有很大的差别，因此文物必须正确分类，才能方便文物的保护与修复。

第三，庞杂的文物只有科学分类，才能便于管理，既确保文物的安全，又方便文物的查找、整理、研究和合理利用。

（二）文物分类的方法

依据文物的自然属性和社会属性，文物有许多分类方法，虽然没有统一的分类标准，但大体上有博物馆文物藏品的分类方法和文物保护研究的分类方法两类。

1. 博物馆文物藏品的分类方法

博物馆文物藏品的分类方法的特点，主要是便于管理、便于快速查找，同时兼顾到文物保护进行分类。

第一，按文物材料分类，如金、银、铜、青铜、铁、玉、石、陶、瓷、丝、毛、棉、麻、皮、骨角、牙、木、竹器等。

第二，按文物用途分类，如生产工具、生活用具、交通工具、兵器、乐器、礼器等。

第三，按文物制造分类，如织物、刺绣、雕漆、错金银、珐琅等。

第四，按文物制造年代分类，如旧石器时代、新石器时代、夏、商、周、春秋、战国、秦、汉、隋、唐、元、明、清等。

国内各博物馆又依据分类方法，制定出适合本单位的分类标准和方法。如中国国家博物馆将馆藏文物分为六大体系：一级藏品，货币，考古发掘品，民族文物，传世品，文献、拓片、老照片。又将考古发掘品按地区墓葬、遗址分为 29 类，主要按省、自治区、直辖市分。传世品按质地如石器、玉器、陶器、铁器等分为 18 类；货币按年代、质地、形状分为 18 类。

2. 文物保护研究的分类方法

文物保护主要包括以下四个方面的内容：一是研究各类文物的组成，材质的结构、性质、损害的原因及机理。二是研究文物保存环境对文物的影响。三是研究文物保护和文物修复的技术与工艺。四是研究文物保护的新材料。而在文物保护研究实践中，主要依据文物的材质成分和保存环境来分类。

（1）按文物材质成分分类

在相同的环境下，文物的材质成分不同，文物受损蚀的情况和要求的保护方法不同；相同材质的文物，在不同的环境下损蚀腐败的情况也不一样。文物的材质成分对文物的性质、寿命影响很大，为了深入研究文物组成材料对文物保护材料、保护方法、保存环境的不同要求，将文物按文物材料组成分为有机质文物和无机质文物两大类。

有机质文物：

①纸质文物（如古书籍、字画、碑帖、档案等）；

②纺织品文物（如丝、毛、棉、麻织物、制品等）；

③漆木竹器类文物（如古漆、木、竹器、竹简、古代建筑木构件等）；

④皮革类文物（如皮革制品、羊皮书等）；

⑤尸体类文物（如干尸、腊尸、湿尸、鞣尸等）；

⑥骨角质类文物（如甲骨、牙雕、贝雕、骨角器等）；

⑦音像类文物（如磁带、磁盘、电影胶卷、录像带等）。

无机质文物：

①金属类文物（如金、银、铜、铁、锡器等）；

②石质文物（如石刻、石碑、石窟、玉石、宝石、水晶、玛瑙等）；

③陶瓷砖瓦类文物（如古陶器、瓷器、玻璃、珐琅、砖、瓦等）；

④彩绘壁画类文物（如石窟、墓葬、寺庙、殿堂壁画、彩绘、颜料、地仗、崖画等）。

（2）按文物保存环境分类

①馆藏文物：一般形体小、重量轻，如可移动的碑刻，玛瑙、翡翠、水晶、宝石等，金、银、铜、铁等金属文物，陶、瓷、玻璃、珐琅、封泥、陶范、泥塑、砖、瓦等陶瓷玻璃类文物，丝、毛、麻等纺织品文物，骨、角质和象牙类文物，书画、碑帖等纸质文物，动植物标本、尸体类文物。

②室外文物：一般指形体较大、重量大的不可移动文物，如石窟寺、古城遗址、古村落遗址、古城墙、烽燧、塔等。

③地下水下文物：地下水下现在还未发现或已发现但因种种原因而未发掘的文物。

文物按保存环境分类的意义在于方便研究适合文物保存的最佳条件，以便人为控制文物保存环境。对于室外文物主要研究环境因素对文物腐蚀的机理，保护并创造文物大环境的最佳保护方案；对于地下文物主要从水文、地质、地理等大环境来研究地下文物的保护。

第二节 文物保护学研究的基本内容及基本方法

文物保护学有别于其他学科研究，它有其特定的研究对象——一切具有珍贵历史、艺术、科学价值，而又不能再生的文物。它的研究内容丰富，不仅包括文物的材料、组成成分、结构与性质、制造工艺、文物的来源及产地，还包括各种环境因素对文物老化、变质、锈蚀毁坏的影响及劣化机理等。只有在以上各方面综合研究的基础上制定对文物进行科学有效保护的方法和具体实施的保护技术，才能最大限度地延长文物的寿命和科学合理利用的时间。

一、鉴定文物的真伪

文物是具有极高的历史、艺术、科学价值的不能再生的文化遗产，国内外时有伪造文物的案件发生。过去判断文物的真伪多靠直接观察，并结合历史文献资料和文物标本进行对比分析做出判断。如今，应用先进的现代分析技术，使文物鉴定真伪有了可靠的科学依据。如20世纪四五十年代，欧洲古董市场上曾出现一批战国陶俑，售价极高，真假难辨。后经英国牛津实验室用热释光技术进行测试鉴定，这批陶俑根本不是战国时代的，而是近代制作的赝品。因为古陶器加热后会有明显的热释光现象，而近代的陶器则极少会出现这一现象。

二、研究古代文物的制作工艺

我国古代有不少制造工艺居世界前列，如秦始皇兵马俑坑出土的秦剑，在地下埋了两千多年，仍锋利无比。为了继承发扬这些工艺，作为今天的借鉴，可以利用现代分析技术来研究古代文物的制造工艺。经电子探针、金相分析等现代分析技术查明，秦剑表面镀有一层含铬的氧化膜，因而能防锈和保持锋利。

三、分析测定文物的成分、结构及表面性质

分析测定文物组成成分、结构的方法很多。

1. 文物成分的化学分析法

文物和世界上各种物质一样，都是由化学元素组成的。构成化学元素的基本单元是原子，原子可以进一步组成分子。而分子中因含有不同的原子团具有不同的化学性质，可以进行不同的化学反应，如中和反应、氧化还原反应、络合反应。在这些反应中会出现不同的现象，如颜色变化，产生沉淀、气体等。根据产物的性质、含量来确定文物的组成成分。这种方法所用仪器简单，但缺点是需要样品多，属破坏性分析，方法烦琐。

2. 文物中的现代仪器分析方法

组成文物的各种物质都是由化学元素的基本单元原子及由原子组成的分子组成。这些原子和分子都在不断地运动，具有一定的能量，处在一定的能级上。在接受外界能量时，就会由低能级（E_1）跃迁至高能级（E_2），这一过程叫作激发。这种处于激发态的分子、原子、原子核和电子，能量较高，很不稳定，在自发放出能量而返回到低能级的过程中，以电磁波的形式释放出原来吸收的能量，这一过程叫作退激。由于各种分子、原子、原子核和电子在退激时辐射的电磁波的波长不同而辐射出 γ 射线、X 射线、紫外线、红外线和可见光等。用电磁波作外界能源对分子、原子、原子核和电子进行激发，并设法测定退激时电磁波的波长和强度，就可以对待测文物的成分和数量进行分析鉴定。

根据以上基本原理设计成各种专用分析仪器，如紫外分光度计，测定紫外线波段的电磁波；X射线荧光光谱仪，测定X射线波段的电磁波；红外光谱仪，测定红外线波段的电磁波；等等。

（1）成分分析

原子发射光谱（AES）、电感耦合等离子体原子发射光谱（ICP/AES）、原子吸收光谱（AAS）、X荧光分析（XRF）、原子X荧光（PIXE）、中子活化分析（NaA）等已用于对陶瓷、玻璃、釉料、颜料、金属、纸张、骨质等的分析。

（2）结构分析

近代分析技术已经成为鉴定文物材质的重要手段，如核磁共振（NMR）、色质联谱（GC/MS，LC/MS）、红外线吸收光谱（IR）、激光拉曼光谱（NRS）、X射线衍射分析（XRD）、顺磁共振（ESR）等已用于宝石、陶瓷、有机物材料等方面的分析。

（3）微观形态及表面分析

光学显微镜（偏光显微镜、金相显微镜）、扫描电子显微镜（SEM）、透射电子显微

镜（TEM）、显微分光光度计及图像分析系统、电子探针（EPMA）、光电子能谱（ESCA）、俄歇电子能谱（AES）等已用于对釉料、陶瓷、金属、纺织品、木料、岩石、纸张、古生物样品、金属锈层等的分析。

（4）断代分析

C—14法断代、热释光（TLD）、穆斯堡尔法（R.L.Mössbauer）、电子自旋共振法（ESR）等已用于对古遗址、石窟寺、木乃伊以及纸张、毛皮、丝绸、漆器等的断代分析。

（5）热分析

差热分析（DTA）、热重分析（TG）、热机械分析（TMA）、示差扫描量热分析（DSC）已用于研究陶瓷的烧结工艺、原材料的相变、测定玻璃化温度等方面。

近代分析技术的应用为文物断代、文物成分确定、文物内部结构、文物腐蚀机理、文物保护新材料研究等提供了技术支撑平台。

四、研究文物毁坏的原因及锈蚀腐败的机理

（一）研究文物毁坏的原因

文物毁坏的原因，一是文物本身组成和性质的因素；二是环境因素；三是人为因素的破坏；四是自然因素的破坏。

1. 人为因素的破坏

文物遭受人类有意识和无意识的破坏是十分普遍而又十分严重的现象。

第一，城市现代化建设对古代建筑拆毁、破坏。

第二，缺乏科学规划的乱搭乱建，破坏文物古迹、古遗址的环境。

第三，开矿、采石、爆破造成的强烈震动，对石窟、地质构造和地下文物保存环境基础的破坏。

第四，地下水的过度开发，河流改道，引起地基下沉，波及地下环境改变，从而影响地下文物的保存。

第五，随着现代工业的发展，"三废"的排放，使空气、地下水、河流、江湖受到污染，从而使文物受到腐蚀。

第六，旅游业的快速发展，导致文物古迹参观人数剧增，导致室内空气的温湿度、二氧化碳、尘埃难以控制，给文物带来严重的危害。

第七，人们文物保护意识不强，文物素养不高，对文物随意触摸、涂刻造成危害。

第八，不合理的考古发掘和文物出土后保护措施不利，使文物在环境温湿度突变、光照特别是紫外线照射下遭到破坏。

第九，不符合文物保护要求的保护修复材料，不科学合理的保护方法、工艺给文物带来的有害保护或破坏性保护。

第十，文物盗掘造成文物的损坏。

第十一，管理不善引起文物的破坏。

随着人们文物保护意识的增强，保护科学技术的发展，完善而科学的文物保护法规的颁布和执行，这些人为的损害会逐渐减少，直至杜绝。

2. 自然因素的破坏

自然因素对文物的破坏，不仅有重大自然灾害的毁灭性破坏，还有经常性的，缓慢、轻微、日积月累的破坏。

（1）重大自然灾害的破坏

①地震对文物的严重破坏

地震是破坏性极大的自然灾害，由于是由地壳动力引起的，可造成地陷、地裂而使文物遭到严重的甚至毁灭性的损坏。

②台风、海啸对文物的破坏

台风及其引起的特大洪水、特大暴雨、泥石流等巨大自然灾害对文物造成的损坏。

③火山爆发、雷击等重大自然灾害引起的火灾对文物的破坏

④地下水位下降使保存文物的建筑特别是地下墓葬及文物遭受严重破坏

这一类自然灾害对文物的破坏既迅猛又严重，往往还难以预料。对于这类破坏，只有采取积极的植树造林、封山育林、改善环境、调节气候等措施，以减少自然灾害的发生。

（2）经常性、缓慢累积性破坏

①气候变化对文物的破坏

文物特别是刚出土的文物遇到温湿度突变等气候变化会受到很大影响，如使出土饱水漆木竹器快速脱水而干缩、起翘、开裂，使出土的纺织品、纸质文物干缩、粉化，使牙骨龟裂、翘曲等。

②紫外光的辐射对文物的破坏

紫外光辐射文物可使壁画颜料褪色、脱色，使文物材质发生光化学氧化、光化学老化和光分解。

③空气污染物对文物的破坏

第一，空气中有害气体对文物的破坏。

随着工业、交通运输业的快速发展，空气中的有害气体不断增加，对文物的危害越来越严重。空气中的有害气体主要有 NO、NO_2、SO_2、CO_2、Cl_2、H_2S 等。这些有害气体在有水分或潮湿的空气中会腐蚀金属文物，使其锈蚀；使纤维类文物（如纸质、纺织品、漆木竹器）酸化分解、变黄，糟脆腐朽；使砖瓦类文物酥粉；使石雕风化剥落；使壁画褪色、起甲、剥落；使皮革脆裂。

第二，空气中降尘对文物的破坏。

空气中降尘成分十分复杂，有酸、碱、盐粉末和颗粒。这些降尘在文物表面遇到潮气

就会溶解腐蚀文物；尘埃中还夹有菌孢子，在文物表面的降尘层寄生繁殖，其代谢产物会腐蚀文物。

3. 生物对文物的破坏

研究生物对文物的破坏主要是研究鼠类、有害昆虫及有害微生物对文物的破坏。

（1）鼠类对文物的破坏

鼠类的咬食是有机文物特别是纸质、纺织品、木质文物损坏的重要生物因素。受害的文物轻者散页、残缺不全，重者被咬成纸片、木屑，完全失去文物的历史、科学和艺术价值，造成完全无法挽回的损失。

（2）有害昆虫对文物的破坏

有害昆虫损害有机质文物，轻者残字缺页，孔洞丛生，重者变成纸片纸屑、木屑。由于文物的有害昆虫不仅具有一般昆虫的共性，还具有其独特的特点：惊人的抗干旱能力，较强的耐高低温的能力，其他任何昆虫所不能及的耐饥饿能力，几乎所有有机材料都能咬食的杂食能力，极强的繁殖能力。因此，文物的有害昆虫生命力强，破坏性大。它们的咬食使文物破坏严重，面目全非；改变了文物材料的结构，降低了文物的理化性能及机械强度。它们的排泄物不仅污染文物，严重影响文物的原貌，而且成为微生物侵蚀文物的新源泉；其幼虫对文物的破坏更隐蔽，通常寄生在文物材料内部，一旦虫害发生到可见程度时，可能已造成无法挽回的损失。因此，研究有害昆虫对文物的破坏特征，掌握昆虫的特性及生活习性，才能采取科学有效的措施杀灭害虫，确保文物不受害虫咬食破坏。

（3）有害微生物对文物的破坏

微生物是一群形体微小的生物，一般包括细菌、真菌、酵母菌、放线菌、立克次氏体、支原体和病毒等。它们除了有新陈代谢、生长繁殖、遗传变异等生物特性外，还具有微生物所特有的性状：形体微小（0.2 ~ 10 μm），必须借助显微镜才能看见；结构简单，有的具有细胞构造，有的甚至没有细胞构造；生长繁殖快，容易引起变异，因此种类多，数量大，分布广，以致世界上任何地方都有微生物存在。

微生物对文物的危害，主要是微生物在湿温环境条件下，以文物材料作为营养基生长繁殖，使文物发霉、腐烂、变质。微生物分泌的纤维素酶、淀粉酶、蛋白酶、果胶酶等酶能够分解文物材料，使其破坏作用更为严重。

4. 文物材料自身老化变质对文物的破坏

文物材料的老化变质是在上述人为因素和自然因素破坏的条件下进行的，有一个过程并需要一定的时间，但文物材料自身老化变质，其内在因素还在于文物材料本身。外界因素是老化变质的条件，是外因；外因是通过内因而起作用的。通过现代化学、物理分析方法研究文物的组成、结构、性质，就是为了研究文物材料老化变质的内部因素、原因及过程。从文物材料老化变质的实质深层次地进行研究，才能深入了解文物材料老化变质的具体方式和变化规律，从而采取科学的措施和方法来抑制人为因素、自然因素和文物材料本身内部因素对文物的破坏和影响。在相同的环境条件下，不同的文物由于本身材料的不同，腐蚀情况差别很大。如在潮湿环境下，保存金、铜、铁等金属文物，由于金属文物材料不同，其金属活动性能（金属活动顺序）不同，金一点不受破坏，光亮如初；铜器因有氧、水、二氧化碳或氯化物存在，很快生成蓝铜矿、孔雀石或氯铜矿、副氯铜矿等锈蚀产物，出现斑斑锈迹，损害十分严重；而铁则由于化学性能十分活泼，在氧的参与下，很快锈蚀，而且锈蚀产物疏松，容易进一步腐蚀，甚至完全变成一堆铁渣，所以古代铁器保存情况较好的很少，汉代以前的铁器现在已很难见到。

（二）研究文物腐蚀机理

研究文物锈蚀腐败的机理就是研究文物材料老化变质的原因、速度、规律，以便更加科学、合理、有效地保存文物。例如，有机质文物中植物纤维类文物（如棉、麻、木、纸）和蛋白质类文物（如丝、毛、皮）的腐败机理，主要是这些文物含有纤维素、半纤维素、木质素、淀粉、明胶蛋白质等。这些材料是微生物的培养基和营养物质。微生物在生长、繁殖、代谢过程中，分泌分解出纤维素酶、淀粉酶、果胶酶及蛋白酶。在这些酶的作用下，纤维素及蛋白质文物材料发生一系列的水解、分解反应，分解产生葡萄糖、麦芽糖、氨基酸等。

氨基酸不仅是微生物优良的营养基，而且会经微生物进一步分解、脱氨、脱酸，使长链的蛋白质变成饱和或不饱和的脂肪酸、酮酸、羧酸、醇、硫醇类物质及胺、二氧化碳、氨、硫化氢，使有机质文物腐烂发臭。由于蛋白质的分解、断链而使蛋白质文物材料表面光泽和强度都降低，并且发黏、变脆。

因此，只有通过对文物锈蚀腐败机理的研究，弄清楚文物物质材料损坏的原因与规律，才能真正做到"对症下药"，科学合理地选好文物保护材料，保护技术和具体施工工艺，最大限度地延长文物的寿命。

五、研究文物保护材料

文物保护学的一个重要内容就是研究各类文物保护、修复所需材料的合成、筛选及应用。文物保护材料的研究是一门综合性学科，其基本内容一是研究合成或筛选性能良好、符合文物保护基本要求的保护材料，二是研究利用各种文物保护材料进行文物保护修复的方法和技术。后者作为一个专门问题在后文讨论，而在这里着重介绍文物保护的主要材料及特殊要求。

（一）文物保护的主要材料

文物长期保存在地上或地下，受文物本身的化学组成、内部及表面结构等内因和温湿度、光线特别是紫外线、空气中有害气体、降尘、微生物、虫鼠害、风沙打磨等外因的侵蚀危害，使金属文物锈蚀，使书画等纸质文物及纺织品文物发生虫蛀霉腐，使石质、陶器、砖瓦类文物发生风化、酥粉，使漆木竹器干裂、起翘、糟朽，使彩绘壁画褪色、起甲、剥落、酥碱，使皮革尸体类文物腐烂。为了很好地保护文物，最大限度地延长文物的寿命，就要针对文物以上病害合成或筛选性能良好、经济耐用的各类文物保护需要的文物保护材料，如文物清洗剂、除锈剂、防腐防霉杀菌剂、消毒剂、杀虫剂、黏合剂、加固剂、修补剂、缓蚀剂、脱水定型剂及表面封护剂等。

（二）文物保护材料的特殊要求

由于文物保护是保护具有历史价值、艺术价值的历史珍品，是不能再生的，因此对文物珍品进行科学有效保护的材料有特殊的要求。

第一，用于文物保护和修复的材料，必须能保持文物原貌，修旧如旧，使文物在保护前后外貌上基本一致或力争恢复已损文物的原貌，要特别注意保护文物的历史标记不受影响。

第二，用于文物保护的材料，不应出现"保护性"损害，处理后不留隐患。

第三，用于文物保护的材料，能使对文物病害的治理与预防两个方面结合起来，既能消除影响文物寿命的病变，又能防止或延缓各种有害因素对文物的损害。

第四，用于文物保护的材料的性质及保护效果具有长时间的稳定性，同时这种处理还具有可逆性和再处理性，一旦有新的、性能更好的材料可对其进行无障碍替换。如用850有机硅防水剂对石刻进行表面封护处理，不仅能起到防水、防潮、防有害气体的作用，而且无色透明、无眩光，可基本保持石刻原貌；老化期长；若不需要或需更换时，用乙醇即可清洗掉。

第五，用于文物保护材料的合成原料应来源丰富易得，价格便宜，合成工艺简单可行，"三废"少且易于治理。要从实际出发，因地制宜，力争用最普通的原料、最少的费用，合成性能良好、符合文物保护要求、保护方法简便、保护效果最佳的文物保护材料。

第六，无论是利用国内外先进的文物保护材料还是我们自研制出的新的文物保护材料，都必须认真严格地经过对比实验，只有公认优于空白对照，优于一般常用的材料时，才能先用于残片或残缺文物；效果好时，再用到一般文物；经过多次实验、分析、测试、实践，验证确实无问题时，才能用于珍贵文物。

根据以上原则，性能优良、保护效果好的文物保护材料，必须借助科学研究中类比法和移植法，充分利用化学、材料学中所推荐的材料，从反应原理、合成方法、新的性能、保护原理、保护方法等方面做翔实的了解。

六、研究文物保护修复技术

有了对文物组成成分、结构、性能的研究，以及对文物保存情况、保存环境的了解，才能筛选或合成符合文物保护要求、性能优良、保护效果好的文物保护材料。

有了环境对文物的影响和破坏等科学研究的理论基础，还必须研究科学、合理、简便行之有效的保护修复技术。科学的保护修复技术源于保护修复实践和不断总结，既是文物保护理论的科学实践，又是对保护科学理论的检验。通过大量保护科学实践补充、完善、提高保护科学基础理论，沿着实践—理论—再实践的路线，文物保护科学才能健康发展起来。

有了正确保护科学理论的指导，还必须掌握正确的保护修复技术。否则，同样的文物，用同样的保护材料进行保护处理，但由于保护修复技术水平的差异，保护效果可能差别很大。所以，文物保护学是一门文理交叉、理工渗透的多学科实践性特别强的新兴边缘学科。

进行科学、合理、有效的文物保护，不仅要求保护修复工作者要认真、细心、心灵手巧，而且必须正确掌握文物保护操作单元。根据文物的组成性质类别，文物保护实践基本可以归纳出以下主要操作单元和操作程序。

第一，文物清洗。文物的质地不同、污染物及污染程度不同，所用的清洗剂及清洗方法不同。

第二，消除文物病害。如清除金属文物有害锈蚀产物、有机质文物上的霉斑等。

第三，杀死有害微生物。如彩绘、壁画、纸质、纺织品、皮革类文物上的霉菌、细菌、放线菌及害虫必须杀死。

第四，文物黏结。把那些破碎的文物黏结成器。

第五，缓蚀。对文物进行缓蚀处理，以减缓文物的锈蚀、腐蚀。

第六，加固文物。选择或合成符合文物保护要求的、性能良好、使用方便、经济、加固效果最佳的加固材料，对强度较差甚至一触即溃的文物进行加固处理，提高文物的强度。

第七，文物表面封护。对文物表面进行封护，以防空气中有害气体、酸、碱、盐以及氨、硫氧化物或金属氧化物作用生成的次生污染物，尘埃夹带的有害微生物等对文物表面的侵蚀及酸雨风沙对文物表面的冲蚀和打磨损蚀。对文物表面进行保护，是文物保护工作一项极为重要的任务。

由于文物个体的特殊性及文物的物理强度和腐蚀腐败情况不同，可以科学合理地组合、调整保护方案和操作单元的先后次序。如铁器表面锈蚀、铁芯较好时，可先去锈后再进行缓蚀和表面封护；若铁器已完全锈蚀、铁芯剩余很少时，可先对铁器进行预加固，然后进行脱盐、清洗、病害清除、黏结、整体加固和表面封护。

第三节 文物保护的基本方针及基本原则

一、文物保护工作的基本方针

保护优先、管理加强、价值挖掘、利用有效、文物复苏是文物保护的基本理念。这不只是文物保护工作的根本方针，更是文物保护的指导原则。文物保护研究聚焦于探究保存环境如何影响文物，并着手控制环境变量以预防其对文物的损害。此外，研究还涵盖了如何运用新型高效的保护材料和方法来增强文物的防变质（老化）能力，对遭受侵蚀的文物进行紧急保护性处理，消除材料病变，提升其强度，恢复稳定状态。这种预防为主、防治相结合的策略是文物保护工作成功的基础。预防意味着主动防止外部因素对文物的损害，未雨绸缪，其核心在于延缓文物材料的老化进程，最大限度地延长文物的使用寿命。

文物材料及其修复保护材料，在自然条件下，其组成和结构会逐渐老化、变质，甚至遭受严重的腐蚀或腐败，这是不可逆的自然过程。然而，通过采取科学而有效的保护策略，可以改善文物的保存条件和提高材料本身对外部环境因素的抵抗能力，确保文物在人类控制范围内能够尽可能长时间地保留。

二、文物保护的基本原则

我国的文物保护科学研究自中华人民共和国成立以来，由于党和政府的重视，人力、物力、财力投入不断增加，广大人民群众文物保护意识不断增强，文物保护队伍不断发展壮大，文物保护工作取得了很大成绩，也总结了不少经验。文物保护工作者不懈努力，总结自己的实践经验，借鉴国外的实践经验，在总结几十年来文物保护实践经验的基础上，逐渐形成了一些文物保护修复的规则。这些规则经过分析、总结、提高，上升到保护理论的高度，并逐渐成为文物保护工作中共同遵守的原则。

（一）理论与实践相结合的原则

文物保护学不仅涉及有机合成、无机合成、高分子合成基本理论、基本合成技术和操作技能，还在保护修复过程中与纺织、造纸、彩绘制陶、土木建筑、生物、医学等技术学科相联系，是一门在理论与实践方面都要求很高，多学科相互交叉渗透的综合性边缘学科。做好文物保护，必须加强文物保护方面理论知识学习，打好理论基础，在正确理论指导下认真实践，不断提高文物保护操作技能，确保保护修复工作质量。理论源于实践并在保护实践中接受检验，只有在实践检验中发现问题，研究解决问题，才能不断提高理论水平和实践动手操作技能。

（二）保存或恢复文物原状的原则

保持文物原貌，即保存或恢复文物的原状，修旧如旧，是文物保护修复的一条基本原则。文物有最初制作出来的原始状态，又有千百年历尽沧桑，在各种因素影响下发生变化后的状态，即刚发掘出土时的状态。文物保护中要求保存或恢复文物原状，不可能是文物的原始状态。如一件十分精致的在地下埋藏数千年的西周青铜鼎，表面形成一层铜锈。经锈蚀产物分析，铜锈的成分为蓝铜矿、孔雀石。这两种锈蚀产物在铜器表面形成一层致密瑰丽的铜锈，紧贴于青铜器的表面，不仅显示出古代青铜器的珍贵古朴的价值，而且起到保护青铜器被进一步腐蚀的作用。布满铜锈的西周青铜鼎虽不是它的原始状态，但这层致密而瑰丽的锈层却应保留下来。锈蚀产物中还有两种呈绿色粉末状的粉状锈（氯铜矿、副氯铜矿两种组成完全相同，而晶体结构完全不同的同分异构体），这种锈蚀产物结构疏松，空气中的氧气、水和氯化物可以通过锈层对铜器继续腐蚀，这种粉状有害锈应除去。如果某青铜器上无绿色的有害粉状锈，只有蓝色致密的蓝铜矿和孔雀石及一些沉积物时，只需用六偏磷酸钠溶液，用多层纸张贴敷法络合除去沉积物即可。

（三）清除病害保护文物安全的原则

在文物保护程序中一项十分重要的工作就是清除文物病害。要清除病害，防止病害对文物的破坏，首先要调查文物的病害，分析引起文物病害的有害因素，从而采取有效措施，消除损蚀破坏文物的祸根。如纸质及纺织品文物上的霉菌污斑，青铜器上的粉状锈，壁画、陶器、砖瓦文物上的可溶盐造成的病害，漆、木、竹器及皮革类文物上的害虫等能导致文物继续损蚀的病患，都应彻底予以消除，以保证文物健康、安全、长时间地保存。

（四）保护文物价值的原则

文物保护的目的就是以科学理论指导的技术和方法，防止文物的损坏及消除已损文物的病害，使文物健康保存。在保护修复中应坚持保存文物原来的制作材料、制作工艺、原有的结构和形貌的原则，以保护文物的历史、艺术、科学价值和体现这些有重要价值的历史标记和历史文化信息，严防任何有损文物价值的"保护性"损害行为和事件的发生。

（五）文物保护修复中应用现代新材料、新技术、新工艺应遵守的原则

虽然文物保护中保存文物原来的制作材料、制作工艺是保护文物价值的基本原则和要求，但随着科技事业的飞速发展，也应该在一定限度内利用现代新材料、新技术、新工艺为保护珍贵的文化遗产服务，使文化遗产得到更好的保护。

文物保护在坚持以上基本原则的前提下，还应坚持以下三项原则。

1. 文物保护修复中以使用原材料为主的原则

为了保护好文物所蕴藏的历史、艺术、科学价值和珍贵的历史文化信息，应尽量使用文物原来的材料，且以原材料为主，保护原材料结构，加固补强原材料，而不能以新材料完全代替原用材料。

2. 选用文物保护材料应坚持与文物强度、颜色协调的原则

加固补强文物材料的新材料的强度应大于原材料的强度，但又不能太大，以防加固补强后产生新的强度差异过大而导致新的损害。保护材料的颜色应与文物的颜色相同或相近，不能因颜色差异过大导致色调的不协调而影响或改变文物的原貌，损害文物形象及文物的艺术价值。总之，保护材料的选择应尽量追求"远看差不多，近看有区别"的效果。

3. 坚持继承与创新相结合的原则

文物是古代人民伟大创造和智慧的结晶，反映了古代文物技师、工匠高超精湛的技术。这些能工巧匠创造并遗传下来的传统工艺技巧，是先祖留给我们的宝贵财富，应努力发掘和继承，做到"古为今用"。应用现代先进的科学技术，先进的分析、测试设备手段，以及新材料、新工艺，可以更好地为保护文化遗产服务。在继承传统的基础上，文物保护工

作者应立足自主创新，为文物保护修复研制性能特别优异的新的文物保护材料，探索、研究、设计新型文物保护设备、工艺、技术，不断提高文物保护水平。

（六）合理利用加强管理的原则

1982年颁布的《中华人民共和国文物保护法》规定，坚持保护第一、加强管理、挖掘价值、有效利用、让文物活起来是文物保护工作的基本方针，也是文物保护应遵循的基本原则。加强科学管理是开展有效文物保护和合理利用文物、安全保管文物的保障。保护、利用、管理是一个相辅相成、不可分割的整体。保护是前提，利用是目的，管理是保证。只有保护好文物，保管好文物的历史、艺术、科学价值，才能很好地利用，充分发挥文物"古为今用"的作用。

第四节 文物保护学的发展趋向

文物保护学在我国虽起步较晚，但发展很快。近年来，我国的文物保护工作在总结国内外实践经验和理论研究的基础上，已形成一门有自己独特的研究对象及独有的研究方法，有别于其他学科，又与之联系十分密切的独立学科。作为一门日益成熟的学科，文物保护学的研究内容、研究方法、研究手段及所涉及的领域有如下发展趋向。

一、文物保护管理科学化、规范化

《中华人民共和国文物保护法》（2017年修正本）把文物保护工作"纳入当地经济和社会发展计划，纳入城乡建设规划，纳入财政预算，纳入体制改革，纳入各级领导责任制"。这"五纳入"原则用法律条文固定下来，使文物保护工作的地位和作用有了法律保证。通过研究文物保护管理的特点和规律，逐渐建立并完善文物保护的管理学基础理论。我国的文物保护工作正在迈向变被动管理为主动管理、达到科学管理和规范管理的道路。

二、文物环境研究逐步深化

凡是对文物材料产生影响的外界因素都是文物保护环境研究的对象，它涉及的研究范围很广。环境的好坏、变化，特别是环境突变对文物产生的危害极大，因此文物环境研究的重点是防止环境突变对文物造成的损害，特别是毁灭性损害。以前在文物环境的研究中，主要研究温湿度、光照、有害气体、尘埃等，而对周边地质、地理环境、微生物及昆虫等因素的研究不够广泛和深入。

三、文物材料成分、结构分析手段现代化

文物组成材料的成分、结构、性质，是文物材料老化变质的内部因素，故分析文物材料的组成、结构和性质，是研究文物材料老化变质的最根本的途径。过去研究分析文物材料的组成和性质，多采用传统的理化分析技术。随着科学技术的发展，分析文物材料成分、结构、性能的手段方法也随之发展，特别是随着文物事业、文物保护学研究的深入发展，

一些现代化的分析手段和方法广泛应用于文物材料。对文物老化、锈蚀、风化产物的分析，有助于研究文物老化变质的机理和有针对性地展开保护工作。

四、文物保护研究方法的综合化

随着科学技术事业的发展和文物保护研究自身的特点，文物保护越来越多地借鉴化学、物理、生物、微生物、医学、地质学、建筑学等方面的相关理论、相关技术，在对文物定性研究的基础上朝着定性定量相结合的方向发展，使文物分析更科学化、综合化、定量化，使分析结果更能反映文物的组成特点、变化机理、劣变程度等，使分析结果更精确。综合化的文物保护研究方法为文物保护方案、方法、材料、工艺的选择提供了翔实、可靠的科学依据。

五、文物保护修复技术精深化

文物保护修复技术，在继承发扬传统工艺技术的基础上，结合现代保护修复的新方法、新技术和符合文物保护特殊要求的新材料，对文物进行科学、全面、有效的保护修复。以彩绘陶的保护修复为例，形成了固色清洗去污技术、脱盐技术、黏结技术、加固技术、修补技术、防霉技术、表面保护技术等系列技术。上述每项技术的内容还在根据不同强度，陶体中可溶盐的含量，彩绘在陶面的附着情况，颜料的成分、性质等情况不断地发展和创新。

六、文物保护设施的现代化

随着我国经济与科学技术的不断发展，人们的文物保护意识不断增强，对文物保存环境的重视与要求不断提高，现代化的设备和技术逐渐应用到文物保护中。如文物库房或展室利用空调设备自动控制温湿度；利用紫外线吸收剂来防止紫外线对文物的破坏；用摄像头随时自动观察、监测、记录展室或库房的情况。这些现代化设备的应用为文物保护提供了优良的环境和新的有效手段。

七、文物保护研究单位研究工作的专门化、系统化

为了使我国丰富、珍贵的文物得到更有效的保护，国家文物局先后批准建立了出土木漆器保护国家文物局重点科研基地（湖北武汉）、古代壁画保护国家文物局重点科研基地（敦煌研究院）、陶质彩绘文物保护国家文物局重点科研基地（秦俑博物馆）、砖石质文物保护国家文物局重点科研基地（西安文物保护修复中心、西北大学、陕西省考古研究院）等专门的不同重点科研基地。这些科学基地的建立，使我国文物保护在各个不同领域的科研工作专门化、系统化，也使文物保护的理论、技术、方法、材料等方面的研究多出成果，以点带面，促使我国文物保护事业更好更快地发展。

八、文物保护研究单位研究工作的协作化

我国现在已有很多的文物保护研究单位，如中国文化遗产研究院、敦煌研究院文物保护研究所、南京博物院文物保护研究所、西安文物保护修复中心、陕西文化遗产保护研究

中心、山东省文物保护中心和前面所举的几个国家文物局重点科研基地等；加上全国很多博物院（馆）、考古所设有科技部、保护部、保管部等专门保护实验室，如故宫博物馆的科技部实验室、浙江博物馆文物保护室、陕西省考古所的文物保护室；还有设有文物保护专业的大专院校，如北京大学、西北大学等；另有一些大专院校正在筹备成立文物保护专业或设立文物保护方向的硕士点、博士点，如吉林大学、北京科技大学、中国科技大学、中国科学院研究生院科技考古系等。以上有关文物保护单位在文物保护的各个方面做了大量的文物保护研究工作，对文物材料的老化变质原因、变质规律，文物保护修复材料的选择、使用及工艺等都有深入系统的研究，而且取得很多经验和成果。研究机构与大专院校的研究人员之间通过采用"走出去、请进来"的方式开展科研协作、交流、人员培训等，走上了资源共享、研究水平和操作技能共同提高的协作化道路。

九、文物保护教育的普及化、深入化

做好文物保护工作，要加强文物保护教育，提高全社会对文物保护重要意义的认识水平，增强并深化广大民众的文物保护意识。只有这样，才能真正将文物保护办成政府重视、全社会参与、群众积极支持的事业。文物保护工作者也要加强职业道德教育，热爱本职工作，尽职尽责，加强责任感和使命感。这些都是文物保护学中的新课题。具体来说，应从以下四个方面入手。

（一）加强政府和文物单位领导文物保护知识的普及提高

政府和文物单位部分领导的文物保护意识和文物保护法治观念有待提高，避免"水洗孔庙"等事件发生，严防在文物古迹周边乱搭乱建违章建筑或有严重污染企业的建设与生产。

（二）加强现有文物保护队伍建设

现有文物保护队伍在数量和质量方面都不能满足文物保护工作的要求。虽然近年来一批具有理工科知识背景的毕业生走上文物保护岗位，他们年轻、有热情、积极肯干，但缺乏实际的文物保护工作的锻炼和经验。这些新人还急需有丰富实践经验、操作熟练的老同志精心指导，不断提高。另外，在文物保护队伍建设中要尽快改变中学过早文理分科、重专业技术教育、缺乏人文素养培养、重理论轻实践等带来的负面影响，否则对文物保护事业发展非常不利。

目前，我国从事文物保护工作的人员不少是从其他的专业、行业转到文物保护工作岗位的。他们经过多年的学习和实践，掌握了一定的文物保护技术，积累了不少文物保护的经验，但随着文物保护新方法、新手段、新材料、新仪器设备、新理论的不断出现，也有一个再学习再教育的新问题。

（三）加强继承和发扬传统保护修复技术的教育

老一辈的文物保护工作者通过多年的文物保护研究、实践、总结，掌握了许多传统的保护技术的关键和要领，在文物保护实践中取得了很多成功的经验，这些都是文物保护中

极其宝贵的财富。随着时间的推移，许多掌握传统保护修复文物技术的老同志逐渐离开文物保护岗位，因此传统工艺的传承问题是一个亟待解决的问题。为解决这个问题，可以通过讲座、研讨、座谈、现场指导等方式，请一些掌握传统保护修复工艺技术的老专家、老师傅，以"传、帮、带"的办法，培养一批年轻的文物保护工作者，使优秀的传统工艺技术后继有人。

（四）加强文物保护科技创新教育

随着科学技术的不断发展，文物保护研究的不断深入，研究手段和方法的不断改进，研究设备的不断更新，现代科学技术不断应用于文物保护，大大提高了文物保护的理论基础和技术水平。这些是文物保护科技创新的良好基础和有利条件。文物保护只有加强本学科自身的研究，才能有目的、有针对性、有选择地吸收、引进对文物保护有用的技术和材料，在博采众长的基础上，根据文物质地、性质、保存现状、保存需要等，自主研制适合文物保护特殊要求、性能良好的新材料，简便有效的保护工艺技术和方法，彻底改变目前很多文物保护材料依靠进口的状况。因此，文物保护工作者应广泛涉猎有关知识，积极参加文物保护的科研和实践，不断提高文物保护的理论与实践水平，才能通过实践发现问题，通过研究、实践解决问题，在解决问题的过程中发现新问题，坚持科技创新，使文物保护水平不断提高。

第四章　文物病害学

第一节　文物病害学的定义

一、文物病害

文物实体病害的产生可类比于动植物的疾病，病害这一概念是相对于文物实体的原始状态而言，从这一角度看，只要与文物实体产生后的最初状态不一致，就说明文物实体产生了病害，既包括文物实体材料本身的自然老化，也包括文物实体在使用、废弃、埋藏到发掘出土、进入博物馆等保存收藏或者保护修复过程中产生的一系列的变化。

文物实体病害就是那些由于文物实体材质、结构和性能的改变，或环境的影响、外力参与导致的与文物实体原始状态不一致的现象，既包括物理的变形、开裂，也包括化学上的腐蚀、降解等，还包括因生物参与所产生的变化，如虫蛀、微生物腐蚀等现象。

另外，文物实体在制作之初也可能存在病害，这是文物实体的原生性缺陷。文物实体在其加工成型之后，由于原材料的选择、提炼、加工制作工艺等过程技术水平的限制，文物实体本身存在一些缺陷，包括原材料缺陷、加工缺陷、设计缺陷等。这些缺陷是原生性的，在使用或者埋用过程中，这种缺陷会表现出来，使文物实体作为实用器时出现损坏现象，或引发其他病害，例如，结构不稳造成的断裂、内部缺陷造成的热应力集中等，这些也可能成为文物实体后续病害产生的原因。再如，青铜器加工铸造过程中产生的气泡，在气泡位置会有应力集中的现象。在使用的过程中，由于反复地加载、释放载荷或反复地进行加热，应力集中的位置会产生微裂纹，微裂纹会逐步发育、扩展，进而形成裂纹，裂纹汇聚最终导致破裂，使得文物实体作为实用器不能继续使用，从而被废弃，进入漫长的埋藏过程。加工铸造中的内部缺陷属于文物实体的原生性缺陷，同时是文物实体产生后续病害的重要原因，因此，在文物实体病害中，原生性缺陷也是文物病害研究的关键点之一。

某些文物实体的使用功能丧失是文物实体作为实用器寿命终结的标志，也是文物实体被废弃从而进入埋藏的主要原因。当然也有一部分文物实体，其本身不作为实用器，加工和设计的初衷就是作为祭祀用品直接埋藏，或者加工设计失误而直接废弃，如明器的制作、陶瓷器作坊埋藏的废旧瓷解等。对于文物实体的原生性缺陷，要区分这一部分病害的原因是由于设计缺陷，还是故意为之。只有对这一部分缺陷明确原因，才能明确文物实体本身的设计初衷，并对这些文物实体进行相应的修复和保护。

二、文物病害学

文物病害学主要研究在复杂因素超长期作用下，文物实体材料组成、结构和性能的变化，以及与损伤之间的关系，并解释文物实体损伤产生的原因和发展趋势。

文物种类繁多，涵盖各种质地，如棉、毛、丝、麻、金、银、铜、铁、锡、玉石、陶、瓷等。从化学角度看，主要分为有机质文物和无机质文物两大类。有机质文物常常易生虫长霉、老化劣化，因此有机质文物是极易损坏且最难保存的文物。无机质文物中的金属易氧化产生锈蚀，锈蚀最严重的时候，整个器物都会变成金属氧化物，即矿化；无机质文物中的玉石类文物，常常会发生风化，石碑、石雕像出现花纹模糊、雕像残损等现象，就是风化的结果。

多年来，我国的工业发展十分迅速，随之而来的环境污染也越来越严重，由于酸性气体等有害气体的侵蚀，文物实体的损坏越来越严重，受损速率明显加快。文物实体经历了加工制作、使用、废弃、埋藏、发掘出土到保护修复的过程，其材质发生化学、生物和物理的变化，结构和性能也相应地发生了一定改变。文物保护的目的就在于对这些文物实体材料的性质和所蕴藏的信息进行分析和提取，并运用各种技术手段，使文物实体的性质和性能保持基本稳定，延缓文物实体材质的老化和降解，将文物实体的寿命尽可能地延长。文物实体在埋藏、收藏和保存的过程中，其材料性质、结构发生了变化，这些变化一般称为病害。如果将文物实体比作人体，相当于文物实体是存在一定疾病的个体，那么疾病产生的根源，也就是文物实体的病害来源，可以被看作文物实体的病原。类比于病原学的概念，文物实体的病原体就是引起文物实体产生病害的一切物质或环境条件，文物实体的病害现状就是病症。就像医治病人最重要的就是找出病原体，去除文物实体病害或者对文物实体进行保护、修复最重要的前提就是找出产生病害的原因，并针对文物产生病害的原因制定相应的保护措施。

三、文物病害信息的价值

文物病害的产生与文物实体质点的运动有关，文物实体质点的运动状态离不开具体的环境条件：环境条件恶劣，文物病害就严重；环境条件良好，文物实体的保存状态就好，文物病害就会较轻。因此，文物病害也是文物实体的一种状态，病害背后隐含了大量与文物实体制作工艺、保存环境、文物实体材料相关的信息。这些重要信息对研究文物病因、保护修复技术研发，以及考古学研究的方方面面都具有一定的学术价值，所以，文物病害也是文物信息的重要组成部分。

（一）考古学价值

文物实体的制作技术总是由早期的不成熟逐渐发展到成熟阶段，不成熟的技术制作出来的文物实体往往病害情况较多，且主要是原生性病害。根据这些文物的病害可以了解当时的技术发展水平，以及不同区域的传播情况，为考古学研究提供证据。

（二）文物保护学价值

对文物实体病害展开研究，可以找出病害产生的原因、发展趋势以及影响因素。在明晰病因和影响因素的基础上，有针对性地制定保护修复技术方案。同时，在文物实体保管过程中，尽可能去除有害影响因素，或采取必要措施，尽量减少有害因素对文物实体的损伤。

（三）文物学价值

某些文物实体病害形成的时间长，成为古代文物特有的特征之一，现代造假技术很难实现，因此文物病害也可以作为文物鉴定的依据。

第二节 文物病害的分类

文物实体的病害种类多种多样，引起病害的原因也相当复杂。从文物实体的物质属性来看，其老化、降解是不可逆的、必然的。文物实体病害产生、发展还会受到环境的影响，包括埋藏环境、保存环境、使用环境等。文物病害有多种分类方法，常用的有两种：一是以文物实体病害的病原属性为依据的分类法；另一种是以文物实体材料子结构为依据的分类法。

一、文物实体病害的属性分类

从病原的属性来看，文物实体病害主要分为物理性病害、化学性病害、生物性病害等。

（一）物理性病害

物理性病害包括那些由于受到外力影响发生的变形、扭曲、开裂，受温度、湿度变化影响引发的文物实体收缩、膨胀、变形、开裂，这些病害主要是受环境影响产生的，包括埋藏环境、馆藏环境、保存环境等。主要的影响因素包括温度、湿度、光照、振动、荷载等。一般情况下，物理性病害是指不直接改变或者影响文物实体材料的化学性质，而是通过物理性效应影响文物实体材料的形状或者物理性质，对文物实体造成了一定程度损伤的病害现象，如热胀冷缩、湿胀干缩、机械性损伤（包括摩擦、挤压）等对文物实体的破坏作用。本质原因是在力的作用下，文物实体质点受力平衡被打破所致。

（二）化学性病害

化学性病害是指由于环境或者其他共存物的影响，引入了污染物，使文物实体材料发生了化学反应，包括腐蚀、降解、氧化、酸性水解和碱性水解等。工业革命后，由于矿物燃料的大量使用，大气和降雨中的酸性物质增多，进而影响了各种地面文物实体的保存环境，加速了文物实体的酸老化，如石质文物实体受酸雨的影响引起的溶蚀、粉化等病害。文物实体本身由于长期埋藏于地下，受到地下水、土壤等埋藏环境的影响，发生一系列降解和老化，从本质上说，这都属于化学性的病害。一般情况下，化学性病害是指文物实体组成材料中的一种或多种发生了化学反应，生成了新的物质，从而使文物实体的结构和性能发生改变，对文物实体造成一定程度损伤的病害现象，本质原因是文物实体质点发生了改变。

（三）生物性病害

生物性病害主要是指由生物体包括动物、植物和微生物，侵害、侵蚀引起的文物实体损伤。这些病害的主要影响因素是生物，如白蚁和蛀虫的蛀蚀、动物啃咬等产生的孔洞、昆虫的粪便污染、微生物霉菌和细菌的腐蚀作用引起的文物实体材料的形貌和结构改变。其主要特征是有生物体的参与，侵害源是生物体，侵害对象为文物实体。微生物霉菌和细菌的腐蚀作用机理是生物性病害中最为复杂的，是有生物活性物质参与的生物化学过程，如生物酶对有机质文物的分解作用、硫细菌对金属文物的腐蚀作用等。

实际上，由于文物实体材质具有复杂性和差异性，加上所处环境，特别是埋藏环境、保存环境的复杂多样性，文物实体材料发生老化、产生病害的原因极其复杂。通常文物实体的病害往往不是单一因素影响的结果，或者说，同一种病害产生的原因不是单一和简单的，往往是两种甚至几种因素共同作用导致的结果。因此，在研究文物实体病害的类型时，需要仔细辨别，将文物实体的病害分门别类，才能在此基础上对文物实体的病害进行分析和检测，制定出相应的保护和修复方案。

二、文物实体病害的材料结构分类

从材料学角度来看，文物实体材料种类繁多，具有多样性，因此文物病害种类也是复杂多样的。从文物材料学和文物信息学视角来看，文物具有信息属性，文物实体病害也蕴藏了一定的制作工艺、环境、污染等信息。根据文物实体材料分类，文物实体材料有五个组成部分，即文物实体材料子结构，子结构存在变化和转化的关系，也就是说文物实体材料具有"可变性"的特征。其中，这五个子结构分别为本体结构材料、污染物、腐蚀降解产物、水和伴生物。因此，从这个角度来看，对文物实体材料的病害进行分类，可以从其子结构入手，包括本体结构材料病害、污染物病害、腐蚀降解产物病害、水病害和伴生物病害。

文物实体组成的每一种材料的质点都在不停地运动，质点运动的结果使材料状态发生改变，最终出现材料老化、性质和性能的变化，产生病害。文物材料主要面临五大病害：本体结构材料病害、污染物病害、腐蚀降解产物病害、伴生物病害和水病害。

（一）本体结构材料病害

本体结构材料病害是指由于环境因素的作用和文物结构本体材料性质变化所导致的文物实体物理和化学性能改变，使文物实体出现脆弱、断裂、形变等病害现象。本体结构材料病害包括由生物和化学的反应引起的文物本体结构材料的腐蚀或者降解；在物理因素，如热胀冷缩、湿胀干缩、挤压等内外力作用下，所导致的文物实体变形、开裂，以及文物实体材料力学性能的下降等；在某些情况下，构成文物实体形状的结构材料会发生变化，如完全锈蚀青铜器形状支撑材料，由原来的金属铜转变成铜的矿化产物，这些矿化产物构成了青铜器结构主体，成为文物实体材料的结构材料。

（二）污染物病害

污染物病害是指由非文物本体组成材料及非文物本体材料转化产物附着或渗透进文物实体后，所引起的对文物实体具有破坏作用的病害现象，例如纸质文物上的霉斑、锈迹等，重力沉降的固体物颗粒，吸附、黏附作用下的污染物，腐蚀降解作用中产生的对文物实体材料有危害的各种产物等，如石质文物的表面沉积物，古籍书画文物的水渍、油渍、蛀虫排泄物等。

（三）腐蚀降解产物病害

腐蚀降解产物病害是指由于环境因素的作用，文物本体材料腐蚀降解产物进一步发生的腐蚀降解病害现象，即文物本体材料腐蚀降解产物的深度腐蚀或降解。文物实体在埋藏环境、保存环境中的腐蚀、降解产物，由于自身物理性质变化或者参与到后续的生物、化学反应中，产生对文物实体材料或者结构有一定程度影响的各种病害等，如纸质文物和纺织品文物纤维的深度降解、青铜器的无害锈转化为有害锈等。

（四）伴生物病害

伴生物病害是指由环境因素作用引起的，文物本体材料中伴生物所发生的腐蚀、降解病害现象，包括由文物实体材料中的伴生物存在引发的腐蚀、降解作用，或者由于伴生物的存在导致的其物理性质发生变化。例如，热效应的体积膨胀等引发的应力集中或者变形等病害现象，以及青铜器冶炼时铜矿石伴生矿中的砷元素等对青铜器文物造成的破坏，就属于伴生物病害。

（五）水病害

水病害是指由于水的溶解、溶胀、运移、水解、水合等作用，所引发的文物实体材料腐蚀降解、开裂、形变等病害现象，如壁画和砖石质文物的酥碱、书画类文物的水渍、土遗址吸水崩塌等。在义物实体材料中存在各种形式水，如游离水、吸附水和结合水等，由于水的存在使文物实体出现病害。例如，山水的相变引起的体积膨胀，从而产生的体积变化和应力变形；水的溶解和运移作用引发文物实体材料溶蚀、酥碱；水作为介质参与的各种化学或者生物的腐蚀、降解反应，发生的水解、微生物腐蚀、锈蚀等病害现象。

由于文物实体结构的复杂性，以及它的各种子结构材料的相互转化和相互作用，水病害的产生和材料种类是相互联系的甚至是重复作用。例如，腐蚀降解产物病害与本体结构材料病害关系密切，水可以引发多种病害，也会成为污染物。

因此，文物病害是一个变化的和相对的概念，有"病"未必有"害"，有"害"则一定要除害。这就要求我们在对文物实体病害进行分析研究时，首先应该对文物实体的材料学有清晰的认识，从文物实体材料的子结构入手，厘清病害的类型和机理。同时，由于文物实体在其产生、埋藏、保存的过程中，始终处于一个变化的状态，因此，对其五个子结构进行研究时，要从变化和转化的角度去分析，只有对文物实体结构变化和转化有深刻的认识，才能对文物实体的病害有明确的认知，才能明晰"病"与"害"的关系。从其变化和转化的角度入手，对文物实体的病害进行分类和研究，并从转化和变化的方面思考病害防治的技术路线，将文物实体的病害消除，或使有害转化为无害，使病害失去活性，使之不会对文物实体造成损害。

无论是文物的本体材料还是污染物、腐蚀降解产物等都是材料，其本质还是物质的。在一定的条件下，其物理性质、化学性质都会发生变化，都有可能出现相应的病害。因此，无论是文物实体材料的哪一个子结构，"生病"是必然的，如物理性能的变化而产生的病害、应力集中引起的变形、化学变化产生的病害、污染类病害的产生和变化等。而文物保护就是针对这些病害，开出药方给文物治病。

第三节 应力型病害

一、文物实体应力的产生

物体由于外因（受力、温湿度变化等）而产生变形时，会在物体内各部分之间产生相互作用的内力，以抵抗这种外因的作用，并力图使物体从变形后的位置恢复到变形前的位置。文物实体截面某一点单位面积上的内力称为应力，与截面垂直的应力称为正应力或法向应力。

在没有外力存在时，材料内部由于加工成型不当、温度变化、溶剂作用等原因也会产生应力即内应力。内应力是在结构上无外力作用时保留于物体内部的应力口，没有外力存在时，弹性物体内所保存的应力叫作内应力。它的特点是在物体内形成一个平衡的力系，即遵守静力学条件。按性质和范围大小可分为宏观应力、微观应力和超微观应力；按引起原因可分为热应力和组织应力；按存在时间可分为瞬时应力和残余应力；按作用方向可分为纵向应力和横向应力。

二、应力的危害

文物作为一种物质实体，在其制作加工、使用、废弃、埋藏、发掘出土、保护修复、保存的过程中，都受到一定的外力作用，在外力作用下，文物实体内部为抵御外力作用所产生的内力就是文物实体的应力。一般情况下，外力消失后，由于材料本身的性质，应力不可能马上消除，这种应力的存在对文物实体而言会产生一定的病害，包括开裂、翘曲及变形、三维尺寸变化等。

（一）开裂

因为应力的存在，外力作用会诱使应力释放而在应力残留位置出现开裂。对于青铜器来讲，开裂主要集中在浇口处或过度填充处。没有烧透的瓷器内部往往存在较大应力（变温应力），瓷器是硬度很大的材料，长期积累的应力很难得到释放，当应力达到一定程度时，瓷器会产生炸裂现象，形成较长的裂缝。

（二）翘曲及变形

有残留应力存在时，文物实体材料在室温下，残余应力释放需要较长时间，高温时内残余应力释放所需时间较短，如果文物实体局部存在位置强度差，即各部位强度分布不均匀，那么在应力残余位置会产生翘曲或者变形现象。在修复文物时，会经常使用新的材料，新的材料力学强度好于文物实体材料，修补部位与文物实体之间存在强度差，容易产生应力。

（三）三维尺寸变化

在文物实体放置后或处理的过程中，如果环境达到一定的温度，文物实体就会因应力释放而发生变化，除翘曲、开裂和变形外，其三维尺寸也可能发生改变。木质文物由于热胀冷缩和湿胀发生的变形及三维尺寸变化，本质上就是应力作用的结果。

三、消除应力的方法

理论上消除应力可以采用以下三种方法：一是对物体进行热处理（只适用于金属器物）；二是放到自然条件下进行消除（自然时效消除内应力）；三是通过人工敲打振动等方式进行消除。消除应力可采用以下具体方法。

（一）自然时效消除残余应力

自然时效是通过把物体暴露于室外，经过几个月至几年的时间，使其尺寸精度达到稳定的一种方法。大量的试验研究和生产实践证明自然时效对稳定物体尺寸精度具有良好的效果。

（二）热时效法

最传统也是目前最普及的方法就是热时效法，即把物体放进热时效炉中进行热处理，慢慢消除应力。

（三）利用亚共振来消除应力

这种方法使用起来比较烦琐，要针对不同形状的物体编制不同的时效工艺，操作相当复杂，需要操作者确定处理参数。令人遗憾的是，这种方法只能消除器物上约23%的应力，无法达到完全消除应力的目的。

（四）振动时效去除应力

振动时效技术（Vibbating Stress Relief，VSR），旨在通过专用的振动时效设备，使被处理的物体产生共振，并通过这种共振的方式将一定的振动能传递到物体各部位，给物体施加附加动应力。当附加动应力与残余应力相叠加后，达到或超过材料的屈服极限时，物体就会产生微观或宏观塑性变形，从而降低和均化物体内部的残余应力，物体内部发生微观塑性变形能够使歪曲的品格逐渐恢复平衡状态，位错重新滑移并钉扎，最终使残余应力得到消除和均化，从而保证物体二维尺寸的稳定性。

对于文物保护修复工作而言，采用的保护修复材料与文物实体材料之间，由于材料强度的差异，使得应力必然存在。避免产生应力的方法有很多种，如保护修复工作完成后，在一定环境条件下对文物实体进行应力释放，或在修复前对补配材料进行预老化处理，使修复材料与文物实体材料性能相近，避免因材料强度差异产生应力。绢画修补时所使用的新绢，在修补前必须经高能射线进行老化处理，就是为了防止由于新旧绢的强度不同产生应力，对文物实体造成新的伤害。对文物实体施加多层保护修复材料时，不能抢时间，每施加一层材料后都应将文物实体放置一段时间，通过自然时效消除由保护修复材料对文物实体产生的残余应力，以免应力对文物实体造成损伤。

四、文物实体的应力病害类型

一般材料都是弹性体，在一定的范围内材料的变形为弹性变形，在材料的弹性范围内，外力消失后材料能完全恢复到原来的形状，这就是弹性变形。当外力超过其弹性范围时，外力消失后材料不能恢复到原来的形状，这部分变形叫作塑性变形。大部分文物实体材料属于弹塑性材料，也就是说同时具有弹性变形和塑性变形的特点。对于文物实体材料来说，易导致病害产生的应力一般包括重力、外力影响下的内应力、材料加工后的热应力、有水参与的湿胀干缩产生的应力、环境中温度的变化产生的热胀冷缩应力等。

重力导致的病害一般出现在石质文物上，特别是岩画、石窟、石刻等大型的不可移动文物。由于本身的结构力学问题，加上自然灾害，如暴雨、地震等的影响，文物实体的重心失稳导致文物实体发生松动、滑移、崩塌等。古建筑是由多种材料构成的，包括石材、砖、木材等，各种材料通过不同的构造组合成建筑物，不同的构造通过相应的力学结构结合，使得建筑物稳定，因此古建筑的结构力学是保证古建筑在结构和力学上稳定的重要因素。中国古代建筑的木构架在结构上基本采用简支梁和轴心受压柱的形式，局部使用了悬臂出挑构件和斜向支撑，各节点采用榫卯结合，这种构造方式使构架在承受水平外力（如地震力、风力等）时有一定的适应能力。这些结构中，不同材料的力学性能、应力集中情况都会影响到古建筑的结构稳定性，如梁的应力集中、榫卯结构的应力分布不均等，因此梁和榫卯结构是古建筑中最易损坏的部位。

文物实体材料在埋藏和保存过程中会受到外力的影响，如埋藏中的器物相互间挤压、墓葬垮塌造成的挤压和地震等震动中造成的跌落挤压等。当这种外力消除后，材料内部的内应力仍旧存在，如果这种内应力不予消除，在应力集中的位置就有可能出现开裂、断裂等病害。很多文物实体都是热加工的产物，包括青铜器、陶器、瓷器等，在制作加工过程中自身就会产生一定的热应力。当温度发生改变时，物体由于外在约束和内部各部分之间的相互约束，使其不能完全自由胀缩而产生应力，此种应力又称为变温应力。

文物实体在加工、使用、废弃、埋藏和保存过程中，都离不开环境，包括各种埋藏环境、使用环境、保存环境等。环境包含了空气、污染物、水、微生物、温度、光照等各种因素，这些环境因素的波动都可能使文物实体产生应力。文物实体材料本身的热胀冷缩和水引起的湿胀干缩体积变化，都是文物实体重要的应力来源。

文物实体材料在温度发生变化时，体积会随之出现变化，热胀冷缩现象就是温度变化的结果。水参与也会导致体积变化，例如，水分进入材料孔隙中，当温度降低到冰点以下时，水凝结为冰，发生相变，体积膨胀，对文物实体材料本体产生挤压、膨胀，从而产生应力。随着温度的变化，水不断融化、凝固，如此循环往复，文物实体体积反复收缩和膨胀，如果应力得不到释放，就会造成应力累积，收缩也会产生一定的内应力。同时，由于其材质的不均一性或者结构的影响，会在某些位置，如尖端、缺陷处出现应力集中现象，从而对文物实体材料的结构产生危害，如文物实体出现断裂、折痕等病害。

第四节 累积损伤

一、累积损伤效应概念

累积损伤与文物实体质点运动有密切的关系。在外界环境因素的作用下，质点运动状态会发生轻微改变，而每一次的轻微改变并不会造成文物实体材料性能或文物信息的明显变化，但长时间、多频次的重复会使文物实体材料性能或文物信息发生质的变化，对文物实体造成明显损伤，这种损伤叫作累积损伤。累积损伤的本质是质点运动，其具有三个特点：一是高频次，二是单次损伤轻微，三是长时间积累。质点的改变和质点位移，从量的角度看，单次造成的文物实体质点的改变或位移是极其微小的，即使把时间长度扩大到几十上百年，也看不出有明显变化，如铜质材料在不同环境中的腐蚀速率。但对文物而言，其所经历的时间跨度可能是几百年至上千年，尽管单个变化极其微小，但最终的状态就是一个从量变到质变的累积结果。

文物实体累积损伤效应是一种因素与另一种或多种因素对文物实体连续作用、叠加后，导致的文物实体变化所产生的效应。这种效应力度较弱，但时间上具有长期性、持续性。分析累积效应应从它的概念、因果关系模型入手，模型由三部分构成，即累积影响源、累积影响途径（过程）和累积影响类型。

文物实体通常经历了非常长的时间段，短至百年，长达数千年，甚至上万年，长时间的积累形成了文物实体的累积损伤效应。经过如此长时间的累积之后，任何一种微小因素作用造成的危害都无法忽视。一般情况下，环境条件不稳定极易造成文物实体的损伤或损毁。我国西北半干旱地区，由于地下水位波动较大，埋藏环境湿度、微生物生长、盐分含量情况也在不断变化，累积损伤比较严重，此种环境对有机质文物的保存非常不利。所以，西北半干旱地区鲜有保存状态较好的有机质文物出土。而我国南方地区的地下埋藏文物大多数处于饱水环境，环境比较稳定，累积损伤相对较小，出土的有机质文物的保存状态通常比西北半干旱地区好。新疆等干旱地区，埋藏环境干燥，环境条件更加稳定，累积损伤对有机质文物实体造成的破坏相对更小。因而，新疆出土的有机质文物，如木器、丝织品的保存状态通常很好，部分丝织品文物出土时颜色仍十分鲜艳，如同新的一样。

当环境温度高低交替变化时，此时文物实体处在热循环过程中，受到材料热传导特性等因素的影响，结构各部分之间、相同材料的不同表层心部之间必然存在温差，致使文物实体的膨胀、收缩有所差异，加之刚性构架中各部分之间的互相制约，于是在不同的温度区间内文物实体中便会形成热应力。

损伤识别一直是研究人员广泛关注的问题，受疲劳、腐蚀、老化等因素的影响，损伤累积必然存在，从而使这些文物实体的保存面临重大隐患。因此，能对损伤累积进行监测和识别，及时地发现损伤，对可能出现的灾害进行提前预警，是评估文物实体安全性的必然要求。

材料学领域的累积损伤研究方法主要包含应力分析中的有限元建模、失效判定准则及损伤过程中材料性能退化三大部分。文物作为物质实体，累积损伤效应研究可以借鉴材料学领域相关研究成果，从累积损伤的角度对文物进行健康评估。

二、累积损伤模型

文物材料在复杂环境因素的协同作用下（如挤压、温度、湿度等）必然受到多种不同程度的损伤，影响文物材料损伤的因素具有随机性。这些影响因素在当下在对文物实体施加荷载，当荷载是循环往复应力时（如温度忽高忽低、湿度忽大忽小），引起的文物实体材料力学性能劣化过程称为疲劳损伤。文物实体材料在埋藏和保存的环境中受到挤压属于外加荷载，通常是持续性力的作用。

环境中温度的变化，对材料本体产生的变温应力，即热应力会产生一定程度的影响，尤其是不可移动的文物实体处于室外环境，当温度差异较大时，其受热应力的影响也较大，当温度的变动循环往复时，其累积的损伤就会显现出来。在金属材料学或者建筑材料学中，疲劳累积损伤理论已经是材料失效、损伤等研究领域的重要基础理论。

现有的疲劳累积损伤理论主要分为以下几种：①线性疲劳累积损伤理论；②双线性疲劳累积损伤理论；③非线性疲劳累积损伤理论；④基于热力学势的疲劳累积损伤理论；⑤概率疲劳累积损伤理论。与文物实体材料疲劳累积损伤研究相同，这些理论也可以拿来作为文物保护工作的参考，只是须将外部反复施加的载荷作为次要影响因素，主要的影响因素可能是温度、湿度等的变化所引起的疲劳累积损伤。

三、累积损伤特征

文物实体由于累积损伤的作用，产生多种损伤特征，大多数文物实体出现的损伤均与力学行为有关，具有力学特征。例如，文物实体材料的脆弱、粉化、缺失和大量的微裂隙等。部分文物实体的腐蚀、溶蚀也是一种累积损伤，如石刻文物表面花纹或文字漫漶不清，甚至消失，可以看成许多次腐蚀或溶蚀累积的结果；古建筑的坍塌，也可以被视为变形累积的结果。

多数情况下，研究的重点会放在由力的作用产生的累积损伤方面，这是因为由力的作用产生的累积损伤现象十分普遍，导致解决的问题多，难度也大。

第五节　水参与的文物病害

前面几节主要阐述了各种病害及其产生的原因，其中一种很重要的病害就是基于环境因素产生的病害。文物实体从使用、废弃到进入埋藏，然后被发掘出土，进入保存、收藏的场所，一直处于各种环境中，如埋藏环境、保存环境、展陈环境等，必然会与环境中的各种因素进行接触，甚至发生相互作用。在各种环境中，水作为一种重要的因素，从生物、物理和化学各方面都会对文物实体材料产生一定的影响，并且这些作用不是单独存在的，往往是两种甚至多种作用同时存在，且协同作用。

一、水的相变

自然界中的许多物质通常是以气、液、固三种物态存在的，为了描述物质的不同聚集态，用"相"来表示物质的固、液、气三种形态的"相貌"，物质的这三种状态是可以互相转化的。从广义上来说，相指的是物质系统中具有相同物理性质的均匀物质部分，它和其他部分之间以一定的分界面隔离开来。物态的转化与温度和气压相关，也就是"相变"是温度和气压的函数。物质在相变的过程中伴随着热量的吸收或者释放，相关的物理性质也会发生变化，如密度、体积等。譬如猪油夏天呈液态，冬天为固态，加热到较高温度时，会变成气态。

在文物实体的埋藏环境和保存环境中，水是一种常见的环境因素，几乎是不可避免的。水的作用会受到温度和气压的影响，水在低温下凝结成冰，体积膨胀，当温度上升后，冰又融化成水，体积收缩。在这一过程中，水的体积发生了变化，对于那些进入文物实体微观孔隙的水而言，反复的凝固和融化，体积在反复的膨胀—收缩过程中，对文物实体产生一定的压力，从而使文物实体的微观结构发生变形、开裂等病害。因此，在对文物实体病害进行研究时，水的相变、环境中水的影响不容忽视。

当水、冰和水蒸气三相共存于一个稳定的平衡状态时，压力和温度任意小的变化都会改变其状态。当压力升高熔点随之降低而非随之升高直到临界点，在压力高于三相点的压力时，状态随温度改变。以固、液、气体的变化为例，在压力低于三相点的压力时，外层空间中的压力接近于零，液体水不能存在，冰跳过液体阶段，直接升华为蒸汽。

二、水的表面张力、毛细现象

文物实体材料的物质属性决定了文物实体材质的性质离不开固体材料的基本范畴，包括文物实体作为一种固体而出现的润湿现象、毛细现象等。润湿现象也就是文物实体材料表面水的沾湿、浸湿、润湿等现象，而文物实体材质对水的润湿作用是由文物实体材料本身的性质决定的，也受温度、气压的影响。从本质上说，润湿作用、毛细现象等效应产生的主要原因是水表面张力的作用。

润湿是指固体表面上的一种流体被另一种流体取代，或固体的气体被液体取代的过程，特别是指用水或水溶液取代物体表面上气体的过程。

分子之间存在引力，液体内部每一个分子都受到周围分子的引力作用，处于平衡状态。但边界处的分子只受到内部分子的引力，呈收缩趋势，存在一种张力，这种张力称为表面张力。荷叶上的水滴、浮在水面上的硬币就是液体表面张力作用的结果。

处于液体体相内的任一分子受到其周围分子的作用力是相等的，作用力可以相互抵消，故在液体内部分子的移动无须做功。处于液体表面上的分子受到液体内部分子的作用力远大于另一侧气体（或蒸汽）分子的作用力，因而液体表面分子有向液体内部迁移的趋势，这种趋势的表现之一是液体表面自动缩小，表现之二为欲扩大表面需对外界做功。

表面张力的力学定义是作用于液体表面上任何部分单位长度直线上的收缩力，力的方向与该直线垂直并与液面相切，单位为 mN/m。

决定和影响液体表面张力的主要因素是温度和压强。液体的表面张力（或表面自由能）是将液体分子从体相拉到表面上所做功的大小，与液体分子间相互作用力的性质和大小有关。液体分子间相互作用强，不易脱离体相，表面张力就大。温度升高，分子间引力减弱，分子运动强度增加，故表面张力多随温度升高而减小。同时，温度升高液体的饱和蒸汽压增大，气相中分子密度增加，即气相分子对液体表面分子的引力增大，导致液体表面张力减小。当温度达到临界温度（此温度下无论怎样增大压强，水蒸气都不会液化成水）时，液相与气相界限消失，表面张力降为零。当压力增大时，表面张力减小，低压下影响不明显，高压下可能引起比较明显的变化。

文物实体材料种类繁多，除去一些金属材质的文物，多数文物实体材质具有多孔性结构。从微观结构上看，文物实体材料既包括大孔材料，也包括含有介孔和微孔的材料。这些多孔材料在埋藏环境和保存环境中，与水发生接触或者相互作用时，在文物实体性质的影响下，会发生润湿作用。水分进入文物实体材料的孔隙结构中，由于孔隙结构的存在，受毛细作用的影响，水分在孔隙结构中不断迁移。同时，水中的一些可溶盐随着水分进入孔隙中，进而发生一系列结晶、溶解的现象，从而影响文物实体材料的结构和性能。毛细作用是水分进入文物实体材料孔隙的原因，为后续的一些物理的（体积膨胀、相变）、化学的（水解、水合作用）作用的发挥提供了可能性。

三、溶解和运移作用

水作为一种天然的溶剂，在文物实体的埋藏环境和保存环境中都起着溶解各种可溶性盐的作用。这里提到的水既包括埋藏环境中的地下水、土壤中的吸附水等，也包括大气降水和由于水的相变作用水蒸汽凝结成的液态水。

由于文物实体所处环境的复杂性，在埋藏环境和保存环境中，通常有多种污染物进入文物实体内部。一方面，由于文物实体材质的性质，某些物质可以在温度和气压等条件适宜的情况下溶解于水中，例如，石质文物中的石灰岩类主要是碳酸盐岩石，其某些成分可溶解于含有 CO_2 的水中，并随着水的流动运移至其他部位进行沉积，形成病害。大气降水中常含有 SO_2、NO_x 等酸性气体，随着这些酸性气体的溶解，水分呈一定的酸性，提高了水的溶解能力，对文物实体材质的溶解度增加，使得文物实体发生溶蚀。另一方面，随着水的流动，这些水溶液沿文物实体的孔隙进行运移，或者在此过程中随着水分蒸发，盐分结晶析出，使得体积膨胀，也会对文物实体材质的结构和性能产生一定的影响。

对于砖石类文物而言，碱、盐等成分物质由于水的作用，沿砖石的毛细孔游离到砖石文物表面，使砖石类文物实体的表面积累了较多的 $Ca(OH)_2$。当水分蒸发后，碱、盐等成分物质就存积在砖石文物表面，形成白色晶体颗粒，出现泛碱现象。所以，碱、盐等成分物质是渗入砖石毛细孔产生泛碱的直接物质来源。

"酥碱"是一个传统的文物实体病害术语，广泛应用于文物领域的古建筑、壁画以及土遗址等专业领域。它描述的是一种常见的文物实体病害，突出的现象就是构成文物实体组成结构的物质变得疏松崩解，常伴有表面白霜状盐类结晶，如城墙砖的酥解剥落崩坍、壁画地仗的酥解粉化、土遗址夯土结构酥解等。其病理是由于毛细水和潮湿气体的作用，可溶性盐在文物实体结构物质内部随水分蒸发而迁移，同时可溶性盐随着湿度大小的变化也从液相到固相不断地循环变换，最终导致文物实体结构物质内部疏松崩解，严重的会引起文物实体组成部分的剥落、崩塌。

四、水合作用、水解作用

水作为一种活性物质，常与很多化合物发生水合作用或水解作用。水合作用在无机化学中是指物质溶解在水里时，与水发生的化学反应，一般指溶质分子（或离子）和水分子发生作用，形成水合分子（或水合离子）的过程。通常情况下，水合作用使得物质的体积膨胀，压力增大，产生一定的病害。水解作用是指水与另一化合物反应，该化合物分解为两部分，水中的氢离子和该化合物其中的一部分相结合，而氢氧根离子和该化合物的另一部分相结合，因而得到两种或两种以上新化合物的反应过程。在文物埋藏和保存的过程中，水的影响几乎无处不在，在条件适宜的情况下，某些文物实体材质会发生水解作用或水合作用，对文物实体的结构产生损害。

五、水分对微生物作用的影响

生物性病害是文物实体最常见的病害之一，特别是有机质文物，普遍存在生物性病害。其中对文物实体损害最大的就是微生物的腐蚀和降解作用，微生物对文物实体的腐蚀和降解作用，实际上是微生物利用某些生物酶对文物实体材料进行的溶解、酶解、细胞吞噬等过程。生物体系的基本成分包括蛋白质、碳水化合物、脂质、核酸、维生素、矿物质和水。水是生物体系六大营养要素之一，是维持人类正常生命活动必需的基本物质，对微生物而言，其意义也很重大。

水是微生物新陈代谢不可缺少的物质，是微生物自身生存需要依赖的物质基础，水可以维持微生物自身生存环境的平衡，水是微生物与微生物之间进行物质交换必不可少的媒介。

六、水分子的填充作用

对于某些文物实体而言，在千百年的埋藏过程中，其组成材料发生了腐蚀、降解或溶蚀，其结构发生了改变，但是由于其埋藏环境中水分子的填充，水分子进入已经降解的文物实体结构内，起到了定型的作用，使文物实体的宏观外形未发生明显的变化。但是在其脱水后，由于失去了水分子的填充作用，文物实体的结构将会出现变形、塌陷，对文物实体的保存和展陈不利，甚至危及文物实体的存续。这些文物实体主要包括那些埋藏于地下水位以下的墓葬，水下出土的饱水木器、漆器等。

木质文物在地下几百年甚至上千年的埋藏过程中，由于各种因素尤其是菌类的作用，出现了分解现象，构成木材基本成分的细胞受到部分损伤，细胞的结构变得非常脆弱，有的甚至不能支撑自身的重量。这种状况下，充填细胞的水分挥发后，细胞必然产生收缩，这种收缩程度大于新木材的收缩程度。因为与新木材相比，木质文物的结构已经受到了自然因素的破坏而发生了改变。另外，潮湿及饱水木材在自然状态下的脱水干燥过程中，由于水分的失去，导致一些空间被空气占据，新的固—气界面产生，这些界面被内部水分子占据，又产生了高表面张力。当一个微孔失去外部水分后，其内部的水分必然形成弯月面，对孔壁施加向中心收缩的拉力，如果组成孔壁的木材细胞不能抵抗这种拉力，它就会被迫收缩，结果呈现的是木材整体结构的收缩。

七、脱水作用

某些文物实体材料，其组成成分是水合物，在一定的环境条件下会发生脱水作用，即水合物的脱水。脱水使得材料的性质发生了一定的变化，通常文物实体材料的表现形貌和理化性质都会发生改变。通常情况下，脱水会导致文物实体材料性能发生各种变化，使文物实体出现干缩、开裂等病害。若要去除脱水病害，需要将支物实体材料保存在一定的湿度环境中，使文物实体回湿，保持水合物稳定，不致脱水。

第六节 污染类病害

一、污染类病害的定义

文物实体发生的病害从其产生的原因或者机理来看，一般可分为物理性病害、化学性病害和生物性病害等。从病害的外观表现形式则可以分为应力型病害，如结构失稳、变形、断裂、破损等；污染类病害，既可能是化学性病害，也可能是物理性病害或生物性病害，如降尘、污渍、水渍类污染类病害是常见的物理性病害，由污染物作用导致文物实体发生的腐蚀、锈蚀、降解等化学反应的病害，则属于化学性病害。由微生物代谢产生的霉斑属于生物性病害。文物的污染类病害是指那些由于引入了外界的污染物，使得文物实体材质发生了形貌、结构和性能上改变的病害现象。

文物实体上污染物的来源既包括相应环境中的水、可溶盐、灰尘、气体污染物，也包括某些生物（如鸟类、昆虫粪便）和微生物种群（微生物的降解作用）等。病害产生的原因一方面是简单的灰尘沉降，即没有发生化学反应的病害；另一方面是由于污染物的引入，引发文物实体与污染物的化学反应，使得文物实体材质发生氧化、降解、酶解等反应而产生的病害。从污染物的存在形态对污染类病害进行分类，可将污染类病害分为固体污染物病害、气体污染物病害和液体污染物病害三类。

二、污染类病害的产生机理

由于污染物的种类或者物态的不同，污染物与文物实体作用机制也不相同。对于不同材质的文物实体而言，其作用机理各异。也就是说，尽管污染物的存在可能会对文物实体产生一定程度的损害，但是不同种类的文物实体材质的理化性质不同，其抗污染和抗腐蚀的能力是有区别的，因此污染物的作用机理和危害程度也不一样。从污染物在不同状态（固态、气态、液态）时的作用机理的角度看，污染物病害的产生机理主要有以下几种。

（一）重力沉降

重力沉降主要是指空气中颗粒物的沉降，空气中灰尘等颗粒物通过扩散作用运动到文物实体材料表面，在重力作用下进行沉积。

（二）表面黏附和静电作用

灰尘颗粒和微生物孢子受固体表面力的影响，包括诱导力、色散力、范德华力等分子间作用力，污染物分子受文物实体表面吸引，发生物质颗粒的黏附和沉积。灰尘颗粒在空气中容易带电荷，因此也可以通过静电作用沉积到物体的表面，被文物实体黏附。

（三）吸附作用

吸附作用是指各种气体、蒸汽以及溶液里的溶质被吸着在固体或液体物质表面上的作用。当文物实体材质是多孔性物质时，空气或者液体中的物质就易被吸附到文物实体的孔隙中。

（四）毛细作用

毛细作用主要是由水的表面张力和文物实体材料性质决定的。污染物溶于水后，通过毛细作用，水携带大量的可溶性盐类、污染物和微生物等，进入文物实体之后对文物实体会产生相应的病害。

（五）化学和微生物腐蚀等

污染物通过水的溶解、运移或者上述的吸附、毛细作用等方式进入文物实体的孔隙或者表面时，一旦环境条件适宜，如湿度、温度适当等，会使得文物实体材料与污染物，或者在污染物的参与下，文物实体材料与水发生腐蚀降解化学反应，损害文物实体。当微生物在文物实体的表面生长时，由于生物酶的存在，文物实体材料会发生酶解作用，使文物实体材质结构和性能发生变化，出现病害现象。

第七节 腐蚀和降解类病害

文物实体材料多种多样，既有有机质，也有无机质。因此，文物实体材料的劣变老化一般称为腐蚀和降解，分别对应于无机质文物的腐蚀和有机质文物的降解。

由于文物实体材料具有多样性，因此研究文物实体降解机制首先要对文物大致进行分类，本节主要从金属文物、石质文物、陶瓷文物、竹木漆器、纺织品文物、纸质文物等几个大类分别介绍无机质文物的腐蚀和有机质文物的降解机制。

一、文物实体材料腐蚀降解的影响因素

文物实体材料性质是影响文物实体腐蚀降解速率和程度的首要因素。文物的材质包括金属，如金银器、青铜器、铁器、锡器等；石质，如摩崖石刻、石碑、石质雕塑、石器等；陶瓷，如陶器、青瓷、白瓷、青花瓷等；纺织品，如丝织品服饰、棉麻质地服饰等；纸质，如古籍、书画等；木器漆，如竹木器、漆器等。研究结果表明，由于文物实体材质的不同，其腐蚀降解的机制也具有极大的差异。

环境因素与文物实体腐蚀降解机理密切相关。大多数的文物实体是考古发掘出土的，文物实体在埋藏环境中历经了千百年，与埋藏环境中的一些物质如水、土壤、微生物等相互作用，导致文物实体材料发生腐蚀或降解，这些都是影响文物实体腐蚀降解机理、程度的重要因素。潮湿地区的考古发掘过程中，经常出现同一地区、同一时期的古代墓葬中丝织品保存状况截然不同的情况，有的仍精美，有的却消失得无影无踪。这说明墓葬环境对丝织品的保存状况影响极大，而目前针对两者之间关联的实验研究较少，难以明确使丝织品文物能够较完整保存下来的墓葬环境条件究竟是什么。

　　时间因素对文物实体的降解程度也有一定的影响。文物实体在历经千年的过程中，发生了一定程度的老化降解等变化，时间因素是影响文物实体腐蚀降解程度、机理的一个重要因素。但文物实体的腐蚀降解程度与时间长度并不一定成正比，因为文物实体的腐蚀降解与环境的关系更大，受到各种环境因素的影响远远大于时间的影响，这些环境因素通常包括酸碱性、水分、微生物种群分布等。

　　文物实体的腐蚀降解机制研究是文化遗产保护领域中的热点问题，文物实体材料性质、环境因素及文物实体已存续时间，决定了文物实体腐蚀降解的机理和程度。对文物实体的保护和修复来说，只有了解了文物实体的腐蚀降解机理，才能对文物实体的病害有明确的认识，进而为文物实体的保护和修复提供相应的基础研究支撑。

　　二、文物实体材料腐蚀降解

　　（一）石质文物的风化

　　我国石质文物常用的岩石类型主要包括石灰岩、砂岩、大理石、花岗岩等。风化是石质文物普遍存在的一种病害类型，按照成因可以分为物理风化、化学风化、生物风化和人为风化。

　　1. 物理风化

　　物理风化又称机械风化，是指岩石因温度变化及岩石孔隙中水和盐类物质的物态变化，使石刻岩体发生机械破坏而又不改变其化学成分的过程。物理风化常使石质文物产生许多裂纹、逐层剥落，以及机械破碎。物理风化主要包括三种作用：温差作用、冰劈作用和盐类物质结晶作用。

　　（1）温差作用

　　石刻岩体为热的不良导体。放置在室外的石质文物在白天受到阳光照射时外热内冷，夜间则外冷内热，产生温差现象。同时，大多数岩石是由多种矿物组成的，是不同矿物的集合体，而不同矿物的热膨胀系数不同，岩石升温产生不均匀膨胀，各矿物的膨胀系数不一致，导致颗粒间的黏结被破坏，使岩石产生裂缝。即便是该岩石是由同一种矿物组成的，由于矿物质点排列的方向不同，也会产生差异膨胀，从而导致岩石开裂。夏季遭曝晒的石雕突然受到暴雨的浇淋，岩石中的膨胀性矿物遇水膨胀，加速破坏石刻岩体颗粒间的黏结和岩体表层与里层的联结，使石刻岩体表层疏松，产生裂缝。温差风化多造成石雕的鳞片状剥落。

　　（2）冰劈作用

　　冰劈是指石质文物孔隙中的水结冰、膨胀、撑裂岩石的现象。水结冰时，体积会增大9%左右，所产生的压强可达2000 kg/ cm²。在寒冷地区，由于昼夜温度变化较大，石质文物实体内部和外表的水分在孔洞、缝隙之间交替冻结融化再冻结再融化，由于膨胀与收缩力反复作用，造成石质文物实体表面和近表而的结构松动与裂隙，使石质文物碎裂。石质文物的孔隙率较大，吸水率也较大，材料密度相对小，因此其冻融风化现象比较明显。

（3）盐类物质结晶作用

盐类物质结晶作用主要是对石刻文物岩体的撑裂作用，是指当岩石中的水溶解了大量盐类后，一旦水分蒸发，岩石中所残留的盐浓度逐渐达到饱和，盐类结晶，体积增大，从而产生很大的膨胀力，使岩石出现裂缝。其机理与冰劈作用类似。

2. 化学风化

化学风化主要是指水溶液与石质文物中的矿物发生化学反应，使石质文物逐渐分解。在此过程中，石质文物的结构遭到破坏，岩石的成分发生改变，并往往产生一些在地表条件下稳定的新矿物。石质文物的化学风化主要包括以下几种。

（1）溶解作用

常见的碳酸盐岩类石质文物，在纯水中不易溶解，但当水中含有二氧化碳时，则易于溶解，形成碳酸氢钙。

碳酸氢钙易溶于水，可被流水带走，导致石质文物中产生溶沟和溶洞。而对较难溶解于水的硅酸盐矿物来说，当水中含酸或碱度较大时，其溶解硅酸盐矿物的能力会显著提升，导致石质文物遭到侵蚀。

（2）水解作用

某些矿物在水中出现离解现象，并与水中 H^+ 和 OH^- 分别结合，形成新的化合物，使原矿物的结构被分解，这种化学作用称为水解作用。砂岩石质文物中的长石经水解作用形成高岭石、氢氧化钾和二氧化硅。

（3）水化作用

有些矿物吸收一定的水分形成含水的新矿物，这个过程称为水化作用。

水化作用形成的含水新矿物，其结构已不同于原来的矿物，硬度一般也低于原矿物的硬度。水化作用会使石质文物沿裂隙产生堆积物和浸染。此外，水化作用常使新矿物体积膨胀，对周围环境产生强大的压力，这些又有利于物理风化作用的进行。

（4）氧化作用

矿物中的低价元素与水中或大气中的氧结合变成高价元素，这种化学作用叫作氧化作用。

氧化是极为普遍的现象，氧化的结果会使石质文物的表面产生黑褐色浸染，影响石质文物的美观。

3. 生物风化

生物风化是指生物在其生长和分解过程中对岩石、矿物产生的机械和化学的破坏作用，以及受生物生长及活动影响而产生的风化效应，是生物活动对岩石的破坏作用。生物风化主要分为两类：生物的机械风化作用和生物的化学风化作用。生物的机械风化作用引起岩石的机械破坏，如植物树根在石刻岩体的裂隙中长粗，对裂隙两壁产生压力，据测算，这种压力可达 1 ~ 1.5 MPa，最终会导致岩石破裂，称为根劈作用。生物的化学风化作用是指生物的新陈代谢产生的分泌物和生物死亡后有机体腐烂分解的产物对石刻岩体的化学破坏作用。在微生物的参与下可加速石刻岩体的化学风化作用，细菌在新陈代谢中常常析出有机酸、硝酸、重硝酸、碳酸和氢氧化铵等溶液，腐蚀石刻岩体并在石刻表面形成积淀物。植物死亡分解可以形成腐殖质，腐殖质也是一种有机酸，这种酸分解岩石的能力也很强，对石刻岩体有腐蚀作用。微生物对岩石的化学风化作用较强烈，它们不停地分泌各种酸类物质，其分解能力远远超过动植物所具有的化学分解能力。植物根系分泌出的有机酸，也可以使岩石分解破坏。生物风化作用的意义不仅在于引起岩石的机械和化学破坏，还在于它形成了一种既有矿物质又有有机质的物质——土壤。

（1）藻类对石质文物的侵蚀作用

藻类是原生生物界一类原核或真核生物，没有根、茎、叶的分化，在自然界中广泛分布，不仅可以在水体中生长和繁殖，也可以在砖石等材料表面定居。一般情况下，藻类侵蚀与岩石物理风化、化学风化同时发生，加速岩石表层的疏松与孔隙的形成，为苔藓等植物的生长创造条件，是岩石生物群落发生、发展的先锋物种。造成岩石侵蚀的藻类一般来自周围的土壤、风化的岩石屑或者地下水。

目前，石质与藻类之间的相关性研究还未见报道，但有报道称藻类生长与石质的孔隙度、粗糙度及渗透率明显相关。研究发现，藻类中的一些种类在岩石表面生长随着雨水流动的方向扩散，环境干燥时细胞处于收缩状态，颜色呈灰色，雨后细胞吸水膨胀，颜色加深，呈黑色，对文物外观造成明显影响。还有一些种类，在文物表面长期生长，引起石质表层风化、起壳，并夹杂少量的土壤，以黑色壳状形式剥离石质表层，破坏文物的文化层信息（表面文字或花纹）及造型。

（2）地衣对石质文物的侵蚀作用

地衣是真菌及藻类结合的共生体，属于原始低等生物，由真菌和藻类结合而成，无根、茎、叶的分化，形状为壳状、叶状和枝状，以孢子的形式繁衍后代，在地球上存在的时间很长。地衣侵蚀石质文物，有物理方式和化学方式两种。最开始地衣采用的是物理方式，菌丝的生长穿透了石质文物的气孔，扩大了已有的缝隙和裂隙，破坏了石质文物的表层，导致石质文物表面的矿物质脱落分离，尤其是多孔的石灰岩石质文物更容易受到地衣的侵蚀。紧接着，地衣在生长繁殖过程中代谢出可溶性有机酸，加快了石质文物的腐蚀速度。

（3）苔藓对石质文物的侵蚀作用

苔藓植物（bryophyte）属于最低级的高等植物。植物无花、无种子，以孢子繁殖，能作为监测空气污染程度的指示植物。苔藓植物分布范围极广，可以生存在热带、温带和寒冷的地区（如南极洲和格陵兰岛）。成片的苔藓植物称为苔原，苔原主要分布在欧亚大陆北部和北美洲，局部出现在树木线以上的高山地区。苔藓常伴随着藻类、地衣共生，其假根紧贴石质文物表面或沿细小的缝隙钻进岩石表层，不断分泌酸性物质，使石质文物浅表层的矿物颗粒松散、脱落。同时，自身的残骸也堆积在石质文物表面与矿物颗粒一起形成黑色新土，为其他高等植物创造了生存条件。

（4）大型绿叶植物对石质文物的侵蚀作用

大型绿叶植物一般情况下不能直接在石质文物表面生长，但是当文物存在裂隙、坑洼等结构，积累了一定的泥土时，大型绿叶植物即可生长，其植物种子的来源可能是风或鸟类的搬运作用。大型绿叶植物生长时，植物根系不断分泌无机离子、气态分子，以及糖、氨基酸、有机酸等各种物质，腐蚀石质文物实体，改变石质文物的物理、化学结构，使其化学成分以离子状态释放，维持植物生长的需求，扩大石质文物的已有裂隙，加速文物风化。

（5）微生物对石质文物的侵蚀作用

微生物包括细菌、病毒、真菌以及一些小型的原生生物、显微藻类（尺度小于 1 mm 的单细胞及多细胞藻类）等在内的一大类生物群体，它们形体微小，与人类关系密切。微生物分布广、种类多、数量大、代谢和繁殖快、适应能力强，因此对石质文物的损害也十分严重。

微生物对石质文物的侵蚀作用主要分为物理作用和化学作用。物理作用是指微生物的菌丝对石质文物的机械破坏，菌丝扎入石质文物实体表层，使文物出现疏松、裂纹、脱落、粉化等现象。化学作用是指微生物产生的代谢产物与石质文物实体发生相应的化学反应，对石质文物造成的侵蚀作用，主要包括酸的作用、酶解、碱解，以及氧化还原反应等。硫细菌、铁细菌等化能自养型微生物可以通过氧化还原作用，直接对石质文物中的离子进行转化。

真菌不含叶绿素，是异养菌有机体，不能通过阳光制造营养，大都是管状菌丝构成的菌丝体，只有一小部分是单细胞生物。石质文物表面通常有一些残留的物质，这些物质可以为真菌提供生长所需要的营养，等到真菌成活后，就会给石质文物带来物理侵蚀和化学侵蚀。不同类型的真菌可以分泌出不同的酸，从而将石质文物表面的钙离子、镁离子和铁离子分离出来，腐蚀石质文物。例如，纤维状真菌分泌的草酸和柠檬酸会加速石灰岩大理石和花岗岩类的石质文物风化。

细菌的数量比较多，主要依靠自养及异养的营养方式。当石质文物表面有水时，细菌繁殖的速度特别快，但往往只有细菌使石质文物产生变化时我们才得以发现。一般来讲，硫氧化细菌、硝化细菌、藻青菌和异养细菌等细菌种群对石材的破坏力比较大。硫氧化细菌分泌的酸性物质可以将土壤中的硫离子氧化成硫黄酸，硫黄酸与石质文物发生化学反应形成硫酸钙，遇到雨水冲刷，会给石质文物造成极大的破坏力。自养硝化细菌可以将氨氧化成亚硝酸盐和硝酸盐，形成含氮的酸，将石材溶解成可溶性硝酸盐。其他自养细菌可以氧化铁、锰等矿物质，分离石质文物中的阳离子，使表面变色。异养细菌通过分泌酸分离石质文物中的钙、铁、锰等物质，从而侵蚀石质文物实体。藻青菌会在石质文物表面形成有色的微生物膜，破坏石质文物的外观，溶解石质文物基层矿物质，吸附空气中的灰尘、花粉、油脂等，产生硬壳，有时还会给石质文物造成点状腐蚀。放射菌类一般是和真菌、海藻、硝化细菌一起出现的，可以分解碳酸盐和硅酸盐，并与金属离子结合，使石质文物矿物溶解。

4. 人为风化

人类的工程活动，如采石、打隧道、筑路、修水利工程等，会对岩石产生大规模的机械破坏作用，使石质文物出现裂隙、崩塌等现象，人为风化的实质是人为破坏。

（二）金属文物的腐蚀

金属文物的腐蚀是指金属文物实体中的金属材料受到环境介质和环境因素的化学作用或电化学作用而引起的变质和破坏。某些物理作用引起的损坏（如合金在某些液态金属中的物理溶解现象）也可以归入金属腐蚀范畴。金属腐蚀受到合金内因和介质外因的双重影响。内因包括金属的热力学稳定性、化学成分、聚集状态、元素的分布、相对状态及分布、杂质、应力状态、表面状态及氢超电压等。外因包括介质中的离子特性、离子及溶解氧的浓度及浓度分布、介质的导电性、腐蚀产物的性质和分布、有无缓蚀剂、是否存在外来杂质等。此外，温度（包括温差）、系统的几何形状、压力、金属与介质的相对运动、放射性辐照等则是与内因和外因都有关系的因素。

还可以从电化学角度对腐蚀过程进行解释。电化学反应的阳极过程和阴极过程包括若干分过程，如电化学反应的电荷传递过程，反应物和反应产物的传递过程，溶液离子电迁移过程，电极界面双电层的充放电过程，电极表面的吸附、脱附过程，表面膜结晶生长过程，以及伴随电化学反应同时存在的化学反应等，这些构成了一个互相牵制和影响的腐蚀体系。由于文物实体存续时间久远，环境因素影响错综复杂，最终的腐蚀结果复杂且富有变化，而文物稀有珍贵的特性，也使获取样品成为难题，令文物保护的电化学腐蚀研究处于颇为艰难的境地。

金属文物制作的第一步是对金属矿石进行冶炼，以获取金属原材料。金属冶炼是依靠外界提供的能量将金属从各种氧化物、硫化物等矿石中提炼出来，形成金属和合金的过程，腐蚀过程是金属和合金在自然环境中，与环境介质相互作用而形成金属氧化物、硫化物或盐。因此，金属文物的腐蚀是冶炼的逆过程。腐蚀过程是热力学自发过程，反应物和产物浓度的变化，有可能导致腐蚀倾向的改变。

从金属腐蚀结构形态看，大致可分为多种类型，包括均匀的全面腐蚀、点或缝隙等局部腐蚀、晶粒间界腐蚀、穿晶腐蚀、负荷导致的应力腐蚀、周期性运动导致的磨耗腐蚀、腐蚀疲劳，以及不同材料接触形成的电化学腐蚀。

1. 全面腐蚀

铸铁的腐蚀大多比较均匀，基本上只在表面形成薄薄一层致密的锈层，腐蚀层致密、坚硬，局部锈蚀产物剥落后留下圆形的黄褐色锈斑，属于全面腐蚀。

2. 局部腐蚀

局部腐蚀是最常见的破坏形态，常呈现出小孔状或线状向纵深发展。

3. 点腐蚀

点腐蚀，即小孔腐蚀，集中于金属表面的很小范围，并深入金属内部呈蚀孔状腐蚀形态。一般是直径小而蚀孔深，是极具破坏性的隐患。硫化物、硅酸盐、碳化物、氧化物等区域，晶界、晶格缺陷都是易于产生点腐蚀的敏感位置。一旦形成蚀孔后，往往会发展得很快。点蚀坑形态既取决于材料成分和组织结构，也取决于工艺介质的组成和点蚀坑内的溶液组成。

4. 缝隙腐蚀

锻打的金属文物常常由不同材料叠加锻打或者同一材料叠加锻打而成，其间有明显的缝隙，甚至肉眼可见，易发生缝隙腐蚀。缝隙腐蚀常见于金属与金属之间的衔接处、焊接处、金属与木质、织物等非金属的连接处，以及金属表面与土壤、砂粒、腐蚀产物等沉积物之间的接触面。缝隙腐蚀初期，缝隙内表面发生金属的溶解，以及阴极的氧还原为氢氧离子的反应。当缝内氧气被消耗完后，氧化还原反应不再进行，缝内外氧的浓度差异形成"浓差电池"，缝内金属不断腐蚀形成氯化物和盐类而溶解，阴极过程移到缝外，外部得到阴极保护。进一步的反应使氯离子等阴离子又迁入缝内，形成金属盐类，然后水解，使缝内酸度增加，促使金属腐蚀溶解。

5. 选择腐蚀

在金属合金的腐蚀过程中，某一相或某一元素富集的区域会优先被腐蚀，有些金属元素重新析出，属于成分选择性腐蚀。电化学理论认为，电位较正的金属元素为阴极，电位较负的金属元素为阳极，从而构成腐蚀电池，使电位较正的金属保持稳定或重新沉淀，电位较负的金属发生溶解。

6. 高碳材料优先腐蚀和晶间腐蚀

晶间腐蚀过程中，作为阳极的晶界面积很小，与大面积作为阴极的晶面接触，所以腐蚀常常快速侵蚀到金属深部，有时会导致灾难性的破断事故发生。临近边缘腐蚀区，晶界腐蚀严重时会直接导致晶粒瓦解脱落，使金属失去机械强度和延展性。

实际上，由于文物实体材料及其保存环境、收藏环境的特殊性，其金属材料的腐蚀机制各不相同。因此，研究金属文物的腐蚀机制，不仅要考虑文物实体材料的性质，还要考虑文物实体所处环境的相关因素，包括水、空气中的污染物、微生物、温度、光照辐射等。

7. 温度、湿度的影响

对金属文物来讲，环境中的温度、湿度、光照和污染性气体等影响因素会对其保存状况造成很大的影响。一旦金属文物材料在自然环境影响下发生化学反应，就会遭到损害甚至破坏。而化学反应的速度与温度有关，著名的阿伦尼乌斯经验公式就是以活化能、相关温度和反应速率来表示的。

环境湿度对金属文物的影响也非常严重，环境湿度的变化往往会影响文物实体表面水膜中的气体和盐类等物质溶解度及腐蚀过程中的电化学反应速率。水作为化学反应进行的介质和参与成分，对金属文物的腐蚀起到了一定程度的加速作用。相对湿度是度量环境中空气湿度的指标，大气环境中相对湿度越高，水分越容易在青铜文物表面凝结，表面薄层液膜存在的时间也相对越长，腐蚀速率也会越快。绝大多数金属文物存在临界湿度，当环境中的相对湿度达到其临界湿度时，金属文物的腐蚀速率就会迅速加快。金属的临界湿度通常会受金属表面状态及腐蚀产物性质、大气环境的影响，在一定范围内波动。

8. 光照的影响

光是能量的一种表现形式，它可为化学反应提供一定的能量，从而会加速暴露于其下的金属文物材料发生腐蚀变色。而光又分为可见光和不可见光，其中波长越短的可见光对金属材料的破坏性越大，不可见光中的红外光和紫外光对金属材料也存在着较大危害。研究表明，在开放体系中，暴露于波长为 253.7 nm 的紫外光下，银片表面会出现黄斑，暴露时长超过 24 h，银片表面会变黑。光作为一种外加能源，也能够通过光的效应及光化学反应，促进金属离子化，进而加速其与环境中各种污染组分发生反应，从而引起腐蚀变色。

9. 微生物

微生物对金属文物的腐蚀作用，由金属文物材料性质、微生物种类和金属文物所处的环境三个方面因素决定。

金属文物处于潮湿环境中时，往往是化学腐蚀与微生物腐蚀同时发生，而且两者协同作用，加速文物腐蚀，因而潮湿污浊的环境是保存金属文物最不利的条件。

10. 二氧化硫和氮氧化物

随着现代工业的不断发展，大量含硫化石燃料被开采利用，导致大气环境中二氧化硫的浓度急剧上升。二氧化硫对环境有很强的破坏性，在紫外线的催化下，会与环境中的水雾、重金属飘尘及氮氧化物发生化学或光化学反应，从而生成腐蚀破坏性更强的酸性烟雾。二氧化硫之所以会加速金属材料的腐蚀，是因为它与空气中水蒸气结合后形成亚硫酸，亚硫酸在空气中会被氧化成硫酸，而硫酸具有很强的腐蚀能力。

11. 有机酸

在博物馆中，藏展材料、展柜、涂料以及其他装饰材料都会释放出一些有机类污染物，如甲酸、乙酸等。在开放的大气环境中，有机类污染物对各种金属文物的破坏性较低，但是在博物馆展柜这一相对密闭的环境中，各种有机污染物易逐渐累积，从而会对金属文物材料表面性状产生一定的影响。而甲酸和乙酸是在博物馆文物保存微环境中比较常见的两种有机污染物。在一定温度、湿度条件下，甲酸和乙酸会在一定程度上加速金属文物材料的腐蚀变色，尤其对铅、铁、锡等金属文物材料来说更加严重。

12. 臭氧

绝大多数的臭氧存在于大气平流层，只有很少一部分存在于对流层中，但这较小部分的臭氧却会影响对流层中 OH 自由基的浓度，进而影响对流层中的光化学反应和大气生物的化学循环。但臭氧并不是人类日常活动中直接产生的物质，而是由汽车尾气或石油化工行业所排放出的氮氧化物等挥发性有机物在紫外线催化下，发生一系列光化学反应后所产生的。

臭氧是一种强氧化剂，其氧化还原电位仅次于氟，所以能氧化绝大多数的金属材料，并且臭氧在常温常压下就可以分解出氧气和氧自由基，其中氧自由基的氧化性极强，对各种金属材料都有很强的腐蚀破坏作用。环境中存在一定浓度的臭氧时，银的腐蚀速率会加快，并且随着臭氧浓度的升高，银器皿生成的腐蚀产物也会逐渐增多。除了银之外，青铜器对大气中的臭氧也十分敏感。

（三）陶瓷器的腐蚀以及沉积物

陶器，是用黏土或陶土经成形后烧制而成的器具。瓷器是由瓷石、高岭土、石英石、莫来石等烧制而成，外表施有玻璃质釉或彩绘的物器。瓷器的成形要经过窑内高温（1280 ~ 1400℃）烧制，瓷器表面的釉色会因为温度的不同而发生各种变化。

陶器与瓷器的区别在于，一是制作材料，二是烧成温度。陶器可以使用包括瓷土在内的各种矿物黏土制作，烧成温度较低，多在 700 ~ 1000℃，胎体基本烧结，不再遇水分解，但气孔率和吸水率较高。在显微镜下观察胎体，极少存在玻璃相莫来石结晶体，换句话说就是没有瓷化，敲击之声较沉闷。而制作瓷器使用的是红化铝含量较高的瓷土，即高龄土。瓷器的烧成温度在 1100℃以上，胎质基本瓷化，在显微镜下观察有大量莫来石结晶体存在，气孔率和吸水率较低，敲击之声清脆。由此可以看出，陶器和瓷器基本上都是由黏土矿物烧制而成，区别在于烧成温度和取用材质的不同。因此，对于陶瓷器文物的病害而言，也不尽相同。陶器由于其质软，孔隙率、吸水率较大，在埋藏环境中易受到地下水、土壤等因素影响，产生各种病害，类似于石质文物的风化，其病害主要有以下几种。

1. 破损、断裂、划痕、裂缝

这些属于机械损伤，因受外力作用如撞击、倾倒、跌落和自身结构等方面的影响，受损伤后的陶器通常会发生断裂、残损、明显位移、错位，裂隙交切、贯穿整体，威胁到陶器的整体稳定。

2. 彩绘层起翘、卷曲、脱落

在发掘现场，陶器上的彩绘层由于所用颜料中胶料（一般为动物胶）老化及自然风化，且器物出土后环境温湿度变化较大，彩绘颜料层很快就出现卷曲、起翘、脱落现象。若不及时采取措施，随着器物的干燥，这些彩绘很快就会荡然无存。

3. 颜料褪变色

彩绘陶器褪变色一方面是由于颜料脱落，另一方面可能是环境因素变化所致，颜料层干燥后，图案对比度下降，图案清晰度降低。

4. 盐析污染

陶器文物在其长期保存过程中，由于受外界自然因素的影响，以及陶器内部毛细水与可溶盐活动，导致可溶盐在陶器表面富集，致使陶器表面酥碱发白。此现象多发生于质地较为酥松的陶质文物表层，在陶器上薄弱夹杂的部位最为常见和严重。

由于瓷器质地坚硬，孔隙率和吸水率较低，风化类的病害较少，其病害主要集中于埋藏环境或者水下环境中，土壤、水生物、微生物的附着和沉积而产生的沉积物和污染物。例如，瓷器出水前长期沉没于海洋中，受海洋中各种物质如矿物、有机生物残体、铁器等的黏附和沉积作用影响，表面形成各种颜色和形式的沉积物，同时胎体孔隙吸附了大量的海洋盐类。这些沉积物不仅黏附在釉层表面，还沉积在胎釉的裂缝、孔隙中，随着时间的推移，它们就会对瓷器的釉、胎体造成破坏。这些被沉积物包裹着的瓷器出水后，随着出水后环境温度、湿度等因素的改变，沉积物和盐类活动随之发生变化，使瓷器受到物理性挤压，损坏速度加快。出水瓷器表面通常附有藻类残体及疏松沉积物，表面沉积物厚度一般很薄、质地疏松，有些表面还有黑色的藻类残体存在。瓷器釉层处沉积物往往难以聚集，一些瓷器的釉层光滑致密，因此，在海水中浸泡数百年也无沉积物包裹，但其碗底圈足处因无釉面保护，露出了较粗糙的胎体，致使沉积物聚集。

（四）竹木漆器的降解

古代竹木漆器依其保存状态基本上可分为两种类型，即北方干燥地区出土的潮湿而糟朽竹木漆器（亚饱和水状态或干燥状态）与南方潮湿地区出土的饱水竹木漆器。古代竹木漆器在长期的埋藏过程中，部分纤维素、半纤维素和木质素因降解流失，使得胎体强度降低。南方地区出土的竹木器，由于其埋藏环境的地下水位高，墓室中的器物常被水淹没，因而水分子进入胎体并填充在木材的空隙中。因为外部水是逐渐渗入，器物受力较均匀，所以保存下来的器物器型大多较为完整。而北方墓室中多是高湿环境，由于器物胎体受腐蚀之后，缺乏足量水分填充在胎体空隙中，加之外部缺少水浮力的承托，在腐蚀过程中，器物内部因干湿失衡而表面失水、干裂，出土后因保存环境与埋藏环境差别很大，继而加剧了器物变形、残损。

（五）纺织品文物和纸质文物的降解

纺织品文物和纸质文物作为有机质文物，其主要的组成部分是各种纤维。纺织品文物一般指纤维素纤维、丝蛋白纤维制成的纺织品，如棉、麻等材质；动物毛纤维制成的毛纤维织物，如羊毛、兔毛等材质。纸质文物主要包括书画和古籍两大类，其他还有文书契约、档案等。其主要的组成部分就是纸张，是由各种植物纤维经过造纸工艺制成的，如竹纸、棉纸、宣纸、皮纸等。其中，书画类文物除了纸张，还会用丝织品作为镶料装饰。因此，这两类文物的主要成分就是各种纤维，包括植物纤维和动物纤维，材料成分有丝蛋白、纤维素、角蛋白等。这两类文物在埋藏和收藏过程中，易发生老化降解。一方面是由于材料自身，即高分子材料的降解；另一方面是在不同的环境中受到水、温度、光照、微生物、无机盐离子等因素的影响，发生的不同程度和不同机理的老化降解反应。

第五章 文物的保护与修复理念

第一节 文物保护的目的和原则

一、文物保护的目的

文物是历史的见证，每件文物的产生都有其独特的历史背景，是历史和人类智慧的结晶。它给人以启迪和借鉴，无论是从正面还是反面给人们的教益，都是任何其他物品或手段所不能替代的。

文物保护的目的，从宏观上讲是保存人类文明的见证，为研究和解读历史提供科学的依据。随着人类社会的演变和发展，历史可以为现代人的创新和发展提供借鉴和启迪，这也是历史对现实的作用和意义。而人们对历史文物也会产生新的认识，从而引起人们对历史的重视、回顾和反思。人们对历史的认知是不断变化和进步的，认知的发展速度及其科学性，往往取决于客观的历史条件和人的主观能动性。因此，作为客观的历史见证，文物便成为人们认识历史的基础。没有保护，就没有文物，就会导致人们对历史的认知无法提升，也无法从历史中找到对于现代社会的启示，因此文物保护工作是至关重要的。文物保护技术研究的最终目的是最大限度地延长文物的寿命，使文物尽可能长时间地为人类文明的发展服务。而研究文物制作材料的变化规律，寻求科学的文物保护方法，是达到这一最终目的的手段。

二、文物保护的原则

（一）文化多样性与保护

文化多样性指的是世界上每个民族、每个国家都有自己独特的文化，民族文化是民族身份的重要标志。历史文化遗产，作为古代历史不可替代的见证物，同时作为每个国家、地区历史文化延续的载体，是每个民族的智慧结晶，体现了文化的多样性，因此对文化遗产的保护和长久保存是所有国家的共同利益和目标。

由我国国家文物局组织，在北京召开的"东亚地区文物建筑保护理念与实践国际研讨会"，形成并通过了文化遗产保护领域的重要文件《北京文件——关于东亚地区文物建筑保护与修复》（以下简称《北京文件》）。该文件是有史以来第一次由我国政府主管部门与相关国际权威机构组织共同制定的文化遗产保护国际文件，是《奈良文件》《实施世界遗产公约操作指南》及《世界文化多样性宣言》中关于文化多样性精神的延续和发展。《北京文件》明确指出："在修复中充分认识到遗产的特殊性，并保证在保护和修复过程中不改变遗产的历史、有形与无形的特征，这是至关重要的。"

（二）文物档案

文物档案的内容包括记录文物的挖掘、文物信息、文物保护、文物研究等与文物息息相关的工作，它可以帮助人们更好地认识和了解文物。文物档案管理工作对于文物的开发、利用和保护起着重要的作用。文物管理部门通过完善文物档案，可以为人们呈现更为丰富和全面的文物资料，这对于推进文物的保护和宣传工作起到了一定的积极作用，同时有利于对文物的合理开发和利用。

文物保护工作的每一项干预、修复活动均须以正确的理论为指导，详尽的史料和考古研究、调查、勘测、记录、分析等是必要的基础和前提，进而开展相关多学科的合作，并留给后人以准确、翔实的档案记录。

由于文物是一种不可再生的资源，文物档案管理对于文化遗产保护工作有着重要的意义，文物保护工作必须尊重其内在的科学规律，否则就会酿成历史性的大错。没有任何政治的、经济的、庆典的事件可以被允许更改文物保护工程所应遵循的客观规律。这是我国人民对国际社会的庄严宣示，也是当代人对后代负责任的态度体现。因此，人们必须加强和重视文物的档案管理工作。

（三）原真性

"authenticity"一词源自中世纪的欧洲，源自拉丁语中"权威的"（auctoritas）一词和"原初的"（originAl）的含义，在我国文化遗产保护领域，学者们长期以来将"authenticity"译为"真实性"。但经过仔细推敲后发现，这种译法仅表达了"真实的"和"可信的"两层含义，未能表达出"原初的"这一含义。

"原初的"对文化遗产来说，恰恰是最为关键和不可或缺的要素之一。张松指出："原真性，可译为真实性、原生性、确实性、可靠性等，主要有原始的、原创的、第一手的、非复制、非仿造等意思。"因此，一些学者提出了更为恰当的译法"原真性"，既强调"真"，又强调"原"，更为贴近本义。这一观点已被文化遗产界大多数学者接受和认可。

原真性的思想萌芽产生于《关于历史性纪念物修复的雅典宪章》，其第六条规定："对于废墟遗址要小心谨慎地进行保护，必须尽可能对找到的原物碎片进行保护，必须尽可能对找到的原物碎片进行修复，此做法称为原物归位。""原真性"的概念被正式纳入文化遗产领域是在第二届国际历史古迹建筑师与技师大会，会上通过了《威尼斯宪章》，其开篇提到"人们越来越意识到人类价值的统一性，并把古代遗迹看作共同的遗产，认识到为后代保护这些古迹的共同责任。传递其原真性的全部信息是我们的责任"。此后，对"原真性"做了重新定义，指出保护一切形式和任何历史阶段的文化遗产是保护根植于遗产中的文化价值。我们能否理解这种价值部分地取决于表达这种价值的信息来源是否其实可信。了解这些与文化遗产的原始特征有关的信息源，并理解其中的含义是评价遗址真实性的基础。

《世界遗产公约》的全名是《保护世界文化和自然遗产公约》（*Convention Concerning the Protection of the World CulturAl and NaturAl HeritAgt*），公约主要规定了文化遗产和自然遗产的定义、文化和自然遗产的国家保护和国际保护措施等，以及各缔约国可自行确定本国领土内的文化和自然遗产，并向世界遗产委员会递交其遗产清单，由世界遗产大会审核批准。凡被列入世界文化和自然遗产的地点，都在其所在国家依法严格予以保护。《世界遗产公约》对原真性进行了界定，即"文物古迹本身的原真性体现在诸如形式与设计、材料与实体、应用与功能、位置与环境，以及传统知识体系、口头传说、技艺、精神与情感等因素中"。在此需特别强调，"修缮与修复的目的应当是不改变这些信息来源的原真性"。而"原真性"也是个复合性多元理念，一般情况下，一座文物建筑的原真性，应当是它被作为文物建筑认定时的历史和客观属性的总和。

（四）完整性

在世界遗产领域，"完整性"长期被应用于评估自然遗产的价值与保存状况。而考古遗址的结构怎样才算完整？以往人们并未把这一理念引用到文化遗产保护工作中。近年来，这一状况已得到改善。新版《世界遗产公约实施指南》已明确把"完整性"应用于对文化遗产的评判中。《北京文件》对此有以下描述："完整性可以解释为文物古迹及其特征的整体性和完好性，包括体现文物古迹重要性和价值所必需的所有因素。"保留文物古迹的历史完整性必须保证体现其全部价值所需因素的相当一部分得到良好的保存，包括意义重要的建筑物历史层次（沿革与积淀）以及"环境"。这表明，"完整性"不一定意味着整体历史结构的完整，而是指所存部分可以验证、标识大部分的历史信息。同时，这也对文物保护界长期以来关于"原状"与"现状"的争论做了一个小结，即文物的保护不应当是按照当代人的意愿与结论将文物恢复成某一辉煌时期的"原来状态"，也不可为追求风格的统一而随意拆改不同历史时期留在同一文物建筑体上的完整历史信息。

（五）保存与修整

"保存与修整"所对应的英文单词是"maintenance and repair"，这足见国际上对保存文物真实性和尽可能少干预的高度重视。《北京文件》明确提出，保护性的保养和修缮"应当将材料、构件和彩绘表面的替换或更新降至合理的最低程度以便最大限度地保留住历史原物"。用这一标准去衡量一项文物保护工程的成败优劣，而不是错误地追求维修后的整体风格统一，应当是我们今后文物保护工作中的统一准则。

同时，保存历史的理念也影响着城市建设中新兴建筑的风格。日常的保养维修应当是古建筑文物保护工作的基本方式。

第二节 文物保护的科学性和先进性

一、文物保护的基础理论和方法

化学、物理学、生物学、材料学、地质学、考古学、历史学、美学等，这些学科的理论都是文物保护学的基础理论。

文物保护的研究方法有模拟法、演绎法、推理法。其中最常用的是模拟法，模拟法是对模拟老化样品做保护实验，以验证方法的可行性和保护效果。

文物保护的研究模型。文物保护技术的应用对象是文物，科学的研究模型对学科的建立和发展有着重要的意义。文物是物质的，无论是金属文物、木漆器、纸张，还是纺织品、玉石等，都属于物质的范畴。大多数文物是由一种以上物质组成的混合物，具有物质变化的规律，如它们会发生氧化、还原、霉变等化学和生物变化，因此，研究文物保护的技术也离不开这些物质变化的自然科学理论。这些理论都有其自身的研究模型，自然科学的模型往往建立在理想的情况下，以许多假设为前提，忽略了许多实际条件，仅在实际应用中，以参数加以修正。文物保护的研究也应有自己的研究模型以及一套完整的理论体系。那么文物保护的研究模型是什么样的呢？文物科学保护的对象仍然是物质，但它与自然科学的研究对象是有所区别的。它不但具有物质属性，还包含历史信息。首先我们要保护好文物的物质实体，其次要尽可能地保留文物的历史和人文信息，这就凸显出了文物模型的特点。文物的历史、人文信息主要表现在文物的制作工艺、结构特点、色泽、外观形状、图案和文字或铭文（这里又包含了制作者的风格）等方面。因此，文物保护研究的模型具有两个特征：①模型的物质属性；②模型的历史、人文信息的含义。文物的科学保护除用自然科学技术进行保护处理外，通常还需进行传统的修复，以求完整展现文物的历史、人文信息。

文物的作伪、复制与仿制。即制作、使用或展示物品目的在于让人们相信该物品与原件完全一样的行为。而辨别真品与赝品的主要标准就是时间第一性和作者第一性。此外，以严格的标准来判断艺术品的真假并不适用。而判断某件器物真假的依据受到不同文化背景的制约，标准不一。对具有历史与艺术两种价值的文物进行修复，在真假判断上，往往没有绝对的标准。判断物品是否虚假，不是根据这件东西的物质属性是否和真品一模一样，而是根据是否有造假的意图，制造意图的不同是区分复制、仿制和作伪的基础。作伪的意图是为了通过制造一个物品，在时代、材料坚固性或作者方面欺骗他人。与作伪不同，复制和仿制都是通过制造一个物品，并且重制特定历史时期或特定艺术个性的方法及风格，使其与另一物品相似。其唯一的目的是为原创物品提供文献功能或作者想从中获得安慰。

进一步探讨复制和仿制的区别。文物的复制与仿制在我国有着悠久的历史，文物的复制在我国是一门传统技术，现代研究认为，文物的复制起源于历史上的古器物仿造业，至少在春秋时期就已经出现。《文物复制拓印管理办法》规定，文物复制是指按照文物的体量、形制、质地、纹饰、文字、图案等历史信息，基本采用原技艺方法和工作流程，制作与原文物相同制品的活动。而与复制品不同，文物的仿制一般是指对文物进行模仿制作，也就是模仿历史文物的体量、形制、质地、纹饰、文字、图案等历史信息，不要求与原作完全一致，在文物的大小、尺寸、材料和制作工艺等方面可以与原文物有所出入。

　　复制的本质是文物信息的转录，也是一种文物保护的手段。东方文化中对文物的表述为"文物""文化财产""文化遗产"，而西方则称为"艺术品"，后来发展为"文化遗产"。西方强调文物的艺术性，视其为作者的原创作品。随之而来的是作品的无法复制，只能仿制和临摹。随着时代的不断发展和现代工艺水平的提高，一些现代材料和工艺被运用于文物的仿制，以期在降低制作难度和风险的同时提高效率。在我国，文物复制是对文物藏品的一种有效保护措施。文物作为特定历史时期的产物，不可抗拒地会遵循"产生、发展、消失"的自然规律。特别是部分老化、降解严重的文物，由于技术条件的限制，很难长期保存，随时都面临损坏的危险。对于这些濒临损毁、数量稀少，但又具有较高的历史、科学、艺术价值的文物，对其进行复制，可以确保复制品流传后世。由于复制品与原作难以区分，因此《文物复制拓印管理办法》规定，文物的复制品上应具有明确标识的"复制"字样，并标明复制年代。

　　二、文物保护的科学性

　　科学理应是由单体层级向文化层级的认知发展的延续，不仅是传统文化知识的发展衍生物，更是一种文化向前进化的特殊化认知变异体与延伸，而科技只不过是其外在的表现运用罢了。

　　由于文物的种类繁多，生成与赋存环境所含要素极其复杂，因此文物及其科学保护技术形成了一个庞大的，涵盖众多自然科学、技术科学，并与多个社会科学与人文科学相关联的学科群。在现代科学技术迅猛发展的20世纪后半叶，文物保护科学技术最显著的特征是，一切科学发现和技术发明都会被考虑和尝试应用于文物的研究及保护中，现代科学技术成为文物保护的核心技术，并尽可能地保留传统保护修复技艺中的合理因素。

　　文物的不可再生性、多样性、时代性、地域性和不可替代性等特征，决定了文物保护工作人员应遵循保护技术的审慎原则，注重技术方案的差异性。即便是同一地点出土的同类同质文物，在保存现状、损坏程度方面也会有所区别，单一的保护技术不可能解决所有的问题。

　　强调文物保护科学技术的基础研究已经成为很多国家和国际文物保护界的共识。一般是从文物病害产生的原因入手，然后"对症下药"，铲除造成病害的根源，以达到长期保护的目的。利用现代自然科学和技术的理论、手段、方法，对文物材质进行整体和微观的结构分析，调查文物自然损坏的原因和具体过程，探索有效延缓和阻止文物损坏的方法以及最佳保存手段和途径。在这些研究的基础上，从文物的基本属性和文物保护的基本原则出发，精心设计技术与工艺，在实验室反复进行时效和不同环境的对比实验，筛选出相对安全的材料、工艺和技术，然后才能对文物进行小规模的保护操作并进行跟踪研究，获取工艺和技术参数，在经过时效验证后方能建立针对某个和某类文物的保护方法，并同时制定相应的操作规范和标准。即使如此，跟踪与评估研究仍旧需要持续一段相当长的时间。

保护性处理及材料研究是文物保护的关键，也是国际文物保护科学和技术研究的重点。随着现代科技水平的发展，在进行文物保护技术研究的同时，环境模拟和监测、测试分析以及现场实验和标准化等方面的研究也在日益提高。

文物保护科技较为发达的国家，通常重视跟踪和监测数据的积累，对于重要的文物和遗迹，一般都有连续的档案记录。这些档案记录成为诊断文物病害产生原因的第一手资料，是保护方案设计的基础，也是保护处理的重要参数和对保护结果进行评估的依据。

（一）文物保护目标的科学性

每一件需被保护处理的文物，在实施保护处理之前，都必须有明确的保护目标，保护目标可分为一般目标和高级目标。一般目标可以定为消除损害因素、减缓劣化速度；高级目标可以定为：除了达到一般目标，还需满足陈列展出的要求，以及可以进行一般搬运和外出借展，即不但消除了文物的损害因素、减缓其劣化速度，还能增加文物的理化强度。因此，改善文物的保管条件可被视为一般目标，而文物的技术保护可被视为高级目标。

（二）文物保护方法的科学性

对文物进行保护处理时对其所使用的技术方法进行评估，判断其是否合理、是否有理论依据、是否有科学数据的支持，这些都是评判保护方法是否具有科学性的重要标准。

（三）文物保护效果的科学性

文物保护效果的科学性是指采用科学的分析检测方法，对文物保护处理前后的检测结果进行对比，从而评估文物经保护处理后所获得的效果，这也是文物保护技术工作中一项亟待解决的难题。

三、文物保护中的先进技术手段

文物的检测与分析是文物保护工作中极其重要的一项内容，随着科学技术的迅猛发展，越来越多的现代科学分析检测手段，特别是无损与微损的分析技术，被广泛应用于文化遗产保护的研究领域。

（一）表面分析技术

表面分析技术是指利用电子、光子、离子、原子、强电场、热能等与固体表面的相互作用，测量从表面散射或发射的电子、光子、离子、原子、分子的能谱、光谱、质谱、空间分布或衍射图像，得到表面成分、表面结构、表面电子态及表面物理化学过程等信息的各种技术。

对文物进行表面微观形貌观察和显微结构分析的表面分析技术包括各类光学显微镜分析法（超景深显微镜、金相显微镜、偏光显微镜）、电子探针显微镜分析法、扫描电镜分析法、透射电子显微镜分析法等，这是研究文物结构和工艺不可或缺的方法和手段。光学显微镜分析法主要用于对文物外观形貌、老化情况的观察。电子探针显微镜分析法是一种利用电子束轰击固体样品表面，根据微区内所发射出的X射线波长的强弱进行元素定性的分析方法，主要用于文物化学成分的精确分析。扫描电镜分析法是利用扫描线圈的作用对试样表面进行电子束扫描，根据扫描过程中产生的各种信号来调节显像管的亮度，从而产生图像，这种方法可以清晰地显示文物的表面形貌，主要用于观察损坏文物的断口的表面微观形态，从而分析断裂的原因。

（二）内部结构分析技术

内部结构分析技术主要包括X射线照相技术、超声波无损探伤技术、声波CT技术。电子衍射技术、地面核磁共振法等。X射线照相技术是根据X射线在胶片上的成像原理展示文物的细部结构，一般应用于青铜器、木器、瓷器、漆器或书画类小型文物。超声波无损探伤技术与声波CT技术的工作原理类似，都是根据声波在不同介质中传播速度的不同，将接收到的信号进行成像处理，从而发现文物的内部缺陷，一般应用于大型文物。电子衍射技术则是根据运动电子束的波动性，获取文物的微区晶体结构和物相。地面核磁共振法是利用地下水中氢核的核磁共振特性差异来直接探查地下水的物理新方法。目前，该方法已成功应用于地下水探测、考古、滑坡监测等领域，并且可以在探查石刻文物是否遭受地下水侵害的过程中发挥独特作用。

（三）元素分析技术

元素分析技术主要包括X射线荧光光谱法、原子吸收光谱法、中子活化分析法等，这些分析方法都是通过各种分析仪器对文物的化学成分做定性和定量分析，并根据文物的来源、材质和病害，获取文物的工艺和年代信息。X射线荧光光谱法的基本原理是基态原子（一般为蒸汽状态）吸收合适的特定频率的辐射而被激发至高能态，而后在激发过程中以光辐射的形式发射出特征波长的荧光，只要测出一系列X射线荧光谱线的波长，即能确定元素的种类；测得谱线强度并与标准样品进行比较，即可确定该元素的含量。原子吸收光谱法是根据基态自有原子对辐射吸收量与待测元素浓度成正比的关系进行测量的分析方法。这两种方法都是在原子结构基础上对文物材料和质地进行分析的方法。中子活化分析法是利用中子作为照射粒子的活化分析技术，其工作原理是根据元素被撞击后释放出具有特定能量的 γ 射线来确定元素的种类，这种方法自动化程度、灵敏度高，能够同时测定一个样品中的多种元素。

（四）成分分析技术

成分分析技术主要包括X射线衍射分析法、红外吸收光谱分析法、拉曼光谱分析法等。

X射线衍射分析法是一种分析晶体结构和物相的方法，主要用于文物中无机化合物的分析。红外吸收光谱分析法是根据每种化合物独有的红外吸收光谱，测定有机化合物及其分子结构的方法，一般用于检测文物中未知物的化学组成。拉曼光谱分析法是通过拉曼散射效应来研究和分析分子振动和转动的信息，从而获得分子结构的一种非弹性散射光谱分析技术，常用于分析文物中的有机化合物和无机化合物。

第三节 文物保护与修复的基本原则

一、可再处理原则

可再处理原则又称可持续性保护原则，取代了可逆性原则。众所周知，文物的科技保护是一个技术实施过程，这其中包括在文物上施加新材料，如在壁画上喷涂保护剂、在石刻上喷涂防风化材料、有机质文物的防霉防虫处理、饱水漆木器的脱水加固等，或者改变文物的现有保存环境。无论哪一种方式，都必然会使文物与外界发生物质和能量的交换，这一过程是不可逆的。因此，有必要澄清文物保护中涉及的可逆性问题，否则教条地套用可逆性原则，势必会否定所有的先进方法，无法对文物进行保护。

可逆性原则是文物保护中的重要原则，意思是修复中所实施的处理方法，都可以采取可逆措施去除，使文物恢复原始的状态，但是这个原则已经被可再处理原则代替，其原因在于可逆在本质上是难以实现的。比如，在加固疏松的文物时，加固材料会渗透到内部，当对加固材料进行可逆去除时，文物就会遭到破坏。因而，在此种情况下，不可一味要求材料具备可逆性，而是只要不影响再次处理即可。

严格来说，可逆性原则大多只适用于实验室条件下的文物保护。在很多实际情况下，很难满足这一要求，例如，在大型石刻上涂刷防风化材料或进行裂隙灌浆，由于石刻表面不平整或裂隙较深，涂刷的防风化材料和裂隙灌浆材料极难从文物上除去，但在实验室条件下，也许很容易被清除。如果这些难以清除的材料并不妨碍文物的下一次处理，那么仍然可以考虑继续使用这样的保护方法。

在某些情况下，不保护、不修复也是一种保护修复。这里所说的"不保护、不修复"是根据文物的保存现状、现有的技术水平和现场条件，通过综合的分析与研究，从而判断是否采取不保护、不修复的方式。

二、最小损伤原则

保护性损伤，如在加热、酸碱、冷冻等条件下处理文物时，会引起文物自身的化学和物理（如应力、外形收缩等）变化，有些变化并不是立刻就能观察到的，必须经过一段时间后方能显现。而保护处理本身可能会对文物产生损伤，如在复杂的拼接修复过程中，难免会对文物造成二次损坏，且操作极大地依赖专业技术人员的个人经验；在对粘连的纺织品或纸质文物进行揭取时，由于文物本身材质的脆弱性，若用力不当，极易损毁文物；在对纸质文物进行熏蒸或冷冻杀虫时，纸质文物在受热或冷冻的情况下，都有可能遭到损坏；在对文物进行表面封护与加固时，封护或加固材料渗入文物的孔隙中，也可能会对文物造成损伤。当遇到这些情况时，必须通过严格的科学实验来评估损伤的程度，尽量控制条件，使危害降至最低。

三、最少干预原则

对文物的干预主要包括以下两方面：①保护和考古发掘所带来的材料干预、信息干预、性能干预均为人为的主动干预；②环境条件的变化所带来的干预则是被动干预。

20 世纪 30 年代，在意大利罗马召开的关于艺术品保护的国际研讨会上第一次提出了预防性保护的概念，这一概念如今已经成为国际文化遗产科学保护的共识和发展方向。预防性保护的核心技术内涵是，对馆藏文物保存环境实施有效的监测和控制，抑制各种环境因素对文物的危害作用，努力使文物处于一个稳定、洁净的安全生存环境，尽可能阻止或延缓文物的物理和化学性质改变乃至最终劣化，达到长久保护和保存馆藏文物的目的。其中，博物馆环境的稳定性主要是指温度、湿度的平稳性，不可出现较大幅度的波动。关于博物馆环境的洁净概念，除了涉及有关污染气体极限浓度控制指标外，尚未有系统的论述。而博物馆环境的洁净程度则依赖现代的环境和污染控制技术所达到的水平。

文物在保护处理过程中，难免会被带入新的物质，如表面封护剂、缓蚀剂等。若未留下完整的保护记录，后人在研究时可能会误认为这些物质是文物本身所含有的。为避免影响或混淆后人对文物的研究，导致得出错误的考证结果，在文物上施加任何新的保护材料时，如果新材料与文物组成材料的反应产物不明确，那么该保护材料应不予使用，而各种保护处理方法也有可能会对文物造成保护性破坏，包括二次污染保护性破坏，如在对破碎的青铜器和陶瓷器做拼接修复时，通常无法将残片严丝合缝地拼接成一个整体，当拼接到最后一块时，由于空缺处小于其原始尺寸，需要对残片进行打磨；在对纸质文物或纺织品文物进行清洗时，常会残留水渍、清洗剂等，从而造成二次污染，对文物的不当清洗，还易造成文物的褪、变色，特别是金粉等装饰物的脱落；而对石质文物进行渗透加固时，由于化学加固剂很难全部渗透进石材的孔隙中，随着环境条件的变化，保护剂渗透到的和未渗透到的部分就可能产生应力差异，反复作用的应力就会导致两部分分离。

四、"留白"原则

"留白"又称"留缺"，通常是针对古陶瓷整体复原修复来说的，是指在古陶瓷缺失的部位，不采用原材料、原工艺和原形态去修复，而是选用其他适宜的材料补填，以留出短缺的部位，并能明显地表现出缺失的痕迹。这一原则在国外已实施多年，国内也不乏实践者，但仍存在争议。

古陶瓷与其他器物不同，其毁坏的形式通常只有破碎和缺失，而无腐烂和变质现象。

在修复时，若能明显地表现缺失部位，又不妨碍其外观的完整性，则完全可以不用复原缺失的部位。此外，在考虑是否"留白"时，还要从博物馆的实际需求出发，若该器物主要用于供观众欣赏，仅要求具备一个完整的形象，并不需要发挥其实际用途，那么，一个真实的整体形象胜过经修复补缺后"乔装打扮"的虚假形象。而在对古陶瓷进行修复补缺时，很难真正做到补缺后的部位与其他部位保持完全一致，这不仅涉及原材料的配制，还涉及烧制的工艺，即便是同一个窑炉烧制出的同一类器物也不可能完全相同。因此，"留白"反而更能体现出古陶瓷的原真性。

五、耐久性原则

以实验室材料老化实验数据为基础，在将多种保护技术应用到文物上时，选择耐老化时间长的材料的方法，就是所谓的耐久性原则。文物的保存是一个长期的过程，不可能对同一件器物进行经常性的保护处理，这就要求在文物保护工作中所选用的材料要具有良好的耐久性，在外界因素的影响下，该材料能延缓文物所遭受的破坏，从而做到延长其保存寿命。现代文物保护研究中，对文物保护材料的耐老化性能测试经常采用工业领域内的材料性能检验检测标准，而文物保护材料与现代工业使用材料的使用目的及对性能的要求存在较大差异，因此，采用现代工业材料的检测标准对文物保护材料进行评估是有缺陷的。

六、斑点试验原则

斑点试验又称点滴试验，是测定矿物化学成分的一种方法。将少许矿物粉末制成溶液，再将溶液滴在滤纸或瓷板上，加入化学试剂，观察反应后的产物颜色，以确定某种元素是否存在。斑点试验由于操作简便，反应迅速，对某些元素灵敏度较高，在鉴定工作中经常被使用。而文物保护的过程中，在大面积开展保护工作之前，也应依照斑点试验的原理，确保方法可行之后，再行实施。以彩陶加固为例，在加固前应进行斑点试验，检验加固剂的指标是否符合要求：在加固过程中如果出现加固强度不够致使彩绘脱落的情况，应及时调整加固剂浓度；加固后，若出现表面成膜的现象，应用水或酒精等溶液擦拭彩陶表面，观察眩光是否消失，尽可能地保证在损伤最小的前提下，恢复文物原貌。

七、可辨识原则

可辨识原则是指文物在修复过程中，添加的残破或缺失部分要与文物原有部分在整体外观上保持和谐统一，但又要和原有部分有所区分。应做到既可以让观者从外观上辨别"真"与"假"，又不会出现以"假"乱"真"的现象。

20世纪中叶，唯美主义保护理论家布兰迪（Cesare Brandi）提出文物的美学完整性与历史真实性为兼顾二者的平衡，布兰迪在其所著的《文物修复理论》中指出补缺物远观达到美学整体性，近看仍与原作有别，不消除历史痕迹，整体呈现"和而不同"的可识别效果。1964年《威尼斯宪章》第十二条规定，"缺失的替换物应与整体和谐，但又须与原作有别，以达到修复不臆造美学与历史证据的要求"，这便是布兰迪"可识别原则"的体现。目前，在可移动文物修复工作中，在实际中的具体运用较为普遍接受的是"六英尺乘以六英寸"原则，即在 1.8 m 的距离内是看不出修复痕迹的，但在 20 cm 的距离内，修复痕迹是可以看出来的。

中西方在可辨识原则的实际运用中还存在些许差异，主要表现在西方修复理念强调补缺部位要与本体部位有所区别，整体上应呈现出可识别的修复效果；而我国的文物修复工作通常要求修复后的文物整体应呈现出浑然一体的效果。以书画修复为例，修复师对残缺部分的全色、接笔都是力求与整体画面呈和谐统一状，而不是要求在视觉效果上将补全与本体区分开来。这两者之间的差异是由文化背景、主观认知的不同所造成的。以青铜器修复为例，国内修复专家主要采取"内外有别"的可识别修复方法。做色时，将文物对外展示的一面做到与周边的颜色浑然一体；而观众不易观察到的内侧部位通常不做色，有时也会大体做上颜色，但仔细观察之下，仍可以区别出补配的部分。

综上所述，可辨识原则就是指修复过的部分与文物本体应有所区别，远观不会感到整体的不协调，近观则应能辨别出修复痕迹，而不需借助其他高科技手段来识别。

八、风险管理原则

许多文物因遭受自然或人为因素的破坏，正面临损毁和坍塌的风险，因此在文物的保护方案设计和技术实施过程中加强风险管理刻不容缓。风险管理是指管理人员采取各种措施和方法，消灭或减少风险事件发生的各种可能性，或者减少风险事件发生时造成的损失。在文物保护中，风险管理原则包含三层含义：一是在文物未受到损害前采取预防性保护措施，避免文物受到损害；二是对已经受损或正在受损的文物及时采取有效措施，终止破坏的继续发生，尽可能保留文物的最大价值；三是对人身安全、财产、环境等进行风险管理，避免或减少损失的发生。此原则要求，在文物保护过程中，必须对每一个操作步骤可能面临的风险进行预估，且有相对应的可控措施。

第四节 文物保护与其他领域的结合

在文物保护领域中，各因素之间都存有内在联系，它们共同构成了文物保护领域中的十大关系。这十大关系包括理念与技术、理论与实践、价值认知与保护实施、显信息与隐信息、保护工作者与文物、材料与工艺、传统工艺的传承与发扬、经验与科学、保护与修复以及使用与维护。

一、理念与技术

文化遗产具有多种特性，其中具有代表性的是不可再生性、不可代替性和历史性。而文物保护技术的实施，也必须在公认的理念和原则的指导下进行，因此许多技术由于受到文物保护理念的限制，不能被应用于文物保护中。但文物保护的理念也不是绝对化的。关于理念的争议一直没有停止过，为了顺应时代发展和满足文物保护的需要，新的文物保护理念也在争议中相继产生。

不同的文化背景决定了文物保护理念的不同。我国的文化背景有别于西方，因此，对文物的认识也与西方国家有一定的区别：西方国家侧重于对古代艺术品的研究和保护，以及对文物艺术价值的认知；而我国将具有历史、科学和艺术价值，并且在当今社会生活和发展中仍能起到积极作用的遗迹和遗物定义为文物。此外，我国也根据自身的文化和社会背景，通过长期实践，探索并建立了相关的文物保护理念与技术。

文物保护对材料和工艺的追求是同"源"同"种"的。"源"是指材料同源，即文物本体的制作材料；"种"是指同一种工艺，即文物本体的制作工艺。现今使用的材料和工艺已含有文物保护的理念，是在文物保护理念和原则指导下做出的选择。

二、理论与实践

文物保护是交叉学科。文物本体的材料属性决定了保护技术对自然科学具有依赖性；文物本体的人文属性，决定了保护技术对人文学科具有依赖性。文物保护学有自身的学科视野、基础理论和发展规律，文物作为古代文明的载体，又是由当时可以获得和利用的不同材料制作而成的，对其进行保护是一个系统性的工作。在保持传统工艺和技术的同时，还要善于借鉴化学、物理学、生物学、材料学、环境学、建筑学、医学等现代科学理论和技术。将文物的传统工艺与现代科学理论和技术有机结合，应用于文物保护实践中，不仅能够使文物得到有效的保护，还能够推动文物保护技术的进步和发展。例如，各种不同材质的文物对于环境的要求也不同，对大多数有机质文物而言，若能保持空气清洁，保持适当的温湿度以控制霉菌、害虫的滋生，就可以减少文物病害的产生。因此，在文物保护工作中，可以通过各种文物材质的理论研究，了解其所适合的保存环境条件，并利用现代科技手段，在实践中为文物创造良好的保存环境，以达到文物长久保存的目的。

理论部分的内容主要包括文物的腐蚀、文物材料学（包括材料力学）稳定性理论、文物保护材料与文物实体材料作用等。文物的腐蚀是指文物的材料因受到环境介质的化学作用或电化作用而引起的变质和破坏，也包括上述作用与机械因素或生物因素的共同作用，以及某些物理作用。文物材料的性能包括物理性能和化学性能，是由其组成成分和内部组织结构所决定的，不同种类的材料具有不同的性能，因此文物组成材料的稳定性是决定文物能否长久保存的一个重要因素。而在文物保护的实际工作中，不可避免地要将新材料引入文物的实体材料中，所以文物保护材料的选择和应用会直接影响到文物保护的效果，材料若选择不当，不仅不能起到良好的保护作用，还会对文物造成破坏，因此文物保护材料与文物实体材料之间的作用是选择文物保护材料时需要考虑的一个重要因素。所选的材料应确保对文物体系包含信息的干扰尽可能少，对人身健康和文物安全无不良影响。在保护处理需要同时使用几种材料时，要充分考虑材料之间的匹配性。引入文物材料体系中的新材料，既要满足保护处理所需的化学活性，也要具有不与文物原材料发生不必要的化学反应的化学稳定性。

三、价值认知与保护实施

文物保护的根本目的是保护文物的价值。因此，在保护实施过程中，首先要对文物进行价值挖掘，认知文物的价值。文物的价值蕴含在文物的材料组成、制作工艺、外观形貌和花纹文字中，保护实施步骤有可能改变文物的材料组成、破坏制作工艺特征、损毁花纹文字。在文物价值认知工作完成的基础上，对文物进行保护处理，同时兼顾保护材料和工艺等方面的选择，才能基本确保保护实施对文物价值损伤的最小化。

文物是历史发展过程中遗留下来的无价之宝，见证了历史的发展和演变，是人类文明与进步的重要成果。文物具有历史、艺术和科学三大价值，其价值体现在制作材料、工艺，器物形状、花纹、铭文、组合的形式以及附属性能（如古笛，古乐器所具有的律学和乐学价值）等方面。文物是民族文化的体现，是属于国家和人民的，文物是激发民族自信心和爱国热情的重要载体，也是辉煌历史的见证，能使一个国家或民族为自身的成就感到骄傲；文物也是研究历史、技术和艺术发展的实物例证，从侧面反映了政治、经济、文化、习俗等。文物是属于全世界和全人类的，是世界历史和文明发展的见证。

文物需要被保护不仅是因为它的文化价值，还因为文物的不可再生性。因此，文物保护的实施具有严格的要求，所有的文物保护措施都需要经过严格的规范和约束，并且遵循文物保护的基本原则。文物的安全意味着国家文化的安全，在实施文物保护时，首先，要确保尽量不改变文物的装饰和结构，对于受损比较严重的文物，要严格按照文物档案和历史资料进行维护与修复；其次，要保证文物在安全的环境下被保存和保护。此外，文物保护材料的选择也十分重要，要尽量避免替换原有的材料，对于受损比较严重的文物，在不得不更换原材料的情况下，要采取合理措施，最大限度地保持文物的原有结构、质地和颜色。

四、显信息与隐信息

文物信息是人们通过观察文物外观形貌、花纹文字等，以及采用各种仪器测试得到数据，经归纳、整理、分类、比较之后，并结合已有的知识及研究成果所得出的信息总和。文物信息的内容丰富、种类多样，需要科学地分析与整理。

文物信息既可以是感触到的文物实体，也可以是抽象存在的文物属性与文化内涵。根据信息的外在形态可将信息分为显信息和隐信息。文物所蕴含的以及肉眼可以直接观察到的显信息包括文物实体的形状、花纹、铭文、结构、组合形式等，隐信息是肉眼无法识别，需要借助复杂的仪器设备或通过化学、生物学的处理才能得到的，与文物实体演变过程和规律有关的信息，它们是文物信息价值研究和寻找的真实对象，如文物实体材料的组成、配比、腐蚀、污染情况等。

文物的显信息与隐信息不是孤立的组分，而是密不可分的。从显信息中可以揭示出其所蕴含的隐信息，它们之间相互依存、相互作用，如产地和材料信息的相互依存、材料和工艺信息的相互作用等。它们构成了一个统一的整体，并形成了一个文物信息系统，将同遗址或同区域的不同种类文物的信息汇集起来，这些信息共同组成了文物"身份证"的全貌，这是保护研究的核心内容，也是鉴定文物的重要依据。

五、保护工作者与文物

保护工作者与文物是两个行为主体，两者之间存在主动与被动的关系。文物保护工作者是文物保护措施的施加者，而文物是保护处理的受体。保护工作者需要具备良好的职业素养，而文物则需要适宜保存和保护的场所与环境。文物保护行业是一个极为特殊的行业，文物保护工作者是处在文物保护第一线，与文物进行直接接触的人。因此，从业人员的自身素质与文物的安全、文物保护工作的成效息息相关。

首先，文物保护工作者必须具备一定的知识储备，包括化学、材料学、物理学、生物学、历史学、考古学、艺术学、工程学等方面的知识。其次，文物保护工作者必须熟知相关的法律法规，具备高度的责任感，并在职业道德的约束下选择文物保护的技术路径、基本工具和保护方法。此外，由于文物材质的多样化以及个体的差异性，有些问题没有现成的解决方法，需要依靠在大量实践中积累的经验做支撑，因此，初涉文物保护工作的新人应在具有一定工作经验的工作人员的带领下开展工作。文物保护工作者自身的能力可以在长期从事保护和修复工作的过程和总结中不断提高，而相关的基础理论和法律法规也在实践中不断丰富和完善，因而能够更好地指导和规范实践工作。

文物保护工作者需要做到三个积累：①知识的积累。文物保护是交叉学科，涉及的知识范围十分广泛，仅靠学校所学、老师所教的知识是远远不够的，这就要求文物保护工作者不断学习，扩大知识面，丰富自身知识内涵。②经验的积累。文物保护最终是要解决文物的保护问题，防止文物损毁，延长文物寿命。解决具体的文物保护问题是一个理论与实践相结合的过程，实践需要动手操作，经验越丰富、掌握的操作技能越多，实践的效果就越好，所以经验的积累对文物保护工作者来说是十分重要的。③思考的积累。在实际工作中每天都会遇到暂时解答不了的问题，对待问题的态度决定了个人的发展程度。不放弃解决难题，经常思考答案，就会拥有思考的积累。思考的积累本质上是思想的积累，思考是主观活动，思考达到了一定高度，就会拥有自己的思想。

六、材料与工艺

在对文物进行保护和修复时，要注意保护修复材料的选择，尽可能选取与文物本体材质相同的材料，即便是不得不采用不同的材料，也要求所使用的材料不会对文物本体的原材料、原工艺等造成破坏，并且最大限度地保护文物的原真性和完整性，同时要确保所使用的材料对文物和人不会造成伤害，以及控制好材料使用的"度"，不可对文物做过度修复。

文物保护材料和工艺的选择以最适宜为最佳。很多情况下，文物保护使用的技术方法在现代材料学领域并非最先进的，而是最符合文物保护的理念和原则。

此外，在保护和修复时，还要遵从可识别原则，也就是说，对文物的保护不是为了覆盖文物原来的部分，而是尽可能地保留原工艺及其艺术创作手法的内涵价值，并且在保护和修复时要最大限度地减少对文物的损害或副作用，让文物可以保留其原有的完整价值。材料性能的彰显一定是和工艺联系在一起的，文物保护材料的筛选和实施工艺的研究制定决定了保护与修复的效果。使用的工艺不当，"好材料"也有可能变成"坏材料"，对文物造成损伤。所以，只有选取"好材料"，并且结合"好工艺"，才能确保对文物的科学保护与修复。

七、传统工艺的传承与发扬

文物是古代传统工艺的产物，对文物进行保护，就是对我国古代留下的优秀文化遗产的传承和发扬，所以对我国古代文物进行保护时，有时需要更多地采用我国古代的优秀传统工艺。通过对传统工艺手法的学习，对古代文献资料的研究以及对同类型传统工艺作品的借鉴，可以让古代的传统工艺，包括材料、技艺、工具和经验得以传承，进而促进对传统工艺的发扬，提高传统工艺的技艺水平。例如，传统工艺缺少定量的概念，具有"量的测不准性"；传统工艺的制作过程，通常是依靠经验来控制"产品"的质量。对传统工艺的发扬，并非在传统工艺的基础上进行"创新"，而是对工艺条件和原材料的质量进行准确控制。对于某些区域性的传统工艺，由于情况复杂，无法异地使用的，也应尽可能地在该区域促进其传承与发扬。

传统工艺的诞生、发展和演变是一个长期的历史过程，是随着社会科技进步、人类生活需求等因素影响不断变化的。传统工艺存在着"变"与"不变"的问题。传统工艺在某些材料、工艺方面，在传承的过程中都有可能发生一定改变，是和社会环境、地域文化、区域物产相关的，变是绝对的；不变的是传统工艺产品的形式、味道、功能、美学价值和文化内涵。

传统工艺的传承是发生在代与代之间的，上一代人将技术授予下一代，这是"传"的过程，下一代学会了技术，这是"承"的过程。"传"与"承"组成了一个有机整体，无"传"亦无"承"；无"承"，"传"也无法继续。任何技术和工艺的实施都有两个层面，一是主观的、思想层面的。实施前的思考、研究、方案制定、目标选择，都是主观层面的，是技术和工艺实施前人的意识活动。二是客观的、实践层面的。因实施对象不同，选择相应的技术、材料、方法，依据经验和掌握的技巧并进行实际操作。传统工艺的传承和发扬也包括这两方面。工艺技术往往是看得见摸得着的，容易学习和领会，而思想层面的内涵，由于缺少系统性，加上人们对其归纳研究不足，以及许多问题"仁者见仁，智者见智"，未形成统一看法，领悟有难度。所以，在传承过程中，徒弟要有悟性。"悟"就是思考，特别是对于无法言传的、思想层面的东西，"悟"不到必然就学不好。方法一天可以教十个，但是一个方法背后的思想，特别是上升到科学和理论高度的内容，十天也未必能讲明白。

八、经验与科学

经验，来自生活经历的积累；而科学，是人类主动探索的成果，是人类进步到一定阶段产生的飞跃。两千多年传承下来的经验，它和科学并非是对立的，而是在不知不觉中交融在一起的。当人们在经验的基础上，概括出相关经验之间的本质关系，并在经验和实验的基础上，提出相关经验之间的逻辑因果关系，以此阐述经验的产生和变化的过程机制，从而有效地控制经验事件的发生和变化过程及其结果，由此，将经验提升到理论的高度，便可形成一门科学。但这里所说的经验并不包括"伪经验"，"伪经验"通常是建立在迷信的基础上，经不起理论的推敲和实践的验证，因而也无法成为科学。

经验是科学的，但不等同于理论。经验是对失败教训的吸取和对成功案例的总结，经验关注的是个体或小众；而理论则针对的是共性问题，理论更具有普遍意义，也更能揭示事物的本质规律。在科学发展的进程中，许多理论是经验升华的结果。在文物保护实践中，我们既要善于总结经验，又要从经验中寻找一般规律，并形成相关的知识理论。

九、保护与修复

保护与修复是统一的整体，广义上来说都是对文物进行保护，但二者又有所区别，犹如医院的内科和外科，保护是内科，修复是外科。

文物保护的目的是保持文物结构的稳定性，包括文物的材料和力学结构，可分为表面保护和内层保护。而修复则是为了保持文物结构的完整性，通常采用补缺的方式，进而通过做旧以恢复文物的原状。文物实体往往存在材质腐蚀和残缺等多种病害，对其既要保护又要修复。保持文物实体材质稳定，需要从微观层面入手，通过各种化学的、生物的、物理的技术方法，使文物材料的腐蚀降解反应降至最低。由于涉及化学或生物反应，有可能对文物实体的外观、材料成分或材料性能产生不良影响，因此文物保护应遵循尽量少更换原构件材料的原则，尽可能维持原构件的质地、成分和颜色不变；在非更换不可的情况下，应采取挖补、榫接、填充和化学加固的手段，尽可能多地保留原构件；若不得不使用现代材料进行保护和修复，应尽量做到隐而不露，保持与文物本体的协调性。同时，要坚持运用原先的工艺，尽量在操作程序和实施方法上保持与原先风格一致。

修复是从文物的宏观层面入手，采用各种技术方法对文物实体进行矫形、补残和随色，涉及文物实体形状变化，修复结果需要满足文物实体结构完整和外观的和谐统一。

保护和修复的共同点在于，它们都是一种人为的干预手段，是人们有意识的能动行为，所以对文物的保护和修复要求工作人员对文物的过去、现在和未来负责。强调修复和保护前的分析检测，力求对文物本体的腐蚀现状有更全面、细致的了解和认识；采取以控制环境为主的预防性保护措施，选取干预性最小的保护和修复材料；针对干预过程，保护和修复在干预前都要遵循可识别原则和最小干预原则；保护和修复工作都应重视文物价值内涵的揭示和认知。

保护和修复的区别具体如下。

（1）实现途径：保护可以通过直接干预或间接干预来实现，如预防性保护就是一种间接干预，但修复一定是采用直接干预的手段。

（2）实施对象：被保护的文物，可以是好的、未受损的，抑或是有损伤的、残破的；但文物只有存在残、破、损等问题才会涉及修复工作。

（3）干预目的：文物保护的目的，就文物实体而言，旨在保持文物实体材质的稳定性，不让文物实体材质变质，如腐蚀、降解；就文物信息而言，旨在确保文物信息的完整性和真实性。文物修复的目的，就文物实体而言，旨在保持其器物完整、外观和谐、力学结构稳定；就文物信息而言，旨在恢复文物信息的完整性。

十、使用与维护

文物保护的最终目的是使文物能够被使用、展示和研究。展示或研究过程中有可能对文物造成损伤，维护就是为了避免损伤的发生或减轻损伤。文物的日常维护十分重要，一是要观察损伤的产生；二是要通过对环境的控制，消除引发损伤的因素。例如，对于漆木器文物，在展出过程中，由于环境因素波动较大，极有可能出现开裂，如果观察到出现了细小的裂纹，应及时将文物放置于适宜的环境中，从而防止裂隙继续扩大，避免产生更严重的后果。

文物的使用包括文物的展示、研究和复制。而文物保护的目的，就是保护文物的价值，为其使用创造条件。但是在文物使用的过程中，一定要杜绝对文物的不当使用，同时要注意对文物的日常维护，包括环境条件的监控、文物展出时间的设定以及对博物馆参观人数的控制。以展览博物馆的照明设计为例，众所周知，文物保护的有效途径之一是避光保存，但由于博物馆展览是以文物为载体，须采用照明营造和提升展示效果，因此在展览的过程中，文物不可避免地会长时间暴露于光照之下，若照明设计不当，就会对展品造成伤害。这就要求博物馆展览的照明设计需将展品保护与展示效果相结合，根据文物的保存现状，平衡好展品保护与展览需求的关系，在展陈设计中合理运用光源，选择滤除紫外线和红外线的光源、适合的灯光显色性和均匀度，把控好色温，并控制好照度和年曝光量，从而营造出不会损害展品且能够保证展览效果、提升观众视觉舒适度的展示环境。

在文物的使用过程中，作为文物保护工作者，有责任和义务阻止一切不当使用文物的行为，并监督和实施文物的日常维护。

第六章 金属类文物保护技术

第一节 铁器文物保护技术

金属类文物包括青铜器、铁器、金器、银器、锡器和铅器等。除了金银器，大多数金属类文物在外界不利的物理、化学、生物条件影响下，内部结构会发生较大改变，随着时间的推移而发生各种腐蚀现象。这些腐蚀现象或发生在器物表面，或发生在实体内部。金属被腐蚀后，其体积、色泽、重量、强度、形状同原来相比会发生不同程度的变化，文物的科学价值、艺术价值和历史价值也随之降低。

青铜器文物的保护技术在第四章中专门做了阐述，本章主要论述铁器、金银器和锡铅器文物的保护技术。铁器的出现标志着新的生产力的产生，促进了人类历史文明的进程。

铁器、锡器、铅器类文物与青铜文物相比，现存的数量不多且腐蚀严重。因此，加强对这些金属文物的研究和探索，厘清其腐蚀机理，对锈蚀产物进行分析，研究保护方法刻不容缓。

金器和银器贵重稀有，化学性质稳定，无论是出土的，还是传世的金银器，腐蚀程度均不严重。

在我国古代人类历史文明长河中，春秋战国时期生铁冶炼技术的成功标志着社会生产力又一飞跃发展。生铁性脆、强度不够，开始只能用于制造铁铲、铁锄等工具。目前秦始皇陵兵马俑出土的4万余件的兵器中，只有铁矛1件、铁镞1件和铁铤铜镞2件，其余都是铜兵器。到了汉代，将生铁中的碳含量和有害杂质进一步降低就炼成了钢。自南北朝以后各种钢制农具、工具、兵器和生活用具大量出现，炒钢、百炼钢、灌钢工艺技术进一步改进，钢的质量明显提高。曹植《宝刀赋》中"陆斩犀革，水断龙舟"就是对百炼钢优异性能的由衷赞叹。铁器的化学成分及结构决定了其不稳定的理化性质，所以出土铁器文物数量不多。

一、中国古代铁器文物的化学组成

（一）古代钢铁冶炼工艺

铁是非常活泼的金属，在自然界中不以天然状态存在。铁都是从铁矿石中冶炼出来的，最重要的铁矿物有磁铁矿（$FeO \cdot Fe_2O_3$）、赤铁矿（Fe_2O_3）、褐铁矿（$2Fe_2O_3 \cdot 3H_2O$）、菱铁矿（$FeCO_3$）等。铁的冶炼就是利用碳的还原能力，将铁的氧化物还原成铁金属的过程。其方法是先将铁矿石置于高炉中冶炼，以木炭为还原剂，再加上适量的石灰石（CaO）、二氧化硅（SiO_2）等作为助熔剂。木炭在燃烧过程中产生CO，CO气体将铁矿石中的铁还原。还原出来的铁处于熔融状态，由于与碳的接触，因此碳的含量较高。含碳量不同，铁的性质也不同。

1. 生铁

（1）生铁的冶炼

在$1146\ ℃$以上的高温下用木炭还原铁矿石，高温液态的铁水直接浇铸成器，便是生铁。

（2）生铁的种类

春秋战国时期已有生铁制品，生铁的出现在历史上具有重大意义，因为生铁用作原料，可以直接铸造器件，有效地提高劳动生产效率。用高炉冶炼生铁，使铸造较复杂的器形和大量生产生铁制品成为可能。

我国历史上生铁的品种曾有三种：白口铁、灰口铁和麻口铁。

①白口铁：由于冶炼温度不够高，在高炉中冶炼的生铁由熔融状态快速冷却，断口颜色呈现白色，称为白口铁，其主要成分是渗碳体和铁素体。白口铁硬而脆、耐磨，一般适用于做农具。

②灰口铁：灰口铁含碳量较大，能使生铁中的碳形成石墨结构，从而减低了生铁的脆性，有一定的润滑作用。

③麻口铁：在战国中晚期，由于提高了炉内的温度和降低了冷却速度，所炼出的铁内既含有渗碳体，也含有片状石墨，切面呈现麻点状态。这种脆性较小，耐磨性较高，兼白口铁、灰口铁两者组织与性质的铁称为麻口铁。

2. 熟铁

在冶炼铁的过程中，由白口生铁经过多次退火柔化处理，将其中的碳析出，呈团絮状石墨结构，形成可锻的韧性铸铁称为熟铁。熟铁的含碳量比较低，具有较强的柔性和韧性，因而抗击能力和耐腐蚀能力大为提高。这种高强度的铸铁各种物理化学性能都介于钢与铁之间。熟铁在战国时期已有广泛使用。

3. 钢

（1）钢的冶炼

钢是铁和碳合金体系的总称。钢的含碳量介于生铁和熟铁之间，含碳量小于0.25%的为低碳钢，介于 0.25% ~ 0.60% 的为中碳钢，大于 0.60% 的为高碳钢。炼钢就是控制生铁中的含碳量使之达到钢的要求，同时去除危害钢性的杂质 S、P 等。

古代中碳钢的生产流程为生铁铸造—白口铁—脱碳退火—铸铁脱碳钢—中碳钢。

（2）钢的种类

在古代长期的冶炼工艺中，我国逐渐认识和把握了各种炼钢技术。

①炒钢：它是在生铁冶铸技术基础上发展起来的一种炼钢技术，其基本方法是将生铁捶成碎块加热成半液体和液体状，然后加入铁矿粉，不断搅拌，利用铁矿粉和空气中的氧去掉生铁中的一部分碳，使生铁中的碳含量降低，直接获得钢。炒钢是我国汉代的特色炼钢技术，炒钢制品能充分满足生产和战争的需要。

②百炼钢：用熟铁作为原料，冶炼过程经多次炒拌，并且在锻打时有意识地增加折叠次数而得到的钢。百炼钢碳分比较多，结构组织更加紧密，成分均匀，品质很高，主要用来制作刀、剑等兵器。

③灌钢：选用品位比较高的铁矿石，先冶炼出优质的熔融的生铁，然后浇注在熟铁上，一起加热保温合炼，使碳分由生铁向熟铁渗透扩散，趋于均匀，反复加热锻打，使金相组织进一步纯化、均匀，这样加工出来的杂质很少、品质很高的钢称为灌钢。

灌钢技术创于北魏、北齐，到了宋代便成为全国较为普遍流行的一种炼钢法。这种炼钢法操作简便，劳动强度小，火候配料容易掌握，生产率高。

从汉代到唐宋的千余年中，河南巩县（今巩义市）是中原地区主要的冶铁基地之一。有关专家曾对该遗址考古挖掘出的 200 件铁器中 73 件进行金相分析，检验结果是白口铁 19 件，灰口铁和麻口铁 8 件，可锻铸铁 15 件，铸铁脱碳钢 14 件，炒钢 14 件。这说明古代铁的冶炼技术由最初的炼铁—渗碳—锻打成铁的低级工艺流程发展为炼铁—铸造—脱碳退火成钢的高级工艺流程。

（二）铁器文物的结构组织

古代铁器文物中的铁并非单纯的铁金属，而是铁与碳的合金。铁器的结构可以分为三类：铁素体、铁素体 + 渗碳体、铁素体 + 石墨体 + 少许渗碳体。

1. 铁素体

铁素体是指铁与碳形成的共晶组织的共熔体。碳的含量小于 0.02% 时就是标准的熟铁。古代冶炼的铁大多为熟铁，因为在 800 ~ 1000℃ 的冶炼温度下，没有达到烧熔温度，不能形成铁水，铁碳合金无法重新排列，从而形成了海绵状的带气孔的结构。这种铁的抗腐蚀能力很差。

2. 铁素体 + 渗碳体

铁素体 + 渗碳体是指铁碳共晶组织中的碳含量介于 0.05% ~ 6.67%，碳与铁化合成碳化铁（Fe_3C）分布于铁素体的金相组织里。普通钢、白口铁就属于这种结构。渗碳体的分布并不均匀，并且与铁素体之间有严重的扭曲现象，形成微裂间隙，因此抗腐蚀能力也很差。与此类似的结构还有块炼渗碳钢、铸铁脱碳钢、生铁炒钢、百炼钢和灌钢等。

3. 铁素体 + 石墨体 + 少许渗碳体

渗碳体（Fe_3C）在高温下，或者在长时间加热的条件下，会逐渐分解为铁素体与石墨体。古代的灰口铁由于含硅量高，在上述条件下，硅能使铁中的碳石墨化，生成小块石墨片。韧性铸铁就是将白口铁加热、保温、缓慢冷却使碳以团絮状石墨析出。但是，无论片状石墨还是团絮状石墨，它们的结构都是层状的，层与层之间的间距是有害分子进入铁器内部的通道，所以这种结构的铁器抗腐蚀能力也比较差。

二、铁器文物的腐蚀原因及产物

铁器与环境介质之间发生化学、电化学作用而引起的破坏和材料的失效现象叫作铁器的腐蚀。铁的腐蚀在金属中是最为突出的。铁器腐蚀后，铁的质地改变，比重减轻，结构疏松，失去了原有的硬度和韧性，严重时会铁质酥解。

（一）铁器的腐蚀原因

1. 铁碳合金的结构

铁碳合金的结构有铁素体、铁素体 + 渗碳体、铁素体 + 石墨体 + 少许渗碳体三种形式，每一种形式都是不耐腐蚀的。内部或有海绵状的带气孔结构，或有微裂间隙，或有层与层之间的间距，容易吸附水分、积聚杂质和污染物，各种氧化性、氯化性、硫化性的有害气体容易侵入，使铁器表面引起化学腐蚀和电化学腐蚀，这是造成铁器腐蚀的内在因素之一。

2. 铁的活泼化学性质

铁本身的化学性质比较活泼，是一种比较容易锈蚀的金属，保存条件不好，就会发生各种化学反应。锈蚀物锈体疏松、体积膨胀或裂成片状，与原来的坚硬质地完全不同。

3. 环境对铁器文物腐蚀的影响

铁器文物无论是深埋在地下、浸泡在海水中，还是置于空气中，都会发生腐蚀现象。铁器的腐蚀过程，大多受控于阴极氧去极化作用，只是氧的传递过程和速度各不相同。空气中的氧是通过电解质薄层水膜，海水中的氧是通过电解质本体，土壤中的氧是通过土壤微孔作通道。只有金属表面形成水膜，电化学腐蚀作用才能产生。

（二）铁器的主要腐蚀产物

从对出土铁器和馆藏铁器锈蚀成分进行分析可以看出，铁器腐蚀产物主要有以下形式。

①氧化物：Fe_3O_4、Fe_2O_3、$Fe_2O_3 \cdot NH_2O$、$FeO（OH）$、FeO 等；

②硫化物：FeS、Fe_3S_4；

③氯化物：$FeCl_2$、$FeCl_3 \cdot H_2O$、$FeCl_3 \cdot 6H_2O$ 等；

④硫酸盐：$Fe_2（SO_4）_3 \cdot 5H_2O$、$FeSO_4 \cdot 4H_2O$；

⑤碳酸盐：$Fe（HCO_3）_2$、$FeCO_3$；

⑥磷酸盐：$Fe_2PO_4 \cdot 2H_2O$、$Fe_3(PO_4)_2 \cdot 8H_2O$；

另外，还有 SiO_2、$Ca(HPO_4)_2$ 和锈层中没有腐蚀尽的渗碳体（Fe_3C）等。

（三）铁的有害锈和无害锈

在铁器文物生锈腐蚀过程中，化学腐蚀、电化学腐蚀和微生物腐蚀都不是单独进行的，经常三者同时发生在铁器表面，交错作用。

铁的腐蚀物一般可分为无害锈与有害锈两类。

1. 无害锈

无害锈是指结构紧密坚硬、稳定的锈蚀成分，如磷酸铁、四氧化三铁及碱式氧化铁等，它们性质稳定，不易水解。无害锈在铁器表面形成薄而致密的黑褐色的氧化物，具有防止铁器进一步腐蚀的作用。

2. 有害锈

有害锈是指分子结构疏松不稳定的成分，如亚铁氧化物和铁的氯化物等，通过吸水作用使水分子深入内部，发生化学腐蚀、电化学腐蚀和微生物腐蚀，并循环不断。有害锈在铁器表面普遍都有颗粒粗大的锈体，锈色发黄而疏松，体积膨胀或脆裂成片，有不同程度的变形。

从刚出土的铁器锈层构造来看，铁锈往往是互相渗透的，很难分清有害锈和无害锈，在未生锈的铁合金表面，有一层以 Fe_2O_3 为主的硬氧化层，外层才是疏松有害的锈层。

三、铁器文物的腐蚀机理

铁器的腐蚀机理可以根据它的组成结构、腐蚀环境和腐蚀产物来进行分析。一般来说，铁的腐蚀损坏主要有三种形式：化学腐蚀、电化学腐蚀和微生物腐蚀。铁器文物埋藏在潮湿环境中，锈蚀主要是由电化学腐蚀和微生物腐蚀同时引起的，这两种腐蚀互相促进，加速文物退质。

（一）化学腐蚀

化学腐蚀是指器物与介质之间直接发生化学作用而引起的破坏。在腐蚀过程中铁原子直接与反应物（如 O_2、H_2S、SO_2、Cl_2 等）分子发生作用，在铁器表面生成相应的化合物。

依据化学原理，只要是比氢（H）更活泼的金属元素都能从酸中置换出氢来生成盐。

许多名胜古迹和文物遗址中遗存有铁牛（如山西永济铁牛）、铁塔（如河南开封铁塔）、铁狮（如河北沧州铁狮）等铁器文物，一旦遇到 H_2SO_4、HCl 和酸性气溶胶为主要成分的酸雨就会产生化学腐蚀作用。

（二）电化学腐蚀

1. 电化学腐蚀的概念

电化学腐蚀是指铁器表面与介质发生电化学反应而引起的锈蚀，电化学锈蚀主要是在器物很薄的水膜下发生的。

电化学腐蚀的进行需要满足两个条件：一是铁器表面存在电解质，二是要有水分。没有水分的参与，电解质无法变成电解液，从而也谈不上文物的腐蚀生锈。由于 Fe 的金属活动性很强，只要铁器周围的相对湿度大于 50% 时，即可发生电化学反应。这也是我们很难看到汉代以前深埋潮湿地下的铁器文物在出土时无完好如初的原因。

当环境湿度达到一定时，金属表面会形成肉眼很难看见的薄水膜。铁器周围的环境中的 O_2、SO_2、HCl、CO_2 等物质溶于水膜中，使水膜成为电解质溶液，金属与电解质溶液作用，界面间带有不同的电子从而形成双电层，构成了电池的双电极。由于彼此的电极电位不同，组成了无数微小的电池，使电位较低的金属失去电子，从而发生腐蚀现象。

2. 铁的电化学腐蚀

在铁表面的水膜中，H^+ 浓度越大酸性越强，对铁器腐蚀过程越能起到催化或激活作用。Fe^{3+} 既可直接作用于铁器实体使之生成 Fe^{2+}，又可对空气中的 O_2 氧化 Fe^{2+} 起诱导作用，从而加速 Fe^{2+} 向 Fe^{3+} 转化。只要介质和环境有利于氢氧化氧铁的溶解和 Fe^{3+} 的生成，上述过程将循环下去，直至铁器腐蚀酥解。

3. 铁的氯化腐蚀

如果铁器的埋藏环境中有氯离子和其他电解质，相对湿度大于 50% 时，可大大加速铁器的腐蚀。因为氯离子的离子半径非常小，所以它的钻透力和电负性都很强，它能破坏或取代金属的氧化物，形成可溶性盐。在氯化物等可溶性电解质作用下，不能形成致密的铁的氧化保护膜，只能形成疏松的腐蚀产物，并有一定的蓄水作用。

反应产物盐酸又会继续与铁反应，生成新的 $FeCl_3$，从而建立新的平衡，产生新的 HCl，造成循环腐蚀。这种腐蚀反应开始时可能较为缓慢，一旦盐酸产生，反应速度便成倍加快。

4. 铁的硫化腐蚀

若铁器处于含有硫酸盐或硫化物的环境中，会形成硫化亚铁（FeS）、硫酸亚铁（$FeSO_4$）等产物。这是因为二氧化硫（SO_2）易溶于水形成电解质溶液，从而发生电化学腐蚀。

以上反应，电子的传递是由地下水中的氢离子（H^+）完成的。它吸收铁原子放出的电子给硫酸盐，以促使硫酸盐中的硫原子还原，本身再生成氢离子并与氧离子化合成 H_2O。

此外，空气中的氮氧化物如二氧化氮（NO_2）易溶于水形成硝酸。它既是强酸又是强氧化剂，直接腐蚀金属。

（三）微生物腐蚀

1. 微生物腐蚀的概念

微生物是一群结构简单、代谢旺盛、分布广泛、适应能力强的低级微小生物。在潮湿环境中，铁器周围如具备某些微生物生长所需要的温度、湿度、pH 和营养物等条件，就可能在短期内造成微生物数量的急剧增加，对铁器造成危害。

微生物对铁器的腐蚀作用，是由金属文物本身、微生物的种类和铁器所处的环境三个方面因素来决定的。铁器文物的锈蚀物表面粗糙多褶皱，易吸附一些灰尘和水蒸气，这样就为微生物提供了营养物质。

2.微生物腐蚀的机理

腐蚀铁器的菌类主要有铁细菌（如纤毛菌）、硫氧化细菌（如氧化亚铁硫杆菌）和硫酸盐还原菌（如脱硫弧菌）等。对铁器文物的危害机理如下。

（1）微生物以铁质为营养

在有氧的条件下，有些化能自养型铁细菌，如纤发菌属、泉发菌属、嘉利翁氏菌属，能把 Fe^{2+} 吸收到体内，通过电子传递链，形成产生 Fe^{3+}。

这些细菌将 Fe^{3+} 分泌到细胞外而沉积在鞘套或菌柄上，从而进一步氧化 Fe 成 Fe^{2+}；而 Fe^{2+} 又能被吸收到体内，通过电子传递链，形成 Fe^{3+}，如此循环不已。其中的嘉利翁氏菌属是专性无机营养型细菌，可将 Fe^{2+} 氧化成 Fe^{3+} 时产生的能量加以利用。

（2）微生物产生有机酸

微生物的生命过程中，产生大量的代谢产物，其中，酸对铁器具有极大的腐蚀性。如草酸、柠檬酸、琥珀酸、延胡索酸、葡萄糖酸、五倍子酸等多种有机酸。这些酸能接受到金属腐蚀产生的电了而发生反应，使铁腐蚀速度加快。

（3）微生物产生有害气体

当铁器的周围土壤中存在硫化物和硫酸盐时，某些硫氧细菌在有氧条件下能氧化硫化物，产生单质硫；而在缺氧条件下，某些硫酸盐还原菌又能使硫酸盐还原产生硫，同时分解含硫的有机物产生硫化氢（H_2S）。单质硫和硫化氢都是对铁和钢具有极强腐蚀作用的物质。

甘肃武威雷台铁镜就是微生物腐蚀的典型例子，在出土时已遭受到生物腐蚀完全矿化，其外表已覆盖着一层厚厚的块状棕黑色锈体，经对其进行化学分析，其主要的成分是氧化铁和硫化亚铁。

出土铁勺断成两截，表面锈蚀严重往往是埋在土层中电化学腐蚀、化学腐蚀和微生物腐蚀综合作用的结果。

（四）铁器文物锈蚀实例分析

1.山西永济铁牛群遗址环境研究分析

位于山西省永济市的蒲津渡遗址是古代著名的三大渡口之一，1989年发现铁牛、铁人等文物，经考证，是唐开元年间作为固定铁索浮船桥使用的。其中每只铁牛重约50吨，气势恢宏，铸艺高超，为后人留下极其珍贵的大型铁器文物。1991年有关专家对遗址进行了科学发掘，并对铁牛遗址附近的土壤、地下水、地面水、土壤湿度、pH等进行研究分析，发现土壤和地下水中铁细菌、硫酸盐还原菌和氯化物成分比较高。但水味偏咸，水质呈碱性，因此地下部分铁器的腐蚀速率不是很快。文物出土后，由于大量的 O_2 侵入和有害气体的作用，并在地下水和锈蚀层中的氯化物影响下，地面铁器的腐蚀大大加速。

2. 辽宁出土铁器锈蚀物分析

辽宁北票四家板村喇嘛洞村三燕时期鲜卑贵族墓地出土了大批金、银、铜、铁、陶等不同质地文物，达 2000 余件，其中兵器、农用工具等占较大比例。这是东北地区魏晋十六国时期文物考古发掘中规模最大、发现最多的一次。

四、铁器文物的保护及修复技术

（一）出土铁器的预处理

根据铁器的腐蚀机理和锈蚀构造，出土铁器文物的预处理程序一般如下。

1. 观测记录

采取必要的手段，如摄影、测量等，以记录该器物的出土原貌。

2. 检测腐蚀程度

在保护一件出土铁器以前，首先要检测它的腐蚀程度，以便为下一步的保护措施提供依据。铁器的锈层一般较厚，组织松散无规则，仅凭肉眼并不能判断锈蚀的程度。检测铁器锈蚀程度的方法有以下几种。

（1）X 射线法。目前最好的检测方法就是采用 X 射线法。X 射线的穿透能力和物质密度有关，铁基体和各类锈蚀物的密度是不同的。通过 X 射线可以清楚地知道锈蚀的分布和范围，并能看出锈蚀孔洞的深度，还可以探明锈层下面的器物纹饰或文字。

1996 年在湖北秭归出土的东周铁剑经过 X 射线衍射，从锈蚀层结构分析为 Fe_3O_4，没有发现单质 α—Fe 的衍射峰，说明从铁基体表面到内层几乎全被氧化腐蚀。

（2）探针法。刚出土的铁器锈蚀严重，无法明晰内部铁芯的情况，此时起取要极为慎重，可用一根细探针逐段、逐片向下刺探，既可以探明锈层的厚度，也可以了解铁芯的坚牢程度以及锈层下面是否有纹饰或镶嵌物。

（3）磁性测量法。金属铁的最大特点是具有磁性，而铁的腐蚀物没有磁性。通过用磁铁测试铁器的磁性，可以了解铁器的腐蚀程度和区域分布等。

（4）密度测定。金属铁在标准状况下的密度为 7.86 g/ cm^3，而铁的氧化物的密度为 5.24 ~ 4.90 g/ cm^3，铁的氯化物的密度则更小。如果铁器的密度在 6.5 g/ cm^3 以上，可以断定锈层较薄；如果密度在 2.5 g/ cm^3 以下，可以断定铁器已经完全腐蚀。

（5）HNO_3—$AgNO_3$ 溶液测氯。检测锈蚀层中是否含有氯化物非常重要，因为氯化物会加剧已经锈蚀的铁器继续反应。

如器物表面有氯化物，在潮湿的环境中，就会渗出棕色水珠。也可以先将器物在蒸馏水中加热浸泡，取出浸泡液，加几滴 2 mol/L 的 HNO_3 溶液，均匀摇动使之酸化，再加入几滴 0.1 mol/L 的 $AgNO^3$ 溶液，若有白色絮状物沉淀出现，则说明含有氯化物。

如果 $AgNO_3$ 的加入量大于 2 ml 仍然没有沉淀出现，即可认为锈蚀中不含氯化物。

3.强制干燥

铁锈本身容易吸潮，出土后的铁器必须及时干燥，以防止铁器在空气中继续腐蚀。干燥处理方法有以下三种。

（1）高温干燥

在恒温干燥器中，用 105℃的温度干燥铁器 2 小时左右。这种方法简便易行。

（2）紫外光干燥

在 105℃温度下用紫外灯光干燥。如果铁器有木质、纤维等附着物时，温度应在 40 ~ 60℃范围内慢慢干燥，以免损伤附着物。

（3）物理化学吸附干燥

在密封的容器里放入铁器，用变色硅胶吸水。这样虽然处理时间很长，但安全可靠，对铁器绝无损害，变色硅胶可以重复使用。

（二）铁器文物的除锈

铁器上的有害锈主要是氯化物 $FeCl_2$、$FeCl_3 \cdot H_2O$、$FeCl_3 \cdot 6H_2O$ 和铁器上酥松锈蚀氢氧化氧铁。铁器文物除锈主要有以下几种方法。

1.机械除锈法

先用刀子、凿子、锤子、剔针、钢丝刷等金属工具剔、凿、拨、挑、锤、震去除铁器表面较厚的锈层和锈块。对于较硬的锈层可以用煤油和石蜡调成的糊状物，涂敷在腐蚀铁器的表面软化铁层，然后剔除。

2.试剂除锈法

（1）弱酸溶液除锈

常用除铁锈的溶液有醋酸、柠檬酸、草酸等弱酸和碳酸钠、柠檬酸钠、草酸钠、醋酸钠、葡萄糖酸钠等弱酸盐。

去锈液可用 10%醋酸溶液，也可用 5% ~ 10%柠檬酸液或草酸液，将铁器放入其内浸泡加热，当发生去锈反应时会出现沉淀物，应及时更换新鲜去锈液。去锈后可用氢氧化钠或碳酸钠稀溶液中和酸，并用蒸馏水洗净。

柠檬酸钠、草酸钠、醋酸钠、葡萄糖酸钠等一些弱酸盐类，也可以用来除锈，使用浓度为 3% ~ 30%。

（2）碱性溶液除锈

用 10% NaOH 或 LiOH 溶液浸泡铁器，去氯锈后可用蒸馏水清洗。

（3）水洗法

用蒸馏水浸泡铁器，一段时间用冷水，一段时间用 98℃的热水。这种冷热交替的清洗法可快速将氯锈去净。

3. 等离子体除锈法

20 世纪 90 年代，德国采用了最先进的等离子体除锈机，用以去除古铁锈。其原理是将铁的氧化物和氯化物还原成铁。所谓等离子体，就是当气体电离后产生数量相等、电荷相反的离子和电子，这两种离子既相互吸引又相互排斥，存在于一个等离子的统一体中，等离子体呈电中性。在等离子体除锈机中，供气系统供出等离子体，就可除去铁锈。

用等离子体机处理过的铁器能保留器物原始表面上原有的痕迹和图案，甚至用手工方法也无法保留下来。等离子除锈还不会引起器物结构上的变化。

4. 电化学去锈法

电化学去锈法分为电化学还原和电解还原两种方法。

（1）电化学还原

采用锌皮或铝皮包在铁器的表面，置于 10% 氢氧化钠溶液中，并适当加热以加速反应，直到没有气体逸出为止，取出器物用蒸馏水冲洗干净，除去残渣，如此反复。由于在反应中会有大量的刺激性气体产生，所以此法一定要在通风橱中进行。

（2）电解还原

电解还原去锈法就是用被处理的铁器作为阴极，用不锈钢作为阳极，以 10% 氢氧化钠作电解液，通入直流电，控制电压和电流密度进行除锈。

5. 激光除锈

激光除锈机理主要是基于物体表面污染物吸收激光能量后，或汽化挥发，或瞬间受热膨胀而克服表面对粒子的吸附力，使其脱离物体表面，进而达到清洗的目的。大致包括激光汽化分解、激光剥离、污物粒子热膨胀、基体表面振动和粒子振动四个方面。国内外研究结果表明，波长 1064 nm、能量 10 J、脉宽 < 20 μS 的激光能有效清除金属制品污物、锈蚀物等，具有高度可控性和选择性。

（三）铁器文物的缓蚀封护

出土的铁器文物经过干燥后，经检测无有害锈的情况下，即可使用缓蚀剂来进行缓蚀处理。存在有害铁锈的，先进行除锈处理，然后再进行缓蚀封护。

铁器缓蚀处理是指通过化学方法在铁器的表面形成一层致密的保护膜，以隔绝 O_2、SO_2、H_2O、O_3 等有害气体及霉菌、灰尘等污染源，同时这层保护膜不能影响文物的质感和外观。这层膜又叫钝化膜，铁器表面生成完整的钝化膜的过程叫作钝化过程。

铁器缓蚀剂要求无色透明、常温下干燥，并且涂层要薄、耐气候性和老化性要好、有较强的附着力、对人体和环境无公害等。

1. 复方缓蚀剂保护法

先涂缓蚀剂酒精溶液，配方如下（体积比）：

亚硝酸二环己胺	10	碳酸环己胺	10
水	1	乙醇	100

干燥后，再涂缓蚀剂树脂溶液，配方如下（体积比）：

亚硝酸二环己胺	10	碳酸环己胺	10
水	5	乙酸	100
聚乙烯醇缩丁醛	5		

这样就能在铁器表面形成一层致密的保护膜。

2. 磷酸盐保护法

将铁器文物浸泡在 8.5% H_3PO_4—0.15% ZnO—1% $NaNO_3$ 的水溶液中，磷化处理后铁器表面生成一层不溶性的磷酸盐（磷酸铁、磷酸锌）。铁与磷酸盐作用可生成一层致密的表面保护膜，防止铁器进一步被腐蚀。由于磷酸是沉淀型缓蚀剂，和金属结合力较差，所以一般在磷化处理后还要再涂一层树脂型封护剂。

3. 鞣酸盐保护法

鞣酸是一种多元酚的混合物，由于酚基容易氧化，常作为强抗氧剂，而且分子中的酚基和羧基又可以和金属形成配合物，生成一层不溶性的保护膜，从而起到防止铁器锈蚀的作用。此法 pH 在 2～3。鞣酸溶液的配方为鞣酸 200 g，乙醇 150 ml，水 100 ml。如果铁器锈蚀非常严重，在上述配方中还可加上 100 ml 80%～85% 的磷酸。多次涂刷效果会更好。

4. 硅酸盐保护法

硅酸盐是一种环保型缓蚀剂。上海博物馆专家研究用硅酸盐水溶液处理铁的锈蚀物，发现硅酸盐能吸附位于锈蚀表面的 FeO（OH），反应生成新的物质，形成了较为致密的缓蚀膜，并且对电化学的阴极反应有较强的抑制作用。

1998 年，专家曾对两件铁质文物（界碑）进行脱盐清洗。这两件文物一直暴露于大气中，锈蚀十分严重，界碑表面文字模糊，覆盖着大量的硬质污垢物。机械除去浮锈和松散污垢物后，在清洗液中加上硅酸钠缓蚀剂，反复清洗多次，将锈蚀物除尽，再用无水乙醇干燥，效果十分明显。

5. 表面封护

经过表面处理过的铁器，最后应进行表面封护处理。传统的方法是把铁器浸入熔融的微晶石蜡中，待不再冒气泡时取出，用毛刷蘸石墨粉擦拭铁器表面，以除去多余的石蜡和消除反光现象。还有一种方法就是用微晶石蜡 5 份、三乙醇胺 1 份、石油溶剂 100 份配成溶液，在 50 ℃时浸泡铁器 10～20 分钟。

目前常用的表面封护剂还有聚醋酸乙烯酯、聚乙烯醇、三甲树脂、聚乙烯醇缩丁醛、B—72 丙烯酸树脂等，它们都能在铁器表面形成有效的隔绝空气的高分子膜。

丙烯酸树脂无色透明，使用方便，常温下固化迅速，耐光、耐热、耐腐蚀，在大气中及紫外光照射下不易发生断链、分解、氧化等化学变化。因而，丙烯酸涂料能有效地防止大气中的有害物质腐蚀文物，能基本上使文物保持原有的面貌，如果封护膜长期暴露在空气中遭到破坏后还可以重新涂刷。

（四）铁器文物的加固与粘接

对于脆弱的铁器，因强度小而不利于保存和展出，可用合成树脂来渗透加固，如用30%～40%丙烯酸酯类乳液浸渗，通常采用降压渗透法（10～20 mm汞柱）。

如树脂浓度较高，可能会在器物表面留下光泽，这时可在器物表面裱上吸水能力很强的美浓纸或滤纸，纸层可以吸附器物表面多余的树脂而不在器物表面留下光泽，可以保持艺术品的原有风貌。

破碎成碎块的铁器需要整形时，可用黏合剂（如硝基纤维素、环氧树脂等）拼对粘接。整形时，常在一细砂箱中进行，以便使各个残片按照需要的角度保持其形貌，待黏合剂干燥后粘接即可告成。腐蚀较轻的残片还可用软焊锡焊接。

五、铁器文物修复保护实例

（一）北宋铁钱的修复与保护

在陕西省，近年来出土了大量的北宋铁钱，经专家检测，基本都以铁碳合金组成，并含有适量的铅、硅等杂质。金相组织为铁素体和珠光体组成的支晶状组织。由于长期埋在地下，同时发生了化学腐蚀和电化学腐蚀，出土时大多锈结成棒状或垛状，表面附有褐色或红褐色的铁锈、泥垢、水垢等沉积物，专家们对这些铁钱进行了修复保护。

经测定，其锈蚀物包括氧化物（Fe_3O_4、Fe_2O_3、$Fe_2O_3 \cdot NH_2O$）、硫化物（FeS、Fe_2S_3）、氯化物（$FeCl_3 \cdot NH_2O$）等。其中Fe_3O_4和Fe_2O_3层与铁单质紧密连接，它们在铁钱的表面形成一层致密的结构，客观上对铁钱有保护的作用，因此应采取带锈保护。

1. 修复保护步骤

（1）干燥

将新出土的铁钱放入105℃的恒温条件下干燥，持续2小时左右，铁钱锈蚀成分中所吸收的水分和自身的结晶水会在100℃时蒸发，干燥效果较好。

（2）剥离

干燥后的棒状或垛状的铁钱有些锈蚀物由于失水容易剥离，操作时要谨慎细心，以防损害铁钱原貌。

（3）清洗

先用大量的蒸馏水和软毛笔去除附在铁钱上的泥土、污垢、各类沉淀物和腐殖质。对其中有些锈蚀严重的铁钱要先用聚甲基丙烯酸甲酯乳液渗透钱体表面，进行抢救性加固，使其具有一定的机械强度，才能清洗。

有些铁钱上附有石灰质、石膏质及硅质沉积物，可用5%六偏磷酸钠溶液浸泡清洗。

（4）除锈

为了除去铁钱上的$FeCl_3$等构成的有害锈层，先采用机械法。用刀、钻、凿子、剔针、钢丝刷等工具，轻轻除去疏松的锈质。此法不影响铁钱的色泽和外观。

对于有些难以剔除的细微锈质，采用低浓度的柠檬酸浸泡法除锈，效果较好。

为了彻底去除 $FeCl_3$，可选用 Na_2CO_3—$NaHCO_3$ 溶液浸泡，每周需换一次新鲜溶液，直至 Cl^- 被完全置换出来，并用 AgCl 法测定溶液的 Cl^- 浓度，如浸泡液中不再有白色絮状物沉淀出现，即可认为锈蚀物中不含氯化物。

（5）补配

对于残缺的铁钱可用环氧树脂黏合剂进行拼对粘接。粘接前先用酒精对碎片碴口进行清洁处理，做到没有杂质、灰尘、油物等。环氧树脂黏合剂在 24 小时内即可固化，使铁钱碎片粘成一个与原貌相近的整体。

（6）封护

先用复方缓蚀剂涂刷在干燥的铁钱表面进行缓蚀处理。干燥后再将其浸入熔融的微晶石蜡中，加以封护。

2. 保存环境

为了防止处理过的铁钱再次受到腐蚀，必须将它们存放在一个长年相对稳定的库房环境中，温度一般要求是 15 ~ 20℃，相对湿度应低于 50%，并将有价值的钱币装在有衬垫的纸盒内密闭密封储藏。

（二）陕西出土的秦汉铁器的修复与保护

1. 修复前预处理

首先对这三件器物摄影、测量并记录器物的尺寸大小；其次对铁器的材质、构造、锈层和断面用显微镜进行仔细观察，测量氯化物的含量，并取出锈样做 X 衍射分析，对器物的表层及附着物进行分析测定。结果发现，锈蚀物中不稳定的氢氧化氧铁占较大比例。

2. 修复保护方法

（1）清洗

用软毛刷除去铁器表面的浮土浮锈，并用松土剂松土；用牙签剔除其表面的泥土；再用 10% 六偏磷酸钠与锈蚀物进行络合，使渗入锈层的沉积物软化剔除。

（2）除锈

用小刻刀把最容易吸附灰尘、水蒸气和有害成分的表面膨胀过分的浮锈缓慢剔除，再用去离子水清洗铁器，最后用乙醇溶液浸渗后自然干燥。

（3）修复

铁器裂缝处，用原器物上的无害锈粉末灌入，然后用聚丙烯酸酯溶液进行滴渗修补加固。

铁器残缺处，用聚丙烯酸酯溶液和无害锈调成糊状，按照器物的原形修补，并滴渗加固。

（4）封护

用软毛笔蘸取很稀的聚甲基聚丙烯酸甲酯溶液，将铁器文物通体涂刷，固化后用氯仿溶液涂刷以消除眩光。

第二节 金银器文物保护技术

据史书记载，我国在殷商时代就有淘金和加工工艺。殷墟中出土重达 50 g 的金块，还有反复锤打加工的金箔。

春秋战国时期我国金银器制造工艺水平十分精湛，如 1976 年辽宁凌源出土的春秋纯金鹿，重 26.5 g；1965 年江苏涟水出土的战国蛟龙金带钩重 56 g，采用镂空、剔刻、镶嵌等方法制成；西汉中山靖王墓葬的金缕玉衣中的金丝含金量高达 96%。

唐代出现的金银器数量较多、品种齐全，如壶、碗、杯、铛、盘等食具，盒、盂、炉等用具，簪、环、镯、坠等饰品，还有佛教舍利棺椁以及幡塔、造像等。其中较为著名的是 1970 年陕西西安出土的唐代鎏金舞马衔杯皮囊纹银壶，高 18.5 cm，口径 23 cm，采用焊接、抛光、锤揲、鎏金等技法。更值得一提的是，1987 年的法门寺考古发掘，地宫内珍藏的金银器就有 121 件，形体之庞大，数量之繁多，技艺之精湛，在国内考古发现中实属罕见。其中绝大多数是国家一级文物，如八重宝函、鎏金银薰炉、金银丝结条笼子、鎏金银龟等。

1958 年北京昌平出土的明代万历帝金丝冠是考古发掘中唯一的皇帝金冠，通高 24 cm，用极细的金丝编织而成，编织匀称紧密，现藏于北京定陵博物馆，饮誉世界。

在我国长达 5000 年的文明史中，银还一直是人们生活中主要的流通货币之一，直至清朝末年。

一、金银的理化性质

（一）金的理化性质

1. 金的物理性质

金在自然界中以游离单质状态存在，金为黄色，光彩夺目，硬度低，相对密度高（19.3），质地细密柔软，晶体结构为面心立方。

在所有金属中，金的延展性和可塑性是最好的。1 g 的金能抽成 3.4 km 长的金丝，也能碾成仅有 2.3×10^{-9} mm 厚的金箔。金的熔点固定，熔化温度为 1063℃，在熔化时不会被氧化物污染，也不会改变自己的凝固点。金的这种物理性质使它的纯度能达到 99.99%。

2. 金的化学性质

金的化学性质极为稳定，所以从古到今人们将纯金制成金条、金砖作保值储存之用。

（1）耐氧化

一般认为，金是唯一在高温下不与氧起反应的金属。

（2）耐腐蚀

块状金在低温和高温下均不与 S、Se、H 和 N 反应。在中等温度和无水存在时，也不被卤素腐蚀。

金在中等温度下，耐 H_2SO_4、HNO_3、HCl、H_3PO_4、HF 等酸的腐蚀。

金的耐碱性好，甚至在熔融碱溶液中也不产生显著腐蚀。

（3）金只在王水中才能被溶解

虽然强酸强碱对金毫无腐蚀，但金却溶于王水。王水是按照体积比为 3：1 的浓 HCl 和浓 HNO_3 混合溶液。

（二）银的理化性质

银在自然界主要以辉银矿（Ag_2S）和铅矿共生，很少以游离态存在，白银熔点低（960.8 ℃），容易冶炼，我国古代史书记载的较为成熟的吹灰法炼银过程大致如下：

辉银矿 + 方铅矿→精矿石→熔焦烧结成银铅混合物→吹去上层密度较小的氧化铅→分离出纯度较高的白银。

1. 银的物理性质

纯银（Ag）为银白色，光润洁白，非常柔软，硬度只有 2.7，富有延展性和可塑性，仅次于金。1 g 银可以抽成 1.8 km 长的细丝，也能碾成 0.1×10^{-4} mm 厚的银箔。

2. 银的化学性质

纯白银的化学性质十分稳定，对多数酸类无反应。银在空气中无论常温或加热都不被氧化，银在室温下不与氧和水作用。但如果有 O_3 的存在，在常温下也能被氧化，生成 Ag_2O。在室温下银与卤素反应较慢。但是在潮湿含氯化物的土壤中，会生成 $AgCl$。很多含硫化合物会对银产生硫化作用，最具有腐蚀性的就是 H_2S 气体，当 H_2S 的含量为 0.2×10^{-9}% 时就足以对银腐蚀，湿度越高腐蚀速度越快。硫化物对银的腐蚀在大气中有 O_2 的参与下更为明显，使银的表面发黑，影响美观。

二、金银器文物的保护

金银器文物有的纯度很高，但也有的是以合金形式出现，因而性能也各不相同。对于金银器的保护应区别对待。

（一）金器文物的保护

金的化学性质非常稳定，不产生电化学腐蚀和微生物腐蚀现象，有的纯金器物，虽然在地下埋藏千余年，只是受泥土挤压而变形，仍呈现黄色，不需要特别的除锈和保护。对于合金来说，情形就有所不同，金的合金中含有一定比例的 Ag、Cu、Fe 等金属，金的合金在硬度、色泽等理化性质方面与纯金有不同程度的差别，因此金的合金是容易腐蚀的。

1. 纯金文物的保护

发掘出土的纯金器物，体质很柔软，通常与泥垢、石英和沙砾等结合在一起，金质并没有被腐蚀。但观察到的器物表面往往覆有红色锈，这是由于地下铁的氧化或者埋藏地点附近铁器氧化的影响，很容易清除。

（1）去除金器表面石灰质沉积物，可用一根棉签蘸5%稀HNO_3做局部涂布来去除。

（2）去除金器表面有机类的污垢，可用2%的NaOH溶液浸泡几分钟，使其软化酥解，再用牙签、软刷或剔刀小心除去。

（3）去除金器表面灰尘，可用软毛刷刷除，也可用乙醚、苯、中性肥皂液或10%氨水洗涤，随后用蒸馏水洗净烘干。

2.合金文物的保护

古代金器文物中掺少量Ag、Cu、Fe等成分是为了增加金体的硬度和耐磨性，但也改变了金的性能和颜色，产生了腐蚀的可能性。如Au—Cu合金会出现绿色的铜锈，Au—Fe合金会出现红色的铁锈。对于金的合金制成的文物，应根据渗入金属的种类进行有针对性的处理。常用氨水或者酸类除去绿色的铜锈；用HCl去除红色的铁锈。由于金化学性质的稳定性，酸、碱、盐等溶剂除锈后对金质不会造成损伤。

江苏南京板仓出土的明代"云龙纹金带"，出土时污垢堆积，锈迹斑斑，几乎看不到上面精美的花纹。专家们用稀HCl将金带浸泡除锈，再经过多次清洗，便出现了原有的黄灿灿本色。

3.鎏金文物的保护

鎏金文物是指以其他金属和材料做内胎，在其外覆盖一层金质材料的文物。鎏金文物出土和传世的数量是非常大的。对于鎏金文物，胎质比外层更容易腐蚀，所以处理方法必须谨慎。尤其不能用还原方法进行处理，因为锈蚀产物的还原金属会覆盖到鎏金表面上，有损器物的外观和价值。

例如处理损坏的青铜鎏金文物，可以使用碱性酒石酸钾钠溶液来清除锈层。如果鎏金层的腐蚀物夹杂在中间，就只能用机械方法来去除了，即在双筒显微镜下，用钢针挑除锈蚀物，当露出鎏金层时，就用1%的稀HNO_3将其表面进行清洗，但要谨慎耐心，防止鎏金层脱落。

保护鎏金文物，稳定胎质是一种非常必要的手段，通常的方法是采用青铜或铁的缓蚀剂来防止胎质的腐蚀病变。也可以使用较稀的高分子材料从边缘的缝隙中灌入，从而加固鎏金层和胎质，起到保护的作用。

（二）银器文物的腐蚀和保护

银具有比较好的化学稳定性，但仍然存在不同程度的腐蚀现象，影响了文物的艺术价值和历史价值。银器的腐蚀与保存环境密切相关。

1.银器的腐蚀物

银的腐蚀物主要有$AgCl$、AgO_2、Ag_2S等。

（1）银的氯化腐蚀

埋藏在潮湿的含有氯盐的土壤中，银的表面即转化成AgCK（角银），是一种类似于泥土状的黏附物，微带褐色或紫色。腐蚀的过程中常伴有体积膨胀、强度下降、器物外型和颜色发生变化等现象。

如果银器氯化不严重，只在表面生成薄薄的 AgCl 呈现出的一种悦目的古斑，增加了器物的艺术魅力，是年代久远的象征，一般不必去除。

（2）银的氧化腐蚀

银在空气中一般不会氧化，紫外光作为外加能源时，既可促使银离子化，加速银与腐蚀介质的反应；也可以分解氧气分子，产生活化态的氧，活化态的氧和离子化的银一起反应形成氧化银。

（3）银的硫化腐蚀

银在活化态的 O、O_3、H_2S 同时存在的情况下，生成发黑的 Ag_2S，银器失去光泽而变暗。在银器表面上的黑色 Ag_2S 薄膜虽然不足以观赏，但性质比较稳定，可以减缓银的进一步硫化。如果银的硫化过程严重，器物变得又黑又脆，银本体便不复存在。

2. 出土银器锈蚀实例

（1）四川彭州金银器文物埋藏环境分析

四川彭州金银器出土时在窖底发现有淤泥，大多数金银器表面有包裹土。窖藏里的银器受附近水源污染的部位锈蚀严重。另外，窖藏底部的银器多生长有铜锈。经 $AgNO_3$ 溶液反应分析出有氯元素存在。包裹土的 pH 为 7，呈中性。经 X 射线衍射分析，包裹土中的主要成分为伊犁石、高岭土、方解石等，其中 SiO_2 与 $CaCO_3$ 各占约 40%。

（2）锈蚀机理

这批银器的锈蚀是受埋藏环境的影响，由于大多数银器文物生长有角银，据此推断，原始窖藏环境应该偏酸有 Cl^-。银器文物在该环境下（银器本身含有少量的铜），富铜相部位被优先腐蚀生成 AgCl 和可溶的 $CuCl_2$，氯化物的存在降低了银和铜的电极电势，加速它们的电离和腐蚀，这样就有利于角银的生长。随着反应的进行，导致表面 pH 局部增加，使得银器表面土层中的 $CaCO_3$ 发生沉积。由于大多数银器外层包有麻布和地下水沉积泥土的作用，这种缝隙环境的电化学腐蚀使得外壁较器物内壁腐蚀严重，腐蚀的结果是生成了大量的 AgCl。相对过量的 Cl^- 则促进 AgCl 的溶解和迁移。这些因素促使了 AgCl 晶体的生成。

AgCl 在银胎表面生成并不断结晶成为条块状，大量的晶体条块聚集在一起就形成了角银层。由于 AgCl 晶体生长的不连续性，在角银层中就形成了许多孔隙。外界的水和 Cl^- 通过角银层的孔隙到达内部，使得角银不断生长加厚。加上银器锈蚀生成了大量的氢氧根离子，使得埋藏环境的 pH 逐渐增大。

当环境接近或到达中性时，富铜相的铜腐蚀后就转化成 Cu_2O 和 CuO。黑色锈层内除了含有银单质外还有 CuO，铜锈的生成只能在裸露的银胎表面，已经生长有角银的表面不会生长出铜锈。

3. 银器的保护和修复

银器的保护主要是维持器物的原形和确保银质的稳定性。

对于轻微腐蚀的银器，只在表面形成均匀的 AgCl 或 Ag_2S 薄膜，尽管已影响了器物的颜色和光泽，但鉴于它的稳定性和保护作用，可以不做处理。

有时为了改善外观，使器物的纹饰或铭文清晰再现，这时要采取措施，将锈蚀物去除。从颜色上就可以判断锈蚀物的种类，从而确定不同的处理方法。

（1）去除 AgCl 和 Ag_2S

①擦洗法。去除银的氯化物可用白垩粉加水调成糊状，或者用酒精溶液（加几滴氨水）擦洗；去除银的硫化物一般可用牙膏等磨料擦除，也可用稀的 $Na_2S_2O_3$ 溶液擦洗。

②化学还原法。将银器和铝皮或锌粉一起浸泡在 5% 的 NaOH 溶液或 Na_2CO_3 溶液中，发生电化学反应，将 Ag 还原出来。待银器恢复到银白色时取出，用清水清洗，然后用纱布或滤纸将水吸干。

（2）去除 Ag_2O

银器在空气中氧化变暗，主要是在银器表面生成 Ag_2O 薄膜。可先将银器放入 20% ~ 30% 的 H_2O_2 中，浸泡 5 ~ 10 分钟，此时银器表面会产生大量的气泡，对此可用清水清洗 2 ~ 3 次，然后用纱布或滤纸吸干。再将器物放入浓 H_2SO_4 中浸泡 3 ~ 5 分钟，使表面活性银微粒膜溶解，取出后用大量的清水洗净，并用纱布或滤纸吸干。

（3）提高银器的韧性和强度

对于机械强度很低的脆性银器可以用加温的方法来提高其韧性和强度。需要注意的是，温度过高，可能会加剧器物的损毁状态，为安全起见，宁可温度低些，时间长些。将器物置于烘箱中，在 2 小时内，温度从 250 ℃逐渐上升到 400 ℃左右，并保持一段时间就可以达到目的。

（三）金银器的库房保存条件

1. 密闭保存

保存在库房中的金银器，可用柔软的薄连纸包裹好，在外层再包一层可以吸附空气中 H_2S 的包装纸（这是一种浸有铜化合物、叶绿素等化学试剂的软纸），然后存放于密封的聚乙烯袋子里或密闭的玻璃匣内。密闭还可以防止金银器受到紫外线的照射。

2. 稳定保管环境

金银器文物一般要在恒温环境下保存，温度较低为好，湿度控制在 50% 以下。为了使色彩保持艳丽，常用丝绸擦拭。器物不要受到碰撞或挤压，以免机械损伤。

三、金银器修复和保护实例

（一）修复唐代纯金壶

唐代纯金壶出土时被土层严重挤压变形，呈鞋底状，缺少壶嘴，腹部有纹饰，颜色暗黄。

文物保护专家对其进行了整体修复。

修复和保护步骤如下。

1. 整形

用锡锤将金器放在铁棍上，轻轻敲打逐步整形，必要时可用木棍支顶撬压。先恢复大致轮廓，然后再细整。整形要有耐心。整形时发现金壶上有裂缝，用环氧树脂补缺，再贴上金箔就看不出裂缝了。

2. 配壶嘴

用红铜叶打制成壶嘴，按照壶腹部纹饰的样形移画在红铜嘴上，灌入鎏花胶，雕刻上纹饰。用磨铜炭将壶嘴磨细，鎏上金。

3. 粘接做旧

用环氧树脂将壶嘴粘上壶身后，在黏合处贴上金箔，再做点和壶身相近的土锈色和章丹红锈色。

（二）修复唐代打料银壶

唐代打料银壶高 29 cm，腹部最大直径为 18 cm，壶壁厚 3 mm，出土时没有变形，但壶口残缺三分之二，腹部有孔洞。

修复和保护步骤如下。

1. 补洞

把纸贴在壶的内侧，用铅笔沿洞孔的边缘画出洞的轮廓，剪下多余的纸，贴在 3 mm 厚的银叶上，干燥后将银叶剪下，放在火中烧红，将温度较高的银叶按到孔洞处，用小锉把银叶多余部分锉掉，直到与孔洞吻合为止，还要保证补料不松动。

2. 雕刻花纹

由于壶身有花纹，所以补缺的银叶也要雕刻上同样的花纹。

3. 补壶口

用小锉将壶口破楂处锉上坡口，将银叶剪成缺块的形状并使之上端宽出壶口圈 1 cm。包住锉平，将接缝焊严，并修整好。

4. 做旧

旧银壶呈暗灰色，但新配的补块均为银白色，必须进行做旧。用等量的 NH_4Cl 和 $CuSO_4$ 白酒溶液浸泡 24 小时。溶液的颜色为浅绿色。做旧时可用软毛笔蘸溶液在补块和焊缝上涂抹 2 ~ 3 次，清水冲洗干净即可。

（三）特大型鎏金带钩的保护与修复

1996 年 8 月在西安北郊战国墓中出土了一件特大型鎏金铜带钩。器物长约 23.5 cm，表面覆满绿色的坚硬的锈蚀物。

修复和保护步骤如下。

1. 除泥垢

用软毛刷轻轻刷去器物表面的泥土，并用放大镜仔细观察锈蚀情况。

2. 测锈

用刻刀刮取适量的疏松粉状锈将其浸泡在蒸馏水中，用 HNO_3 和 AgN_3 测试浸泡液，发现有析出的氯化物锈蚀。

3. 机械除锈

发现刮取的部位已经没有金箔，并呈现出黑色的凸凹不平的蚀坑。先采取机械方法除锈。在 10 倍放大镜下用钢针尖耐心地从边沿剔除小片锈壳，黄色金箔面开始出现。

4. 化学除锈

将 90% 的乙醇与 Zn 粉调成糊状，用小毛笔将糊状物点涂在锈蚀部位，用刀尖压实封闭，然后连续用乙醇点湿，4 小时后 Zn 粉硬结，有灰绿色锈蚀物析出，8 小时后封闭层完全硬化。此时每一小时加一次水连续浸润。10 天后去除 Zn 粉，涂饰缓蚀剂，基本控制器体的腐蚀和恢复原貌。

以上三件名贵金银文物通过文物保护专家的修复，做到了修旧如旧，既能恢复原状，又展现出完美的立体感，使这些名贵金银文物重放异彩。

第三节　锡铅器文物保护技术

锡和铅是人类较早利用的金属，两者某些理化性质有相似之处，早期人们在冶炼中还不能将锡和铅区分得很清楚。

目前，在我国发现的最早的锡器是在商代，如小屯殷墟中的块锡、大司空村殷墟出土的锡戈等。到了周代，锡壶、锡烛台之类的锡器就已很普遍了。3000 年前的先秦古籍《考工记》，就记载了我国高超的炼锡浇铸技术。由于白锡在一定环境中会变成粉末状的灰锡，所以出土文物中纯锡器皿并不多见。现存的锡器文物大多是明清晚期和民国时期的传世品，由于锡器廉价易得，加工简单，广泛流行于市井平民和广大农村。

至于铅器文物，在我国商代晚期的墓葬中就发掘出有大量的铅器，如铅罐、铅爵、铅戈等，铸造精美细致，且铅的纯度很高，可达 99%，说明当时对铅的认识和冶炼已具有相当高的水平。由于后来人们在生活实践中逐步发现和认识了铅的毒性，因而铅器的应用范围逐渐缩小，后来的铅器一般只作为明器或流通货币，不再作为生活用具。

在考古发掘出土的文物中，也有许多名贵的锡铅器。1954 年在河南洛阳出土了一组铅质礼器，有鼎、尊、瓢、爵等共 8 件，据考证是西周制品，制作精美，器型复杂，纹饰多样；1987 年 4 月在法门寺地宫出土的迎真身银金花十二环锡杖，是我国出土锡器的典型代表。该锡杖形体长大，浇铸、钣金成型，纹饰鎏金，鱼子纹地，雍容华贵，制作精绝。

一、锡铅的理化性质

（一）锡的理化性质

自然界中没有游离态的锡存在，锡主要是以氧化物矿石——锡石矿（SnO_2）的状态存在。由于锡的熔点（231℃）比铜（1083℃）低得多，所以用木炭从锡石中冶炼出锡比冶炼铜更为容易。因此，我国古代在学会冶炼铜的同时，就已经掌握了炼锡的技术。

1. 锡的物理性质

游离状态的锡是灰白色的柔软金属，比重为 6.8 ~ 7.1，具有很显著的晶体构造。通常条件下锡有两种变体：白锡和灰锡。

白锡在 13.2℃以上是稳定的，在 13.2℃以下，白锡就变成灰锡。白锡转变为灰锡的过程，人们称为"锡疫"。温度越低，转变越快。灰锡的密度远小于白锡，呈现为极细的粉末。

锡是最软的金属之一，锡的可塑性比铜、金、银都小，但是仍然可以制成锡箔，拉成细丝却相当困难。

2. 锡的化学性质

（1）锡的氧化

锡在普通条件下很稳定，不与水反应，在空气中也不被氧化。单质锡在常温、潮湿空气和有水的条件下被氧化成灰白色的 SnO_2，氧化速度很慢。

（2）锡与酸的作用

单质锡在稀盐酸中溶解很缓慢，但浓盐酸容易溶解锡，并释放出氢气。

王水可以溶解锡，反应生成氯化锡。

古代的锡器一般都是锡与其他金属的合金，如铜、铁、铅等。

（二）铅的理化性质

如同锡一样，自然界中没有游离态的铅存在，铅主要是以各种形态的化合物存在。铅的最主要矿石是铅矿石（PbS，又叫方铅矿），铅金属熔点低（327℃），将铅矿石放在柴堆上烧烤，熔化的液态铅冷却后就能形成一块宽而薄的铅板。

1. 铅的物理性质

铅是淡青白色的重金属，比重为 11.3，质地柔软，易于切割。铅的机械性能不是很好，但却有特别大的可塑性。铅块即使经受相当小的压力彼此也能牢固地结合起来。铅的延展性很小，几乎不可能将铅拉成细丝。

2. 铅的化学性质

（1）铅的氧化

浸没在水中的铅很少被腐蚀，但是在潮湿的空气中，铅却很容易被破坏，和水发生反应生成氢氧化铅 $\left[Pb(OH)_2\right]$。

$Pb(OH)_2$ 不稳定，在潮湿的地下 $Pb(OH)_2$ 与 CO_2、O_2 继续反应，生成白色粉状的

碱式碳酸铅 $[PbCO_3 \cdot Pb(OH)_2]$，$PbCO_3 \cdot Pb(OH)_2$ 在潮湿的空气中经光氧化分解，生成棕褐色的 PbO_2。

（2）铅与酸的作用

铅一旦与酸接触后，在表面立即形成一层盐膜防止继续腐蚀。

由于硫酸铅不溶于稀硫酸，故反应立即停止。因此，硫酸铅形成的膜对铅器具有很好的保护作用。

铅和盐酸反应后在铅的表面形成氯化铅保护膜。

在春秋战国时期，人们曾用铅熔铸成生活用品，很少用来制造饮食器，说明在长期的生活积累中，人们已经发现铅与铅的化合物都有不同程度的毒性。因为铅是重金属，人体即使摄入小剂量的铅也无法排出，长期积累体内导致铅中毒。

二、锡铅器文物的保护技术

（一）锡器的腐蚀和保护

1. 锡器的腐蚀

（1）"锡疫"现象

许多古代有历史文化价值的锡器没有保存下来，据研究，其主要原因是发生"锡疫"。用于制造锡器的白锡对温度非常敏感，当温度低于13.2℃时会逐渐发生相变，缓慢变成性质非常脆弱的灰锡，锡由银白色变为灰色，器物的体积增大，外貌发生变形，机械性能下降，易发生一定的散碎，最后变成粉末状。因此，锡器在保存时，温度绝不能低于18℃，以防发生"锡疫"现象。

在锡中附加0.5%的铋（Bi）可以防止"锡疫"。

（2）锡的腐蚀物

出土的锡器，由于长期埋于潮湿地下，锡器表面一般会失去光泽，生成一层粗粒状、暗灰色的氧化亚锡（SnO）。如果继续腐蚀，则进一步转化为白色的氧化锡（SnO_2）。锡器内有铜成分的文物，其锈层上还会带有绿色（碱式碳酸铜、碱式氯化铜）和红色（氧化亚铜）的铜锈。

2. 锡器的保护

（1）还原法

对于轻微锈蚀的锡器可采用电化学还原法或者电解还原法进行处理，常用NaOH作为电解质溶液，Zn、Pb或Mg作为阳极。

当器物上有铭文或纹饰时，处理要极为慎重，不宜采用电化学还原法，而是用Zn粉、NaOH进行局部还原法处理。

对于"锡疫"现象严重的锡器，先要在热水中处理1小时左右，再进行还原法处理。

（2）嵌埋法

长期埋藏在地下的合金锡器会受到盐类局部的腐蚀，器物的表面出现肿胀的锈蚀物。锈蚀物如果呈硬皮状，说明锡器还处在相对稳定的时期，此时锈蚀物不宜剔除。

脆弱的锡制品可以使用嵌埋法保存，即将锡器嵌埋在透明的塑料颗粒中保存，或者嵌埋在甲基丙烯酸酯类的树脂里，以隔绝空气中的有害成分。如果锡器需要取出时，可将器物浸泡在四氯化碳（CCl_4）有机溶剂中，将树脂逐渐溶胀除去。

（3）密闭法

锡器性质柔软，要尽量避免机械碰撞或挤压，一般需要放在特别的布套或盒子里。

（二）铅器的腐蚀和保护

1. 铅器的腐蚀

铅器在潮湿空气中表面很快氧化，形成一层氧化膜。

铅的氧化物形成的膜是致密的，可以防止铅器继续被氧化，具有一定的保护作用。而出土的铅器，长时间受到各种盐类、地下水中的 O_2 和 CO_2 等的腐蚀，形成一层白色锈壳 $[PbCO_3 \cdot Pb(OH)_2]$。由于锈壳的自身膨胀而影响器物的原貌，应当除去。

铅器还容易受有机酸（如乙酸、鞣酸等）和油脂等物质的污染而产生腐蚀现象。

2. 铅器的保护

（1）$HCl—CH_3COONH_4$ 除铅锈

先将器物浸泡在 50 倍于自身体积的 1.2 mol/L 的稀盐酸中，直到不再有气泡出现为止。将器物取出，滤干酸液，用大量的煮沸蒸馏水清洗除酸，反复洗涤三次。然后再将器物浸泡在 25 倍于自身体积的 1.2 mol/L 的乙酸铵中，直至铅器表面无锈蚀物为止，用大量的蒸馏水清洗残存的溶液。最后在常温下阴干，也可浸于酒精或丙酮后晾干。

（2）离子交换树脂除锈

一些小型的铅币、铅章等文物，可与离子交换树脂放在一起，互相接触，并浸泡在温热的蒸馏水中，更换多次树脂后，铅锈消失，铅本体不受任何影响。

（3）封护

对一些有文物价值的铅器可浸泡在石蜡溶液中，进行表面封护。

（4）密闭保存

铅器应保存在密闭的盒子或封套中，减少与 O_2、水蒸气、灰尘、有机酸、油脂、空气污染物等接触。脆弱的铅器也可以使用嵌埋法保存，效果很好。

铅器不能放在橡木制的橱柜或抽屉中，因为橡木能分泌出鞣酸腐蚀铅器，应选用其他木材。

第七章 纸质文物保护技术

第一节 纸质文物的结构和化学组成

中国是纸的发源地。造纸术和印刷术及火药、指南针是我国闻名于世的四大发明，在推动中国和全世界文明的发展中起到了巨大的作用。就其社会影响而言，恐怕任何其他古代发明都不能与之相比，可以说这是震撼世界的四大发明，将世界历史引入新的时代。对于造纸术和印刷术及火药、指南针发明的力量、效能和后果，英国17世纪著名哲学家培根在《新工具》一书中曾有这样一番著名的经典评价：已经改变了整个世界的面貌和事物的状态，第一种发明表现在学术方面，第二种表现在战争方面，第三种在航海方面。从这里又引起无数的变化，以致任何帝国、任何宗教、任何名人在人类事务方面似乎都不及这些技术发明更有力量和影响。

20世纪英国历史学家韦尔斯在其《世界史纲》中专门设了"纸是怎样解放了人类的思想的"一节，并指出：印本书的出现，在文艺复兴时代的欧洲刺激了自由讨论的发展，阅读的知识迅速传播，群众中读书的人数增加。欧洲文学的真正历史由此开始，各国形成标准民族语言作为文献用语，代替各地方言，它们像希腊文、拉丁文那样能负担哲学上的讨论。

纸的发明是我国劳动人民智慧的结晶和创造，在纸张出现以前，人类文化的记录和传播都是十分局限和困难的，纸张作为文字的主要载体材料，其统治地位至今不衰。有人评价说，"纸有纸草之便而不易破裂，有竹木之廉而体积不大，有缣帛羊皮之软而无其贵，有金石之久而无其笨重，白纸黑字一目了然"。由此可见，纸张作为义字载体的优越性。中国古代造纸技术的出现是图文载体划时代的革命，为人类文明做出了卓越的贡献，并留下了无数珍贵的纸质文物。

自西汉以来，各地遗留和保存了大量的纸质历史文献资料和图书档案等。世界上最早的植物纤维纸即中国古代西汉的陕西灞桥纸、甘肃金关纸、新疆罗布淖尔纸和陕西中颜纸，均不晚于汉宣帝时期，主要用于包装；而东汉的甘肃旱滩坡纸已有字迹可见，从西晋始，中国的纸张开始盛行。迄今发现的早期纸质文物，有汉代的古纸残片、魏晋的纸质文书、唐代为主的敦煌遗书、北宋江苏宜兴经卷册、明代九华山的血经等。千余年来留存下来的数量浩繁的书画作品也是纸质文物中的瑰宝。

纸质文物对于研究人类社会的进步和科学技术的发展有着十分重要的价值。随着岁月的流逝，其数量不断减少，即使有"纸寿千年"美名的绝佳质纸，也会由于种种原因受损，如发黄、变脆、虫蛀、撕裂、磨损等，因而对纸质文物保护刻不容缓。

纸质文物一般是指以纸张为载体材料的图书、法书、绘画、档案、文献、经卷、碑帖等形式的历史遗存物，是图书馆、档案馆和博物馆的主要收藏品。

一、古代纸张及造纸工艺

（一）纸的概念及构成要素

1. 纸的概念

什么是纸？不同的著作和不同的人有不同的定义。例如，1951年版《大苏维埃百科全书》中认为"纸是基本上用特殊加工、主要由植物纤维层组成的纤维物，这些植物纤维加工时靠纤维间产生的联结力而相互交结"。1963年版《美国百科全书》中将纸理解为"从水悬浮液中捞在帘上形成由植物纤维交结成毡的薄片"。1966年版《韦氏大词典》中则认为"纸是由破布、木浆及其他材料制成的薄片，用于书写、印刷、糊墙和包装之物"。1979年版中国《辞海》对纸的定义是"用以书写、印刷、绘画或包装等的片状纤维制品。一般由经过制浆处理的植物纤维的水悬浮液在网上交错组合，初步脱水，再经压榨、烘干而成"。上述各种著作虽然说法不同，但归纳起来，仍有共同之处，最主要的是指出纸必须由植物纤维制成薄片状。因仅凭此还不能将纸与其他物质相区别，故还要对纸的定义作附加的规定，有的在定义中概括了纸的形成过程，有的补充了纸的用途。这样，才能将纸与其他物质区别开来。

本书采用研究我国古代造纸科学技术的著名专家潘吉星先生对纸的定义：传统上所谓的纸，是指植物纤维原料经机械、化学作用制成纯度较大的分散纤维，与水配成浆液，使浆液经多孔模具帘滤去水，纤维在帘的表面形成湿的薄层，干燥后形成具有一定强度的由纤维素靠氢键缔合而交织成的片状物，用作书写、印刷和包装等用途的材料。此定义虽然文字较多，却将构成纸这一概念的各种因素都考虑在内了。若要更简洁些，可以简化为：纸是植物纤维经物理—化学作用所提纯与分散，其浆液在多孔模具帘上滤水并形成湿纤维层，干燥后交织成的薄片状材料。

在此定义中有两点需要特别加以强调：一是造纸是机械过程和化学过程的结合；二是纸是纤维素大分子靠氢键缔合交织而成，也就是说，纤维间产生的联结力不是物理学上的力，而是化学力，且这种联结可用化学结构式表示。

2. 纸的构成要素

由上述纸的概念可以看出，要成为传统意义上的纸，须具备以下四个要素：①原料：必须是植物纤维，而非动物纤维、无机纤维或人造纤维，用植物纤维以外原料所制成的纸，不是传统意义上的纸。②制造过程：植物纤维原料经化学提纯、机械分散、成浆、抄造及干燥定型等工序处理而成者为纸，未经这些工序，用另外途径而成者，也不是传统意义上的纸。③外观形态：表面平整，体质柔韧，基本由分散纤维按不规则方向交织而成，整体呈薄片状。④用途：书写、印刷及包装等。只有同时满足这些条件的，才能称为纸，否则，不是传统意义上的纸。

3.我国最早的西汉纸张

考古发掘证明，我国早在西汉时期就已经有以植物纤维为原料制造加工的纸张出现。其中，著名的罗布淖尔西汉麻纸、居延查科尔帖有字麻纸、灞桥纸、金关纸。

（二）我国造纸技术的发展

考虑到我国造纸技术史自身发展的阶段性和社会历史进程的自身特征，可以将我国造纸技术的发展历史划分为四个阶段。

1.造纸术的兴起阶段

造纸术的兴起阶段为公元前3—3世纪，相当于两汉时期（公元前206—220年），这个阶段还可再进一步分为西汉（公元前206—24年）和东汉（25—220）两个时期。20世纪我国考古出土了大量的西汉的古纸，专家们经过对1957—1979年出土西汉纸的反复而认真的分析化验，确认这些纸都是由破布原料经过切、蒸、捣、抄等造纸工序制造出来的，纸的物理结构和技术指标均符合手工纸要求，都是真正的植物纤维纸。只是纸较欠佳，纤维细胞未遭强力破坏，帚化程度不高，但仍不失为早期的纸；其他如金关纸、中颜纸和马圈湾纸都是相当好的纸，分丝帚化现象明显。因此，公元前2世纪的西汉初期已经有了适于作书写和包装用途的植物纤维纸，这已成了学术界的公论，也就是说，最迟到汉初"文景之治"时造纸术已经开始起源。

历经200多年的稳步积累，东汉时期的造纸术在西汉的基础上有较大发展，特别是蔡伦对造纸术的改进做出了历史性的贡献，以致一段时间以来有蔡伦发明了造纸术一说。

2.造纸术的发展阶段

造纸术的发展阶段为3—10世纪，相当于魏晋南北朝及隋唐五代时期（220—960），又可再分为魏晋南北朝和隋唐五代两个时期。在魏晋南北朝时期，整个造纸生产技术体系基本定型，其造纸技术与汉代相比，无论在产量、质量或加工方面，都有明显的提高，并完成了许多启发后世的创新。在隋唐五代时期，造纸业得到全方位的新发展，超过以前任何时期。

3.造纸术的成熟阶段

造纸术的成熟阶段10—14世纪，相当于宋元时期（960—1368），在全面继承前一阶段成就的基础上，造纸生产技术体系趋于成熟。出现了高效制浆造纸技术、长达三丈有余的巨幅匹纸，以及论述纸的制造技术和对各种纸作品评的专门著作。

4.造纸术的集大成阶段

造纸术的集大成阶段为 14—20 世纪，相当于明清时期（1368—1911），此时传统造纸技术进入总结性发展阶段，表现为造纸原料、技术设备和加工工艺等方面都集历史上之大成；纸的产量、质量、产地和用途都超过前代。自 19 世纪起，西方用机器造纸的技术和设备及其机制纸传入我国，虽然手工纸仍在全国占据主导地位，但乾隆以后手工纸便日趋没落，1930 年以后，手工纸为机制纸所取代。

（三）古代造纸的工艺流程

我国古代造纸均为手工造纸，造纸的原料主要是麻、树皮和竹等植物纤维。2000 余年的手工造纸方法，经过人们不断改进提高，已经形成了一整套的操作工艺。由于采用的原料和条件要求不同以及随着时代的发展，造纸工艺越来越精，造纸过程会有所差别，但生产工艺流程基本如下：

选料→浸泡→发酵→蒸煮→洗浆→堆晒→碾浆→抄帘→压榨→焙干→成纸。

制造优质的手工纸必须具备以下五个要素。

1.选择合适的原料

选用纤维较长、拉力强、有利于交织的优质麻、竹、树皮等原料，除去根、梢、叶、穗和杂草等杂质。选料要根据季节时令。

2.将原料初步解离成造纸纤维

把原料投入清水池中浸泡数天。浸泡过程中，水中的微生物分解植物纤维中的胶质，从而达到脱胶的目的，并使其中的水溶性物质溶出。捞起后蘸石灰乳露天堆置发酵，进一步去除果胶、色素等。发酵后的原料放入倒扣在一口大铁锅上的木桶内，和石灰（或草木灰、碱）一起蒸煮。蒸煮后的原料在水池中反复清洗，把残灰、残渣、残碱等去除，在向阳的空地上摊开，通过日晒雨淋来自然漂白。通过这样的过程，造出的纸为中性偏碱，纯度较高，原料纤维损害较小。

3.纸张纤维经捶捣后进一步细化和帚化

漂白后的浆料用石碾或杵反复捶打，纸张纤维在水中进一步解离而细化和帚化，然后加入杨桃藤等植物胶质，用木棒搅拌。通过这样的过程，纤维较均匀。

4.纤维均匀交织

纸张纤维均匀分散在水中，即可用竹帘抄纸。手工抄作技艺好，纤维能在纵横方向均匀交织，有利于提高纸张强度。

5.纸页干燥

抄起的湿纸反扣在潮湿的细白布上，待重叠近千张，以杠杆重力压榨，挤去多余水分而成湿纸饼。将湿纸饼一张张揭起，用毛刷轻刷到火墙（焙坑）上干燥即可得到平整的纸张。

手工造纸的生产周期长，劳动强度较大，工具设备简单，生产数量有限，但长期积累的抄纸工艺技术使植物纤维在纵横方向均匀交织、杂质少，能较好地满足书写、绘画等需要。

陕西省西安市长安区北张村有我国目前唯一现存的汉代手工纸作坊遗址，曾出土造纸器物，如纸槽、捣纸浆的石皿、踏压穰的杠杆、石碓等。

二、古代手工纸

（一）古代传统造纸原料

古代传统的造纸原料取自植物纤维，大致可分为以下两大类：①韧皮纤维，存在于植物的韧皮部，又可进一步细分为草本和木本两种。草本如大麻、芒麻等各种麻类，多为一年生植物；木本如楮、桑、藤、青檀等，多为多年生植物。②茎秆纤维，多属单子叶植物，由于其维管束（纤维与导管结合而成的束状组织）散生于基本组织中，不易用机械方法将纤维束分离，因此造纸时一般用其茎秆的全部。还可进一步细分为一年生及多年生两种。前者如稻草、麦秆、玉米秆等；后者如竹类、芦苇等。

不同的原料，其纤维长、宽度不同，所造出的纸的质量也存在较大差异。通常是长纤维比短纤维好，细而长的纤维更好，即纤维的长宽比越大越好，这是因为，在造纸过程中，纤维必须经打浆而被断开，长纤维裂断后仍有足够长度，且两端分丝帚化，成纸时组织紧密，纸的拉力强度大；同时，细长纤维的比表面大，相互之间交缠效果好。而短纤维在这两点上与长纤维相比，均存在差距，故成纸的拉力强度相对较小。

（二）古代手工纸主要类型

1. 麻纸

麻纸是出现最早的手工纸，以麻类为造纸原料，如大麻、亚麻、芒麻等。麻类是植物纤维最长的一种造纸原料，长达 120～180 mm，其纤维的处理和分离都很容易。由于新麻的成本高和质地粗糙，古代造纸多用麻类的废弃物，如旧麻绳、麻袋片、麻头、旧渔网和破麻布等。

汉晋时期的麻纸质地较为粗糙，唐代的麻纸主要用来书写字帖、经文等，明代以后就很少以麻为造纸原料。

明代著名书画家董其昌的书法作品册《明董其昌字册》所用纸为"白色麻纸，质地粗厚坚硬，不易卷折，纤维毕现，润而无纹，白如春云，为粗制贡麻"。

最为著名的传世麻纸文物有敦煌文书。敦煌文书始于东晋，终于北宋，内容包括 4—10 世纪的佛经、经、史、子、集、公私文书、契约等，是古代敦煌人留下的具有百科全书意义的文化遗产。1907 年 3 月，瑞典人斯坦因一次运走 29 箱，完整无缺的多达 3000 卷，都是卷叠圆筒，为很平软的黄色卷纸，外裹丝织品。至今珍藏在大英图书馆的"沙洲敦煌县悬泉乡宜禾里大历四年（769 年）手实"，是我国至今最早的纸质档案。20 世纪初，英、法、日、俄帝国主义也相继盗走许多敦煌文书，至今尚未归还。

2. 皮纸

皮纸的主要原料是从少数几种树种的嫩树枝或茎秆上剥离下来的内表皮，属于韧皮纤维类。其纤维很长，仅次于麻纤维。古代造纸采用的韧皮纤维有檀皮、楮皮（构皮）、桑皮、藤皮等。

宣纸在我国历史悠久，源远流长，自 1886 年以来，宣纸在国内外多次获奖。宣纸即以青檀树皮为主要原料，青檀纤维上的折皱紧密、吸墨性好，最适于书法和绘画之用。古代宣纸比一般手工纸生产要细致得多，生产周期大约 300 天，为古代手工纸中的佳品。

3. 竹纸

竹纸以多年生禾本科植物嫩竹为原料制造，颜色多呈黄色，又称"黄纸"。竹纤维细长，平均长度为 1.5 ~ 2.0 mm，较为柔顺，滤水性好，适合用来造纸。在唐末宋初开始试造，到了明清时期大量生产并广泛使用，主要为印刷书籍和文书书写而用。

至今流传于世的纸质文物一般保管良好，最为多见的是古代书籍和经卷，以及明清宫廷保存的大量皇家档案。

唐代抄写佛经的藏经纸，主要原料是棉、麻，颜色似浓茶水，较粗糙。

宋、元刻本多用黄竹纸或白麻纸，有厚薄之分，纹罗约两指宽。

明代洪武至弘治的早期刻本，多以棉纸或皮纸为主，竹纸为次；正德至嘉靖中期，多用白棉纸、竹纸，皮纸为次；万历后刻本多用黄色竹纸。

清初至康熙、雍正的刻本，基本上用竹纸。乾隆时期，又出现了连史纸。宫廷内武英殿聚珍版印的书籍多用太史连纸，这是清宫定制之纸。道光后基本上用黄纸或油印纸等低劣纸张。

三、纸张原料的结构与化学成分

（一）植物纤维细胞的结构

1. 植物纤维细胞形态

造纸植物原料内有一种两头尖、中间空、细而长、细胞壁厚的死细胞，这类细胞呈纺锤状，富有挠曲性和柔韧性，彼此有很强的交织结合力。一个细胞就是一根植物纤维。

2. 植物纤维细胞壁结构

植物纤维的细胞壁有一定厚度，分为初生壁、次生壁（外、中、内三层）。两个相邻纤维细胞之间的细胞间隙质，称为胞间层。胞间层把各个相邻细胞连接起来，使植物有一定机械强度，胞间层与初生壁在一起合称复合胞间层。

不同种类的造纸纤维原料，其纤维的长度、宽度、细胞壁厚度均不相同。一般来说，长宽比越大，对纸张强度越产生有利的影响；越是壁薄腔大的纤维细胞，越富有柔韧性和弹性，相互之间交织越好，造出的纸强度越大。

（二）植物纤维细胞壁化学成分

无论何种原料的植物纤维，其细胞壁的主要化学成分都是纤维素、半纤维素和木质素。纤维素和半纤维素主要在次生壁的中层和内层，木质素主要在复合胞间层和次生壁外层。

古代手工纸制造过程中，选料后用净水浸泡就能去除少量杂质成分，如果胶、灰分和无机盐等，用弱碱液蒸煮、洗浆可使大多数木质素去除，将纤维素和半纤维素成分解离出来。从出土的古代手工纸分析来看，非植物纤维细胞（杂细胞）的比例很小。

1. 纤维素

纤维素是由若干个 β—葡萄糖脱水聚合形成的直链高分子化合物，在聚合过程中，前一个葡萄糖分子 C_1 上的羟（—OH）和后一个葡萄糖分子 C_4 上的羟基（—OH）脱去一个分子的 H_2O，并以 1，4—β 成键（氧桥—O—）构成分子链。纤维素的分子式为（$C_6H_{10}O_5$）N，其中—$C_6H_{10}O_5$—为葡萄糖基，N 为聚合度，N 表示纤维素分子长度。N 越大，直链分子越长，纤维强度越大。

当纤维素分子间成千上万个羟基靠得很近（0.24～0.27 nm）时，一个纤维素分子链上羟基（—OH）中的 H 原子与另一个纤维素分子链上羟基（—OH）的 H 原子互相吸引形成氢键。分子链越长，氢键结合越多，键能总和越大，纸张强度也越大。

由于氢键的作用，若干个纤维素分子排列整齐有序，相互靠得很近，形成的结晶状态区域称为结晶区。结晶区内有害物质和水分难以侵入，纤维素分子不易产生有害反应，有利于提高纸张寿命。

2. 半纤维素

半纤维素与纤维素共生于植物纤维细胞壁中（主要在次生壁的中、内层）。半纤维素是由木糖、阿拉伯糖、甘露糖、葡萄糖等非均一单糖脱水聚合形成的高分子化合物。由于半纤维素分子聚合度小，且带有支链，造成分子间间隙大，分子间难以形成大量氢键，故耐久性和稳定性都较差，表现为容易发生水解反应、容易吸水润胀。半纤维素含量过多引起纸张发脆。但纸浆中含有适量的半纤维素，既有利于纤维纵向分细，便于打浆，又能保护纤维，使之不易被横向切断，从而提高纸张的机械强度。

3. 木质素

木质素也是由碳、氢、氧组成的高分子化合物，但分子结构很复杂。总体来看，它是一种以苯丙烷为结构单元，具有网状的空间立体结构的高分子化合物，分子结构上存在许多活泼基团，如—OH、—CH_3O、—CHO、—COOH、—C=C—等。因此，木质素的稳定性非常差，容易氧化，尤其在光照条件下，氧化更快，从而使纸张发黄变脆。

第二节 纸质文物的损毁机理

一、古代纸质文物耐久性好的内因

（一）古代手工纸的耐久性

纸张耐久性就是纸张在保存和使用过程中，抵抗外界理化因素的损坏和维持原来理化性质的能力。造纸植物原料的种类、植物纤维的化学成分和生产加工工艺是影响纸张耐久性的三大主要因素。

从古代造纸的生产过程来看，其原料和生产工艺有利于纸张的耐久性。

第一，造纸原料的质量好。

古代造纸的原料主要是麻、树皮和竹，其中麻和树皮的纤维长，纤维素含量高，木素含量低，杂细胞极少。

第二，生产过程处理缓和。

生产过程中造纸原料仅仅和石灰、草木灰等弱碱一起蒸煮，对纤维素损害较小，并且纸张呈弱碱性，有利于长久保存。

第三，使用流动水。

古代生产纸张使用的水通常为清洁的天然纯净水，水质好，无污染、无金属离子。

第四，生产工具多为竹、木制品，避免了金属离子的危害。

第五，长期积累的手工抄造工艺使纸张纤维在纵横方向交织均匀。

（二）字迹耐久性

1. 色素成分的耐久性

从汉代直至清末，我国纸质文物的书写方式均以毛笔蘸墨为主。古代制墨工艺讲究，以原料不同可分为松烟、桐烟、漆烟和墨灰四种，尤以桐烟墨和漆烟墨为佳品。桐烟墨写成的字迹黑而有光泽，不易脱落；漆烟墨是燃烧桐油和一定数量的漆而制成的，其字迹也较稳定。尤以安徽皖南的胡开文、曹素功等作坊生产的徽墨为上品。

墨的主要成分是炭黑，属于"乱层石墨"型晶体结构，晶体能量低，理化性质稳定，表现为不溶于水、油和一般有机溶剂；耐热、耐酸碱，不容易与其他物质起反应；耐光性好而不褪色，能吸收各种波长的可见光而呈黑色。

古代印刷油墨的色素成分也是炭黑。其特点是黑度高、吸油量低、化学性质稳定。

2. 色素成分与纸张结合的耐久性

当字迹材料转移到纸张上时，干燥后会在纸张的表面结成一层薄膜，通过这层薄膜把字迹色素成分固定在纸张上的方式，称为结膜方式。这种结合方式是各种结合方式中最耐久的。

古代字迹色素成分与纸张的结合方式为结膜方式，优质块墨成分比例为"三碳二胶"，墨中的皮胶、骨胶的结膜是由于水分蒸发后，胶粒彼此紧密接触，分子间相互渗透扩散，紧密黏合在一起而形成牢固的薄膜，这种牢固的薄膜能将炭黑颗粒牢固地吸附在纸张载体上。油墨内含植物干性调墨油（如菌麻油、苏子油等）成分，其结膜是因分子内含较多的不饱和脂肪酸，在空气中均匀吸收氧气而形成的膜。这种物质成膜能力强，与纸张纤维的黏附能力也强，形成的结膜耐摩擦，不易扩散。

从承受信息内容的载体材料——手工纸和反映信息内容的记录材料——墨迹来分析，其化学成分是稳定的，制作工艺是精良的，因而古代纸质文物的耐久性较好。

二、纸张老化

尽管古代纸张的耐久性较好，但在文物保管和利用过程中，随着时间的推移，纸张的外观、结构和理化性质等方面仍然会逐渐发生不可逆的变化，称为纸张损坏或老化。纸张老化具体表现为变色泛黄、发脆强度下降和化学性质改变三个方面。引起纸张老化的原因错综复杂，往往是多种外界自然因素和纸张自身某些因素综合作用的结果。

纸质老化是纸质文物保存过程中常见的现象，也是必然的趋势。由于纸质老化，给文物保存造成巨大的损失，因而世界各国对纸张老化都进行了大量的研究。

1995 年，宁波天一阁博物院对馆藏所有善本书进行全面清查时发现，善本书共计30615 册，其中虫蛀的有 6491 册，发生水渍、霉变、粘连、焦脆和破碎残缺现象的有 1303 册，断线或无封面、副页的有 1902 册，合计破损书共 9696 册，约占总数的三分之一。

（一）纸张文物损毁的内在因素

纸质文物损毁的内在因素是其载体材料——纸张的主要成分发生化学变化。

1.纤维素水解

纤维素水解反应是纤维素分子在一定条件下，加水发生反应，β—葡萄糖 1，4 苷键断裂，水分子加入，生成比原来纤维素分子链短的一群物质，即水解纤维素的过程。

纤维素水解反应的结果是纸张纤维素分子聚合度下降，分子间范德华力和氢键作用力减小，纸张机械强度下降，耐久性受损。

影响纤维素水解的因素有水分（空气湿度或纸张含水量）、酸的催化能力与种类、微生物分泌的胞外酶、温度、纤维的种类等。

2.纤维素氧化

纤维素氧化就是纤维素分子在一定条件下，分子内的—OH 被氧化成为—CHO、—CO、—COOH 等，生成与原来纤维素结构不同的氧化纤维素的过程。

纤维素氧化反应的结果是纸张发黄变脆，随着—OH 氧化，—葡萄糖 1，4 苷键容易断裂，聚合度下降，葡萄糖基进一步氧化生成乙醛酸、甘油酸、草酸等小分子物质，纸张耐久性受损。

影响纤维素氧化的因素有氧化剂的种类与数量、光、水分（空气湿度或纸张含水量）、温度等。

3. 半纤维素的水解和氧化

与纤维素分子相比，半纤维素分子聚合度小，有支链，分子间隙大，结晶区比例小，游离的—OH 多，具有较高的吸湿性和较好的润胀性，更容易发生水解和氧化反应。

4. 木质素氧化

木质素分子中的每个苯丙烷上都有许多活泼基团，反应能力很强，化学性质极不稳定。木质素分子中含有发色基团，常常呈黄褐色，木质素还能与某些物质作用，生成新的发色基团，形成特有的颜色反应。因此，木质素含量高的纸张容易被空气中的氧气氧化，降解成大量低分子化合物。氧化木质素又黄又脆。

（二）纸质文物损毁的外在因素

1. 温度的危害

温度是物质分子、原子无规则运动的宏观表现，是用来衡量物体冷热程度的状态参数。

（1）高温的危害

在高温条件下，各种有害化学物质对纸张产生破坏作用，且温度越高，化学反应速度越快，破坏性越强，纸张老化速度加速。研究表明，在 38 ~ 98℃范围内，每升高 15℃，纸张老化速度平均增加到原来的 4.8 倍，相当于每升高 10℃，老化速度就增加 1.8 倍。

（2）低温的危害

外界温度低于结冰温度时，纸张中含有的游离水会结冰导致氢键结合力减弱，纸张内部结构遭到破坏，强度下降。

2. 湿度的危害

手工纸内纤维交织均匀，但有一定的空隙，当外界相对湿度较大时，纸张吸水，就有可能发生有害化学反应。此外，纸张受潮后，纸张四边吸潮较快而伸长，中间部位仍保持原来含水量而尺寸基本不变，会形成"波浪边"；当环境湿度降低时，纸张四边缩水较快而紧缩，中间部位尺寸基本不变，会形成"紧边"，纸张就会柔性下降，发硬发脆。因此，纸张过于潮湿或过于干燥都会影响纸张的机械强度和耐久性。

3. 光的危害

光具有一定的能量，能与物质材料之间发生能量传递，改变物质内部能级与能量，引起物质结构与性能的变化。光对纸张的破坏是十分显著而严重的，如亚麻、大麻纤维在阳光下照射 100 小时强度就降低了一半。

光对纸张的危害主要有以下三种方式。

（1）光辐射热

光向外辐射时会产生热效应，形成高温，对纸张造成危害。

（2）光氧化反应

在空气中，当光照射在纸上时，纤维素分子活化，发生氧化反应。

O_3、[O]氧化能力很强，能使纤维素和半纤维素氧化降解，聚合度下降，木质素就更容易氧化。

（3）光降解

当纸张吸收并积累光能达到化学键的解离能时，就会造成某些化学键的断裂。纸张内含有大量的O—H、C—H、C—O、C—C，其吸收高峰都在紫外光波长范围内，因而紫外光对纸张的破坏最为严重。

4. 霉菌的危害

霉菌是丝状真菌的总称，霉菌对纸张的危害主要表现在以下三个方面。

（1）降解纸张化学成分

霉菌新陈代谢中分泌的各种胞外酶能将纸张上含有的纤维素、半纤维素、木质素、骨胶、皮胶、蛋白质、淀粉浆糊等降解成小分子的、溶于水的、能被其细胞膜直接吸收的营养成分，纸张纤维结构遭到彻底破坏。

（2）增加纸张酸度

霉菌在代谢过程中产生多种有机酸，如草酸、乳酸、甲酸、乙酸、丁酸、柠檬酸和琥珀酸等。酸作为催化剂可加速纸张的水解反应，导致纤维素和半纤维素聚合度下降，强度降低。

（3）污染纸张

霉菌的孢子一般带有较深的颜色，有些菌类还分泌各种色素，在纸张上面留下黄、绿、青、褐、黑等色斑。色斑影响了文物的原貌，严重时遮盖字迹或图像。

5. 害虫的危害

危害纸张的害虫种类繁多，导致纸张千疮百孔、污迹斑斑、缺边少角、残缺不全等，如对纸张危害最为严重的害虫有书蠹、竹蠹、药材甲、书虱、毛衣鱼等。

6. 有害气体的危害

有害气体主要源于污染的空气，其中SO_2、H_2S、NO_x、Cl_2为酸性有害气体，O_3、NO_x、Cl_2是氧化性有害气体，均为纸张化学反应的危害因素。

（三）书砖形成的机理

1. 书砖的概念

纸质文物保存多年后，由于各种因素的影响，部分纸张发生粘连，严重的粘接成块，像砖头一样很难分离，称为纸砖或书砖。

2. 书砖形成的原因

①纸张是由植物纤维交织形成的片状物，其化学成分结构中含有许多—OH，能与水结合，纤维具有亲水性。此外，纤维在交织过程中形成许多毛细孔，能吸附空气中的水分，纸张具有吸湿性，当空气湿度较大时，纸张含水量大，纤维润胀，重量增加，纸张发生层降而使纸层逐渐闭合。

②造纸过程中，为改善纸张抗水性而施胶，古代纸张主要用羊桃藤等植物胶，在高温、高压、高湿条件下，容易发生纸张粘连。

③古代纸张上的书写材料是墨。墨迹中含有相当量的皮胶、骨胶，其作用是使字迹干燥后结膜，但在热和湿的共同作用下，胶能溶化而使纸张粘连。古代印刷油墨中，也含有胶性的黏合剂，在一定条件下，也能使纸张粘连。

④在长期无人翻动的书籍和档案上，积沉着大量黏土和灰尘。此外，灰尘中浮有霉菌孢子、细菌和放线菌。有些微生物在代谢过程中，分泌黏液、蛋白质、果胶、果糖等，纸张潮湿时，也会发生粘连。

在书砖的众多成因中，黏结物起到了重要的作用。如果这些纸质文物放在热湿环境中，长期无人借阅，纸纤维具有湿胀干缩现象，中间缝隙越来越小，书砖越结越紧。

第三节 纸质文物的保护和修复

一、我国传统的纸质文物保护

我国是一个历史悠久的文明古国，纸质文物十分丰富。先辈们为了使其世代长存，延绵千古，创造了许多保护纸质文物的有效方法，积累了相当丰富的经验，并形成了一定的体系。

（一）库房建筑

古代典籍收藏非常重视其建筑的选址、设计和建造，对于防热、防潮、防光、防霉、防火、防盗等，在构建时都采取了相应的措施。

1. 著名的书库

著名的宁波藏书楼天一阁，距今已有430多年的历史，占地面积8860平方米，是一座一排六开间的两层砖木结构楼房，坐北朝南，有利于防止阳光直接射入库内；前后开窗，便于通风、降温、降湿，保持库内空气清洁；前有一水池，可备防火之用。

承德避暑山庄的文津阁，建于乾隆时期，屋顶为歇山式，中间有腰檐，二层檐罩，既防雨又防光，对室内温度有一定调节作用。文津阁自9月中旬至来年5月下旬，气温不超过10℃，一年中长达250天左右处于低温线下，全年温差变化不明显，不易生长蠹虫。

古代藏书楼的防高温措施一般有四个层次：屋外的茂密树木荫翳为第一次降温；房屋

屋顶复瓦，瓦下有木板，板上涂泥浆，为第二次降温；书柜为第三次降温；图书放在密闭的书盒内，是防御高温的第四层次。

2. 著名的档案库

周代的天府，西汉的石渠阁、兰台、天禄阁，唐代的甲库，宋代的龙图阁、架阁库，以及明清的南京后湖黄册库和北京的皇史宬等，都是历代统治者为保存珍贵文献、典籍、档案而建造的馆库。

特别值得一提的是与北京故宫融为一体的皇史宬，它是一座独具特色的古代文献典籍收藏建筑。皇史宬建于明朝嘉靖十三年（1534 年），是目前我国保存最完整、最古老的典藏库，其特色体现在：

整个建筑为宫殿式砖石结构，不用木料，既可防火，又坚固耐久。

起脊式屋顶排水顺畅，殿基较高，且内筑石台，有利于防水、防潮。黄琉璃瓦盖顶，对太阳辐射热反射系数大，吸收系数小，有利于屋顶的防热。

墙体坚厚（最小厚度 3.5 m，最大厚度 4.14 m），有利于夏季隔热，冬季保温。

窗户对开，有利于空气对流通风。

皇史宬内的温湿度终年变化很小，完全是其独特构筑的结果。皇史宬可谓是集我国古代典籍收藏建筑艺术和科学保护之大成。

（二）防蠹纸

纸张内含有 C、H、O 等有机物，是害虫和霉菌的营养物。当库房保管环境潮湿、温热时，就会生虫长霉。于是古人在长期的摸索中创造了防蠹纸，以防害虫对珍贵典籍的危害。

1. 黄檗纸

黄檗又称黄柏，是一种芸香科落叶乔木，内皮呈黄色，味苦，气微香。经化学分析，黄檗皮中主要含小柏碱（小檗碱，$C_{20}H_{19}O_5N$），还含有少量棕榈碱（$C_{21}H_{23}O_5N$）、黄柏酮（$C_{27}H_{33}O_7$）、黄柏内酯（$C_{26}H_{30}O_8$）等多种生物碱。这些生物碱具有较好的杀虫功能。所以将纸张用黄檗树皮浸泡出的溶液渍染，晾干后再用来书写，就可防止蠹虫的危害。敦煌石室的石经，很多都是采用黄纸书写的，至今纸质完好，无蛀痕。

2. 雌黄纸

雌黄是一种含有砷的有毒物质，可毒杀害虫。将雌黄加水研磨，配入胶清融合染纸，阴干即可。此法为黄集染纸法的一种补充。

3. 椒纸

椒纸是宋代的一种印书纸。它是将胡椒、花椒或辣椒的浸渍汁液渗透入纸内而成的。花椒中含有柠檬烯、枯醇和香叶醇等挥发油，散发出辛辣气味，具有驱虫、杀虫作用。现存的南宋刻本《名公增修标注南史详节》一书即用椒纸所印，至今未见蠹虫危害。

4.万年红纸

万年红纸出现于明清时期，是用红丹（又称铅丹）为涂料涂刷在纸上而制成的一种防蠹纸。这种纸主要用作古籍的扉页或衬底，既可以防蛀，又有美化装饰古籍的作用。铅丹，即四氧化三铅（Pb_3O_4），是一种鲜红色有毒的物质，化学性质稳定，不易挥发，所以能在几百年内都具有防蠹的效能。明代宋应星在《天工开物》中详述了铅丹的制作方法。

（三）香药避蠹

香药避蠹就是在书库、书橱或书页中放置某些含有挥发性成分的药材，让其挥发出来的气味在文物典籍周围保持一定的浓度，以使害虫不敢接近的一种防虫方法。所用的香药有芸香、麝香、檀香、艾叶、辣蓼、皂角及烟叶等。

1.芸香避蠹

在香药中尤以芸香最常用。芸香能驱避害虫，是因为叶内含有菌茅碱、香叶醇等挥发性物质。古代使用芸香避蠹保护书籍文献始于西晋，盛于唐宋。北宋科学家沈括在《梦溪笔谈》中有关于芸香驱避的记载："古人藏书避蠹用芸香。"此法简单易行、安全有效，运用和流传也最久。

由于常用芸香避蠹，故藏书的房屋有"芸阁""芸署"之称。宁波天一阁博物院内的藏书，就是用芸香草来驱避害虫。

2.麝香避蠹

麝香的主要成分是麝香酮，具有杀菌防腐功能，可作香料和药用。北魏贾思勰所著的《齐民要术》中就载有"厨中欲得安麝香、木瓜，令蠹虫不生"。

（四）装帧保护

我国典籍装帧已有千余年历史。古籍经过装帧，不但美观，而且易于保护和收藏。

1.卷轴装的保护

卷轴装是纸本书和书画艺术品的最早形制，它继承了竹简和帛书的卷束形式，流行于东汉末年，隋唐时期更为盛行。卷轴装由卷、轴、缥、带四个部分组成。卷轴装内卷子的纸需要装潢，以免卷子因经常翻阅而破裂；染潢则可避蠹。轴不但便于舒展书卷，还可防潮避蠹。缥又称"包头""护首"，它是在卷的最前端留有的一段空白，是粘裱的一段韧性较强的纸或丝织品，以保护内部卷子。

2.册页装的保护

把长幅卷子折叠成方形书本形式为册页装，便于阅读。印刷术出现后，册页装开始流行，装帧上先后出现旋风装、蝴蝶装、包背装、线装等形式，其中"护页""副页"及"封面"都起到保护书页的作用。

3. 护书用品

（1）帙

一部书往往由很多卷轴构成，为了防止互相混杂，用布、帛、细竹等软质材料将许多卷轴汇集、包裹成为一帙，以五卷或十卷包成一帙。

（2）函

古代用所谓玉函、石函等硬质材料盛装册页书籍，避免书籍的棱角损坏。

（3）匣

制作匣的材料要精选，防止木材中油性分泌物污染纸张，以楠木、樟木等木质材料为原料做成的匣盛装书籍，既可防虫，又可保持书页平整。一般木匣以多层材料复合为好，外层是樟木，中间为楠木，最里层为上等丝绸衬垫。

此外，以硬纸为胎，外包以布做成的纸匣，也可保护图书免受污损。

（五）晾晒制度

明清时期皇家立有定期晾晒制度，并设有专职官员负责对文献典籍的晾晒。明代定在每年六月初六，清代则为每年夏秋两季。私家藏书也有定期晾晒措施，一般每年在梅雨季节过后，将重要的书籍、字画拿出来通风晾晒，以达到防潮、防霉和杀菌的效果。

二、我国传统纸质文物修裱技术

修裱技术是中华民族博大精深文化园地中的一朵艳丽奇葩，因纸张老化、纸质文物酥解破损需要修补而起源，距今至少有 1500 年历史。

修裱技术的出现，对延长纸质文物的寿命、保护珍贵文化遗产起到了重要的作用，是世界上公认的实用有效的传统纸张保护方法。

（一）修裱的概念

纸张在保存和利用过程中会发生强度下降、脆化或部分残缺等现象，修裱就是将破损的文物原纸与特选的修裱新纸进行黏合加固的过程，通过加固能增加纸张强度，恢复原貌和耐久性。

从某种意义上说，中国传统修裱技术并没有脱离造纸的基本方法，造纸过程中疏散的植物纤维靠胶黏合加压成为纸张薄页；修裱过程是先用较多的水分浸润文物原纸或修裱新纸，使其纤维疏胀松软，后用黏合剂使两种纤维紧密黏合，加压排实，最后排除多余水分，恢复纸页的平整干燥。

（二）修裱技术的发展

修裱技术是魏晋南北朝时期在典籍保护技术上的一项重大突破，以后逐步发展成为裱褙和装饰书画、经卷图籍、档案等的一项独特的传统技艺，一直流传使用至今。

1. 起源于魏晋南北朝

修裱技术历史悠久，早在南朝刘宋时，虞和就对书画修裱有过论述，对浆糊制作、防腐、用纸的选择，以及去污、修补、染潢都有见解。

史书记载，梁朝收集王羲之墨迹，用色纸写成，质地很差且有破损，修裱人员对准字迹进行长裱，再裁剪整齐，进行修裱，既补接了残字，又不失体势，而且墨迹更重，证明修裱技术已有相当经验。

2. 成熟于隋唐

唐代宫廷专有修裱工匠五人，装潢一人。唐人张彦远所著的《历代名画记》中详载了自古至晚唐的鉴赏收藏印记及装裱情况，书中总结了前人装裱的经验，也进一步叙述了个人对装裱的主张。这是一份研究装裱沿革的珍贵资料，也是一本操作性很强的教科书。

其中有些经验如"凡煮糊必去筋""装裱秋为上时，春为中时，夏为下时，暑湿之时不可用""勿以熟纸，背必皱起"等名言仍为现代装裱师所学用。

3. 鼎盛于宋

宋代朝廷设有专门的职官主管修裱之事，从流传下来的宋代宣和装等一些装裱成品中可以看出当时的修裱技术已达到相当高的水平。从《清明上河图》中可见，装裱作坊已出现在民间。宋代米芾所著的《画史》《书史》都有装裱经验之谈。

4. 发展于明清

明代周嘉胄所著的《装潢志》中总结了当时的修裱技术，如"古迹重裱，如病延医"，"补缀须得书画本身纸绢质料一同者，色不相当尚可染配，绢之粗细，纸之厚薄，稍不相侔，视即两异；故虽有补天之神，必先炼五色之石，绢须丝缕相对，纸必补处莫分"，足见当时修裱技术之精湛。

北京故宫博物院珍藏的西晋文学家陆机（261—331）的《平复帖》，距今已有1700多年，几经修裱，常裱常新，至今保存完好。

（三）黏合剂的选择

1. 黏合剂的概念

凡能将两个物体的表面紧密联结起来，并能满足一定物理和化学要求的物质，称为黏合剂。

黏合剂必须满足以下条件：①不论何种状态，在涂布时应是液态（液流性）；②对被黏物表面应能充分湿润（浸润性）；③必须能从液态向固态转变（固化），在这一过程中形成坚韧的胶膜（胶黏性或膜性），固化后有一定的强度，可以传递应力，抵抗破坏，胶膜有一定的机械强度；④必须能经受一定的时间考验。

2. 黏合剂作用机理

液态黏合剂涂布在纸张或丝织物表面后，慢慢扩散并浸润到纤维内，当黏合剂分子与纤维素分子接近到一定距离时，在分子间范德华力和氢键力的作用下互相吸引而产生黏附力；黏合剂在固化过程中，慢慢形成的薄膜具有胀紧力，使新材料与原纸黏合为一。

3. 修裱黏合剂理化性质

修裱黏合剂的理化性质直接影响着修裱的质量,因此对修裱使用的黏合剂有以下要求:①黏性适中,修裱后的纸张要柔软;②化学性质稳定;③ pH 中性或微碱性;④不易生虫、长霉;⑤无色透明或白色;⑥具有可逆性。

能达到以上要求的最佳黏合剂是淀粉浆糊,因为纸张是以 β—葡萄糖脱水聚合形成的多糖类高分子化合物,淀粉是以 α—葡萄糖脱水聚合形成的多糖类高分子化合物,两者分子式相同,最容易形成氢键结合力。

古人虽然对以上的现代胶黏理论并不理解,但从一开始就将淀粉浆糊作为黏合加固纸质文物所用,确实具有相当高的科学性。

4. 小麦淀粉糨糊的制作

古人对淀粉糨糊的制作有一套较为科学的方法:

洗粉去筋—浸泡沉淀—发酵漂洗—干燥—制糊,使用时稀释。

操作时,每一步骤都非常重要,其中去筋和制糊更为关键。

(1)去筋

面粉内含有 8% ~ 15% 的蛋白质成分,不去蛋白质的糨糊,黏性强、浸润流动性差、修裱后纸质文物易起皱、柔性差;蛋白质内含 N 源,更容易生虫长霉;蛋白质内含有许多活性基团,化学性质不如淀粉稳定,在热、酸、碱、氧化剂条件下,容易发生变性。

(2)制糊

糨糊制作是淀粉分子受热溶胀产生黏性,由悬浮液转变成胶凝系统的不可逆过程。这个过程在化学上称为胶化,制作糨糊则称为糊化。

淀粉悬浮在冷水中——加热,温度升高,吸水能力增强,直链淀粉溶于热水——温度继续升高,淀粉微粒体积迅速膨胀——体积超过原来的几十倍,微粒在水中相互挤压——支链淀粉分子形成凝聚的网络结构,黏度迅速增大——形成胶黏体系——冷却后在水中呈不溶解、不溶胀的凝胶态。

修裱时要对凝胶态的浆糊进行稀释,修裱一般要求用糊如水,根据纸张的种类、吸水性和厚度对稠糊进行稀释,配制成不同比例的稀糊。

制糊的关键是控制糊化温度,一般为 70 ~ 75℃。温度过高,糊化过热,黏度太大,不能完全浸润纸张;温度过低,微粒膨胀不足,达不到一定黏度。

另一关键是控制水量,如果水量适合,微粒正好把水分全部吸收,分子间膨胀适当,容易挤压成网络,则黏度适中,此时,浆糊形成的冷凝胶最为稳定,不易形成干膜,也不易产生沉降。

（四）修裱用纸的选择

1. 修裱用纸的质量要求

①纸张中有害杂质少，有较好的耐久性；

②纸张纤维交织均匀，纸张轻薄柔软，具有较高的干湿机械强度；

③纸张 pH 呈中性或弱碱性；

④纸张白度在 60% 左右；

⑤纸张伸缩性小，遇水浸湿后的膨胀系数小；

⑥纸张吸收性低，吸收水分少，容易干燥。

2. 修裱用纸的种类

①麻纸——白麻纸、黄麻纸、麻沙纸等。

②皮纸——河南棉纸、浙江棉纸、高丽纸、桑皮纸等。

③竹纸——毛边纸、毛太纸、玉扣纸、连史纸、夹江纸等。

④宣纸——罗纹纸、棉连纸、夹连纸等。

一般来说，修裱用纸最好与原件所用的纸质同类。

（五）修裱技术

1. 揭粘

纸质文物在保存过程中，由于种种原因，部分纸张发生粘连，严重的结成砖块，难以逐页分离，影响利用。其原因极其复杂，是纸张、环境、生物、人为等因素综合作用的结果。

揭粘技术有干揭、湿揭（水冲法、水泡法、蒸汽渗透法）、酶解法（淀粉酶、蛋白质酶）、综合法等几种方法。一般对难揭的纸砖可几种方法并用。

无论采用上述哪种揭粘方法，当纸张处于潮湿状态时，都不能马上揭。纸张中含有较多水分，纤维之间距离大，纤维间的氢键力和各种结合力都下降，使纸张强度降低，容易揭烂。此外，揭开后，由于污垢尘土很多，在修裱前需进行清洗。待通风干燥使纸张有一定强度后，再进行纸片拼接。揭开后，应及时进行修补和托裱，以免丢失字片。

2. 修补

修补就是选用与文物原纸的纤维方向、厚薄、颜色、质地基本一致的纸张，对有孔洞、残缺或折叠磨损的部位进行修复。

①补缺——对残缺或虫孔的部位进行修补，补纸直径比孔洞大 2 ~ 3 mm。

②溜口——在磨损折叠处补上一条补纸，溜口的补纸宽度一般为 1 cm 左右。

③加边——在纸张四周加上补纸，有挖镶、拼条镶、接后背等。

3. 托裱

托裱就是特选整页的新纸（托纸）和黏合剂，对破损的纸质原件进行黏合加固的过程，以提高纸张的机械强度。托裱有湿托、干托两种。

（1）湿托

湿托就是把糨糊刷在原件上，然后再上托纸，适用于字迹遇水不扩散的原件。

方法步骤如下：

铺油纸—铺平原件—刷稀糊—补缺上托纸—排实—上纸墙晾干—下墙—修整。

（2）干托

干托就是把糨糊刷在托纸上，再与破损的原件进行黏合，特别适用于字迹遇水扩散和破损严重的原件。

我国古代书画作品是纸质文物的重要组成部分，多为历代皇帝、大臣、名人的手迹，如北京故宫博物院和中国第一历史档案馆馆藏的明清两代御制诗文及画稿，中国第二历史档案馆珍藏的孙中山、于右任等名人书画手迹，大多为卷轴装。其载体材料多为宣纸和丝绢，由于质地纤薄、性质柔软不坚挺，且着墨或着色后，折皱不平，不利于保管和展示，因此需先裱后装。部分时间久远而破损的书画文物也需要揭旧重裱。

对这些文物除托画芯外，还要经过配镶料、覆背、破光、装轴、系丝带等工序，使书画艺术突出色彩美、结构美、艺术美的整体效应。

三、纸质文物的现代保护技术

（一）温度、湿度控制

在纸质文物的保护工作中，控制调节库房的温湿度是最关键、最根本、最有效的措施。温度和湿度是直接作用于纸质文物的两个最普遍的因素，而且是互相关联的两个因素。

实验证明，温度和湿度对纸张耐久性的综合作用大于单因子独立作用之和，表现为协同效应。在温度为15℃、相对湿度为10%的保管条件下比在温度为25℃、相对湿度为50%条件下，纸张保存寿命增加20倍左右。

纸质文物的库房温湿度要求：冬天室内保持在12～18℃，夏天不超过25℃；相对湿度保持在50%～65%。24小时内温度的变化不应超过2～5℃，湿度变化不应超过3%～5%。

1. 防热

（1）外围结构防热

室外的热源通过辐射热、对流热、导热传入库内，最好的隔热措施是利用导热系数小、热阻大的建筑材料。此外，还可采取加大墙体厚度、注意门窗密闭、使用遮阳板等防热措施。

（2）空调系统降温

空调系统是文物库房取得符合保护要求的气候条件的理想设备，降温效果良好。

2. 防潮

（1）外围结构防潮

库内潮湿的因素主要包括地下水通过地面和墙体向内蒸发、雨水通过外围结构向内渗透、潮湿空气通过门窗缝隙浸入库内等。最好的防潮措施是在外围结构层中使用结构紧密、能隔断水分渗透的防水材料。此外，还要注意库房建筑的自身排水和防潮效果。

（2）去湿机除湿

库房内使用去湿机，可将空气中的水蒸气降温、结露、析出液态水。冷冻去湿机一般具有不需要冷却水源、使用方便、性能稳定可靠、能连续运行等优点。

（二）杀虫

1. 高温、低温杀虫法

环境温度因子对纸质文物库房滋生的害虫的新陈代谢活动影响很大，温度既可以加速或减缓害虫新陈代谢的速度，也可以使害虫代谢完全停止而死亡。

（1）高温法

40～45℃为昆虫生长的亚致死高温区，又称热休克区。昆虫生活在这一温度区域内，持续数天，就会因代谢失调而死亡。

（2）低温法

-10～8℃为昆虫生长的亚致死低温区，又称冷昏迷区。昆虫生活在这一温度区域内，持续数天，就会使代谢速度变慢，生理功能失调，体液冰冻和结晶，原生质遭到机械损伤而死亡。

2. γ 射线辐照杀虫

γ 射线是一种波长极短、能量较高的电磁波，对生命细胞的穿透力较强，对各种昆虫（微生物）均有杀伤作用。

3. 气调杀虫

空气是昆虫重要的生态因子，缺少氧气，昆虫便不能正常生长、发育、繁殖。在密闭的条件下，将空气中各种气体的正常比例加以调整，减少 O_2，充入 N_2 或 CO_2 气体，使昆虫的正常活动受到抑制，窒息而死。

4. 化学熏蒸杀虫

熏蒸就是在密闭条件下，使用化学熏蒸剂以毒气分子的状态穿透到生物体内，使其中毒而死。目前常用的熏蒸剂为磷化铝片剂，释放出来的 PH_3 气体主要作用于昆虫的神经系统，使昆虫死亡，对成虫和幼虫均能达到100％的杀虫效果。

（三）防光

纸质文物最怕长时间被光照晒，尤其是紫外光对纸张有很大的破坏作用。达到地面的290～400 nm 的紫外光是引发纸张材料发生光化学反应的主要因素，所以库房防光主要是防紫外光。

1. 合理确定库房照度标准

照度是指物体表面得到的光通量与被照射表面的面积之比，单位是勒克斯（lx），一一般纸质库房的照度为 30 ～ 50 lx，库房内所用照明灯光不需要过于明亮。

2. 限制日光的辐射强度，减少光通量

窗户是日光进入库房内的主要通道，对窗户的位置、结构、玻璃、遮阳设备都应有合理的安排。

窗户位置决定光通量：北窗＜南窗＜东窗＜西窗。

窗户结构决定光通量：无窗、小窗、狭长窗、多层玻璃窗、百叶窗都能限制光通量。

窗户玻璃决定光通量：毛玻璃、花纹玻璃、吸热玻璃、茶色玻璃、彩色玻璃能限制光通量。

窗户遮阳决定光通量：厚窗帘、遮阳板（水平式、垂直式、综合式、挡板式）都能限制光通量。

3. 涂布紫外光吸收剂

在窗户玻璃上涂紫外光吸收剂，如二羟基二苯甲酮类可吸收 400 nm 以下紫外光，KH—1 型涂料对紫外光的滤光率可达 99％以上。

四、纸质文物的现代修复技术

除了传统的修裱技术，纸质文物还可采用一系列的现代物理化学技术，进行修复处理。

（一）去酸

纸张呈现酸性，是因为含有大量的 H^+。H^+ 是纤维素、半纤维素水解反应的催化剂，对破损不是很严重的纸质文物，去酸处理可以有利于长期保护。纸张去酸方法很多，主要有液相去酸和气相去酸两大类。

1. 液相去酸

液相去酸是使用某些碱性溶液与 H^+ 反应而达到去酸的目的。

（1）$Ca(OH)_2$—$Ca(HCC_3)_2$ 溶液去酸（巴罗法）

首先将含酸纸张在清水中充分浸透，放入 0.15％的 $Ca(OH)_2$ 溶液中 10 ～ 20 分钟。$Ca(OH)_2$ 溶液中的 OH^- 与纸张中的 H^+ 发生中和反应达到去酸效果。

在清水中冲洗以去除纸张上的 $Ca(OH)_2$ 残液，再放入 0.15％ ～ 0.20％的 $Ca(HCO_3)_2$ 溶液中 10 ～ 15 分钟，$Ca(OH)_2$ 和 $Ca(HCO_3)_2$ 反应生成 $CaCO_3$。

最后将去酸的纸张放在吸水纸中压干即可。此方法的优点是残留在纸张上的 $CaCO_3$ 细微白色颗粒会渗入纸张纤维中，既增加了纸张的白度，又能防御酸性有害气体的侵入。

（2）缓冲溶液去酸

缓冲溶液是一组能够抵制外加少量强酸或强碱的影响，并使原来溶液 pH 基本保持不变的混合溶液，具有调节控制溶液酸碱度的能力。

对纸质文物去酸，应该选用一组 pH 为 7 ～ 8 的多元弱酸的酸式盐和它所对应的次级盐组合。按体积之比 1：10.8 配制 KH_2PO_4 和 Na_2HPO_4 水溶液。

在 KH_2PO_4 和 Na_2HPO_4 的缓冲溶液组合中，纸质文物的 H^+ 被大量的 HPO_4^{2-} 吸收，变

成了 $H_2PO_4^-$，溶液 pH 基本保持不变。

缓冲溶液去酸的优点是纸张去酸后 pH 保持碱性或微碱性，具有进一步的抗酸作用。

（3）甲氧基甲基碳酸镁去酸（韦驮法）

甲氧基甲基碳酸镁溶液是由甲氧基甲基碳酸镁、甲醇、氟利昂组成的混合溶液。去酸前要将纸张放在真空干燥箱中干燥，使纸张的含水量减少至 0.5%，然后放入处理罐中用泵打入去酸溶液并加压，使溶液充分渗透纸内。

结束后抽去去酸溶液，进行真空干燥，导入热空气至常压状态下，取出纸张。

此方法去酸的优点是反应残留有 $MgCO_3$、$Mg(OH)_2$ 和 MgO 等碱性化合物，具有抗酸缓冲作用；干燥快，对纸张损伤小；处理量大、周期短、费用低等。

（4）FMC 法去酸

FMC 法去酸过程是把 $Mg-3\left[C_4H_9(CH_2CH_2O)_3MgOC(O)(OCH_2CH_2)_3OC_4H_9\right]$ 溶解在碳氢化合物或卤代烃溶剂中，$Mg-3$ 与水反应生成 $MgCO_3$，$MgCO_3$ 以沉淀的形式储存在纸张中，以中和纸张中的酸。

（5）ViNNESE 法去酸

ViNNESE 法去酸就是在纸上喷洒 $Ca(OH)_2$ 和甲基纤维素的水溶液，利用 $Ca(OH)_2$ 中和纸张中的酸，甲基纤维素在纸张上形成膜以提高纸张强度。此方法处理过的纸张，强度可以提高 150% 以上。

2. 气相去酸

气相去酸就是将纸张放在碱性气体或碱性蒸气中去酸。

（1）氨气去酸

氨气（NH_3）是弱碱性气体，能与纸张中的 H^+ 作用。氨气去酸的优点是原料价廉易得、操作简单、对字迹无影响、可以大批量处理。

（2）二乙基锌去酸

二乙基锌去酸法是美国国会图书馆研究人员发明的专利，我国南京博物院和中国第二历史档案馆也曾通过鉴定加以使用。

ZnO 沉积在纸张上占锌盐总量的 1% ~ 3%，且处理过纸张的 pH 范围在 7.2 ~ 7.3。ZnO 可作为一种储存中和可能产生的酸，且不会使纸张变色，无毒性。

二乙基锌去酸可以延长纸张的寿命，但 ZnO 的存在会加速纤维素在紫外光中的降解，同时二乙基锌在液态时易自燃，或与水发生强烈的反应生成可燃性气体乙烷，容易发生事故，因此操作时要注意安全。

（二）去污

纸质文物在保存和利用过程中由于环境及人为因素的影响，很容易沾上各种污斑，如泥斑、蜡斑、油斑、墨迹斑、霉斑等，不仅影响字迹的清晰度，而且影响纸张和字迹的耐久性，对此可用物理和化学的方法加以清除。

1. 机械去污

对于纸张强度好且污斑较厚易除的纸质文物，可用手术刀、毛刷等工具依靠机械力量去除污斑。

2. 溶剂去污

溶剂去污就是利用溶剂与污斑之间的作用力大于污斑内分子之间的作用力及污斑与纸张纤维之间的作用力，使污斑溶解于溶剂的去污方法。其原理为相似相溶原理，即当溶剂与污斑分子的极性相似时，污斑易被溶解。极性污斑分子易溶于极性溶剂中，非极性污斑分子易溶于非极性溶剂中。

由此可见，水可去除泥斑、尘土；有机溶剂可去除油斑、蜡斑等。有些有机溶剂会挥发，有一定的气味，或有一定毒性，或容易着火，操作应该格外小心。

3. 氧化去污

氧化去污就是利用氧化剂使污斑中的色素成分氧化，分子结构遭到破坏，变成无色物质，以达到去污效果。使用氧化去污法需考虑纸质纤维素及字迹色素的耐久性，避免去污同时降低了纸张机械强度和导致字迹褪色。

（1）氯胺 T 去污

氯胺 T 是一种性质缓和的氧化剂，含有活性氯，其水溶液能生成具有氧化性的次氯酸，从而使污斑氧化褪色。

氯胺 T 在去污过程中氧化作用平缓，对纸张的损害小，反应不产生破坏性的残渣。

（2）过氧化氢去污

过氧化氢（H_2O_2）既具有氧化性又具有还原性，氧化漂白是其主要的去污原理。

为了减轻对纸张强度的影响，可用 H_2O_2 与乙醚混合形成一种较温和的氧化剂溶液，乙醚是有机溶剂，也可以溶解部分污斑。

（3）次氯酸钠去污

次氯酸钠（NaClO）首先氧化生成次氯酸，次氯酸是强氧化剂，很不稳定，能分解生成氧化性很强的 [O]，[O] 能很快与污斑色素发生去污反应。

污斑去除后还需用少量盐酸水溶液赶氯，再用稀氨水溶液中和，保持纸张不受酸的侵蚀，该方法去污能力较强。

（4）高锰酸钾去污

高锰酸钾（$KMnO_4$）为深紫色晶体，是一种强氧化剂，能氧化污斑中的色素。

用 $KMnO_4$ 强氧化剂去污后，为使纸张变为白色，还应使用 $NaHSO_3$ 等还原剂。一方面，使反应生成无色的 $MnSO_4$；另一方面，还能使某些污斑中色素还原成无色物，从而可以进一步去污。

用氧化剂去污一方面要考虑氧化剂的氧化能力，即破坏污斑色素的能力；另一方面要考虑氧化剂对纸张纤维和字迹耐久性的影响，去污时应首先考虑使用缓和的氧化剂。

（三）加固

对破损的纸质文物，现代的加固技术有丝网加固法、派拉纶真空涂膜法等。

1. 丝网加固法

丝网加固就是用蚕丝织成网膜，并喷上聚乙烯醇缩丁醛黏合剂，在一定的温度和压力下使丝网与纸张黏结在一起的加固方法。

蚕茧经抽丝、纺织织成一定规格的单丝丝网，按照丝网—纸张—丝网的顺序排列，用热压熨烫的方法将丝网与纸张黏合在一起。丝网加固的优点是透明度好、重量轻、手感好、耐老化。特别适用于两面有文字的脆弱纸张的保护加固，不影响文字的识读、拍照，需要时又可用溶剂将丝网从纸张上剥离下来。

2. 派拉纶真空涂膜法

利用对二甲苯的二聚体加热汽化、裂解，转变为对二甲苯自由基单体，在真空室温条件下，该自由基单体能自发地聚合成派拉纶膜。

采用真空涂膜技术可以在纸张表面涂上 $0.25 \sim 20 \ \mu m$ 任意厚度的派拉纶膜，使纸张的强度大大增加，并提高了纸张耐酸、耐碱、耐水能力。用派拉纶涂膜保护纸张，文字不受任何影响，手感略有变化。该方法的优点是保护效果好，可以对整本书加固而无须折页。但此方法技术工艺复杂，材料成本较高，大规模推广受制于经济条件。

（四）纸质文物修复实例

1. 明墓出土历书的修复

1994 年 7 月在上海嘉定发掘一明代古墓，出土一卷纸质刻本书。该书整本折合，纸页之间因相互粘连而板结成块，纸张脆硬，稍用力即成碎片。纸色呈深褐色，字迹模糊不清，书名及内容无法知晓。专家们进行了一系列的分析、实验、揭取和修复工作。

（1）化学成分分析

通过显微摄影、X 光分析和化学分析等方法测定，发现纸张黏结成分中的胶为蛋白质分解物，纸张中的木质素具有吸附土壤中 Ca 的能力，木质素与钙离子结合，加上蛋白质胶与鞣酸形成沉积物。

（2）软化处理

出土的刻本书纤维素水解产物与土壤中的钙离子等在书页上形成了既不溶于水又不溶于有机溶剂的复杂物质。钙离子是纸张固结粘连的主要原因。用稀酸处理可去除钙盐，但处理后纸张难以揭取。而 EDTA 溶液可络合钙离子对纸张无大碍，这是揭开固结刻本的主要措施。

将整本书浸泡在盛有 3% EDTA 溶液的玻璃缸内两天，有些部位已有松软，并有部分杂物溶出，溶液呈深棕色。随即更换溶液，如此反复几次，直至整本书无一处有硬脆感觉。在水中以竹签插入书的未黏结部分，将纸页分离。整本书从玻璃缸内取出，放在衬有平板玻璃的搪瓷盘内，顺势将对折部分摊平。

（3）逐页揭取

将折叠展开的整本书用蒸馏水浸泡，由于纸页间溶解扩散较慢需反复浸泡，再以竹签插入纸页间，使每页纸张完全分离。从水中取出后，加盖毛巾，保持一定的湿润，纸页太干燥不易分离，太湿则无法揭取。

根据书纸的性质，采用较厚的宣纸材料，裁成和书大小相等的尺寸，将宣纸盖在书页的上面，宣纸由于吸收书页的水分而紧紧贴在书页上。宣纸有一定的韧性和拉力，用长针或镊钳轻轻挑起书页的一角，慢慢地将宣纸提取，边揭边提，直至整页提起。如此反复，直至全书逐页分离。由于刻本是对折成书的，所以还要将整张书页揭开摊平。

（4）托裱平整

揭开以后的书页，摊平在案板上，干燥后出现收缩不一、折皱不平的情形，字迹不易看清，需要托平。即先用水油纸湿水后刷平在案板上，作书页护衬垫纸，再将揭开的书页面贴向水油纸，用水湿润，使纸面各处完全伸平，再用毛巾轻轻将水分逐渐吸去，然后调制稀薄的糨糊刷在书页的背面，以原书纸为托裱用纸，再将托好的书页连同水油纸一并翻起，揭去衬垫的水油纸，然后在书页纸的正面进行排刷，使托纸与书页纸黏合更紧，再在托纸的四周拍浆，贴向纸墙，待干燥后取下。

（5）漂白清洗

由于先用 EDTA 溶液软化处理，有较多的不溶有色物质析出在纸上，将初步裱好的书页放在搪瓷盘内清洗。用配成的碱性 H_2O_2—SiO_2 凝胶溶液轻轻地倾倒在纸页的上方，任其缓缓流下，1 ~ 2 分钟后原有的污迹溶解去除，再用蒸馏水彻底漂洗干净。

（6）装订成册

全部揭取后共 18 页，按照原样对折装订成册。

2. 明墓出土古书的消毒、杀菌与除臭

2001 年 5 月在上海宝山的明代墓葬中出土了一批古书，出土时书籍受水浸泡严重，一共 14 本书全部湿透。书籍虽然装订完好但大部分书页因无人翻阅而相互粘连，发出恶臭。粘连物中有细菌和霉菌滋生。根据实验分析，书籍上的菌种可能有假单孢菌、乳酸杆菌、青霉菌的存在。

（1）乙醇消毒处理

将整本书放入搪瓷盘内，倒入 70% ~ 75% 的乙醇溶液，将书浸没。在溶液呈深黄色时，基本已完成消毒，同时去除了书页中部分黏附的腐败物质，但仍散发出臭气，这是由于棺液中含有蛋白质、脂肪的腐烂物和含有硫、胺的化合物而引起的。

（2）丙酮去除腐臭物

丙酮黏度低，渗透扩散性好，能渗入纸纤维内部有利于除臭。将整本书浸泡在丙酮溶液中，溶液呈深黄色时可换取新鲜丙酮溶液，丙酮溶液析出腐烂物并散发臭味，经多次处理直至丙酮溶液基本无色，说明书页中的粘连物已基本溶出。

（3）展开书页

丙酮对纸张纤维润胀作用较小，容易挥发。书页脱水干燥，不会引起整本书的崩塌和变形，容易使书页平整。

第八章 陶瓷砖瓦类文物保护

陶瓷是我国对世界发明史上杰出的贡献之一，在文物中具有很大的比例和重要的地位。陶瓷类文物是研究古代社会生产、生活、科学技术和艺术发展的重要实物资料。

第一节 陶瓷砖瓦的化学组成及烧制工艺

一、陶器的分类、化学成分及烧制工艺

（一）陶器的分类

陶器的种类很多，可按表面情况、质地和颜色来分。

①按表面情况可分为素面陶、彩绘陶和粉彩陶。

②按质地可分为细泥陶和夹砂陶。

③按颜色又可分为黑陶、灰陶、红陶和白陶。

（二）陶器的化学成分

陶器是由经过淘洗和沉淀后的黏土烧制而成的。一般认为古代人们是利用河流自然淘流、沉淀的黏土来制作陶器的。

黏土实质上是岩石风化的产物，是由石英、长石及金属矿物按不同比例组成的。因不同地方的黏土各种成分的比例不同，所以烧制出来的陶器在颜色、质地上带有地方特色。陶土的基本成分有硅（Si）、铝（Al）、钙（Ca）、铁（Fe）、钾（K）、钠（Na）、锰（Mn）等元素。

古代人们烧制陶器所用黏土，虽都是经河流淘洗和沉淀，但其成分并不是很纯，组分含量也不完全相同，含有一定量的矿物质，甚至还含有一些有机成分（动植物的腐败物），石英和长石的颗粒大小也不均匀。

（三）陶器的烧制温度

陶器的烧制温度比较低，一般在 800 ~ 1 000℃。在此温度下，石英、长石熔融，黏土中有机物被氧化，生成二氧化碳（CO_2）逸出，因此陶器的结构不致密，多孔隙，比较容易破碎。

（四）彩绘陶

考古发掘出土的陶器中，有一部分带有彩绘，称为彩绘陶。古代人们利用天然矿物颜料，调以动植物胶，绘制在未烧制或已烧制的陶器上，创造出了色彩绚丽的彩绘陶。

经分析得知颜料的成分是：

红色：辰砂（HgS）、朱砂（HgS）、铅丹（Pb_3O_4）。

褐色：赭石（Fe_2O_3）。

白色：铅白 [$2PbCO_3 \cdot Pb(OH)_2$]、高岭土（$H_4Al_2Si_2O_9$）。

黑色：炭（C）。

二、瓷器的化学成分及烧制工艺

（一）瓷器的化学成分

1. 瓷胎的化学成分

瓷胎的原料，是以高岭土（$H_4Al_2Si_2O_9$）、石英（SiO_2）、长石（$NaCAlSi_3O_8$）混合而成的特殊的黏土。高岭土是由长石，经过钾、钠、钙、铁等元素的流失和水的变化而形成的，其中 SiO_2 占 46.51%，AlO_3 占 39.45%。H_2O 占 13.95%，熔融点为 1 780℃。纯粹的高岭土有丝绢般的光泽，但存量很少，其黏度比黏土小。石英的化学成分是纯粹的二氧化硅（SiQ_2），在 780℃ 以上便不稳定而变成鳞石英，1 730℃ 时开始熔融。长石是以 SiO_2、Al_2O_3 为主，夹杂钠、钾、钙等的混合物。长石根据含钠、钾、钙氧化物的不同，又分为钾长石、钠长石和钙长石，它们的熔融点分别为 1 200℃、1 122℃、1 550℃。

2. 釉彩的化学成分

瓷器不同于陶器的最大特征是有釉彩。所谓的釉为硅酸盐，也就是玻璃。釉与瓷器胎体之间有一中间层，这是釉在熔融时与胎体发生作用的结果。釉层虽然只有胎体厚度的 1%~3%，但已强烈改变了胎体的热稳定性、介电性和化学稳定性。

3. 彩釉中酸度的影响

酸度直接影响釉的熔融和色彩，一般情况是釉中酸含量大，或黏度过大，釉中着色金属含酸多时，就不易熔融。作为釉料助熔剂的盐基中，只有 Al_2O_3 是两性，有时可起酸的作用。而其余盐基全是碱金属（钠、钾）和碱土金属（钙、镁）氧化物，有中和酸的作用。

4. 釉彩主体硅酸的来源

釉彩主体硅酸主要来自草木灰和长石，其中草灰中含有更多量的硅酸。

（1）来自草木灰

草木灰中不仅含大量的硅酸，还含有 Al_2O_3、CaO、Na_2O、K_2O 等助熔剂，若再配以石灰（CaO）及适量瓷土就可作釉料。

（2）来自长石

长石根据含钠、钾、钙氧化物的不同，分为正（钾）长石 [$K(Al_2Si_3O_8)$]、钠长石

（$NaCai_2Si_3O_8$）和钙长石 [$Ca（Ai_2Si_3O_{82}）$]，因其组成中的碱金属、碱土金属氧化物的存在，使其熔点降低，不加任何别的原料也可以作釉。

5.助熔剂过多对釉的影响

碱金属助熔剂降低釉熔融温度的能力很强，但碱金属过多，使釉对湿气的抵抗能力较弱。长期埋在地下潮湿的土壤中，甚至浸在墓葬的地下水中的瓷器，釉会剥落，就是由于碱金属助熔剂过多。

（二）瓷器的烧制温度

瓷器的烧制温度较陶器高。虽然从前文介绍可知，纯净的瓷器原料的熔融温度很高，而实际上因瓷器原料混有杂质，其熔点降低了，一般瓷器的烧制温度在 1 200 ~ 1 500℃，在此温度下，胎体中部分成分开始熔化，填充到胎体的空隙中，高岭土、石英、氧化铝聚合，形成紧密的网状结构，质地坚硬，吸水性很低。其烧制过程与火成岩形成过程非常相似，只是火成岩的温度更高，冷固时间更长。

三、砖瓦的化学成分及烧制工艺

瓦和瓦当的成分多为黄土，而砖的原料是砂质黏土或砂土。砖瓦都是先将泥土用水调和，制成泥坯，然后放入窑中于 1 000℃左右的高温下烧制。高温使泥坯内部颗粒之间由熔化的硅酸盐黏结，大大增强了硬度。

由于砖瓦和陶器都是以土用水调合成泥做成坯，再经烧制而成，所以砖瓦所含的化学元素和构造都与陶器类似，只是陶器选用黏土含杂质少，烧制成器后，孔隙较小，强度较砖瓦大。但由于陶胎较薄，土中的有机质在 800 ~ 1 000℃的温度下会被氧化，生成二氧化碳气体逸出。虽陶器孔隙较砖瓦小，但与厚实的砖瓦相比仍属多孔隙而结构不致密的易碎器。

第二节 陶瓷及砖瓦类文物损蚀的主要原因

一、瓷器损蚀的主要原因

瓷器的质地比较坚硬，加之表面有一层烧制而成的硅酸盐釉层，因而吸水率低，受水的影响和侵害不大。所以，瓷器的损毁更多来自外力的冲击，如存放瓷器的房屋倒塌、墓穴塌陷，使瓷器因受到碰撞、重压而破碎，甚至成为瓷片。

二、出土陶器文物损坏的主要原因

（一）陶器文物损坏的内因

陶器文物由于质地疏松、多孔隙，吸水性强，因而很容易吸收雨水或地下水。地下水或雨水在流动和渗透的过程中会溶入各种酸、碱、盐、有机物，从而给陶器带来损坏。

（二）陶器文物损坏的外因

1. 雨水及地下水的影响

①雨水及地下水的作用，使疏松、多孔隙且吸水性强的陶器长期处在极潮湿的状态下，对陶器很不利。

②地下水中可溶盐对陶器的破坏。

地下水常含有大量的可溶性盐，如碳酸盐、硫酸盐、卤化物等。这些含有可溶盐的水浸入疏松多孔的陶器中，与其中的金属氧化物发生作用，使可溶盐达到饱和状态，当温湿度交替变化时，溶盐也随着结晶、溶解交替进行：盐结晶时，体积膨胀，对陶器孔隙壁产生压力；盐溶解后，压力也随之消失。如此反复作用，再加上原来陶胎中金属氧化物的溶出，陶器自身的抵抗力减弱，变得比较酥松，较易破碎。孔隙较大的粗砂陶，更容易受到损害。

③地下水将陶胎中的钙、镁等阳离子溶出在陶器表面形成坚硬的沉积层。

地下水中的碳酸根离子、硫酸根离子、氢氧根离子、磷酸根离子及硅酸根离子与陶胎中溶出的钙离子、镁离子、铁离子等金属阳离子反应，在陶器的表面上形成一层坚硬而不溶于水的沉积层覆盖在陶器表面。

因 $Mg(OH)_2$ 的溶度积比碳酸镁的溶度积要小，所以 Mg^{2+} 是和 OH^- 结合形成 $Mg(OH)_2$，而即使形成 $MgCO_3$ 也会转变为 $Mg(OH)_2$。

不同地区出土的陶器会因不同的水质而形成不同的沉积层，但这些沉积层基本为四大类，即石灰质（碳酸盐）、石膏质（硫酸盐）、硅质（硅酸盐）和氢氧化物。这些沉积层对陶器没什么破坏，但会因影响陶器的原貌而有碍观瞻。

2. 自然灾害对陶器文物造成的危害

自然灾害对陶器这类结构疏松不致密、多孔隙、强度小而易碎的文物危害是很大的，甚至是毁灭性的，使其完全变成一堆无法拼对的碎陶片。如地震、地裂、水灾、火灾、地基下沉等原因引起房屋倒塌、墓穴塌陷、建筑物毁坏造成文物毁坏，因而考古发掘出土的陶器有完整的、有残缺不全的、有破碎成片但仍可拼对黏结成器的、有的就根本是无法拼对成器的碎陶片。

3. 人为因素的破坏

①考古发掘过程中因对埋藏情况不十分清楚的情况下偶尔失手造成器物损坏或撞破。

②陶器文物在搬运过程中由于强烈振动、碰撞或车祸等人为因素造成陶器文物破裂或毁坏。

三、砖瓦类文物损坏的主要原因

（一）砖瓦类文物损坏的内因

砖瓦类文物损坏的主要内因是本身质地疏松、多孔隙、吸水性强，对外界有害物质如空气中的有害气体、酸雨、尘埃的吸附力很强，很容易受腐蚀而风化、酥粉而变得更脆弱更易碎。

（二）砖瓦类文物损坏的外因

砖瓦类文物长期处在室外和环境密切接触，直接受外界环境的影响。环境中有害物质对砖瓦类文物的侵蚀破坏十分严重，直接影响文物安全和寿命。

人类在地球上生息繁衍数百万年，由于人类活动，特别随着工业，尤其是近代工业（如石油工业、化工工业、汽车工业、机械工业、核工业、军事工业、航空航天工业、舰船工业、交通运输等）的迅猛发展和人口迅速增长，环境污染日趋严重。据联合国环境规划署统计，全世界每年有 10 亿吨以上有害气体排入大气中，并且这种趋势有增无减。还有工业中的废水、废渣的排放不仅污染空气，还污染地下水，特别是工业"三废"之一的废气排放，不仅严重危害人类健康，而且严重危害人类留下来的文物古迹，对那些长期在室外的石质、砖瓦类文物侵蚀破坏特别严重。

1. 空气中有害氧化物气体对砖瓦类文物的危害

空气中的有害氧化物气体有：氮的氧化物气体（如 NO、NO_2、N_2O_3），硫的氧化物气体（如 SO_2、SO_3），碳的氧化物气体（如 CO、CO_2）。

NO、CO 在空气中很容易变成 NO_2、CO_2。

以上这些氧化物气体，在疏松、多孔隙、吸附性强的砖瓦类文物表面遇到空气中的水蒸气就变成腐蚀文物的无机酸。

砖瓦类文物的原料为黏土、沙子和黄土，这些都容易受上述无机酸浸蚀而发生化学风化，使砖瓦类文物中一些成分如 $CaCO_3$、$CaSiO_3$ 等被无机酸腐蚀。

这样一些不溶于水或难溶于水主要成分由于受无机酸的浸蚀而变成溶于水的盐或微溶于水的物质，随雨水冲刷而被逐渐带走，损坏了砖瓦的强度和外貌。

2. 空气中有害氢化物气体对砖瓦类文物的危害

空气中有害氢化物气体主要是氯和硫的氢化物，如 HCl、H_2S 对文物的危害。HCl 主要源于氯碱工业一些产生 HCl 废气的工厂。氯碱工业是用 $NaCl$ 电解生产 $NaOH$（烧碱），同时生产氯气（Cl_2），用氯气和氢（H_2）反应生产 HCl：生产过程中泄漏的氯气与空气中的水蒸气反应产生 HCl 气体。

氯化氢的水溶液盐酸是一种腐蚀性很强的酸，它可和砖瓦的主要成分黏土和砂土作用，使其内部颗粒之间的黏结物硅酸盐和 HCl 反应而失去黏结作用致使砖瓦酥散、粉化。

HCl 还与硅原料的沙子（SiO_2）和硅酸钠或硅酸钙分解产生的 SiO_2 反应，生成四氯化硅。

$SiCl_4$ 遇潮极容易水解，水解又产生 HCl 继续腐蚀。这样不停地恶性循环，对砖瓦类文物腐蚀十分严重。

自然界动植物体腐烂产生的硫化氢也会污染环境，腐蚀砖瓦类文物。H_2S 是一种还原性很强的弱酸，对砖瓦类文物腐蚀虽不像 HCl 那么严重，但它能和砖瓦的主要原料黏土中的一些成分如铁、锰等元素反应，生成一些有色的硫化物，如 FeS（黑色）、MnS（棕黑色），不仅腐蚀文物，还产生一些深颜色物质污染文物。

3. 空气中尘埃对砖瓦类文物的危害

空气中尘埃成分复杂，来源于多方面，主要有以下几种。

第一，酸、碱、盐固体。

第二，空气中 NO_2、SO_2、SO_2 等与水及金属氧化物作用生成的次生污染物盐类。

第三，海风、海浪飞溅将盐类带入空气中，盐场含盐气流将氯化物（$NaCl$、KCl）、硫酸盐、气溶胶等带入空气。

第四，燃料燃烧产生的各种有机化合物、烟道烟尘、煤渣、灰尘。

第五，来自金属冶炼厂、加工厂、化工厂、碎石厂等排到空气中的各种金属、金属氧化物、石棉、石英。

第六，尘埃还含有微生物（菌类、苔藓、藻类）生长所需的养料。

以上粉尘降到疏松多孔的砖瓦类文物上，一旦遇到潮湿空气、降水，那些可溶性盐、酸、碱就会溶解而渗入砖瓦文物的孔隙中，也会使砖瓦文物粗糙的表面腐蚀而风化、酥粉。

4. 空中死神——酸雨对露天砖瓦类文物的侵蚀损害

由于人口剧增，现代工业的发展带来了一个没有省界、国界，波及范围不断扩大，危害越来越严重的"空中死神"——酸雨，使砖瓦表面严重风化、酥粉，使内部结构更疏松、孔隙扩大，严重影响砖瓦的强度。

5. 风沙打磨对露天砖瓦文物的破坏

近年来，由于生态环境遭到破坏，土地荒漠化十分严重，风吹沙尘起，强烈的沙尘暴对露天砖瓦类文物的吹打磨损很厉害，有时甚至将砖瓦吹打破损。

砖瓦文物的破损、风化、酥粉，会引起雨水渗漏而危及古代建筑木质构件。受雨水及雨水中各种酸、碱、盐物质浸蚀的木质构件，会湿胀干缩、开裂、糟朽，威胁古代建筑的安全。

第三节 陶瓷砖瓦类文物的保护修复

新出土的陶瓷砖瓦文物及其碎片往往粘有各种污泥浊土及石灰质、石膏质、硅质等沉积物，一般都需要进行清洗。

一、陶瓷砖瓦类文物的清洗

（一）陶瓷砖瓦类文物软质泥土的清洗

一般陶瓷、砖瓦类文物出土后都粘有不少软质泥土，可先用普通水初步洗除，然后再用蒸馏水洗净。

（二）表面有彩绘的陶器及干硬泥土的清洗

有彩绘的陶器表面有一层薄薄的含有金属氧化物颜料和动植物胶绘画成的膜。这层膜与陶器黏结力本来就不是很强，加之地下水长期浸泡或陶器表面泥土干缩时的影响，黏结力会变得更弱，不宜用水泡洗、冲洗。处理这种彩绘陶器表面的污垢时，可用脱脂棉球蘸水或酒精等溶剂，局部将干硬泥垢浸润变软后，再用很薄的小竹片小心地剔除，最后用棉签蘸水轻轻粘洗掉绘画膜上少许易软化而不敢用竹片剔除的泥土。

瓷器与砖瓦类文物上的干硬泥土，可用水将其软化，用毛笔或软毛刷蘸水轻轻刷洗干净。

（三）陶瓷文物表面沉积物的清洗

陶瓷表面的沉积物、污垢虽对文物没有什么腐蚀，但会因遮盖文物表面的彩绘装饰花纹而影响陶器的形象，也需要清除掉。

陶瓷器文物表面的沉积物一般有石灰质（碳酸盐）、石膏质（硫酸盐）及硅质（硅酸盐），这些沉积物均难溶于水及有机溶剂。虽然因为沉积物中各物质的性质不同，所用的清洗剂和清洗方法也不同，但清除沉积物的原理基本分为两大类。一种是分解沉积物中的阴离子，如碳酸根、硫酸根、硅酸根。另一种是利用螯合剂（或叫络合剂）夺取沉积物中的阳离子，如钙离子、镁离子、铁离子、钡离子，形成可溶性的金属螯合物水溶液，而沉积物中的阴离子如碳酸根、硫酸根、硅酸根等则与螯合剂中的钠离子结合成新的可溶性钠盐，用水即可清洗干净。

1. 用分解阴离子的方法清洗陶瓷文物表面的沉积物

（1）陶瓷类文物表面沉积物石灰质（碳酸盐）的清洗

清洗前，先用水浸泡器物，然后用滴管或移液管吸取足以去除沉积物碳酸盐的10%盐酸或硝酸滴在沉积物上，使石灰质碳酸分解，生成的新盐溶解后，用水洗去生成的盐类和过量的酸。

（2）陶瓷类文物表面沉积物石膏质（硫酸盐）的清洗

石膏质沉积物虽然不溶于盐酸、硫酸、稀硝酸，却可跟具有氧化性的浓硝酸反应而形成可溶性硝酸盐。

其清洗操作是将粘有石膏质沉积物的器物先用水润湿，然后滴少量浓硝酸于石膏质上，待其溶解后，及时用机械法剔除，最后用水洗去余酸。

（3）陶瓷类文物表面沉积物硅质（硅酸盐）的清洗

硅质（硅酸盐）是最不容易清除的沉积物，一般用1%的氢氟酸涂于硅质沉积物表面，每次涂几分钟，涂后用水洗净，反复操作，直到将硅质沉积物清除完。因氢氟酸有剧毒，所以此方法应慎用。

在一般陶瓷文物表面，这三种沉积物都有而又不易辨别。在这种情况下，一般按先石灰质，再石膏质，最后硅质的顺序来清除。

2.用螯合（络合）沉积物中阳离子的方法清洗陶瓷文物表面沉积物

用螯合剂夺取陶瓷类文物表面沉积物中的阳离子，形成易溶于水的螯合物，而沉积物中的阴离子则与螯合剂中的钠离子形成新的可溶性钠盐，最后用清水洗去可溶性钠盐及可溶性螯合物即可达到清洗沉淀物的目的。

常用的络合剂有六偏磷酸钠和 EDTA 二钠（乙二胺四乙酸二钠）。

用 10% 的 $Na_2[Na_4(PO_3)_6]$ 水溶液浸润沉积物，螯合沉积物中阳离子生成溶于水的螯合物，然后用蒸馏水清洗螯合物及可溶性盐即可。若沉积物坚硬难除，可用多层纸张贴敷法来清除，即用 10% 的 $Na_2[Na_4(PO_3)_6]$ 将多层纸张润湿贴在沉积物上，使新生成的螯合物和可溶性盐渗入多层纸中；待水分蒸发后，可溶性盐即留在纸层中；最后将纸层揭下，即完成一次清洗。反复上述操作 2～3 次，沉积物就会被全部清除。

（四）陶瓷表面由炭黑和有机脂形成的污垢的清洗

清洗由炭黑和有机脂形成的污垢可用强氧剂氧化处理，使炭氧化成二氧化碳，使有机脂化合物氧化变成小分子量的有机物，用水冲去即可。清洗这类污垢常用 3% 的双氧水（H_2O_2），具体清洗操作是：用棉球蘸 3% 的双氧水溶液浸污垢数次，待污垢除去后，用蒸馏水冲洗、晾干。

（五）有彩绘彩釉陶瓷的清洗

清洗表面有彩绘彩釉的陶瓷时，要特别小心，可先在隐秘处做小面积的实验，如果效果好，可以继续；如果有损害立即停止，另用别的办法。对有彩绘彩釉的陶瓷一般采用 3%～5% 的盐酸清洗，而不能用腐蚀彩绘彩釉的硝酸、醋酸、硫酸、氢氟酸来清洗。

汉阳陵出土陶器上的彩绘没有胶膜，是直接画在陶体上的，颜料全靠陶器的孔隙渗吸而与陶体结合。这种粉彩陶的彩绘很容易脱落，出土时应及时用透气、透水性好的加固剂先予加固，使彩绘牢固地粘在陶体上，待器物内部水分缓慢溢出后，再慢慢清洗。

（六）陶瓷砖瓦类文物中可溶性盐的清洗

由前文可知，可溶性盐对陶瓷砖瓦类文物的危害十分严重，在进行黏结、加固等处理前必须将其清除干净。去除可溶性盐一般是采用蒸馏水浸泡，定期换水；也可用电渗法来加速除盐清洗，即在浸泡槽的两头插入不锈钢电极，以 5% 的稀氨水作电解质通入 $1 \, A/dm^2$ 的直流电，使陶器中的金属离子加速运动，从陶器中析出。电渗法清除的效果可用电导率来判断清洗程度：因为可溶性盐是电解质，在水中含量越大，电导率就越大，因此，当电导率降到一定程度，并保持不变时，就可认为可溶性盐已清洗完毕。

如果器物表面已严重风化、酥松，处理时可在其表面敷上浸湿的滤纸或吸水纸，保护表层不被溶液泡散，然后再进行处理。在处理时，表面滤纸要进行定期更换。

为了确保表面酥松器物安全除盐，也可用多层纸张或滤纸用水敷在器物表面，利用陶器内的毛细孔隙和纸张纹理协同抽吸作用,将器物中可溶性盐逐步转移到纸张中,反复操作,直到纸张再没有转移出来的溶盐为止。溶盐清洗程度,可用测纸张浸提液的电导率来判断。

清洗完溶盐的器物要阴干,以防变形。

二、陶瓷砖瓦类文物的黏结

（一）陶瓷砖瓦类文物黏合剂的基本要求

①首先必须能保持文物原貌,即黏结前与黏结后从文物外貌来看基本一致。在陶瓷碎片黏结完毕之后,黏结好的陶瓷砖瓦碎片最好是看不出痕迹、完好如初。

②用于陶瓷砖瓦类文物的黏合剂,必须具备易流动性。因为陶瓷砖瓦类文物结构不致密、多孔隙,在进行黏结时黏合剂必须具备流动性好,才能充分浸润填平。被粘陶器、砖瓦文物断面疏松、多孔隙,使凹凸不平的部分牢固地黏结起来。

③黏合剂还必须具备长期性和稳定性,即黏结好的陶瓷砖瓦类文物能长时间稳定、不氧化、不吸潮、不软化、不变色、黏结角度不改变、不变形。

④陶瓷砖瓦类文物的黏合剂要黏着力强,对陶瓷砖瓦碎片有很好的黏结力,并能保持黏力长期不变。

⑤黏合剂应具有可逆性,一旦出现新的、更好的材料,可以容易除掉。

⑥陶瓷砖瓦类文物的黏合剂黏度要小。

因为陶瓷砖瓦类文物结构不致密、多孔隙,黏结断面粗糙且是带孔表面,所以黏合剂黏度要小,才能流动性好、浸润充分。

⑦黏合剂固化时收缩率低,低蠕变、高韧性。

⑧操作性能良好,可根据需要任意调节。

（二）陶瓷砖瓦类文物黏结常用的黏合剂及黏结操作

1. 陶瓷砖瓦类文物常用的环氧树脂黏合剂

第一,环氧树脂黏合剂的特点。

①黏着力强。由于环氧树脂有环氧基、羟基、氨基和醚键等极性基因存在,与被粘物表面以化学键、电磁吸引力相结合,因而黏合力非常强,其强度超过其他黏合剂。

②收缩力低。因液态环氧树脂具有很高的缔合作用,在固化时又是通过加成反应完成,因而不产生低分子化合物一类的副产物,不产生气泡,因此固化后收缩力一般低于2%;当加入适当填料后,甚至降到0.1%左右,为热固性树脂中收缩率最低的一种树脂。

③内聚力大。环氧树脂固化后,胶层内聚力很大,以至于应力断裂往往发生在被粘物上,而不出现在胶层内或黏合界面上。

④操作性能良好,可以任意调节黏度,使其具有良好的流动性和浸润性。

⑤稳定性高,耐老化、耐溶剂、耐水、耐化学、耐热都非常好,可配成在低温或超过250℃下长期使用的胶液。

⑥能保持文物原貌，黏合后基本看不出痕迹。

由于环氧树脂黏合剂黏结力非常强，所以黏合层厚度很薄。这样结合层的抗拉与抗剪切强度随厚度的增加而减小，而剥离强度随之而增加。通常黏合层厚度在 0.02 ~ 0.08 mm 范围内，抗拉与抗剪切强度较高，超过此厚度，则急剧下降。环氧树脂黏合剂在 0.1 ~ 0.2 mm 的结合层范围内，强度基本不下降。所以，环氧树脂结合层薄而结合力强，黏结基本看不出痕迹。

从以上情况可知环氧树脂作为陶瓷砖瓦类文物的黏合剂基本符合陶瓷砖瓦类文物黏合剂的要求，所以是一种常用陶瓷砖瓦类文物黏合剂。

第二，环氧树脂黏合剂黏结陶瓷类文物的操作。

环氧树脂黏结综合性能的最优化，不仅取决于黏合剂的组成和配方，同时还取决于被黏合材料表面的处理、涂胶和固化等黏合工艺也有重大的影响。陶瓷砖瓦类文物的黏结工艺操作如下。

①清洁黏结界面：用水（若有油污时需用乙醇或丙酮等有机溶剂）清洗黏结界面，可用毛笔或小软毛刷蘸水（或有机溶剂）轻轻刷洗，使被粘界面洁净、无油污、无灰尘、无外来杂质。清洗过的器物，于 50 ~ 60℃或室温环境中自然干燥。

②涂胶：用牙签挑取环氧树脂黏合剂均匀涂满断面，使黏合面浸润完全；涂胶匀平，防止涂胶不匀而出现固化不完全区、黏缝不整齐和黏合面错位。

③固化：固化剂和固化时机是决定黏合性能的主要条件。待黏合剂半干时，合对断面并轻轻用力片刻，一般接触压即可满足要求。注意黏结时一定要对好断面，并固定放置，以防错位；及时用小刀剔去合对断面时挤压出的余胶。

2. 陶瓷砖瓦类文物常用的硝酸纤维素黏合剂

（1）硝酸纤维素黏合剂的特点

硝酸纤维用作陶瓷砖瓦类文物黏合剂的主要特点如下。

①稳定性好：耐气候、耐老化好。

②黏结效果好：黏结能力强、黏合强度好。

③相容性好：与增塑剂、改性剂、填料相容性好。

④可逆性好：固化后仍可用丙酮溶解。

⑤有抗菌能力：因分子中含有硝基而具有抗菌能力。

（2）硝酸纤维素黏合剂黏结陶瓷砖瓦类文物的操作

硝酸纤维素黏合剂黏结陶瓷砖瓦类文物的操作方法与用环氧树脂黏合剂黏结操作相同。硝酸纤维素黏合剂与环氧树脂黏合剂不同的是，硝酸纤维素固化后，仍可用丙酮浸泡溶解，这一点在陶瓷砖瓦类文物的黏结上十分重要。

3.陶瓷砖瓦类文物常用的聚甲基丙烯酸甲酯黏合剂

（1）聚甲基丙烯酸甲酯黏合剂的制备

用丙酮与氢氰酸的加成产物经浓硫酸脱水后，在浓硫酸的催化作用下与甲醇加热反应，即生成甲基丙烯酸甲酯，再在引发剂（过氧化苯甲酰）引发下聚合生成聚甲基丙烯酸甲酯。

（2）聚甲基丙烯酸甲酯黏合剂的特点

①具有橡胶的柔软性和弹性。

②无色透明。

③化学稳定性好，有耐热、耐溶剂、耐水的良好性能。

④具有很高的黏合性能。

⑤机械性能好，具有耐洗涤性、耐干洗，有良好的操作性能。

（3）聚甲基丙烯酸甲酯黏结陶瓷砖瓦类文物的操作

与环氧树脂黏合剂黏接陶瓷砖瓦类文物的操作相同。

①洗清黏结断面：用毛笔或小软毛刷蘸水或有机溶剂轻轻刷洗黏结界面，使界面洁净、无油垢、无灭尘、无外来杂质，清洗后，于50～60℃烘干或自然干燥。

②涂胶：用毛笔蘸5%～8%聚甲基丙烯酸甲酯的丙酮溶液，均匀涂满断面，使界面浸润完全。

③固化：待涂胶半干时，合对断面，合对时一定要对好断面，防止黏结错位，稍轻用接触压，并固定放置，待固化后及时用氯仿（$CHCl_3$）擦净合对断面时挤压出的余胶。

4.陶瓷砖瓦类文物常用的氧基丙烯酸酯黏合剂

（1）氧基丙烯酸酯黏合剂的特点

①常温常压、不加固化剂即可快速固化，对比较脆弱的陶器非常适用。

②黏合剂固化后，结合面无色透明，抗拉强度高，黏合后几乎看不出痕迹。

③毒性小，对人体安全。

缺点是韧性、抗冲击和抗剥离强度略低，但对黏结陶瓷砖瓦这类怕压、怕碰撞的文物来说，没什么影响。

（2）氧基丙烯酸酯黏合剂黏结陶瓷砖瓦类文物的操作

由于此黏合剂可在常温常压、不加固化剂的情况下迅速固化，且固化后无色透明、黏合好、抗拉强度高，用于陶瓷砖瓦类文物的黏结操作简便。其操作和前几种黏合剂操作基本相同，即清洁黏结断面—涂胶—固化并擦除余胶。

5.陶瓷砖瓦类文物常用的聚苯乙烯黏合剂

（1）聚苯乙烯黏合剂的特点

①长期与潮气接触完全不吸水，即使在水中浸泡300小时以上，吸水也仅为0.05%。

②电气性能极为优异，由于吸水性极小，所以在潮湿情况下，仍能保持极其优越的电

性能。

③化学稳定性高。聚苯乙烯对化学药品有极强的抵抗能力，对一定浓度的氧化性酸、有机酸、盐类、碱类溶液、醇、动植物油类的抵抗力极强。

④聚苯乙烯黏合剂的抗冲击强度、抗张强度、抗弯曲强度及伸长率随温度下降而增强，也随聚苯乙烯分子量增大而增强。

（2）聚苯乙烯黏合剂黏结陶瓷砖瓦类文物的操作

与前几种陶瓷砖瓦类文物黏结剂操作基本相同，只是用丙酮和甲苯的混合溶液来作溶剂配制溶液，涂匀待半干时，合对断面，固定固化后，用丙酮或甲苯擦除挤压出的余胶。

三、陶瓷砖瓦类文物的加固

（一）陶瓷砖瓦类文物加固剂的基本要求

①陶瓷砖瓦类文物加固剂应能保护文物原貌，加固前后从外观看一致，看不出痕迹。

②加固材料应无色透明，渗透性好。

③加固材料必须具备良好的黏结性、牢固性。

④加固材料必须具备长期性、稳定性，加固处理后的文物应长期稳定。

⑤操作方便、经济，能达到最佳的保护效果。

（二）陶瓷砖瓦类文物加固剂的特点

1.陶瓷类文物常用的聚醋酸乙烯酯加固剂

（1）聚醋酸乙烯酯加固剂的特点

①黏合力强、黏合强度高。

②耐老化、耐气候性质极为稳定，即使受热到180℃也不会发黄。

③与填料、增塑剂相溶性好。

④可以自由调节黏度，且有良好的早期黏合强度，是一个较理想的陶瓷砖瓦类文物加固剂。

（2）渗透加固陶瓷类文物

由于陶瓷类文物大多为多孔或网状结构，加固溶液容易渗到它的内部，经固化而起到加固作用。

由于陶瓷类文物保存的完好程度不同，因而采取的加固方法也不同。

第一，质地强度较好陶瓷类文物的加固。

用聚醋酸乙烯酯加固剂加固瓷器的操作：①先在木箱内铺一层塑料布；②加蒸馏水浸没瓷器；③视文物情况加入聚醋酸乙烯酯加固剂，浓度由稀到浓，隔日增加；④数日后浸渗完毕取出；⑤小心擦去多余的加固剂；⑥晾干即可。

第二，脆弱陶器的加固。

因为陶胎多孔隙、疏松、脆弱，可用5%～15%的聚醋酸乙烯酯酒精（或丙酮）溶液渗透加固，最好用减压渗透，具体操作：①将欲加固的脆弱陶器放在一个可以减压的容器中，加入5%～15%的聚醋酸乙烯酯酒精（或丙酮）溶液，浸没陶器。②减压渗透。将陶器事先于40℃烘箱内进行干燥处理，使渗透加快，减少浸泡时间(一般3～4小时即可渗透完毕)。③取出。因为溶剂酒精（或丙酮）挥发快，聚醋酸乙烯酯很快就会固化。

第三，潮湿又不便干燥的陶器的加固。

①潮湿又不便干燥的陶器可用聚醋酸乙烯酯加固剂渗透加固。由于乳液浓度高，可使渗透完全固化快。②渗透完毕取出。③擦去表面多余的聚醋酸乙烯酯加固剂。④晾干。

第四，表面酥粉的陶器的加固。

表面酥粉的陶器不宜采取渗透加固，可用5%尼龙酒精溶液轻轻多次喷涂（喷时以不吹起粉末为原则），若需进一步加固时，再用聚醋酸乙烯酯酒精（或丙酮）溶液渗透加固。

（3）带釉而表面酥粉的陶器的加固

带釉而表面酥粉的陶器剥落较厚时，用10%的聚醋酸乙烯酯丙酮溶液粘贴加固。

（4）砖瓦类文物的加固

由于陶器和砖瓦都是以土做坯烧制而成，所以砖瓦在构造和所含化学元素方面都和陶器类似。因此，出土的砖瓦类文物的加固可参照陶器的加固方法进行。少量质地较好和强度较好的可用聚醋酸乙烯酯加固剂渗透加固。

若砖瓦类文物较脆弱且量较大时，可用5%～15%的聚醋酸乙烯酯溶液喷涂加固。

2.陶瓷砖瓦类文物常用的聚甲基丙烯酸甲酯加固剂

（1）聚甲基丙烯酸甲酯陶瓷砖瓦类文物加固剂

聚甲基丙烯酸甲酯加固剂的结构式、合成方法、特点在陶瓷砖瓦类文物黏合剂部分已经介绍过了。由于聚甲基丙烯酸甲酯的优异性能而使它既可用作陶瓷砖瓦类文物优良的黏合剂，又可用作陶瓷砖瓦类文物的加固剂。

（2）聚甲基丙烯酸甲酯加固陶瓷砖瓦类文物的操作

①质地强度较好的陶瓷砖瓦类文物的加固。

可将器物置于一个可减压的密闭容器中（小件可放在真空干燥器，稍大者可置一个密闭可抽气减压的容器），加入5%的聚甲基丙烯酸甲酯的丙酮溶液浸泡，并减压加速渗透；渗透完毕，停止减压，缓慢打开容器上的活塞，使容器内压力慢慢和外界大气压平衡；打开容器，取出器物，擦去器物表面多余的聚甲基丙烯酸甲酯溶液即可。也可用丙烯酸酯聚合物乳液渗透。

②脆弱陶瓷砖瓦类文物可用5%～8%的聚甲基丙烯酸甲酯的丙酮或氯仿溶液减压渗透加固，也可用5%的聚甲基丙烯酸甲酯丙酮溶液喷涂或接触渗吸法加固。

③表面酥粉的陶瓷砖瓦类文物可用5%～8%的聚甲基丙烯酸甲酯氯仿溶液喷涂或接触渗吸法加固。

四、陶瓷砖瓦类文物的修补

（一）陶瓷砖瓦类文物修补的基本要求

（1）必须能保存陶瓷砖瓦类文物的一切特点。

（2）修复必须尊重历史、尊重原作。

（3）修补残缺部分，必须经过周密的调查、分析、研究，修补时不得超过残缺部分。

（4）修补者不得把自己的臆测和增添部分加进文物。

（二）陶瓷砖瓦类文物常用的文物修补剂

陶瓷砖瓦类文物碎片拼对起来后，残缺的部分往往需要修补，修补时常用A·T·K面团。

1. A·T·K面团修补剂的特点

（1）A·T·K面团是一种塑性面团，填补陶瓷残缺部分方便自如，工作时间和进度可灵活掌握，适用期长，不会浪费。

（2）对器物无任何损害。

（3）强度比石膏好，且不怕水。

（4）可以着色，便于做旧。

2. 白色石膏修补剂

（1）白色石膏修补剂修补陶瓷砖瓦类文物的操作

①先将石膏用其重量的60%～80%的水调成稠状；②陶瓷、砖瓦残缺部分用衬垫撑托；③用薄竹片或木片将石膏堆涂残缺部位；④待其干燥硬化后进行打磨、修饰，使修补部分与器物浑然一体。

（2）采取白色石膏修补陶瓷砖瓦类文物的优缺点

第一，白色石膏修补剂修补陶瓷砖瓦类文物的优点。

①操作简便。

②取材容易、来源丰富。

③价格便宜。

第二，白色石膏修补剂修补陶瓷砖瓦类文物的缺点。

①强度不够。

②怕水浸。

③怕重压。

五、陶瓷砖瓦类文物的表面保护

（一）陶瓷砖瓦类文物表面需保护的主要原因

（1）空气中有害气体（SO_2、SO_3、NO_2、N_2O_5、CO_2、Cl_2、HCl等）及有害气体形成的酸雨对陶瓷类文物特别是对露天砖瓦类文物危害极大，引起严重的化学风化，致使古代建筑漏水或坍塌。

（2）在潮湿的地方，空气中的尘埃、菌类黏附在砖瓦类文物上会滋生霉菌、苔藓、藻类。它们及其代谢产物侵蚀砖瓦类文物，加速风化，特别是加速生物风化。

（二）陶瓷砖瓦类文物常用的效果好的表面保护材料

陶瓷砖瓦类文物的表面保护一般采取涂刷或喷涂无机或有机高分子材料保护层。

1. 有机硅树脂表面保护剂

（1）有机硅树脂表面保护剂的特点

①表面黏结力强。

②无色透明，不产生眩光。

③防水，防污染，防盐蚀。

④耐酸。

⑤耐久性好。

（2）表面保护操作方法

将有机硅树脂涂刷或喷涂于陶瓷砖瓦类文物表面，形成一层肉眼看不到的无色透明的保护膜。陶瓷砖瓦类文物结构疏松、多孔隙，因而在进行涂刷、喷涂表面保护剂时，会有表面保护剂渗入器物表层以下一定深度，这样所谓的表面保护不仅可以保护器物的表面，还可以起到一定的加固作用。

2. 聚丙烯酸酯类溶液表面保护剂

（1）聚丙烯酸酯类溶液表面保护剂的特点

①耐老化性能特别好。

②无色透明。

③抗酸耐碱。

④耐风沙磨损。

⑤防水，防霉，防苔藓、藻类，即防生物风化效果特别突出。

⑥渗透性好，可起到既加固又封护的作用。

⑦价格便宜。

⑧使用简便，喷涂、刷涂均可以。

（2）聚丙烯酸酯类溶液表面保护剂是西北大学王蕙贞教授和宋迪生教授研制的，因保护效果良好，甚至受到国外的欢迎。多雨潮湿的新加坡在一些古代建筑维修和重建中所用的砖瓦就是由陕西省铜川一砖瓦厂烧制，经西北大学提供表面保护处理后运往新加坡的。

第九章 油画、骨角牙器、琥珀文物保护

第一节 油画的修复

  油画是由西方传入中国的文化艺术，至今我国的油画创作或中西合璧的绘画创作日趋繁荣，而油画收藏爱好者也日渐增加。因此，油画的修复和保护已成为新的课题。我们的文物修复和保护工作者，在高起点的基础上，采用现代科学技术方法，已摸索出一些成功的经验，现结合自己的实践，加以介绍。

  油画是一种用快干油，如亚麻仁油、核桃油、罂粟油等调和着颜料的粉末，按照作者的构思涂在油画布、油画纸或油画板上，用以体现其独特的艺术效果。其特点是颜料具有较强的遮盖力，由于油的氧化作用，油画颜料彻底干透后色泽鲜艳、牢固，有丰富的色彩效果，并具光感、质感，立体感很强，充分表现出物体的真实感。

  油画作为西方一门传统的绘画艺术，最初流入中国始于明代万历年间，当时一些西方传教士来到了中国，他们在带来宗教的同时，带来了欧洲的文化，其中包括油画艺术。最初由意大利传教士利玛窦首先传入中国。到了清代，另一位意大利传教士郎世宁进入宫廷成为皇室画家，以其杰出的油画作品在宫廷内大放异彩，令国人对西方的油画刮目相看。也就在这一时期，中国人开始学习绘制油画。20 世纪初，中国的徐悲鸿、林风眠等油画大师不遑西方人专美，其优秀作品也蜚声国际。而中国的油画真正发展还是近几十年的事情。

  北京故宫博物院现保存着不少清代的油画作品，还有徐悲鸿纪念馆、中国美术馆、中央美术学院等均保存着许多精美的油画。

  油画布是由棉花、亚麻或大麻的纱线织成有波纹或斜纹的帆布，作画之前先将帆布绷在画框上，涂上一层清漆，以保护帆布纤维，然后再刷一层亚麻仁油和铅白的薄底作为"初涂"层。"初涂"起到了保护织物的作用，同时利用铅白颜料的反光性能，可以产生更好的绘画艺术效果。油画颜料是一些不溶于水和油的有机质或无机质的细小颗粒，在鸡蛋、树脂、动物胶以及清漆等的调和下，方能用于作画。每一微粒都会有一层不透水的媒质薄膜包裹着。油彩的厚度或重量一般是帆布的 5 ~ 10 倍。因为油画颜料和其载体帆布的物理、

化学性能上存在一定的差异，随着时间的推移，会发生一些不同步的老化进程，颜料逐渐失去了初始的柔软而变硬，画布也随着环境条件的变化逐渐失去张力而变得松弛，已不能有效地支持颜料层，出现了画面起皱、松动，若不及时处理，颜料层会断裂、脱落。

一些珍贵的油画，由于长期没有科学保管而损坏，处于气温偏高、湿度较大时，油画会存在不同程度受潮而产生严重霉变的现象。其结果使油画的基底涂层和颜料层脱胶，油彩松浮，并与画布分离，同时画布纤维便会发生霉变，出现虫卵而显现霉点。

20世纪上半叶的中国，社会动荡，战事频繁，相当部分油画作品从内框上拆下来，多张叠在一起，捆卷起来，随着艺术家到处辗转漂泊，日子长了，由于卷曲产生的应力，势必造成画面上干透的颜色层产生龟裂，稍一用力提起，便使油画断裂和油彩脱落。由于油画没有得到科学保管，又受到烟熏、油渍和污渍的严重污染，产生难以弥补的损害。现在许多博物馆、美术馆具备常年恒温恒湿的设备，在这以前相当长的一段时期内，是很难做到的。为了挽救濒临损毁的油画作品，让国人能欣赏到这些珍贵的油画藏品，妥善地加以保护和修复，刻不容缓。油画的保护与修复在西方早已成为一门专业技术被广泛应用。我国内地对其较系统地进行专业技术研究，仅仅处于起步阶段，远落后于欧美先进国家。随着中国社会的改革开放，社会及个人对油画收藏的出现，促使国人关注到油画保存与修复的技术问题。然而，由于中国的油画发展历史较短，特别是对其材料、技法缺乏深入研究，从画布到底子、支撑架、媒介剂、颜料保护光油等各个方面是不太考究的。目前，我国油画藏品相当部分在保护和修复方面尚存在着不少问题，特别是对于大型油画作品难度更大。

一、摸清油画原作的情况

对油画作品的修复是一个细致而复杂的过程。首先要掌握修复对象的基本情况，必须先了解中西方油画的历史背景和流派的相关资料，作者的创作年代、创作风格、创作观念、美学观点以及绘画技法和特质。同时要明白作者惯用的材料、色彩、内在结构和关系。这样能使修复人员对作品有更深入全面的认识，从而更加准确地掌握作品的原始创作面貌。在修复之前，必须详细记录油画及外框的规格、主题、作者签名和日期。其次要分辨油画的基底物所使用的材料。它究竟是棉布、大麻、亚麻、黄麻、混合纤维布、木板或是纤维板，还是"初涂"层的颜料。作品的保存状况，除使用电子显微镜观察外，还可通过紫外线照射来检测，它可透视到保护层与绘画颜料层内部。当紫外线照射在油画表层时，即呈现蓝紫色的折射光，可分析绘画颜料层的化学反应，判断颜料使用的黏合剂、颜料的厚与薄，属透明或不透明绘画技法，是明色、暗色或灰色色调，笔触是粗糙或是细腻。绘画颜料层是否龟裂，以及确定龟裂的范围和裂纹的深浅程度。颜料层表面有无氧化腐蚀而破损、潮湿霉化或遭微生物和昆虫侵害现象，以及颜料层表面出现水泡使油彩脱落现象。最后要再辨别该作品是否涂有保护层，以及所涂的范围和厚度，仔细分析保护层的颜料与透明颜色是否有病变现象。

若用红外线辐射检测，其透视深入的范围远远超过紫外线照射，可达到基底物的涂底层甚至素描层。清楚地观察到基底物的质料，有无分离、浮起、龟裂、剥落或虫类和微生物的侵害情况。同时，可以检查该作品是否被修补过、修补方式以及所用何种黏合剂材料。条件好的美术馆或博物馆，还可使用 X 光射线荧光光谱仪进行油画各个层面的分析观察研究，用红外线扫描仪对颜料衰变期进行考证等。用先进的科技手段来检测，可为修复人员提供比较全面和正确的现状资料。

一些珍贵油画作品，由于长期得不到科学的管理和保护而遭受严重残损。油画发生一些不同步的老化进程、颜料逐渐失去柔软变硬，画布随着环境的变化逐渐丧失张力而变得松弛，不能有效地支持颜料层，出现画面起皱朽弱，加之受潮使颜料层粉碎脱落，部分画底脱离基底布并往上翻卷，更甚者画布已经脱离内框。鉴于这些损害状况，必须立即采取抢救修复措施，防止颜料继续脱落，去除霉斑，同时对画布进行加固等工作。

二、清洁整理画面画背

首先定制一个规格比待修复作品原画布每边大 10 ~ 20 cm 的空心粗木框作为修复框，在修复框上用胶纸带按十字相隔 15 cm 分布贴于框上（胶面朝里），按画的尺寸，框边上四周粘贴无酸牛皮纸，在胶带无胶面上用两层绘图纸托底，目的是使要修复的油画能平整地放置于修复框上，同时能准确地控制其修复范围。接着将要修复的油画从内外框拆除下来，拆取画时要谨慎，决不可任意用力，避免伤害绘画层与基物。卸下的油画，表面的尘垢可用吸尘器轻轻吸干净，也可用软毛排笔或软毛刷（不能用抹布）轻轻地顺同一方向拂刷，不可纵横上下乱刷，要处处小心。如画面有颜料脱落现象，则不可进行以上操作。

把做过画面清洁的画平展放置于木框上，油画面上铺几层纯棉纱纸封护，以避免在拉平画布过程中产生颜料脱落现象。而后在贴满棉纸的画面四周边上再贴上较厚的牛皮纸，让上下两层牛皮纸夹着油画，使之固定，在阴干的过程中，旧画布被四边的张力自然绷紧拉平。待粘贴边上的糨糊干透后，剪去背后胶纸，去掉绘图垫纸露出油画背面。

在平台板上铺垫软纸，将已封护的画面朝下放于垫纸上，用吸尘器吸去画背的浮尘污垢。用细砂纸轻轻均匀打磨画背，然后铺上一层玻璃纸用电熨斗低温平整画背，还可交替使用装有细铁珠的砂袋揉平。同时密切关注画面变化，动作力度要适中，这样整理，是为了能均匀地在画面背后托蜡。

三、油画底部托蜡加固

修复被损的油画，最主要的是选择一种良好的黏合剂。这种黏合剂要求具有很好的渗透性，能够把已经松动将要脱落，但又尚未完全脱落的油绘颜料层与画底、画布黏合在一起，而且不会对油彩发生溶解作用，不能出现白化现象，更不能改变画面色调。同时在其固化之后，又具有良好的柔软性和可逆性，以便将来根据需要随时可以将其去除掉。针对这些要求，首先对各种黏合剂进行试验和筛选，最后选用的理想黏合剂是纯蜂蜡、达玛树脂和松节油为主要成分制成的树脂蜡。我们选用纯蜂蜡是因为纯蜂蜡不像石蜡含有多种矿物质放射性元素，且比石蜡稳定和柔韧。加入达玛树脂能增加蜡的黏性，再加入松节油能使蜡更好地与油画颜料层结合，同时起到软化蜂蜡和达玛树脂的作用。这种配制的黏合剂不仅有很好的黏合性，而且在其干固后仍相当柔软，具有弹性，即便是一些画布老化朽弱，油彩松浮龟裂，甚至部分画底脱离画布的油画作品，经使用这种黏合剂加固后，便可以重新卷曲。

下一步进入新旧画布的托蜡黏合加固工作。首先煮制树脂蜡，将一定比例的纯蜂蜡和达玛树脂加热熔化，加入松节油拌匀调和后冷却。树脂蜡成分比例为纯蜂蜡∶达玛树脂∶松节油 =10 ∶ 3 ∶ 1。

将配制好的树脂蜡加热至 60℃左右熔解，用排笔将树脂蜡均匀地涂刷在画背上，用电熨斗低温熨均匀，充分让树脂蜡渗进画布的纤维之间，通过加热，使树脂蜡溶液渐渐从画背通过纤维间的空隙渗到画布上颜料层的底部。然后用玻璃纸隔着用砂袋加压平整，如有部分树脂蜡过厚过多，可揭开玻璃纸用树脂熨斗加热把树脂蜡刮向四周，直至均匀平整。待树脂蜡冷却后将画从修复框上移下来。

用于加固油画的衬托底基物应选用颗粒细腻均匀的上等麻布，将这块新画布钉在修复框上，四周剪齐，绷布时一定要保持距离相等的直线，方能达到对绷布力量的平衡。而后使用喷雾器将水均匀地喷新画布，使之松弛，接着又绷紧，待布晾干后用手掌在画布上搓摩，再将画布往修复框上绷紧，重复喷洒绷紧步骤，待晾干后用手掌再次在画布上搓摩……如此反复进行"老化"处理 3 ~ 4 遍，使之以后不再变形和收缩，与旧画布协调，同时可增加附着力。将树脂蜡加热熔化，用排笔将树脂蜡薄薄的一层涂刷于新画布上，接下来便可进行新、旧画布的托裱加固工作。首先将油画正面平张于台板上，又将新画布裁成与原画布尺寸大小一样，把已涂过树脂蜡的那面覆盖在油画的背面，在新画布没涂树脂蜡的一面铺上玻璃纸，然后用熨斗加热至 60 ~ 65℃，使两层画布之间、画布与色层之间的树脂蜡同时熔化，充分渗透到油彩和画底，同时不断地用砂袋推压。推压力度要适中，树脂蜡未完全冷却状态下用力不能过大，待树脂蜡基本冷却时逐步加大力度，直到几个层面牢固地黏合在一起。而后用细铁珠做的砂袋均匀地铺置在玻璃纸上，加压 1 ~ 2 天，经固化后的油画起到了黏合加固作用，不但画面平整，且具有很好的弹性，同时油画可以卷曲。

四、油画画面的修复

将油画画面翻转向上，用水喷湿棉纱纸后揭掉。开始对油画画面进行修复，包括清洗画面、填补画面、颜料层全色与画面封护等技术。

（一）清洗画面

修复画面前，务必先将画面清洗干净，要根据作品所用颜料质地选用清洗溶剂，并严格分辨溶剂的强度。有些溶剂使用后将会严重破坏作品的材料，更甚者侵蚀作品的涂底层，致使底层的质地变软。一般常用的是乙醇、精炼松节油、丙酮、石油醚等有机溶剂。它们既能去除多种污垢，而且对各种材料的艺术品基本无害。遇到较顽固的污渍、油污、烟熏、虫卵、霉斑和水迹，根据其污染程度与承受程度来选择两种、三种或四种溶剂的混合液使用，而每种溶剂都有它的特性与溶解功能，但在使用之前，必须在画面一边角上试验后方可铺开使用。

清洗过程是用棉球和棉签蘸调好了的溶剂擦去渗透到画表面的多余树脂蜡，较大的蜡块用竹签轻剔除掉。清洗画面时采用棉球点蘸或棉签滚动轻轻擦洗，每次蘸洗停留的时间不宜过长，清洗过的液体同时用另一根棉签吸干。其目的是不让清洗剂过多而渗到颜料层内，从而遭到损害，尤其是对间接画法的透明油彩浸染部分，更要小心谨慎。棉球和棉签洗擦出黄褐色保护光油和污垢，如发现油彩被棉签蘸出时，立刻停止该部位的清洗，以免将原色洗掉。清洗方式以每小方块面积逐块扩大，一般是直到棉花不再沾染黄色为止。

（二）填补画面

将已托裱加固和清洁好的油画重新装入原油画框内，为预防画布因经托裱后变厚而不平整，可将画布四角剪掉一小方块，再装入画框，四周布边用电熨斗加热熨平翘起部分，使其定型并紧贴画框。为防止画布生锈霉烂，在绷钉画布时最好选用不锈钢钉。

对油画各层之间发生的剥离，一开始总是表现为画面局部出现凸皱或油彩变得松浮起来。这些现象一经发现，要立即采取措施，可在脱片下面注射一种稀薄的动物胶或蜂蜡与树脂的混合剂，再加以轻微的热压，把油彩按平。油画的底子是颜料层的基础，正常的情况下应紧贴颜料，颜料的脱落会连带底子也一块脱落，形成画面凹陷孔洞。要修复龟裂严重破损的颜料面，必须先修复好油画的底子部分，在填补过程中我们选用了聚乙烯醇溶液调和钛白粉或立德粉，并加入少量亚麻仁油为填充物，根据原油画彩层厚度和笔触进行塑形修复，尽力做到填补处与周围衔接自然，多余的填充物用海绵磨平，然后自然晾干，待画面稳定。

（三）颜料层全色与画面封护

由于画面油彩部分脱落和填充料色泽的差异，必须进行颜料层全色，即对原油画损害的颜色进行全面修补。这是一项极其耐心细致的工作，是个人艺术修养与绘画技巧的体现，也是修复油画全过程中最关键和最费力的挑战。在进入全色工作前，对作品颜色层要作认真分析，保证确实做到油画的还原效果。使用油画颜料填涂已脱落的油彩，遵照作品原貌、色泽逐层补彩，原则上不能超出脱色部位，不改变原来的色感，务必达到与作品风格完全一致。

油画最表面一层是保护光油，它对油画起着防污、防尘和防潮等保护作用。因此，修复油画的最后阶段是给油画表面封护光油。我们采用达玛树脂（最好用玛蒂树脂）和精纯松节油配制，其比例为1：3，然后用细毛排刷薄薄涂于整个画表面，一般涂擦两层，并让整个画面光泽度达至均匀，如果需要亚光效果，可在保护光油里加入适量蜂蜡，其比例为 5：1。

为了日后需要再修复时分别出原油画部分或修复过部分，应当在添加修复材料的地方用透明纸蒙上做记号。但如果不作为藏品的油画又急需陈列的就不必封纸。

第二节 油画的保护

油画藏品的科学管理和保护技术，是一门新兴的科学技术。由于油画材料是麻布、木板、三合板和厚纸板等，这些材料的共同特点之一是具有吸水性和吸收其他一般液体的性质。吸潮后膨胀，蒸发干燥时又会收缩，可一旦吸潮过量就再也收缩不回。油画的载体——帆布对干、湿的反应极为迅速，受潮后立即膨胀，而油彩的反应则慢得多。随着相对湿度的降低，单纯画布的张力明显增加，而带颜料层的画布张力变化不明显。当相对湿度变化时，颜料层对画布的湿胀现象有一种制约作用，这种制约极易造成油彩的破裂和剥离。潮湿会使画材变形翘曲，脱胶开裂，还使画面各颜料层之间失去黏力而凸起。潮湿又会使颜色在光作用下变色，油画变黄，甚至让胶漆团分解变白。另外，像麻布、纸板等有机质画材，吸潮后极易受霉菌和害虫侵蚀，蛀虫又可将画材、画框、画橱蛀空，把完好的组织变成粉末，潮湿就是对油画最有害的因素。因此，防潮降湿是对油画藏品进行科学管理和技术保护的关键之一

控制好油画的保存环境至关重要。艺术藏品库房和油画陈列室的温度在 15 ~ 18℃，夏天在 25℃以下，相对湿度在 55% ~ 60% 较为适宜，尤其相对湿度的变动要小，以避免因胀缩现象造成的损害，经常观察、测量艺术藏品库房和油画陈列室的温湿度，使之控制在正常范围。如果超过湿度，艺术藏品库房和油画陈列室要开启吸湿机，温度过高时则要开启空调机，有条件的最好配置自动恒温恒湿空气调节装置。

挂在墙上陈列的油画必须注意防潮，可事先在油画背面封一层不透水的聚乙烯玻璃纸，目的是使油画背面可抵抗湿度变化，防止受潮油画翘曲。待陈列结束时，可将封护膜去掉，重新入库保管。

防尘除污是对油画藏品进行科学管理的重要措施。空气中混杂有极细微的灰尘颗粒和各种烟雾，这些有害物质和湿气结合在一起，附着在画面上，使纤维织品生虫长霉，致使油彩变硬变干，甚至脱落。

强光对油画影响也不容忽视，它会引起油画藏品画材糟朽变形。紫外线会破坏帆布纤维的 C—C 键，使之断裂、毁坏。有的绘画颜料及溶剂还相当强烈地吸收紫外光，造成绘画图案和画面油彩产生漂白、褪色而色调暗淡，甚至变为无色。要尽量减少阳光、灯光的照射，陈列室展出油画时，最好控制在有观众时照明，无观众时关闭。另外，油画要全部

配置画框保管，把带框的油画侧立在油画柜内，画与画之间保持 2 cm 左右的空隙，既防止了接触摩擦，又保持空气通畅，柜外有门，可防止灰尘和光线的损害。

有的油画已成为文物，有的是近现代的珍贵艺术品。我们在传统国画的修复和养护方面有比较成熟的经验，而对源于西方艺术的油画则比较陌生，缺少传统经验可以借鉴。随着改革开放和中西方文化交流的加强，油画也为国人所喜爱，油画的收藏和创作不断增加，陈列、修复和养护任务便日益繁重。我们必须努力学习和探索这方面的知识，迎接新时代面临的新挑战。

第三节 骨角牙器和琥珀文物保护技术

在我国考古发掘的古代文化遗址中，除了少量古人类头骨和齿骨，还有一类以高等哺乳动物骨骼、头角和牙为原料制成的器物，其用途包括生产工具、生活用具、兵器、装饰品、工艺品等。例如，旧石器时代的骨针、骨锥、骨镞、骨刀和骨铲，新石器时代的骨哨、骨镰、骨匕、骨耜等，器形种类多样，制作比较实用，充分展现了古代人类的智慧和技巧。长江下游地区新石器时代文化的代表之一浙江河姆渡遗址曾出土骨器 600 多件，生产工具占 70% 以上，其中骨耜数量最多，为主要的农业挖掘工具，说明六七千年前杭州湾地区人类已进入农业阶段；我国最早的甲骨文字出土于殷墟，是目前重点保护的稀世珍品。由于犀牛角、象牙在我国原料稀少，珍贵难得，因而这类文物大多仅作为装饰品和工艺品，为帝王贵族所拥有。骨角牙器是珍贵的文物，它们一方面反映了人类在利用自然、改造自然时生产力的发展过程，另一方面也反映了文化发展的历程，如人类思维和审美观的变化和发展过程。

我国辽宁的抚顺、云南的苍山、河南的西峡县是我国琥珀的重要产地。中国琥珀储存不多，多来自缅甸，也有的通过发源于丹麦的"琥珀之路"经波罗的海、地中海、波斯、印度到达中国。在我国，目前所见最早提及琥珀的文献是东汉班固的《汉书》，后来在明代李时珍所著的《本草纲目》中也记载有琥珀能通寒以宁心，利肺治五淋，以及定镇静、助明目、防结石等疗效，因此古人将琥珀用来入药。此外，琥珀还被广泛用于制作珠宝首饰和其他物件，如项链、琥珀花片、耳环、串珠、琥珀烟壶、小瓶等。琥珀器物被人们赋予了长寿、幸福、幸运、勇敢的象征意义。清代帝王大臣每年夏至去北京北郊地坛礼祭时都要使用琥珀，琥珀在清代被称为东珠。

一、骨角牙器的化学组成及性质

（一）骨器文物的化学组成及性质

骨器在我国考古发掘的古代文化遗址中，是最为常见的遗物种类之一，尤其是在春秋以前的遗址中，在全部文化古物中占有很大的比例。骨器的出现是因为当时人们对金属尚未认识，还不能将其广泛运用到生产和生活领域，而骨器却材料丰富，质地坚硬，易于加工，经久耐用，因此在早期人类社会骨器大量出现是很符合当时的生产力发展状况的。随着社会的进步，人类认知的不断提高，骨器也慢慢地退出了历史舞台被金属取而代之。

1. 骨器文物的原料结构

骨器所用材料是动物的骨骼，主要有牛的肩胛骨、龟的背甲和腹甲及其他动物的骨骼。这些骨骼都属于动物的硬骨。硬骨结构分为骨松质和骨密质。

（1）骨松质

骨松质包含一个疏松的、由骨组织交织成网状的结构，它使骨在承受正常压力和拉力中达到最大的强度，其骨质并不厚，细胞也没有排列成层，而在骨质之间往往有很多的中间空隙，像海绵似的组织。

（2）骨密质

骨密质是在骨骼的外部，尤其在长骨外围的骨干差不多全是由骨密质组成的，此外它内部的骨腔中还有骨髓和一些海绵状骨松质。

骨密质是组成骨板的主要成分，每层骨板是由骨细胞和基质交互组成的，每个骨细胞本体在细胞室中，而它的分支则在骨微管里面；硬骨细胞在骨的最外层，或者靠近骨膜的部分，细胞和骨的表面是并行排列的，组成外骨板。骨密质是致密坚硬的，肉眼观察完全呈坚硬状态的硬骨。

2. 骨器文物的化学成分

硬骨主要由羟基磷灰石和胶原蛋白组成，前者为无机盐，后者为胶原蛋白质。

（1）无机盐

①无机盐的化学组成。无机盐结晶占硬骨的 65%，形成羟基磷灰石矿物一样的结晶，羟基磷灰石主要成分为磷酸钙、碳酸钙、柠檬酸钙、磷酸氢二钠，还有少量氟化钙（CaF_2）、氯离子、钠离子等。

②无机盐的晶体结构。这些成分以结晶的羟基磷灰石和无定形的非结晶胶体磷酸钙的形式分布于骨胶质中。

羟基磷灰石化学性质稳定。骨骼中的羟基磷灰石结晶度较差，除晶体羟基磷灰石外，骨骼中还含有一定量的非晶体羟基磷灰石。随着埋藏年代的久远，环境使骨骼发生污染时，非晶态羟基磷灰石逐渐转变为晶体结构，导致结晶度增加。羟基磷灰石的晶体结构因发生离子取代等作用，其晶体微结构会发生改变，结晶度的变化是分析骨质文物损害的主要依据之一。

（2）胶原蛋白质

骨蛋白是不溶性的动物纤维蛋白，由数条紧密相连的螺旋氨基酸肽链构成，属于纤维蛋白中的胶原蛋白，此外还有一些油脂类化合物。

①胶原蛋白分子一级结构。胶原蛋白纤维可以由不同类型多肽链构成，多肽链是由若干个氨基酸脱水聚合而成的高分子化合物。骨上胶原纤维排列成片层状，在同一层中，胶原纤维互相平行而邻近的二层胶原纤维的排列方向则是相互垂直的。

在胶原蛋白里，氨基酸的数量、种类、排列顺序决定了蛋白质的一级结构。α肽链是特殊的左胶原螺旋，螺距很宽，每圈仅 3.3 个氨基酸残基。胶原 α 肽链的螺旋结构中含有的五元环氨基酸使形成的肽链具有刚性，并有转角的倾向，使肽链得以绕成一体，形成稳定而特殊的胶原三股超螺旋。

凡胶原蛋白，其氨基酸组成有与其他蛋白不同的特征，即甘氨酸占胶原氨基酸残基的 1/3，脯氨酸约占 1/4，尚有一定比例的羟赖氨酸和羟脯氨酸。

②胶原蛋白分子的二级结构。胶原蛋白分子是由 3 条 α 肽链绞合而成，每条肽链借氨酸残基中的肽键之间形成的氢键交连在一起，成为超螺旋体空间结构，外形呈棒状排列成束。形成的胶原蛋白纤维具有高度结晶性。胶原蛋白的这种结构使骨器很坚硬，并且不容易被破坏。

3. 胶原蛋白的理化性质

骨器损坏主要是从其中的有机物质即胶原蛋白的散失开始的。因此，胶原蛋白的分子结构和理化性质直接决定骨器的耐久性。

由于胶原蛋白是由氨基酸组成的高分子化合物，因此其物理、化学性质和氨基酸相似，如两性电离、等电点、呈色反应等。但它又有与氨基酸不同的性质，如高分子量、沉淀反应、变性等。

氨基酸的化学性质取决于其分子中的羧基、氨基、侧链基团以及这些基团的相互影响。

骨器文物中胶原蛋白的某些理化性质与文物保护密切相关。

（1）蛋白质酸碱两重性

氨基酸的羧基具有酸性，能与碱作用生成盐，与醇作用生成酯。

氨基酸的氨基具有碱性，能与酸作用生成盐，与亚硝酸作用放出氮气，与酰卤或酸酐作用，反应生成酰胺。

以上的任何一种化学反应都会引起胶原蛋白一级结构改变。有些骨器在出土之前已在地下埋藏了几千年，它们长时间浸泡在地下水中，受地下水酸碱度的影响，骨器中的胶原蛋白会慢慢地析出来。

（2）蛋白质特殊空间结构变性

蛋白质分子具有复杂而有规律的结构，表现出一定的物理、化学性质。

在外界理化因素的作用下，蛋白质严格的空间结构受到破坏，从而引起蛋白质理化性能的改变，这种现象称为蛋白质的变性。蛋白质发生变性时，肽链并不发生断裂，而是蛋白质的二级结构和三级结构发生了改变或破坏。能引起蛋白质变性的因素很多，如紫外线辐射、加热、干燥等物理因素，重金属盐、乙醇、丙酮等有机溶剂作用的化学因素等。变性后的蛋白质最显著的特点是溶解度降低、黏度增高、结晶性破坏，蛋白质变性对骨器的性质影响很大。一旦胶原蛋白变性，骨器的强度就会降低。

（3）蛋白质的酶降解

胶原蛋白质中的氨基酸含有霉菌营养所需要的碳源和氮源，骨器文物一旦滋生霉菌，霉菌所分泌的胞外酶会降解胶原蛋白。蛋白质分子聚合度下，机械强度也随之下降。

许多有害昆虫也会蛀食骨质文物。

4. 骨器文物的腐蚀

骨器的吸附表面积极大，易于吸附外来的可溶和不可溶物质。具体地说，骨器的吸附物质可分为两个部分：第一，吸附在羟基磷灰石晶体表面上，不影响晶体结构；第二，吸附物质的原子、离子或离子团等与晶体中的原子、离子或离子团互为置换，使羟基磷灰石产生晶格畸变。

吸附物质可与骨器内的各种化学成分发生反应。长时间的环境影响，可能会使骨器受到各种侵蚀而发生物理和化学变化，通常称为骨骼的污染和腐蚀，也叫作成岩作用。被污染的骨器，将丧失其原有的化学组成和特性。对古代骨器文物污染程度的鉴别，已成为文物保护的一个组成部分。

（1）骨器中有机物变性

除胶原蛋白的化学降解和酶降解等引起蛋白质变性外，20种氨基酸的侧链上有许多活泼基团，在不同的理化因素作用下能引起氧化、还原、取代、加成、重排等反应，这些反应能引起胶原蛋白的变性，如弹性下降、颜色发黑、骨中的有机物质消失。

（2）骨器中有机物的矿物化

由于骨组织中有特殊的孔隙，又长期埋在地下，受到盐和水的侵蚀，骨中的有机物会逐渐被矿物取代，特别是二氧化硅（SiO_2）和碳酸钙（$CaCO_3$）填入骨组织内能使骨质矿物化，如果时间特别长便形成骨化石。

（3）骨器中无机物的风化

骨组织中的磷酸钙、碳酸钙等无机盐使骨头具有很好的抗裂、抗压、抗折等机械性能。长期在不利条件的侵蚀下，大部分无机物会受到破坏，尤其是羟基磷灰石结晶度的改变使骨器变得非常酥脆。

（4）骨器文物的形变

骨器文物由骨密质和骨松质组成，中间还有海绵状的填充组织，结构不一致，遇热或受湿后，由于膨胀系数的不同容易引起翘曲和形变。

（二）角器文物的化学组成及性质

角器文物的发展历史也经历了一个从实用到欣赏的过程，最初人们制作角器的目的是满足生产和生活的需要，材料也是易得的鹿角等，随着陶器、青铜器、铁器等多种材料制成的生产和生活工具的出现，角器用材的选择更为讲究，雕刻精美，工艺欣赏价值大为提高，如珍贵的犀角。

1. 角器文物的化学组成

角器文物所用的原料为哺乳动物的角，如犀角、牛角、羊角、鹿角等。哺乳动物的角由头部的表皮或膜成骨形成，或由表皮和膜两者组合成；角分为永久角和脱换角两大类。

最珍贵的角器文物以犀牛角为原料，犀角由表皮产生的角质纤维交织形成，无骨心，固着在鼻骨的短结上，不脱换，但断落时能长出新角。

2. 角器文物的化学成分

犀角的主要成分为 β—角蛋白，此外还包含胍衍生物、甾醇等。

（1）β—角蛋白的分子结构

β—角蛋白也属于蛋白质中的纤维蛋白，它是角组织中的坚硬成分。在这些硬蛋白中，一级结构仍然是由若干个氨基酸脱水聚合形成的肽链，而二级结构则有数条相邻的肽链以锯齿状折叠排列，并通过肽链之间的氢键相互结合，多条肽链相互平行，形成 β—角蛋白片层结构。

（2）胍衍生物和甾醇的分子结构

胍也称亚氨脲，普遍存在于动物体内，它在 160℃ 时分解，溶于水和乙醇。角器中含有胍的胍生物。胍有极强的碱性，能吸收空气中的二氧化碳和水分。

甾醇是含羟基的甾类化合物。甾类化合物也叫类固醇化合物，广泛地存在于动物体内。这类化合物的特点是都含有一个环戊烷与氢化菲并联的骨架。骨架上有两个角甲基和一个烃基。R_1、R_2 是甲基，R_3 是烃基。甾类化合物的立体化学结构十分复杂，包括三个环联结（A/B、B/C、C/D）。在发生化学反应时角甲基有空间阻碍作用，即化学反应很少从角甲基介入，但它较容易发生 B 环开环反应。甾类化合物对光很敏感，当它受到紫外光照射时就会发生 B 环开环反应。因此，角器最好避光保存。

角器文物与骨器文物相比质地更为紧密，内部不含无机成分，物理、化学性质更为稳定，不容易受到外界环境的侵蚀而损坏。

（三）牙器文物的化学组成及性质

牙器是指用象牙或其他动物的牙齿为原材料精心加工雕琢所形成的工艺品。一般所讲的牙器主要是指以象牙为原材料的牙雕工艺品。

牙器也有着和骨器、角器相同的发展历程，从生产和生活用具发展到工艺品。

1. 象牙的结构

象牙的主要成分为一种似骨的质料，称为"象牙质"，其化学成分几乎与硬骨相似，由磷酸钙、蛋白质和有机物构成。象牙是动物牙齿中最大的，随年龄的增长会继续增大，长到一定程度就开始弯曲，其整体外形应是一个月牙形。但象牙与硬骨的组织细胞不同，骨的细胞组织纹理较粗糙，而象牙的齿质结构比较紧密，呈中心辐射的网状纹理。

牙器一般采用的是整只象牙的前2/3部分，尤以牙尖质材最好，质地紧密，结构细腻。牙尖约占整只牙的1/3长。

每只象牙自牙尖的顶端开始，中心都有一个小黑孔，一直延伸到空心的牙根部分，称为"牙心"，其形态大致可分为三种：太阳心，中心只有一个小黑点；芝麻心，中心有数粒小黑点；糟心，中心像豆腐脑。太阳心最好，芝麻心次之。

2.象牙的性质

（1）象牙的不耐磨性

象牙的质地细腻，硬度适中，光泽柔和，有牙纹，它是制作高档工艺品的天然材料。象牙有白色、黄色、浅棕色等，硬度为1.5，比重在1.7 ~ 1.9，具有较高的韧性，即使是软摩擦都会使象牙呈现极好的光泽。因此，象牙的耐磨性很差，较硬的摩擦可破坏牙器表面的花纹。

（2）象牙的不耐酸性

象牙与其他兽牙不同，其表面没有釉质覆盖，不耐酸，强酸可以将它腐蚀，弱酸可以使它软化变脆。如果将象牙放在醋酸中浸泡，就可使之变软。无论强酸或弱酸都会对牙器造成损害，严重的可使牙器折断。

（3）象牙的吸附性

象牙能吸收蒸汽和液体，当牙器处在湿度较大的环境中时，水分子就会进入牙器，削弱大分子之间的结合力；当环境湿度很低时，牙器又会失去水分，变得干燥脆化，有机大分子之间的结合力会大大加强，而牙器中的无机成分不溶于水，很稳定，这样整个器物各部分张力不同，如此反复就会导致牙器开裂或翘曲。

象牙还能吸附油脂、有机溶剂或香水，这些物质渗入会使象牙变质。

（4）象牙的风化

象牙埋在地下受水、盐、酸碱的侵蚀，羟基磷酸盐分子结构遭到破坏，与土壤中的 $CaCO_3$ 和 SiO_2 结合形成象牙化石。

二、骨角牙器的损坏及保护

（一）骨角牙器的损坏原因

文物制成材料的损坏既有内部原因也有外部原因。内因主要取决于文物制成材料的质地结构、分子组成、理化性质和制作工艺等。外因主要取决于文物所处的外部环境和保护条件，即围绕文物空间中影响文物耐久性的各种自然因素，如温度、湿度、光线、化学污染物、有害生物等。

1.骨角牙器的损坏内因

（1）骨角牙器质地结构的不一致性

骨器的结构包括骨密质和骨松质，骨松质内含有海绵状孔隙，骨蛋白属于 α 一螺旋蛋白；角器中的角蛋白是折叠蛋白，形成片层结构，角器文物中的牛角、鹿角都是多孔质脆的物品，这类结构都具有一定的吸附功能。如马王堆汉墓的镇墓兽头的鹿角是一种神像的装饰，出土时中心海绵组织由于年代久远已经烂空，只剩下痕迹和空洞。

（2）骨角牙器中化学成分的改变

骨角牙器文物的主要成分中都含有一定比例的无机物磷酸钙 $[Ca_3(PO_4)_2]$，碳酸钙 $(CaCO_3)$，磷酸钙为不溶性的盐，质地较坚硬。骨角牙器的有机物为骨蛋白、角蛋白及填充于骨内的油脂类物质。有机物的许多活泼基团容易发生各种化学变化。由于长期埋在地下，文物的结构会发生破坏，骨中的有机物消失，甚至有的无机物成分也会改变。在考古发掘中，常常会遇到表面看来似乎是很完整的器物，却拿不起来，一触即碎，文物质地完全酥化。如四川金沙遗址出土的骨角牙器在几千年的埋藏过程中，由于地下水、泥土等不断侵蚀，其中的有机成分已丧失殆尽，只剩下疏松多孔的无机盐。

2.骨角牙器损坏外因

骨角牙器损坏的快慢还与外部环境条件的优劣有密切关系。损坏骨角牙器的外因常常是由多种因素综合作用的结果。

（1）温度、湿度变化

骨角牙器长期埋在地下，所处的环境是低温高湿，出土后，温度升高、湿度降低，突然性的温湿度变化使器物干燥失水，形成翘边、开裂等，造成形状的改变；温度的升高又会引起有害化学反应的加剧。

（2）化学污染

出土前的骨角牙器长期受地下水中盐、酸、碱等有害物质的侵蚀，造成器物材料风化；出土后的骨角牙器由于自身材料结构中含有孔隙，容易吸附空气中的水分和有害气体 SO_2、NO_2、O_3、CO_2 等，这些有害因素对出土骨角牙器中的碳酸盐有进一步的风化腐蚀作用。

器物中的 $CaCO_3$ 遇到 SO_2 和 H_2O 时就会生成 $CaSO_3$，$CaSO_3$ 又进一步与 O_3 和 H_2O 反应生成 $CaSO_4 \cdot 2H_2O$。$CaSO_4 \cdot 2H_2O$ 是溶于水的，器物如发生上述反应，无机物的硬度、溶解度和化学性质也会相应改变。而 CO_2 和 H_2O 对器物中 $CaCO_3$ 的腐蚀作用，即生成可溶性的盐 $Ca(HCO_3)_2$。

（3）光线辐射

骨角牙器为有机化合物，有机化合物分子是由碳原子、氢原子以共价键的形式相互联结而成，若化学键断裂，就会造成有机物的分解；紫外光具有足以使有机物化学键断裂的能量，使骨角牙器中的有机质受到破坏。

红外光是热辐射线，骨角牙器被红外线照射后，表面及内部温度会急剧上升，产生内应力，出现翘曲、龟裂现象。由此可见，光对骨角牙器也有一定的破坏作用。

（4）生物危害

当温度大于20℃，相对湿度大于60%时，寄生在器物表面的霉菌孢子容易滋生蔓延。霉菌对藏品的危害，主要表现在霉菌分解有机质，分泌各种色素污染藏品。骨角牙器为有机质地藏品，很容易遭受生物危害。害虫对骨角牙藏品的破坏作用是蛀食。在骨角牙器表面若出现霉点、霉斑和虫孔，其文物价值就会大大下降。

（二）骨角牙器的加固与处理

骨角牙器的损坏主要表现为翘曲开裂、发黄变色、酥解粉化、生虫长霉、表面结成风化物等，对此需要进行加固和处理。

1. 清洗漂白

（1）清洗

骨器、象牙雕刻品出土后的洁除，可用软毛刷蘸清水洗去沾染的污物和泥土，如污物难除，稍加一些肥皂水，清洗时间不宜过长，清洗后可用95%乙醇溶液浸上三次，然后用纸巾或吸墨纸吸干。

（2）漂白

骨角牙器主要由于蛋白质的变性一般都会发黄或变黑，若要恢复其本来面目，对泛黄的骨角牙器漂白，可分以下三种情况来处理。

①对泛黄不严重并不影响器物欣赏价值的不需要漂白。因为没经过漂白的骨器比漂白过的骨器更耐久。特别是象牙制品，自来旧的黄色对器物无害，不要轻易去除，以免伤害器物。

②如需要漂白，可用10%～15%的H_2O_2来清洗漂白，并多次用清水将残留液除去。

③对于颜色变得很厉害的褐黑色器物，可用2%的草酸溶液或2%～5%的次氯酸钙溶液来漂白清洗。

2. 去锈除霉

（1）去锈

所谓骨角牙器的锈，是指器物表面黏结的复合无机矿化物。

①除去骨器风化物。出土骨器，包括甲骨文物，如质地尚好，可先在热水中浸泡加热（100℃以下），后浸入冷水中，以热胀冷缩原理使锈壳松动自动脱落，也可用小刀、细针轻轻剔除。如有锈点可用1%～2%的稀盐酸（HCl）或甲酸（HCOOH）使其软化，再用竹刀剔除，并用蒸馏水和乙醇反复冲洗，直到器物的酸碱度呈中性为止。

②除去牙器风化物。象牙雕刻品如生有土锈必须先在蒸馏水中瞬间浸泡4～5次，然后用80%乙醇浸泡30秒，再用90%乙醇浸洗两次各30秒，最后放在乙醚中浸1分钟，整

个过程不宜超过3分钟，避免有机溶剂浸入牙质内部对器物造成损坏。

（2）除霉

骨角牙器表面上的霉斑，可用2%～5%的草酸溶液或柠檬酸溶液清洗，再用稀氨水中和，并用蒸馏水冲洗。霉斑清除后应将器物放在玻璃器皿或塑料袋中，使器物缓慢均匀干燥，以免变形或开裂。

3. 整形

对于尚有一定弹性的变形骨角牙器，可在3%～5%的醋酸溶液中浸泡，软化后用蒸馏水冲洗，并放在预先准备好的模具内，使其干燥定形。如果质地比较脆弱，可在蛋白胶液中煮过再整形。弯曲变形过大的器物，需逐步间歇进行整形，以免造成断裂。

4. 加固和黏合

（1）加固

对于质地疏松脆弱、表面酥粉的骨角牙器，可用2%～3%的三甲树脂，即甲基丙烯酸甲酯（MMA）、甲基丙烯酸丁酯（BMA）和甲基丙烯酸（MA）的共聚体和甲苯、丙酮溶液渗透加固，也可用15%聚醋酸乙烯酯的甲苯、丙酮溶液作渗透加固剂。加固要多次进行，以获得一定强度和表面不显光泽为宜。表面残留的树脂流痕，可用丙酮溶液去除。此外，还可用2%～5%的聚乙烯醇缩丁醛、乙醇溶液渗透加固。一般用滴渗或注射法加固。若用减压渗透法加固，效果更好。

我国考古专家对古人类头盖骨化石进行加固后，用有机硅树脂为主的GSB—5化石保护材料进行封护，取得较好效果。

（2）黏合

对饱水的破裂骨角牙器，可用较稠的三甲树脂、聚氨酯漆及硝基清漆等进行修补黏合。对干燥的破裂折断骨角牙器，可用502黏合剂或聚醋酸乙烯乳液黏合。

对牙器进行加固时，为提高象牙表面的透明度，可将其浸入用松节油和乙醇溶解的白蜂蜡中，进行渗透、加固，然后用细布揩擦。

5. 修复脱层与残缺

已经出现脱层和残缺的骨角牙器，可用蜂蜡、松香、乳香胶的混合物加热修复，也可用稀释的聚醋酸乙烯乳液调和石膏修补。为了使补配部分与原有部分协调一致，可以在以上两种材料中填加适量的颜料。

三、琥珀文物的损坏原因及保护

琥珀是古代针叶木的石化树脂。4000万～6000万年前，原始森林中参天松树由于气候炎热而渗出松脂，松脂坠地或者在滴落过程中，粘住了一些植物、杂物甚至小虫、小动物。松脂这种热塑性的材料遇到空气就凝固。这些松脂随原始森林由于地壳的运动而被埋入地下，被泥沙掩盖和地下水里的矿物质渗入，后来那些地区由于气温锐降，形成大冰河时期，使地层中的树脂冰冻和凝固。地层变动时又产生高热、高压等条件，这样经历了无数年代，树脂终于硬化变成化石，形成瑰丽的宝石——琥珀。

我国琥珀数量不多，主要产地在东北和云贵高原等地。墓葬中出土的琥珀以辽代陈国公主及驸马墓中出土的琥珀制品最为精美，且数量众多，有装饰品如耳饰、项饰等，实用装饰品如琥珀盒等，佛教用品如舍利瓶、菩萨像等，装饰附件如琥珀小鱼干等。辽代琥珀制品反映了当时辽人与西域和中原的文化、商贸交流，同时为后人提供了研究辽代历史的不可多得的实物凭证。

（一）琥珀的形成及化学成分

1.琥珀的形成

琥珀是中生代白垩纪至新生代第三纪松柏科植物的树脂经过地质作用后形成的一种有机化合物的混合物。琥珀的形成一般经过三个阶段：第一阶段，树脂从松柏树上分泌出来；第二阶段，树脂脱落被埋在森林土壤中，在此阶段内发生了石化作用，石化作用使化石树脂的成分、结构和特征都发生了强烈的变化；第三阶段，化石树脂被冲刷、搬运和沉淀，通过成岩作用形成了琥珀。

2.琥珀的化学成分

琥珀是一种植物树脂的天然化石，通常呈黄色、褐色或白色，绿色和蓝色极为罕见。主要化学成分为 $C_{20}H_{32}O_2$，碳、氢、氧比例不定，一般来说碳占79%，氢占11%，氧占10%，此外还含有0.04%的硫及一些灰分。琥珀呈不规则的、大小不一的块状或颗粒状。琥珀透明而有树脂光泽，是非晶质结构。

（1）双环萜类化合物

许多琥珀是以松树树脂分泌物为主要成分（$C_{20}H_{32}O_2$）。松脂的主要成分为两个双环 α—蒎烯，每个 α—蒎烯都是一种双环萜，是一种胶状物质。这类化合物属于异戊二烯类化合物，都具有一定的香味。

（2）有机酸

有些琥珀中还含有一定量的琥珀酸、松香酸、左旋海松酸等。

（二）琥珀的性质

1.琥珀的物理性质

（1）琥珀的密度及熔点

琥珀的相对密度为1.06 ~ 1.07，在盐水中可漂浮，用这种方法可鉴定真假琥珀。琥珀的软化温度为175℃，熔融温度在280 ~ 315℃。

（2）琥珀的硬度

琥珀的硬度较小，一般不含琥珀酸的琥珀硬度在1.5 ~ 2.0，含琥珀酸的琥珀硬度在2.0 ~ 2.5。琥珀断裂口呈贝壳状，由于琥珀的莫氏硬度低，韧性小，内部结构脆弱，因此特别怕机械损伤及热力破坏。

（3）琥珀的带电及荧光现象

琥珀经过强烈摩擦带有负电荷，能吸引纸屑。几乎所有的琥珀都有紫外线辐射荧光现象，长波紫外光下显浅白色、浅蓝色或浅黄色荧光，短波紫外光下显弱荧光。只有某些琥珀有可见荧光现象。荧光现象随琥珀的老化明显减弱直至消失，因此年代久远的琥珀，色泽都显得比较暗淡。

（4）琥珀的颜色

琥珀的颜色众多，可以说绚丽缤纷。琥珀之所以有那么多种天然颜色，是因为受不少复杂因素的影响。

①内含成分对颜色的影响。不同地域的松柏科树木分泌形式和分泌物成分不同会造成琥珀颜色存在差异。如含琥珀酸还是不含琥珀酸，琥珀颜色就会不同。

②埋藏地质环境对颜色的影响。埋藏琥珀的地层深浅、天然地热、冰冻、压力、温度骤变等环境因素不同，琥珀内坚实疏松程度、气泡含量多少就不同，琥珀就会有不同的颜色。一般来说，埋藏越深，形成琥珀化石的外界因素变化越多，琥珀颜色也就越深。

此外，埋藏琥珀的地层的土质、湿度、酸碱度和所含的化学成分不同，琥珀也会有不同的颜色。如有些早期从地层冲刷到海中漂浮的海珀长久浸于海水中，色调变成透明的金黄色或品质柔滑细腻的透水绿。

③腐蚀物对颜色的影响。渗入琥珀内部的侵蚀物化学成分不同，琥珀就会有不同的颜色。例如，渗入石灰石或氧化钛可使琥珀变成蓝色；渗入硫或硫化物可使琥珀变绿，同时带有荧光。有些地层中含有大量的腐殖土，富含硫黄酸，能使琥珀色调变深，甚至外层变成近乎黑色或墨绿色。

（5）琥珀的不溶水性和易燃性。

琥珀本身就是一种天然复合有机树脂，因此不溶于水且易燃。

2. 琥珀的化学性质

琥珀作为有机树脂，以挥发性的固态芳香烃为主要成分，其化学性质不稳定。

（1）琥珀中有机酸的中和反应

琥珀的几种主要化学成分中都含有羧酸，对琥珀的性质影响很大，耐碱性较差，氢氧化钠（NaOH）能溶解琥珀，一般弱碱也能使琥珀损坏。

（2）琥珀的氧化性

琥珀的各个有机成分中都含有大量双键，双键是不稳定的，容易发生氧化反应，因此琥珀暴露在空气中容易被氧化，失去光泽变得灰暗，好比一层污渍，难以除去，有时亦会开裂。因此，琥珀类文物应避光除氧保存。

（3）琥珀中有机酸的取代反应

琥珀中含有琥珀酸、松香酸、左旋海松酸等，酸中的羟基能与各种化合物发生反应，形成酰卤、酸酐、酯和酰胺等羧酸衍生物，其化学性质改变。

（三）琥珀文物的损坏及保护

1.琥珀文物的损坏原因

琥珀的损坏一般也叫琥珀的退质，退质主要表现为重量损失、颜色变暗、表层形成变质层、密度改变、琥珀酸含量增加、溶解度增加等。

琥珀退质的主要原因是在外界条件的影响下，琥珀内部的化学成分发生改变；此外，加工工艺的不合理性也会造成琥珀的退质。

（1）化学成分的改变

琥珀所含的有机物质会随着时间的推移而发生改变。德国学者罗兰德尔经过研究后发现，琥珀发生退质作用时，琥珀中琥珀酸的含量会增多。

埋藏于墓葬中的琥珀，由于受墓葬中碱性环境的影响会引起琥珀退质。

出土后的琥珀在空气中会发生氧化作用，英国学者贝克用红外线光谱测定法分析琥珀在氧化时发生的化学反应，结果发现，$C=O$ 双键增多，$C—H$ 和 $C—C$ 单键减少，有机物化学成分结构发生改变而退质。

紫外线也会诱发琥珀的退质，它促使有机分子形成自由基，这些自由基很容易同空气中的氧起作用。

（2）加工工艺引起质地改变

古代琥珀文物一般都是经过加工后才制成的珠宝首饰（如项链、耳环、手镯）和其他物件（如小盒、小瓶、小雕像等）。琥珀加工工艺可分为两个相互联系的方面：制坯和热处理。

①制坯。也称连续减少过程，它是将粗原料刮去表层由于千年风化而变质的部分，再经切割、磨平、磨光，从而使原料成形。

②热处理。热处理是用沸腾的油脂对琥珀进行高温处理，使琥珀变得透明变色。

由于琥珀文物制作中经过机械磨损和热处理，会在内部形成裂缝，这样大气中的氧会从裂缝处进入琥珀内部发生氧化作用。在热处理过程中，瞬间的高温对琥珀也有一定的损伤。

2.琥珀文物的修复

（1）清洗

琥珀文物在出土后或日常保管中，容易沾染污渍、油垢等，必须进行清洗。

对于保存完好的琥珀，去污可用蒸馏水浸泡，再用稀盐水或柚叶将琥珀清洗干净，必须用柔软白布抹干以免液体渗入裂缝在材料内部形成物理张力，不能用刷，以防磨损表面。对于表面光滑但轻微变质的琥珀可用非离子清洁剂清洗。

若琥珀表面有钙质硬壳物质，可用10%的乙二胺四乙酸水溶液清洗，在清洗后必须用蒸馏水冲掉残留的混合液。

（2）加固

琥珀的加固主要用合成材料。目前加固琥珀的最有效材料是溶于有机溶剂的合成树脂中的丙烯酸树脂三氯乙烷溶液，浓度为1%～3%不等。另外，溶解于矿物松香油的微晶蜡效果也不错，但它只适用于保存完好的琥珀。在溶于水的合成树脂中，尚在使用的加固剂是10%的丙烯酸乳剂（Primal AC33）蒸馏水溶液，主要成分为乳化的丙烯酸盐和乙丁烯酸盐。

（3）粘接与修补

琥珀是天然树脂类有机物，若有裂缝最好的修复材料应采用与琥珀相似成分和性质的物质（天然树脂或合成树脂）。树脂是热塑性材料，可以用来粘接和修补琥珀。

修补断裂琥珀最好的黏合剂是加拿大香脂（一种天然树脂），它的折射率同琥珀相同。

修补表面已退质的棕黄色的琥珀，可采用以下配方：松香2%、白蜂蜡（GSHMCOOGSHM）9%、地蜡9%、石蜡（从石油中得到的含20个碳以上的高级烷烃）10%。这些成分在67℃时熔化，然后加35%的生石膏融合为一体，这种混合物是较好的修补材料；对于形状完好的透明琥珀可用松香油或者乳香树脂加松香进行修补。

对于考古发现的琥珀来说，琥珀已破坏比较严重，不再透明，内部布满裂缝。这类琥珀可用意大利一家修复公司提供的一种溶液，主要是由玻璃粉末（微球体）、微量的氧化硅和浓度为30%的ParAloid B—72构成的混合物，可添加修复所需的油漆颜色，获得希望的色调。

此外，为了减缓琥珀的氧化速度，可以在琥珀的表层涂盖二甲苯溶液或甘油溶液进行封护，但日久会在外表层形成一层不透明体，影响琥珀的美感。

3. 琥珀的日常保养

（1）防热、防紫外光

阳光中的紫外光和热能会加速琥珀表层的氧化和干裂，使琥珀质地变得粗糙，甚至不透明，失去原本的光泽和温润。库房照明光源不得超过150Lx，特别不能使用含紫外线的日光灯。

（2）防干燥

冬季空气干燥，相对湿度可能经常在50%以下，故附近可放一小杯清水，以防琥珀发生龟裂。同时，环境的相对湿度应当维持在50%～60%，浮动范围不超过±5%。

（3）防机械损伤

琥珀性脆，硬度低，在日常保养过程中要防止琥珀之间的碰撞以及失手的跌落。对硬度较低的琥珀要特别防止人的指甲划伤。因为这些都有可能导致琥珀的脆裂。

（4）防尘

可用聚乙烯盒包装，盒内填满不含酸的物质，避免沾染任何灰尘。若沾染了灰尘，应以温水清洗，再用柔软的布吸干水渍，最后以少量的纯净橄榄油轻拭。此外，琥珀是有机宝石，应远离酸碱；挥发性、腐蚀性的物质会产生不利作用，使用后可用湿布轻轻擦拭；避免接触喷雾型产品，如发胶、杀虫剂、香水等。

第十章 漆木竹器类文物保护

第一节 古漆木竹器的发展及意义

古漆木竹器类文物和其他文物一样，是研究我国古代历史的宝贵实物资料，主要由纤维素、半纤维素、木质素组成。人类对木器的利用最早，然后发展到木胎漆器，竹器相对晚一些。

一、木器的发展及意义

在原始时期，人类最先使用的工具就是用树棍、木棒加工制成的。在古书中也有"剥木以战""断木为杆""伐木杀兽"等记载。从石器时代遗址中，出土了远古时代人类所用的木器，如西安半坡遗址出土的石斧把柄就是木质的。

周代记载于《考工记》中的"攻木之工"已按其不同成品将木工分为七类——造车轮、车盖的轮人，造车厢的舆人，造兵车、乘车、田车的车人，造兵器柄的卢人，造宗庙、明堂的匠人，造弓箭的弓人，以及造乐器的梓人。

春秋战国时期木雕工艺已较发达，特别在楚国，应用更为广泛，制作更为精美。长沙战国墓出土了许多木雕花板，《礼记》称为"鉴床"，是放在棺内垫尸用的。木雕图案花纹和铜器、漆器有共同的艺术特点。楚墓出土的木俑也具有特色，脸部刻画出不同人物的性格，有时身上还加彩绘。

秦汉时期有了制作非常精细的木制日常生活用品及乐器，如木篦梳、木杯、木匕、木瑟、木船等。西汉时已有木牍，记载了西汉时代立军功赏赐爵位的规定和部曲（部队编制）、操典等内容。

唐代人们的起居坐卧方式，经历了自古以来由"席地而坐"到"垂足而坐"的过程，这一时期的木制家具就反映了这一过渡阶段。唐代家具所用木料已非常广泛，有紫檀、黄杨、沉香、花梨、桐、桑等，也有竹、藤这样的材料。

明清时代木器最有特色的是家具，花纹精美，工艺精巧，并且留下大量实物，到现在成为专门一类文物收藏品，深受收藏家的重视和喜爱。

二、漆器的发展及漆器的制作工艺

（一）漆器工艺的发展

中国是世界上最早发现并使用天然漆的国家。漆器的出现距今已有 7 000 多年的历史。1978 年在浙江余姚河姆渡村原始社会遗址中，发掘出土了距今已有 7 000 多年的大量木器和木胎漆碗、漆筒。商代已出现有精美纹饰的漆器。如河南安阳武官村大墓中出土了许多虽木胎、木器已腐朽无存，但印在土上的朱漆花纹仍很鲜艳。

在陕西、河南等地的西周墓中，也曾出土漆器。其中盘、豆造型均仿青铜器，并有镶嵌、彩绘等装饰手法。用色也符合礼制的规定——《春秋·谷梁传》中载"天子丹，诸侯黝垩，大夫苍"。当时漆的应用较广，除作器物涂料外，还用于车辆、兵器的梁漆和编织工艺品的加工。

战国时由于漆树的大量种植和漆工艺的兴起，部分青铜生活用品开始由漆器代替。漆器体胎轻便，光泽美观，装饰手法多样，又有防潮防腐的物理性能，这些都是漆器比青铜器更实用的优点，漆工艺也因此在战国时期发展起来。除生活器皿外，还出现了几案、床等家具，以及武器、乐器等造型。装饰手法更为丰富多彩，有描绘、针刻、描金、银扣等多种工艺。我国出土的战国漆器以湖北江陵、湖南长沙、河南信阳最为著名。湖北江陵出土的彩绘木雕漆坐屏以黑漆为底，红、绿、黄等色漆进行装饰，镂空雕出鹿、凤、雀、蛇、蛙等动物 51 只，穿插重叠，形态生动。另一件漆虎座凤鸟悬鼓以双凤为鼓架，两兽作底垫，双凤凤首悬一圆鼓，造型独特，极富装饰性。

在战国的技术基础上，漆器在汉代有很大发展，达到第一个鼎盛时期。汉代漆器生产有政府专门设官管理的机构，生产组织严谨，分工很细，史载分为造工、漆工、素工、糅工、画工、铜扣黄涂工、铜耳黄涂工、上工、清工 9 种。汉代漆器出土地遍及全国各地，甚至包括甘肃、新疆、广东、贵州等地，这正说明了漆器在当时的普及程度。其中最具代表性的是 1972—1974 年发掘的长沙马王堆汉墓，出土了 500 余件制作精美、品种齐全的漆器。与前代相比，汉代漆器造型更为丰富，出现鼎、壶、舫等大件物品，并出现漆礼器代替铜礼器。汉代漆器的装饰手法，仍以彩绘为主。所用颜料经过调油、调漆，经久不脱。出现被称为"锥画"的针刻手法，用以表现极纤细花纹。

六朝漆器，从生产量、规模来看，已不如汉代发达。一方面是因为政治混乱，导致生产衰落；另一方面是因为这一时期陶瓷生产发展很快，更为美观、耐腐蚀的青瓷出现了。虽然这一时期漆器的生产相对减少了，但制作技术仍在向前发展，出现夹纻造像、绿沉漆、斑漆等特色工艺。1966 年，山西大同出土木板漆画，用黑色线条描绘人物故事，人物面部、服饰涂以白、黄、橙、蓝等色漆，另有文字题记，说明人物身份和故事内容，不仅反映了六朝漆工艺的水平，也反映了当时的服饰、家具、民俗特征。

到唐代，漆器已列为税收实物之一、器形有镜、瓶、盘、琴等生活器皿及箱、床等家具。

不适应经济上升期人们对器物富丽堂皇的要求，其制作已向华丽的装饰方面发展。唐代还新创了雕兴这一漆器新品。

漆器工艺在随后宋、元、明、清各代都有各自的发展，在工艺、技术上不断进步，出现了一些漆器新品种和制作漆器的名家。清代的漆器还对欧洲产生很大影响，18世纪英国著名家具工艺家齐平特以中国漆家具为蓝本设计的家具风行一时，被称为"齐平特时代"。在制作上齐平特意用了最好的福建漆，并饰以龙、花草、佛像、塔等花纹，以表现东方艺术色彩。

（二）古代漆器的制作工艺

1. 漆胎的制作工艺

最为常见的是木胎漆器，是用木材做成器形，再进行探漆而成。多用于大型器物或不规则器形的器物，胎体较为厚重。还有一种木质胎体叫木片卷粘胎，是为了减薄器体，使器物更加轻便实用而产生的。其制作方法是将木材制成薄片，卷成筒状，然后黏结，一般用来制作妆奁等圆形器物。木片卷粘胎漆器十分轻便，有时为使胎体更加坚固，还会在木片上贴以麻布。

夹纻胎又称脱胎，这种做法的漆器在战国、两汉时已流行起来。魏晋南北朝时期由于佛教盛行，为扩大宗教影响，广泛宣传教义，教徒们常举行一些类似游行的活动。此时就出现了比铜佛轻便、比泥佛坚固的夹纻佛像，以便装在车上游行。夹纻造像也就成为一种独特的漆器品种。在《洛阳伽蓝记》中记载的南京瓦官寺三绝，其一是顾恺之的维摩诘像，其二是狮子国的玉雕，其三就是晋代雕塑家戴逵的夹纻佛像。早期夹纻漆胎的制作方法是先用漆灰制成器形，再用麻布裱糊在胎体上。这种方法可使漆器器形增加变化，获得更多的造型。清代也有一种做法是先用泥做成型，再用绸布粘贴，然后上漆，这种做法沿用至今。皮胎，多以牛皮制作，再加以漆饰。通常取其坚韧轻便，制成漆盾、漆铠甲等。

2. 螺钿工艺

周代用螺泡作镶嵌的装饰手法就是后来漆器中螺钿的前身。到了汉代螺钿的装饰手法已发展成熟，用玳瑁片镶嵌在漆器上，以自然斑纹，形成独特的装饰效果。螺钿技法在唐代有很大发展，被应用在漆器、木器、青铜器的装饰上。有时以浅雕刻，表现景物层次，丰富装饰效果。宋代螺钿漆器，多用白螺片镶嵌，黑白对比，十分典雅。还有在螺片轮廓周围镶嵌铜丝，不仅使螺片更加牢固地镶嵌在漆器上，而且有一种富丽堂皇的装饰效果。明代螺钿有软、硬之分，所谓硬螺钿是用厚螺片做成平面浅浮雕，主要在造型效果；而软螺钿就是将具有美丽珠光的薄螺钿镶贴成图案。也有将螺片捣成甸砂，撒贴在漆器表面，造成彩色斑点的。清代扬州形成的有地方特色的点螺工艺，是用彩色的贝壳切成细片，镶嵌成各种纤细的花纹。

3. 金银平脱工艺

用薄金、银片制成的花纹进行嵌贴，由汉代贴金片的工艺演变而来。做法是用薄金、银片按装饰花纹的要求贴在漆器上，然后加漆二三层，最后经过细致的研磨，使漆层下的金银花纹显露出来。加工后花纹的漆底在同一个平面上的淹没工艺称为推光，是唐代出现的一种新制漆工艺法。而对于研磨后花纹高出漆面的，则称为平纹。

4. 漆雕

唐代创造的新工艺。以前的漆装饰，一般都是先在胎体上雕刻或制成器形，然后再上漆。而唐代出现了在素漆胎上涂漆数十层，待有一定厚度时再进行雕刻。遗憾的是唐代漆雕至今还没有发现实物，只见于文献记载。宋代漆雕中有用金、银胎，涂漆后雕剔使金银胎露出，形成独特的装饰花纹，是极为华贵的一种漆器。

许多文献将漆雕统称为"剔红"，严格地讲，以纯朱漆为底进行雕刻的称为"剔红"，而其他品种的漆雕则不宜作此称呼。如有用五色漆胎所雕的称为"剔彩"，根据漆层颜色还有"剔黄""剔黑"等。此外，还有一种常见的漆雕品种——"剔犀"，是用红、黑两种色漆相间涂饰在漆胎上，达几层、十几层，再用斜刻刀法刻出所需花纹，花纹刻痕斜而呈红黑相间的线纹，装饰效果十分独特。

还有一种漆雕发展来的工艺称为"犀皮"，民间也称虎皮漆、菠萝漆，是宋代的新创漆品。制法是先用稠厚的色漆在器胎上涂出不规则的、凹凸不平的漆层，干燥后用各种对比鲜明的色漆分层涂敷，这样就形成了多层、多色、凹凸不平的漆层表面。最后用磨炭打磨，由于器物表面漆层不平，因而打磨平整后器物的漆层面就会显出各种自然的斑纹，十分美丽。

5. 金漆

是用金粉作为漆器的装饰，主要品种有描金和俄金。描金就是用金粉调胶结物在漆器上绘制花纹，也称泥金，日本人称为"莳绘"。俄金是宋代新创漆品，先用特殊工具在漆器表面刻出花纹，在刻痕中上漆之后再填金粉。

类似的漆品还有填金、填银（也称俄银）、填彩、填漆。明代为宫廷服务的制漆机构除御用作、油漆作外，永乐时期还设有果园厂。果园厂制作的漆器十分有名，尤其是制填漆和雕漆最有特色，称为"厂制"。

6. 其他著名漆工艺

百宝嵌为明末周翥所创，也称"周制"，《骨董琐记》曾记载"……以金银宝石、珍珠珊瑚、碧玉翡翠、青金绿松……雕成山水人物，树木楼台，花草翎毛，嵌檀梨漆器上。五彩陆离，难以形容，真未有之奇玩也……"

绿沉漆是色漆在六朝时的新发展。在此之前，漆色多为红、黄、黑，而无沉绿色。这是一种暗绿色，"如物沉在水底，其色深沉静穆，故称绿沉漆"。在当时是十分名贵的一种漆器。《书经》中记载，一次有人送给王羲之一件绿沉漆笔管，他珍视的程度不亚于对金宝雕嵌的名贵笔。

漆沙砚，由清代漆工卢葵生创造。内含带闪光的沙砾，是很著名的一种漆器品种。

（三）黄大成和《髹饰录》

《髹饰录》是我国古代一部漆艺专著，由安徽新安著名漆艺家黄大成所作。全书分乾、坤两集，分利用、楷法、质色等十八章，是一部漆艺创造实践总结。它详细叙述了制漆的工具及材料，制漆的弊病；色漆的配制，以及在漆器制造中丰富多彩、千变万化的各种装饰方法。该书最重要的是对漆艺作了理论总结，系统地阐述了漆艺的创作原则，如"巧法造化，质则人身，文象阴阳"，称为三法——创作的基本原理：制作漆器应以自然条件为设计依据，其内质犹如人体的结构，骨肉相连，肥瘦得体；其纹饰则应以阴阳呼之，虚实相生。这些经验对于我们现今创作都有启发，具有重要现实意义。

三、竹器的发展及意义

在陶器产生以前，就出现了用竹、柳等天然材料编织成的生活用品，在西安半坡、庙底沟的陶器上，都发现有席纹。在吴兴钱山漾的新石器时代遗址中，出土了大量的竹编。在200多件竹编遗物中，品种很多，有竹篮、竹席、竹簸箕及渔业、养蚕业和农业用的各种工具。竹编大都用刮光加工过的篾条，编出人字纹、梅花眼、菱形格、十字纹等各种花纹，并且还注意到使用的要求，运用了实用和美观结合的制作原则。马王堆汉墓出土的竹筐就是当时人们运土的工具，距今已2000多年。此外，还出土了竹席及大量用于文书、记事的竹简和记载陪葬品种类及数量的竹简遗册。在没有纸张之前，用于文书、记事的竹简，在我国出土得很多，如山东银雀山出土的《孙子兵法》，长沙马王堆汉墓和湖北江陵凤凰山出土的竹牍，湖北云梦出土的秦代文书、法律等，都是十分珍贵的历史文物，为研究我国古代历史、文化、艺术等，提供了极为宝贵的文字资料。

简牍是指中国古代遗留下来的写有文字的竹简和木牍。《说文解字》讲释"简从竹，间声"，说明了只有写在竹片上的才能称为"简"，"牍、书版也，从片"，"片"指剖开的木，所以写在木片上的才叫"牍"。据记载，简牍的使用最早可能是在殷商时代，但目前所发现的，主要是从战国到西汉末年（公元前5—前2世纪）的遗物。从东汉起，纸逐渐代替简牍，但直到魏晋以后的公元4世纪，简牍才基本绝迹，使用达千余年的时间。

（一）简牍的出土历史

从西汉武帝末年开始，在我国境内就有古代的简牍被发现。《汉书·艺文志》中记载，武帝末年，鲁共王坏孔子宅，欲广其宫，在孔宅壁中发现用古文写的战国竹简，所用文字为汉代已不通用的、秦以前的文字，其中包括《尚书》《礼记》《论语》《孝经》等数十种古代书籍。这批竹简是历史上最早发现的简牍。直到19世纪末，这种并非有计划地发掘，而是偶然发现的简牍出土历史才告一段落。这期间出土的实物早已不复存在，只能从古代文献中得知其大略。

　　到 19 世纪末，开始了用科学的方法，有计划地发掘，其发掘出土的实物也大部分被保存下来。最初有计划大规模地发掘简牍的，几乎都是英、日、俄、法、瑞典等国人。他们以"探险"为名，在我国边境进行了许多活动。最主要的有瑞典人斯文赫定和英国人斯坦因。斯坦因在新疆尼雅古城曾经发现了魏晋时期的少量木牍和一种佉卢文木牍。佉卢文是古印度的一种文字，起源于西北印度，后流行于东、西土耳其，横书左行。而这种木牍的形制也十分特别，多为楔形，每两块紧缚在一起，内面写字。1907 年斯坦因第二次到中亚探险，获得了大量敦煌汉简、从魏至北宋木牍，共计 1 万余件，以及敦煌遗书、500 余幅纸绢画，并将它们运回英国，至今保存于大英博物馆。1914 年斯坦因第三次探险，又为大英博物馆增添了 600 余件敦煌遗书和敦煌、楼兰遗址中的简牍 200 余枚。

　　这一时期还有 20 世纪前期最重要的简牍发现。那是由中国学者与瑞典斯文赫定组合的西北科学考察团，在几年内陆续得到的大批汉简。即史学、考古学上著名的"居延汉简"，原物曾在美国国会图书馆保存，现存于台湾省台北市的"中央研究院"历史语言研究所。

　　1949 年以后，简牍的发掘受到了重视，发掘后的实物都得到了妥善的保管，有专业的研究人员及时整理、公布，使其发挥应有的作用。

　　（二）简牍的形式和名称

　　秦汉时代的简牍，一般的都是长 23 cm，宽 1 cm，厚 0.2 ~ 0.3 cm。以竹、木材料制成，可写三四十字。23 cm 约合秦汉时一尺，所以当时一般的简牍约一尺长，五分厚。所以，今天仍有将书信称为"尺牍"之书的。另有一种形式的简牍称"两行"，是将简牍宽度加大至 1.8 cm 甚至 2.8 cm 的。若简牍的宽度增加到四方形的程度，就称为"方"，一般是用来记载有些内容横长纵短的文句用的，如日历。

　　此外，还有宽度不变，增加长度的简牍。二尺长者谓之"檄"，军中命令一般就写在檄上，谓之"飞檄"，表示紧急。此外，增加长度有时也表示郑重的意思，如东汉周磬死时，遗言说要在棺前放二尺四寸长的"六经"。有时，由于记载内容的关系会对简牍的长短做出规定，如皇帝诏书用一尺一寸，谓之"尺一之诏"；而用以记载法律的简牍可能更长，见于文献的就有"二尺四寸之律""三尺法"。实物中的居延汉简 2551 号，即是记律令，长达 67.8 cm（三尺约合 70 cm），且下半段还有残。

　　如果一支简牍加长加宽后仍不能容纳所要写的内容，就需要将几支简牍连在一起，称为"册"或"策"。例如记载陪葬物品的，就称为"遗册"。册有三支简牍一册的，也有近百支简牍一册的。若将若干册连在一起，就成为"编"（"篇"），古人计书数常用的就是编，而不是册。用来将简牍拴在一起的，一般用麻绳，高贵一些的用青丝，或没有染过色的素丝，也有用皮的。孔子"韦编三绝"的故事里，韦指的就是熟皮子。

　　除一般形式的简牍外，还有一些更小的简牍。如六寸简牍，作为算筹或传符。更小的简牍叫"笺"，是读书时随手作注释，系在相应的简上以备参考的。被称为"检"的，是用在文件信件表面的简牍，用绳系在文本上，再写上收信人的姓名、地址；若是公文，还要记上递送方法、需多长时间送到等信息；在检下端绑绳子的凹处还要盖上封泥。被称为"揭"的，相当于今日称为标签类的东西，大部分用于随葬品上，表明随葬品的名称、数量。而所谓"符"；是指通过特定关口的凭证，制法是将符一分为二，分别保存，以为凭信，用时两方对在一起曰"符合"；最初符是用竹制的，取其竹节是明显的标志，只要有细微的不同就无法符合，容易判断真伪。汉代有竹符、木符，发兵时用铜虎符。木制的符也称"卷"，一般是在一木牍上刻下标记，分剖为二，使刻下的标记起竹节的作用。由于要契刻标记才能起到凭信作用，因此"符卷"又称为"契"。晋代有用书写代替刻字的制符方法。

（三）简牍的意义

由于简牍上保存的资料没有经过后人的辗转传抄，保持着书写时的原始状态，如是书籍，则为最古老的版本；如是其他方面的文书，则多为现有古书所未载，所以成为研究古代史特别是研究战国秦汉史的不可忽视的珍贵资料。

中国自古就有以书籍作为陪葬品的风俗，在生前喜欢读书的官吏和学者的墓葬中，经常有墓主人生前喜欢的书籍作陪葬品。发掘出土的简牍有很重要的意义：首先，使得不少佚失多年的古籍重新问世；也可以据此对传世的古籍进行校勘、研究。其次，简牍中还有许多古书上未载的有关具体制度、法典及一般底层人民的日常生活、社会经济状况等各种内容，远比文献资料丰富得多，是史学研究中不可缺少的史料。

第二节 古漆木竹器腐朽的主要原因

任何变化的发生，总有各种各样的原因，但归根结底无非两个方面：一是事物的内部因素即内因，它是事物变化的依据，是主要原因：二是事物变化的外部条件即外因，在外部条件的作用下，通过内因而使外部发生变化。

一、古漆木竹器腐朽的内因

木材是由植物细胞所构成的，细胞腔内的原生质在细胞形成之后一定时期就消失了，剩下细胞壁构成木材的主体，它的主要化学成分是纤维素（占 45% ~ 50%）、半纤维素（占 20% ~ 35%）、木质素（占 15% ~ 35%）等。

纤维素 $[(C_6H_{10}O_5)_N]$ 是由许多葡萄糖基按长链结构相互联结起来的高分子化合物。数十条纤维素分子链，依靠侧链上的羟基形成氢键缔合作用，组成较有秩序的基本纤束，由基本纤束再组合为微纤维。细胞壁的框架就是由这些微纤维所组成的。在微纤维与微纤维之间有一定的空隙，木质素和半纤维素就填充其内，起联结、加固框架结构的作用。

由于半纤维素是低分子量的聚糖，其平均聚合度只有 200 左右，可以在碱水溶液中被抽提，又很容易在酸性的水中被水解，其稳定性较差。在长期的地下埋藏环境下，它最容易遭受溶失和离解，使细胞壁空隙增多或扩大。纤维素是木材的主体，在微纤维的组合中，其中心部位分子排列较整齐而有规则，特别是被叫作"结晶中心"的基本纤束的中心部分。而包围在四周排列较不整齐、不规则的分子所组成的外膜，通常被称为"无定形区"，是木材纤维中较薄弱的部分。在长期地下水的浸泡及菌类纤维素酶的作用下，往往使这一部分纤维分子逐渐降解，最终使木材中的微纤维消失，木材纤维素含量降低。

以上作用的结果，使木材的空隙增加或扩大，空隙率大为增高，一些薄壁组织导致穿孔破损，造成木材细胞壁的机械强度显著降低。

地下埋藏的古木器在漫长的岁月中，受到地下水和地面渗水，特别是含有一定酸性的水分的长期浸泡侵蚀，再加上土壤微生物纤维素分解菌的作用，其呼吸成分和细胞微观结构都会发生变化，造成古木不同于其他正常木材的特殊缺陷。

与一般木材相比，古木化学成分中的纤维素和半纤维素含量显著下降，相对的木质素百分比含量增高，例如河南信阳楚墓出土的一件木钟残片，纤维素含量降至10.5%，而木质素含量却高达80.4%。这会使木材的空隙增加、扩大，造成细胞壁的机械强度显著降低。由于纤维毛细管平均直径的增大，也使纤维吸着表面减少，以及由于细胞腔内原来单独性小气孔变成连续性大气孔，使得一些原来意义上的吸着水变成了实质上的自由水。

将古木和干缩后的古木切片置于显微镜下观察，从饱水古松木的切片中观察到其细胞膜分离，薄壁组织穿孔破损，空隙率增高。放大450倍可以看到饱水古松木横切面中管胞的次生壁与初生壁、胞间层发生明显分离。这是高含水量古木组织离解所具有的典型情况。在自然干缩的古松木横切面切片中，细胞失去了正常形态，严重萎缩。管胞的胞径变得异常窄小，很不规则。细胞壁塌陷，有的深深陷入，几乎挨在一起。有的已经破裂，管胞外形呈很不规则的扭曲状态。在干缩的阔叶树材古木切片中，也可以观察到导管和木纤维的细胞呈同样的状况，而且更为严重。在干缩古木的弦切面和径切面切片中，还可观察到针叶树材的管胞和阔叶树材的木纤维干缩成条束状或板壁状，失去了正常的细胞形态。

从以上饱水古木切片中观察到的情况，可以了解到这是地下埋藏的饱水古木的特殊缺陷造成的，也是无控制的自然干燥过程或不妥当的脱水过程中，古木脆弱的细胞壁塌陷的结果。从宏观上，就表现为古木整体收缩、扭曲变形和开裂。

二、古漆木竹器腐朽的外因

木材只要经过充分的防护处理，并能正确地使用，便可以成为耐久性的材料，既不会像塑料那样老化，也不会像金属那样容易疲劳。有些木材在历经数千年的使用后，仍可以保持它的优良性能，我国出土的2000多年以前的木棺、近千年的木塔建筑就是最好的证明。然而木材在潮湿的环境中，特别是在室外自然环境中极易受有害生物的侵袭。同时，一些非生物因素也以有害的或不利的方式影响着木材，使其发生变化。

（一）地下水浸泡

在通常温度和压力下，木材受水分的化学影响并不大。但是过量的水、高温高压、化学物质的存在以及成百上千年的浸泡都会使木材纤维发生降解，使木材原有微观结构发生改变。木材发生水解后，木材的多聚糖还原为单糖、糠醛和其他水解产物。这一过程中，木材中含有的酸起着催化水解的作用。另外，地下水中常常含有酸、碱、盐，还会以直接或间接方式对木材起破坏作用。

（二）地下水中所含酸、碱、盐等化学物质的腐蚀

碱溶液首先使木材膨胀，然后使木聚糖分解。在长时间（60天）作用下，会大大降低木材的机械强度和抵抗生物损害的能力。酸溶液作用初期同样使木材膨胀，进一步作用下使木材多糖水解，力学强度降低。在酸的长期作用下，木材结构被完全破坏掉。很多无机盐在水溶液中水解为强酸或强碱，盐溶液对木材的影响实际是酸碱的影响。溶液对木材影响的大小与盐溶液的浓度和水解过程有关。因此，盐溶液对木材的化学腐蚀强度可以通过测量溶液的pH来判定。与碱性盐类作用，使木质素分解，而对木质多糖影响不大；中性盐在高温时使多糖水解，对木质素无影响。盐类的氧化作用，如碱金属、次氯酸盐、过氧化物和高锰酸盐等，会使木材变色。

（三）各种生物腐蚀

1. 木腐菌

木腐菌主要属于真菌，是木材最重要的植物性损害。与一般植物不同，木腐菌没有叶绿素，它不能在阳光下合成碳水化合物，而是在酶溶解过程中使木材分解，以获取营养。对大多数木腐菌来说，最适宜的环境是 $25 \sim 30℃$，木材含水率为 $36\% \sim 60\%$。根据木腐菌对木材的损害情况，可将其分为变色菌、褐腐菌、白腐菌、软腐菌等几类。

变色菌进入木材后，主要以木材薄壁细胞组织内的糖类和淀粉为营养物质，而不破坏木材细胞壁。在短时间内不影响木材的力学强度，但如果长期在适宜条件下生长，会沿横向穿透细胞壁，引起木材软腐。

褐腐菌和白腐菌是主要的木腐菌，都属于担子菌，常见菌种有粉孢革菌、香菇多孔菌、革桐菌、卧孔菌等。褐腐菌分解木材的多糖，使以多糖为主要化学成分的纤维素、半纤维素降解，使腐朽木材呈褐色。木材褐腐后，纵、横向均产生裂纹，成为典型的方块形破裂，木材密度和强度降低。白腐菌同时分解多糖及木质素，使腐朽木材呈白色，木材呈海绵状或蜂窝状，表面凹凸不平，纤维变短，表面粗糙断裂。

软腐菌的产生，是在木材长期浸泡在不流动的水中，或处于高温、高湿、pH较高或较低环境中发生的。它分解细胞壁中的多糖，使细胞壁形成许多腔，使木材强度严重降低。外观特征是木材断裂面整齐。常见菌种球毛壳菌，是用来实验木材抗软腐能力的标准菌种。

2. 细菌

与木腐菌比较，细菌对木材的损害要轻得多。它可将细胞壁侵蚀成孔洞。在对真菌不利的情况下，例如缺氧环境，细菌却照样可以生长，与真菌同时危害，可加速木材降解。水中储存的木材可滋生厌氧性细菌，由于细菌分裂速度很快，它们破坏了木材的纹孔，使木材形成许多微孔，这就增加了木材的渗透性，增加了液体的透入，使腐蚀性液体的作用更强。

细菌的损害只使木材的强度有很少的降低，但有可能使木材变色。由于细菌对有毒化学品有很强的抵御能力，对铜、铬、砷等防腐剂有很强的耐药性，所以经防腐处理的木材，尽管有较高的防腐剂吸收量，仍然不能完全避免细菌的感染。

3. 蛀木甲虫

甲虫通常指鞘翅目的一类昆虫，其典型特征是前翅变为角质，成为"鞘"状覆在身体的背面，好像一个坚硬的外壳。如天牛、长蠹、窃蠹、小蠹、粉蠹、象鼻虫、长小蠹等。

蛀木甲虫在整个生长发育中，在形态上的改变，叫作"变态"。一般雌虫将虫卵产在木材裂缝、夹缝甚至木材导管中。幼虫孵化后蛀入木材，在木材中取食、生长；幼虫阶段是危害木材的主要阶段。幼虫在木材中蛀蚀成各种孔道，并排出粉末或锯末状蛀屑。不同的孔道和蛀屑形状，是识别害虫的一个重要依据。幼虫经几次蜕皮后化蛹，停留在近木材表面的蛹室中。最后，蛹羽化成虫，咬破木材飞出。成虫飞出继续发育繁殖，完成一个世代。

4. 海生钻木动物

浸在海水中的古船、古渡口等木质文物，经常受到一些海生钻木动物的蛀蚀。这些动物主要是软体动物门的船蛆和海笋、节肢动物门的蛀木水虱和团水虱。船蛆和海笋用足和贝壳穿凿木材，钻入木材很深，营钻蛀性生活，破坏木材内部结构。蛀木水虱和团水虱是附着在木材表面，用齿咬蚀木材表面，使其呈海绵状。

船蛆是船蛆科内钻木软体动物的总称，身体细长，外形如蛆，两个石灰质贝壳也蜕化成了包在身体前端挖掘木材的利器。在幼虫时钻入木材，以后终身不再外出，有的长仅几厘米，有时可长达 50 cm。被船蛆寄生的木材外表完好，内部却已经千疮百孔。海笋形态和习性与船蛆接近，钻入木材后身体并不无限延长，所以深度不如船蛆，但蛀孔粗大，危害同样严重。

蛀木水虱个体很小，最长只有 5 mm，分布很广，常危害海水中木材接近水面的部分，也是幼虫侵入木材。开始侵入时孔洞很小，随蛀木水虱个体生长发育，孔洞不断加深。由于蛀木水虱需从海水中摄取氧气和食物，又在穴壁上凿出许多小孔道与木材表面相通，这样纵横交错，使木材呈海绵状。

第三节 饱水木制文物的干脱性原理

木材遭受菌、虫危害后，含水率变化要比健康木材大。特别是腐朽木材，在短时间内可以吸收大量水分。而且木材腐朽越严重，这种性质表现得越明显。腐朽材的收缩与膨胀过程和健康木材也有不同，在腐朽木材收缩过程中，往往会出现典型的收缩裂纹。

一、一般木材的干缩状况和出土饱水古木的实际干缩情况

水分在木材中是以两种情况存在的。一是存在于木材大毛细管系统（细胞腔、间隙和纹孔）中的，称为自由水；一种是存在于微行细管（吸附于细胞壁内微纤维之间）的，称为吸着水。木材在潮湿空气中吸收的水分多以吸着水形式存在。当木材浸泡在水中时，更多的水分就会以自由水的形式存在于细胞腔和毛细管中。在木材干燥时，首先是自由水蒸发出来，然后蒸发吸着水。当自由水蒸发完毕，而吸着水呈饱和状态时，木材的含水量称为木材纤维饱和点。这一点上木材的含水量平均在30%左右，但会因树种和气候的不同在23% ~ 31%波动。

在木材学上，有一个纤维饱和点的胀缩性理论，在一些专业书籍和教科书上，经常被表达为"木材"，含水量在纤维饱和点以上，自由水（或称游离水）的散失或增加，不改变木材的尺寸和体积。反之，当木材含水量在纤维饱和点以下，吸着水（或称结合水）的减少，会造成木材尺寸和体积的收缩，引起干缩；吸着水的增加会引起木材尺寸和体积的增加，造成湿胀气。

根据木材纤维饱和点理论，木材在纤维饱和点，即平均含水量30%左右以上时，木材水分的散失并不改变木材的尺寸和体积，只有在纤维饱和点以下，水分的散失才能改变木材的尺寸和体积。而且提到一般木材的收缩率，纵向为0.1% ~ 0.55%，径向为2% ~ 8%，弦向为4% ~ 14%。

作为木材学上的经典理论，在对出土木质文物保护的研究中，曾多次被引用。但实际情况如何呢？专家的研究表明，饱水古木和现代木材的干缩性是大不相同的。

以泉州海外交通史博物馆的实验为例，试样古木取自1982年发掘的宋元时期泉州法石古船上的同一批木质文物，确保了木质所经历的时间、受腐蚀的环境及外界因素完全一样。其中包括两种针叶树材、两种阔叶树材。出土时木材水含量均在400%以上，最高达到465%。将古木制成具有弦向、径向、纵向三种木纹方向的立方体，置于室内自然干燥。在含水量逐渐减少的情况下记录各方向木纹的木材收缩率及其开裂变形情况。

实验中有的样品在含水量高达350%时就发生了纵向开裂，含水量在150%时严重扭曲开裂。实验结果证明，饱水古木并不像一般木材那样，在纤维饱和点以下的水分散失才

引起尺寸和体积的收缩变化,而几乎是在水分刚开始散失时,就伴随着尺寸和体积的变化了。

二、饱水木质文物的干缩特征

通过对几种饱水古木的自干脱水实验,可以看出饱水木质文物在自然干燥过程中不同于其他木材的一些特征。

第一,饱水木质文物干缩脱水中,其尺寸和体积的收缩变化远比一般正常木材大得多。如前实验中的古木试样,其中阔叶树材的弦向收缩竟超过 50% 以上,体积收缩为 29%,即干缩后的体积只有原来的 1/3 不到。收缩率较小的两种针叶树材干缩后的体积也只有原来的一半左右。

第二,饱水木质文物一经出土,水几乎就开始散失,并伴随着尺寸和体积的相应变化。在实验的不同阶段,其变化幅度有所不同:

其一,含水量在 300% 以上,其尺寸和体积的收缩变化较缓慢,不太显著,针叶树材的木质文物更是如此,但这一阶段也会有些腐蚀严重的木材发生比较明显的变化。

其二,含水量从 300% 下降到 200% 时,其尺寸和体积的收缩变化比较显著。特别是阔叶树材的木质文物,收缩变化更为明显,开始发生扭曲变形。

其三,含水量从 200% 下降到 100% 时,尺寸和体积变化较大幅度进行,扭曲变形和开裂显著。

其四,含水量从 100% 下降到 30%,直至气干,尺寸和体积的收缩变化剧烈,同时产生严重的扭曲变形与开裂。

实际中,由于古木糟朽程度、埋藏环境、含水量的不同,在干缩过程中变化阶段的具体划分就会有所不同,未必是从 300% 以上到 300% 与 200% 之间,再到 100%、30%……但都有相似的变化阶段。在设计保护方案以前对文物取样、模拟实验,了解文物的干缩变化阶段,就能在具体操作中掌握分寸,取得最佳保护效果。

第三,饱水木质文物的尺寸和体积的收缩变化与一般木材一样,也是以横纹方向为大,纵纹方向较小。收缩率变化大小依次为弦向>径向>纵向。

上述饱水古木符合 T > 2R(T 代表弦向干缩;R 代表径向干缩);而一般木材符合 T=1.6 ~ 2R。

第四,阔叶树材饱水木质文物比针叶树材饱水木质文物在脱水过程中尺寸和体积收缩大,扭曲变形与开裂也比较严重。

第四节 饱水古漆木竹器的脱水定型

对于古漆木竹器来说,在饱水情况下或过分潮湿的环境下保存都是不利的,但为了预防干缩和开裂也不能在一般的情况下任其自然干燥。因此,对饱水漆木竹器的处理,主要包括两个方面：一是设法让它们脱水定型，既将纤维中过量的水分除掉，又不改变器物的原形。这里的脱水通常是指将器物的含水下降到对器物本身无害的标准，并非绝对不含水分。二是用适当的物质加固器物，以提高它们的强度。一般来讲，脱水定型尤其重要，大多数情况下，只要能脱掉水分保持住形状，也就达到保护的目的了，只有在器物非常脆弱的情况下，才考虑添加适当的加固剂进行加固。

一、自然干燥法

自然干燥法的原理是，在一个稳定的环境下，使饱水木质文物中的水分缓慢、均匀地排出，以减少常温、常压及正常湿度环境下水分的快速蒸发所引起的表面张力的影响。处理时的环境必须相当稳定，其相对湿度应比正常的室内条件要高，但要比饱和水蒸气环境略低一些。湖南省博物馆有一个地下室，里面的湿度终年比较稳定，相对湿度在95%左右，这样就形成了一个特定的自然干燥环境。马王堆汉墓出土的一部分含水量较低的漆器就是在这个特定的环境中，经过几年缓慢脱水，最终干燥定型的。

（一）自然干燥法的应用范围

这种方法不是对所有的木器都适用、都能获得成功的，而是有一定的适用范围。

1. 文物的质地、材质的性属

适用于自然干燥的必须是坚硬致密、纹理直、结构均匀的木材制作的器物，例如杉木、青冈木、柘木等。而用此法对泡桐、响叶杨等木质器物脱水，结果大多失败。对漆器来说，凡漆皮、漆灰层厚，或木胎薄而漆皮、漆灰层厚度和强度大于木胎数倍的可以使用。此外，对于质地结实完整的夹纻漆器也可使用，像马鞍山东吴朱然出土的皮胎、犀皮小耳杯、蔑胎小漆碗残片，就是这样的。

2. 器物的含水量

器物的含水量必须在40%以下。对饱水木质文物来说，其含水量在某种程度上意味着器物受腐蚀的程度。含水量越多，说明木质本身结构被破坏得越严重。这条要求实际上是指，自然干燥法只有对腐朽不严重的、含水量较小的饱水器物是适用的。例如马王堆汉墓的漆器出土时，一部分在积水以上，另一部分在积水以下。没有受到浸泡的那部分器物含水量较低，都在40%以下，湖南省博物馆用自然干燥法对这部分器物进行了脱水定型处理，效果很好。但有一彩绘大漆盘，出土时一半在水面以上，另一半在水面以下，脱水后水面以上的部分正常，另一半却收缩变形了。

3. 器物的保存完好程度

器物的保存情况，可用 X 射线进行无损探伤来了解，然后根据器物的内部残损情况，决定是否采用自然干燥法来干燥。

器物埋藏在地下时间长短、埋藏地区的自然条件与器物的保存情况有密切的关系。

第一，器物埋藏时间不长，保存情况良好，可用自然干燥法干燥，像湖北武汉十里铺北宋墓出土的一批圈叠木胎漆器，以及山东明朝朱檀墓出土的木胎漆器，虽然发掘时都浸在水中，但由于埋藏时间不是特别长，胎质保存较好，用自然干燥法脱水定型也取得满意效果。

第二，器物埋藏在降水量少、土质疏松的沙土地上也可以考虑用自然干燥法来干燥，如新疆、内蒙古等比较干燥条件下埋藏的器物含水量很低，质胎一般都保存比较好，出土后可用自然干燥法脱水定型。有的甚至不需要脱水，如内蒙古元上都遗址窖藏中出土的元代圈叠木漆碗和漆盘等，几乎未做脱水定型处理。

（二）自然干燥法的实施方法必须注意的几个问题

第一，首先必须搞清楚器物的材质、属性、含水情况及保存情况，才能决定能否用自然干燥法脱水定型。

第二，自然干燥法脱水定型古漆木竹器一定要以缓慢而均匀的速度进行，否则器物表面和内部脱水干燥的速度不一致，就会使木材内部产生应力。由于木材的三个切面结构不同，边材和心材密度不一样，含水量也不一样，因而产生应力的大小和方向均不相等。木材在继续干燥过程中必然要受这一应力影响，每干燥一步就会发生一步微小弯曲，叠加起来就是大的弯曲变形。当木材表面承受不住应力积累，便会发生断裂。对于纤维素含量大量降低受损的古代木质文物更易发生扭曲变形，所以必须遵循缓慢脱水的原则，尽量做到使木材器物内外同步干燥，将产生的应力降到最低。如湖南省博物馆对马王堆汉墓出土的一部分漆器进行处理时，就将其放在一个温湿度（相对湿度95%）终年相当稳定的地下室中，经过几年的缓慢脱水而干燥定型。但这种方法并不是对所有的漆木竹器都能获得成功，尤其对含水量在40%以上和糟朽比较严重的器物，则不能采取此法。

第三，不同的器物可根据具体情况采取相应处理方法进行自然干燥。

①对于大型器物如梁架、木船等，可用锯末填埋或沙埋法，经过相当长的一段时间，慢慢脱去过量的水分。曾经用此方法处理北京大葆台出土的一根木鸠杖，经过一年多时间的脱水定型，没有改变木鸠杖出土时的原貌。

②对于较大的器物如椽梁、大的木质构件、木质下水管道等，可采用潮湿麻袋包裹，放在阴凉的地方使其缓慢脱水干燥，如陕西临潼华清池木质下水管道等较大的木质文物，就是用此法脱水定型后，又进行了防腐加固处理，效果很好。

③小型漆器，可置于玻璃容器中保湿干燥，先放在湿度较大的环境中（相对湿度95%左右），经观察、测定重量等无改变时，逐渐降低环境湿度，最后使之与外界环境相适应而定形。

④有时为了防止变形，在干燥过程中可加压或用石膏固定用玻璃板绑夹。对已变形的饱水漆器，有时还需要加重压来整形，但加压是慢慢加压，不能加压过猛过快。

二、明矾脱水定型法

（一）明矾脱水定型法的原理

明矾 $[KAl(SO_4)_2 \cdot 12H_2O]$ 在热水中溶解度大，能自由溶解在沸水里，而在室温下，仅溶解约10%的浓度。明矾脱水定型的原理，就是利用明矾在不同温度下溶解度变化大，使明矾由高温下高浓度溶液变成常温下的固态，填充在器物纤维的空隙中，取代细胞组织中过量的水分，达到干燥加固的目的。

明矾溶液室温浓度只有10%，大量 $KAl(SO_4)_2 \cdot 12H_2O$ 凝成固体填充在器物纤维空隙中，取代细胞组织中过量的水。

（二）明矾脱水定型法的操作

将饱水器物先置于热的明矾浓溶液中煮沸数小时，温度维持在 $92 \sim 96℃$ ，使明矾浓的热溶液能够充分渗透到饱水器物的纤维空隙中，趁热取出器物，于室温下凝固，擦去器物外面明矾热溶液，最后用聚醋酸乙烯酯或亚麻籽油进行表面封护，防止明矾吸湿吸潮。

固化的明矾填充在木材细胞组织中，代替缺损的纤维结构，起到脱水和支撑作用，防止了器物的收缩变形。历史上相当长一段时间内，明矾法成为湿材保护的经典方法。人们用这一方法处理了许多饱水木质文物，从小件到较大的木箱，以及大型的古代木船，都取得了成功。

（三）明矾脱水定型法的优缺点

1. 明矾脱水定型法的优点

①脱水效果好，既保住了文物的原貌，又提高了文物的强度。

②此法十分经济、方便、安全。

③不需要特殊设备，操作简单。

2. 明矾脱水定型法的缺点

①处理后器物颜色加深、变暗，主要因数小时煮沸所致。

②处理后器物重量增加很多。

③明矾是吸湿性物质，干燥时又会失水，在比较潮湿的气候条件下，明矾会溢出，在器物表面结晶。所以，在处理后的器物表面要进行封护。常用聚醋酸乙烯酯做表面封护膜，或涂一层亚麻籽油。

④因在处理时需要煮沸，处理小型器物方便，器物太大时因受到容器大小限制，有些不方便。

三、醇—醚—树脂连浸法

（一）醇—醚—树脂连浸法的意义及作用

水具有较大的表面张力，饱水木质文物中的水分在蒸发时，脆弱木器的细胞壁会因表面张力和失去支撑力而崩塌。而醇—醚—树脂连浸法是先用醇替换木材细胞组织中的水分，而后用乙醚替换醇，最后让乙醚挥发掉。如果器物需要加固，可将树脂溶于最后浸泡的乙醚溶液中，浸泡时树脂渗透到纤维空隙中，待乙醚挥发掉以后，树脂留在器物中，起到加固作用。由于乙醚具有非常低的表面张力，当它挥发时不会对脆弱的纤维造成威胁。醇—醚—树脂连浸法特别适用于小件器物，如薄而均匀的耳杯、漆盘、简牍之类。

（二）醇—醚—树脂连浸法的原理

1. 从用来脱水物质的性质来看

器物干燥过程中的干缩、裂纹、开裂、弯曲与器物中挥发的液体的表面张力有直接的关系，所挥发液体的表面张力越大，器物脱水挥发时，越容易发生干缩、裂纹、开裂、弯曲。表面张力很小时，挥发时不易发生上述现象，器物不变形，能保持文物原貌。

①因水分子间有氢键，挥发时要克服氢键之间的结合力，因而沸点高（100℃）不易挥发，挥发时表面张力大。

②醇分子中也有氢键，但因醇中有一个氢被一个乙基（—C_2H_5）取代，因而醇中氢键比水少了一半，加之乙基（—C_2H_5）有斥电子性，体积较大，因而醇的表面张力小，比水的表面张力小得多，由醇置换水从木质中挥发出来比水直接挥发出来时引起收缩也要小得多。

③醚中无氢键乙醚。

$C_2H_5OC_2H_5$ 无氢键，所以沸点低，易挥发，挥发时表面张力很小，不会引起器物干缩、裂纹、开裂、弯曲。

2. 从木竹质文物本身组成来看

木竹质文物主要是由纤维素、半纤维素及木质素组成，其中以纤维素为主（含50%～60%），它构成木竹质文物的细胞骨架。

纤维素是由碳、氢、氧元素组成的碳氢化合物，由 α—葡萄糖基构成。葡萄糖基中含有三个羟基，而羟基中的氢原子与相邻羟基中的氧原子之间的距离为（2.8～3）×10^{-8} cm，距离很小就可形成氢键（O—H……O）。氢键起一种缔合作用，纤维素中所有羟基都被包围在氢键中。

①游离水：在纤维素周围，但不能再被纤维素吸收的水叫作游离水。游离水不结合于纤维素，不使纤维素发生润胀，充荡在细胞腔和粗孔中，干燥时，游离水首先蒸发，不影响纤维素的体积。

②结合水：是指包在细胞壁中的水。由于纤维素的极性基（—OH）的影响，结合水使纤维润胀，蒸发时引起收缩。

③醚：没有羟基，不能和纤维形成氢键，仅是渗入充满纤维的细胞腔中的粗孔，故醚渗入不会引起木质、竹质溶胀，即不引起纤维体积增大。在醇—醚置换饱水竹木器的过程中，不仅游离水被置换，木材中一部分结合水也被醇、醚取代，最后不含羟基的乙醚从木质纤维挥发时，因表面张力很小，而不会引起木材变形。

3. 醇—醚—树脂连浸法脱水定型操作

①分别用 30%、50%、70%、90%、95% 和 100% 的无水乙醇，按这样浓度递增的顺序浸泡器物，替代器物中的水。每个浓度浸泡 24～48 小时，每隔 6～8 小时搅动几次，直到乙醇的密度经测定不再增加（因为水比乙醇的密度大），表明水已被无水乙醇置换完全。

②待乙醇将水置换完全后，按上述方法用无水乙醚置换乙醇。分别用乙醚和乙醇的体积比为 1：2、1：1、2：1、1：0 的混合溶液浸泡器物，直到用无水乙醚浸泡后，乙醚的密度在 0.715～0.718 保持不变时，说明乙醚将乙醇置换完全。

所用无水乙醚的制作方法：

第一，先用无水氯化钙（$CaCl_2$）去除乙醚中少量的水及微量的乙醇。

第二，去水去醇后的乙醚经蒸馏后，压入钠丝，浸泡 4～5 天，以去除残留的微量水和乙醇。

因用金属钠除微量的水、醇时，反应会放出氢气，可在用金属钠除微量水、醇的容器瓶口安置一个毛细管，使瓶中的氢气可以逸出，而空气中的潮气不能进入。

③若器物比较脆弱时，可在乙醚中溶解一定量的树脂，这样树脂随乙醚一起进入木质空腔及粗孔中，待乙醚挥发后，树脂却留在木竹质细胞中，使器物得以加固。用此法处理耳杯、漆盘、漆碗、竹简、木牍等小件文物，操作方便、效果明显，如在乙醚中溶树脂的同时溶解防霉防腐、防虫剂则更好。江苏连云港东海湾汉墓出土的竹简、毛笔、木牍等就是用醇—醚—树脂连浸法脱水定型的。

④处理小件器物的具体操作。

第一，将需要处理的木牍、竹简按顺序编号，用 3% 的草酸溶液脱色约 3 分钟，将木牍、竹简上的污物清洗干净，再用预热的蒸馏水将器物漂洗 2～3 遍，消除残留在竹、竹简上的草酸溶液。

第二，对竹简进行称重、测量尺寸、照相。

第三，用预先准备好的玻璃片把竹简、木牍夹绑固定。

第四，放在盛好乙醇的玻璃容器中，按醇—醚—树脂连浸法将器物脱水稳定后，再称重、测量尺寸，计算器物含水率、收缩率（纵向及横向收缩率）。

第五，用乙醚树脂溶液浸泡，使器物得以加固。

近年来，湖南、湖北、江苏、安徽、广西用此法处理的小件饱水漆木竹器，效果都很好。

⑤改进的——高压—降压膨胀法。

湖南博物馆的魏象研究员，经研究发现醇—醚—树脂连浸法无法消除液体分子间及液体分子与器物细胞间的作用力，因而无法完全制止收缩。针对这种情况，他提出了高压—降压膨胀法的研究思路：通过升温削弱分子间作用力，并通过热液体膨胀汽化而产生抗张力量，从而最终消除液体挥发时产生的收缩力。

此法是利用乙醚的温度和蒸气压随温度升高而猛增的特点，将器物置于密闭的容器中，用水浴加热乙醚绝不能用明火或电热器（如电炉）加热，将控制温度在100℃。当压力升高到（4～5）×133.2 Pa时，迅速排气，而竹木漆器细胞中所含的热乙醚迅速膨胀，产生压力，从细胞壁迅速渗出，使挥发收缩的过程转变为挥发膨胀的过程。这就是收缩逆转为膨胀，膨胀应力自然地消除了收缩。

⑥丙酮—树脂连浸法。

丙酮—树脂连浸法是溶剂—树脂连浸法的一种，处理操作如下：

第一，将饱水湿材用相对百分数为3.5%的盐酸溶液浸泡除污；第二，再用丙酮浸泡使木材含水率降至相对百分数10%以下，在52℃温度下，将木器浸泡在相对百分数为67%松香—丙酮溶液中，待溶液浸入木器后，取出气干（抽气或热气干燥）。

4. 醇—醚—树脂连浸法中溶剂、树脂的选择

处理漆器，选择醇、醚要考虑溶剂对漆皮的影响。实验表明，各种既能与水互溶又能与醚互溶的溶剂甲醇、异丙醇、乙腈效果最好，其次是乙醇、叔丁醇、正丙醇。其他溶剂要么对漆皮影响大，要么与水置换不够快，要么性质不稳定，都不适用。

从脱水效果看乙醇不如前三者，但 CH_3OH（甲醇）、CH_3CN（乙腈）有毒，异丙醇特臭，而乙醇无毒、便宜，来源丰富，使用安全，因此常用乙醇。

常用的醚为乙醚，沸点低、挥发快且挥发时表面张力小。

常用的树脂：甲基丙烯酸甲酯、达玛树脂、松香、乳香胶。

常用的防腐剂：霉敌、苯并咪唑。

常用的杀虫剂：ABS9910。

5. 醇—醚—树脂（防霉、防腐、杀虫剂）连浸法优点

①脱水、加固、防霉、防腐、防虫一举多得，十分理想。

②对文物的质量、色泽、形状均无影响。

（6）醇—醚—树脂连浸法脱水定型应注意的问题

①各步置换要完全。

②乙醇特别是乙醚易燃，操作时注意容器密闭、房间通风、绝对避免明火。

四、阿里格C法

（一）阿里格C法脱水定型的原理

阿里格C法是一种三聚氰胺甲醛缩合树脂，能自由地溶解于水中，在常温下添加适量的硬化剂后，就转变为不溶性的固体物质，充填在本质中。此方法就是利用低分子量树脂溶液渗入器物中，在少量引发剂作用下，低分子量树脂在器物中进一步聚合而固化的方法来加固器物，而不是高分子量树脂直接渗透加固。

（二）阿里格 C 法脱水定型操作

①将文物清洗干净浸泡在 25% 的低分子量树脂溶液中数天，直到器物沉底，渗透完毕为止；②加适量的引发剂（氢氧化钠溶液或 H_2O_2）；③溶液开始进行聚合反应，把器物留在溶液中直至树脂开始硬化，这一过程大约需要 24 小时；④取出器物，清除表面多余的树脂；⑤包于聚乙烯薄膜内，于 60℃下继续缓慢聚合 24 小时使树脂硬化加固。

（三）阿里格 C 法的特点

①低分子量树脂渗入器物，在引发剂作用下缓慢聚合，因而澄洁、透明、坚硬。

②对光稳定，不变色。

③黏合力强，耐水性好。

④不受微生特别是霉菌的浸染。这一点对漆木竹器类文物很重要。

⑤耐水性、耐气候性好，不易腐蚀，不易燃烧。

⑥操作简便易行。

我国用此方法处理新石器时代饱水木器，苏联用脲醛树脂以此方法处理饱水木器，效果均很好。

五、聚乙二醇法（PEG 法）

（一）聚乙二醇的性质

①聚乙二醇的化学式为（OCH_2CH_2）$_N$，N 聚合度有大有小，所以 PEG 的分子量有高有低，平均分子量在 200 ~ 6 000。

聚合度 N 在 23 ~ 200 的高分子量。PEG 又称碳蜡，经常用来处理饱水木质文物的 PEG，就是分子量为 4 000 的固体非吸湿性物质。溶于水、不防水的高分子加固材料，常用作湿材处理，不能用于露天文物的加固。

②机械强度随分子量的增加而加大。

③无色、无臭。

④蒸气压低。

（二）聚乙二醇法脱水定型加固的原理

以非吸湿性的聚乙二醇逐渐置换出木质文物细胞组织内过量的水分，又使水慢慢挥发，而聚乙二醇留在器物中，随着水不断被聚乙二醇替代，水分又不断蒸发而使聚乙二醇的浓度逐渐增加，逐渐聚合而使分子量逐渐增大成为固体，这样既使器物脱水，又使器物得以很好地加固。

（三）聚乙二醇脱水加固定形操作

用 PEG4000 处理饱水木器时，不能直接浸入熔化的蜡液中，因为器物完全被蜡覆盖，水分不能再被置换出来。比较有效的方法是在开始时将木器在室温下置于 12% 的 PEG4000 水溶液中，以后慢慢地增加溶液的温度。几周后，木器中的水逐渐被 PEG 替代。由于水被缓慢地蒸发掉，PEG 浓度会逐渐增大，最后木器就留在热的 PEG 中了。取出后用甲苯擦去表面多余的 PEG 即可。

1.PEG 脱水定型一般操作

①将器物浸入 12% 的 PEG4000 水溶液中；

②逐渐升高温度到 60 ~ 70℃；

③经过几周 PEG 逐渐替代了器物中的水，水慢慢挥发掉，热的 PEG 留在器物中不断聚合；

④趁热取出器物，用甲苯擦去器物表面的 PEG，此时 PEG 的平均分子量已大于 4 000，在 4 000 ~ 6 000。

2.PEG 法的缺点

①需要时间很长，厚重器物需要一年甚至数年才能处理完毕。

②处理后器物颜色加深，甚至发黑，而且使用 PEG 浓度越高，变黑越严重。为避免器物变黑，可在浸渍后用温水擦拭表面或者根据器物实际情况，不将 PEG 浓度提高到 100%。

③ PEG 为不吸湿性物质，却溶于水，所以是不防水的加固材料，不能用于露天器物的加固。

3. 改进了的聚乙二醇脱水定型加固法

①把器物置于蒸馏水中，加入固体 PEG4000，每天浓度增加 0.2%，对质地较软的器物，浓度增加可快一些，当浓度达到 65% 时，停止增加浓度。

②取出器物，浸入熔化的 PEG 中 1 小时，然后取出冷却。

③用湿海绵清除器物表面过量熔化的 PEG 蜡状液即可。

（四）用 PEG 法处理文物的一些实例

1.用 PEG 法处理瑞士 "WASA" 号战船提出两种方法

①第一种是连续法：将战船置于同一容器中，用 30% 的 PEG4000 水溶液浸泡，逐渐提高浓度，同时温度从 25℃ 逐渐升至 90℃。

②第二种是非连续法：将器物逐渐浸泡在浓度逐渐增加的不同容器的 PEG 溶液中。

实验证明：起始浓度为 5%，温度为 60℃ 时效果最佳。

2.PEG 置换浸注法

将 5% ~ 10% 的 PEG100 在一年内逐渐提高到 60% ~ 70%，取出器物，用 25% 甲苯二异氰酸酯的醋酸乙酯溶液涂刷，形成抗水的、防吸湿的表面封护膜。

3. 用 PEG 在发掘现场直接处理饱水木器

①用 40% 的 PEG4 000 水溶液，在 20℃ 下浸泡木件 29 天；

②用一周时间升温至 50℃，保持 42 天；

③短时间升温至 60℃，冷却至 25℃，整个处理时间 56 ~ 72 天。

4. 南京博物院用 PEG 处理汉墓出土的天花板、木质天文图、木俑、木尺、漆虎等采用的两种方法

第一种方法：称取 25g PEG600+ 丙醇 20g + 3.5 ：1 的乙醇与水混合液稀释至 100g。将混合液装入喷枪内，向天花板喷涂到覆盖整个板面为止。用塑料布将整个天花板蒙住，表面干燥后再喷一次，每 10 天递增一级浓度。几个月后改用 PEG1000 按上述方法再喷，直至器物稳定。

第二种方法：把木尺浸泡在按上述配好的溶液中。使液面超出器物数厘米，紧盖容器防止液体挥发。处理过程中浓度逐渐递增，处理温度慢慢提高，经数日处理后温度升至 60℃。最后用甲苯除去表面的 PEG。

5. 日本学者增泽文武处理饱水木质文物

将器物浸泡在 5％的十二烷基醋酸铵（$C_{12}H_{25}—CH_2COONH_4$）溶液中 12 天，然后将器物浸入 40％的 PEG 溶液（从 20％浓度递增直到 100％）中，处理温度为 60℃，处理 30 ~ 35 天。取出器物，擦去表面的 PEG。

此法处理缩短了时间，增加了木材的强度和稳定性。

6. 成都文物考古研究所采用 PEG 法对在成都市商业街出土的大型木质文物船棺的处理

由于船棺太大、太重，无法放在容器中浸泡，工作人员将 PEG 溶液放在船棺内，让其慢慢渗透、逐渐置换器物中的水。在处理过程中不断增加 PEG 的浓度，使之在器物中聚合。

（五）PEG 法的优点

①脱水、加固同时进行，便于自动化。

②用于饱水竹木器，特别是饱水木器效果好。

③对于小件器物处理，既方便，效果又好。

④聚乙二醇虽溶于水、耐水性不好，但它是非吸湿性物质。

六、有机硅聚合物脱水定型加固法

（一）有机硅聚合物脱水加固的原理

用液体低聚合度的液体有机硅聚合物渗入器物的纤维空隙里，并继续进行聚合反应，生成固体填充在木材组织中，达到器物定形加固的目的。所用的液体低聚物是聚合度 M+N=12 的透明液体。聚合度越大，液体流动性就越差。

（二）有机硅聚合物脱水定型加固的操作

①将器物置于加有（催化剂）引发剂的低聚物里数日；②充分渗透，至器物沉于容器底部，表明渗透完全，器物中水全被置换；③加热至 55℃。聚合反应立即开始；④聚合反应结束后，除去表面低聚物；⑤在 30 ~ 40℃干燥 48 小时；⑥室温干燥 20 天即可达到脱水定型加固之目的。

（三）有机硅聚合物脱水定型的特点

①有机硅聚合物性能不随温度改变，因而有机硅聚合物脱水定型后器物具有耐热性、耐寒性。

②处理器物形状、颜色不变。

③表面不起光泽，不产生裂缝。

七、γ射线辐射聚合脱水加固法

（一）γ射线辐射聚合脱水加固的原理

将某种化合物单体以液体状态渗透到饱水木质文物中，替代出器物中的水，然后单体在高能量的γ射线源照射下，产生自由基进行聚合辐射聚合固化，而留在木质组织内部高聚物使脆弱的器物得以加固。该反应为链式反应，由γ射线激发从分解中产生活性基团（自由基）开始。

辐射聚合机理与过氧化物引发剂引发聚合机理相似，均属自由基聚合反应，不同的只是产生自由基的方法不同。

（二）γ辐射聚合脱水定型加固的操作

①将欲处理之器物先用质量分数为0.1%的过氧化氢（H_2O_2）溶液和质量分数为0.1%的氨水（$NH_3 \cdot H_2O$）漂洗，除去器物上的油污及其他有机物，再用清水洗涤。

②用浓度递增的乙醇替代器物中的水进行脱水；用单体甲基丙烯酸—2—羟乙基酯和甲基丙烯酸甲酯的混合物为单体置换物器物中的乙醇，因γ射线很强，可均匀射至器物的各个部位，且使各部位以等速聚合而使器物得以脱水定型。

八、冷冻脱水干燥法

（一）冷冻脱水干燥法的原理

冷冻脱水干燥是根据生物学技术发展来的，用于处理饱水木器、漆器的一种方法。基本原理是木材中的水在低温下被解冻后，可以在真空下升华。该法最早在一些小件器物上获得成功，但在大规模应用时效果不太理想，在最初冻结过程中，许多木器容易被冻裂。用−80℃的固体二氧化碳进行冻结也发生过这种现象；将较软的木材置于−182℃的液态中，经过短时间的预冻，效果尚好，但是较硬的木材仍会发生破裂。

饱水木材经预冻后，在表面形成一层薄冰，在获得良好的真空状态时，冰的表面就会发生升华作用。直接从冰层下面抽出的水的升华热则会使更多的水冻结，因此冻结层就会深入湿木中。木材受损的破裂力随着冰的形成就会局限在薄层上，这薄层则可支持所产生的应力而不受损害。

近年来，我国许多文物保护工作者对冷冻脱水干燥法进行了大量的研究改进工作，经多次实验发现，直接冰冻的方法总是会使器物发生一定程度的开裂。为防止再发生这种现象，人们发现当用叔丁醇替换出木器中的水分，再来冻干时，效果会好得多。因为叔丁醇在低温下有与木材相似的膨胀系数，因此在速冻时，器物可以免致破裂。当叔丁醇在真空状态下直接由冻结的固体状态升华掉时，其表面张力也较小，不会导致器物发生破裂。

进一步的研究发现，用低分子量的PEG400溶液浸泡木材后再进行冻干，效果较好。因为首先聚乙二醇在冷冻情况下体积是收缩的，而水则相反，冰冻时体积会膨胀，这样一胀一缩，相互抵消，就起到了防止器物开裂的作用。其次，PEG400的表面张力不到水的2/3，大大减低了水分溢出时表面张力对纤维组织的破坏。而从聚乙二醇结构上看，它具有两个末端羟基，可与变质了的木材组分形成弱氢键。这样，当水分因升华而失去时，在木材内表面的聚乙二醇就有一种防止木材细胞组织因张力遭受破坏的相反趋势，起到减少器物因冰冻升华而破裂的作用。通常采用的PEG400溶液浓度在8%～15%，根据木器变质的程度而异。变质得越严重，所需聚乙二醇浓度越低。研究人员曾对一腐朽极其严重的器物——其饱水时重100g，处理后仅重11g——进行处理，开始时用7%的PEG400溶液浸泡，以后用10%，浸泡后再进行冻干，效果很不错。

现在人们还研制出冻干的自动装置。此外，还可以用干燥的冷空气流在一般大气压下进行冷冻干燥，方法是在系统内压进-45℃的干冷空气，使器物中的水分冰冻升华。冷凝捕集器在-45℃的低温下捕集水汽后，让干冷的空气继续循环回流，不断除去水分。

（二）冷冻干燥脱水法操作

1. 用叔丁醇替换水分冷冻干燥操作

①将器物置于盛有叔丁醇 $[(CH_3)_3COH]$ 的密闭容器中；②降温至-45℃，真空度 0.5τ，使叔丁醇置换器物中的水；③水、叔丁醇结冰直接升华抽走。

2. 加PEG冷冻干燥法操作

①将器物先用清水浸漂两个月，然后分别用质量分数为10% PEG400、12% PEG2000C内含0.5%的硼砂、四硼酸钠（$Na_2B_4O_{17}\cdot 10H_2O$）或含0.02%霉敌作防霉防腐杀菌剂，温度控制在62～65℃和72～75℃，直到器物恒重。

②沙埋脱水：①经PEG处理的器物，用宣纸包裹，测重后埋入沙中，以后每三天测重一次，计算器物的含水率，脱水至40%；②把器物表面的宣纸揭掉，计算脱水度；③用两层聚乙烯袋封装，外面用一块0.1 mm塑料薄膜包扎，置阴暗处保存。

③冷冻脱水：待室外气温符合冷冻干燥条件后，将器物从聚乙烯袋中取出，测重后在冰箱中速冻25小时，取出置于脱水棚的搁架上，开启电扇，调整风向，风向不宜直对器物，经98天脱水即可。

（三）冷冻脱水干燥法保护文物的实例

① 1984—1985年浙江博物馆卢衡在黑龙江博物馆内对浙江河姆渡出土的饱水构件进行室外冷冻干燥，取得了满意效果。用15%的PEG40进行预处理，对300%以下含水度，非常严重降解的木材可获得76%的抗收缩率。处理形体宏大的饱水木质文物效果很好。

②上海博物馆吴福宝利用室外冷冻法处理上海浦东川杨河出土的古代木船，利用室外冷冻阴干处理，最后用1：10的亚麻油：正丁醇混合喷涂加固，取得良好效果。

③近年来，我国、日本、加拿大用PEG400—600溶液将欲加固定形的器物浸泡后再进行冻干，效果也很好。西安文物保护修复中心用此方法处理华清池一木门，收到较好效果。

（四）冷冻脱水干燥法的优缺点

1. 冷冻脱水干燥法的优点

①适用于饱水漆、木器的脱水定型，且因聚乙二醇在冷冻情况下体积是收缩的，而水冷冻时体积会膨胀，这样一胀一缩，相互抵消，起到了防止器物干裂的作用。处理极其腐朽的器物不仅效果好，且处理后器物较轻。如一个饱水时重100g的极其腐朽的器物，处理后仅重11g。开始时用7％的PEG400溶液浸泡，以后用10％的PEG400溶液浸泡后再进行冻干，效果不错。

②特别适合小件器物的脱水干燥，效果很好。

③可以进行自动冷冻干燥。

2. 冷冻脱水干燥法的缺点

①加丁醇法需要在 $-45℃$、0.5τ 条件下工作，需特殊设备。

②处理器物强度不够，最好在脱水后，再选用适当的树脂渗透加固。

九、丙酮—松香法

（一）丙酮—松香法的原理

该方法是用丙酮替换出器物中的水分后，再以饱和的松香—丙酮溶液浸渗。丙酮挥发后松香就填充在木材纤维中，使器物定形加固。

（二）丙酮—松香脱水定型法的操作

处理前先将器物放在稀盐酸（3.5％）溶液中浸泡几天，通常是每2 cm厚度的木器约需浸泡一天时间。然后将木器取出放在流动的水流下冲洗到除尽盐酸为止，以提高渗透效率。再用不同浓度的丙酮浸泡，逐步替代出水分。最后将器物浸泡在饱和的松香—丙酮溶液中，并在52℃回流（每2 cm厚，大约需要一周时间）。处理完后，用丙酮擦去器物表面多余的松香，丙酮挥发后，即可达到加固的目的。

（三）需要注意的问题

无论选用何种材料浸泡木材以达到渗透加固目的时，处理前应先用稀盐酸、水和丙酮等对器物进行清洗以除去钙离子、镁离子，以助于脱水加固剂的渗透，使处理效果更好。

（四）丙酮—松香法的优缺点

1. 丙酮—松香法的优点

①所用原料来源丰富，价格便宜。

②处理方法简便。

③对小件器物处理效果更好，更方便。

2.丙酮—松香法的缺点

①处理后器重量会增加。

②需浸泡的时间较长。

③对大型器物的处理很不方便。

十、甘油湿材脱水定型法

（一）甘油湿材脱水定型法的原理

甘油又名丙三醇，是一种具有强吸湿性的黏稠液体。用甘油对湿材脱水定型，主要是利用甘油的强吸湿性及与水和醇的互溶性而使器物脱水。

（二）甘油湿材脱水定型法的操作

①先将湿材在95%乙醇中浸泡24小时；②加入一半体积的戊醇继续浸泡48小时；③取出器物放在甘油中浸泡96小时；④将器物从甘油中取出接着在60℃的石蜡中浸泡48小时，取出风干。

十一、蔗糖脱水定型法

（一）蔗糖脱水定型法的原理

纤维素属多糖类，是由许多单糖、葡萄糖分子经缩聚而生成的高分子化合物。纤维素是自然界分布最广的多糖，而蔗糖是由一分子葡萄糖和一分子果糖组成，与纤维素有相似的微观结构。蔗糖在水中溶解度很大，很容易进入饱水木材中，当水分失去后，由于蔗糖的浓缩结晶，可替代原来水分对细胞的支撑作用，保持器物的外形不再变化收缩。在饱水器物中，水分子以氢键和范德华力与纤维素分子结合在一起，氢键的形式以分子中存在有羟基为先决条件，纤维素分子间以氢键横向相连组成纤维素。蔗糖分子中也存在大量羟基，当蔗糖分子进入木材组织后，很容易与纤维分子以氢键形式相结合，形成类似于纤维束结构的大分子，从而提高了饱水木材的强度。

（二）蔗糖脱水定型法的操作

①将器物从原来保存水中取出，用水流小心清洗；②用吸墨纸吸取（或用软布擦去）器物表面的水分及污土污物；③测量器物尺寸、称重、记录、照相；④将器物放入40%～50%的蔗糖溶液中浸泡，浸泡时容器加盖，以防浸泡过程中水分蒸发引起蔗糖过早浓缩而聚合；⑤待器物全部沉入底部，浸泡渗透过程结束（浸泡时间长短取决于器物面积和漆皮的完整情况；为加快浸透速度，经常搅拌）；⑥取出器物用湿毛巾擦去表面糖液，放室内阴干，直至恒重，测量尺寸，计算含水率和收缩率。

湿木材用煮沸的蔗糖溶液浸泡，再用酚醛树脂的乙醇溶液与木材中蔗糖溶液交换，处理后保存在温度为14～25℃，相对湿度为50%～55%的环境中可保持原形，尺寸稳定。

（三）蔗糖脱水定型法的优缺点

1.蔗糖脱水定型法的优点

①能使高度腐朽的饱水漆木器得到脱水加固。

②适用范围广，对不同树种、不同含水量的器物都能适用。

③处理后木质质感强，能很好地保持漆木器原貌。虽有一定收缩，但对漆皮没有大的影响。

④脱水定型后，如在水中浸泡一定时间，蔗糖可以全部溶出，恢复到饱水状态，并不改变器物的外形，这种可逆性，对于初次处理失败或今后发现更好的材料或更为先进的技术，需要再次处理，都是非常有利的。

⑤工艺简单，不需要专门设备，操作简便，成本低廉，便于推广。

2.蔗糖脱水定型的缺点

①需蔗糖量大。

②蔗糖吸湿，环境湿度变化时不稳定。

③强度不够。

十二、水玻璃电渗脱水定型法

（一）水玻璃电渗脱水定型法的原理

水玻璃溶于一种特殊配制的水溶液作电解质溶液喷于漆木竹器上，然后通过铝电极通入直流电，使水玻璃在直流电的作用下进入器物中，由于水玻璃溶液中含有作为反应试剂的氯化钙（$CaCl_2$），它与水玻璃溶液中的成分 $KAl(SO_4)_2$、Na_2SiO_3 反应，生成不溶于水的 $CaSO_4$、$CaSiO_3$，填充在器物组织中，使器物得以加固。

（二）水玻璃电渗脱水定型法为操作

①将 2 mol $KAl(SO_4)_2$ 和 4 mol $CaCl_2$ 搅匀；②加入水玻璃 1 mol $Na_2O \cdot nSiO_3$；③混合均匀后喷于器物上；④铝作电极通入直流电；⑤在电流的作用下，电解质进入器物中，发生化学反应，生成的 $CaSO_4$、$CaSiO_3$ 沉于器物组织中，使器物得以加固。

（三）用水玻璃电渗脱水定型法保护文物的实例

南京博物院奚三彩研究员和中国文化遗产研究院蔡润研究员曾用此法处理出土的木质构件。

十三、真空热干燥法

（一）真空热干燥法的原理

真空干燥法利用真空环境下物质的汽化特性，将湿润的物质在低压下加热，使水分蒸发从而达到干燥的目的。因为沸点就是在一定压力下，液体克服分子之间力而达到沸腾时的温度。压力越大，沸点越高，压力越小，液体分子间作用力越小，克服分子间力需要的能量就越少，因而在较低的温度下即可沸腾。此法原理可简单概括为真空降低压力—提高温度—降低沸点。

此法是竹木漆器快速脱水定型的一种物理方法。

（二）真空热干燥脱水定型法的操作

①对器物进行清洗（按漆木竹器现场保护中的清洗方法操作）；②对器物照相、测量尺寸、称重、记录详细残损情况；③将器物用石膏翻成模子固定起来，以防器物在脱水时变形、开裂和漆皮起泡，在翻模时于器物表面贴上几层宣纸（因石膏固化后较硬）保护器物，器物内面用合适物件加以固定；④烘模：将翻好的石膏模烘干；⑤将器物放进干燥后的石膏模中，固定后放入预热为70℃的真空干燥箱中，抽真空，控制温度在80℃；⑥当真空达到133.3 Pa×600时，每隔4小时温度升高5℃，升至95℃，直到恒重，一般需要12～24小时，脱水时间长短需视器物的大小和含水量而定，器物越大，含水量越高，则脱水时间就越长，而干燥温度随真空度升高而降低；⑦将脱水后的器物称重、测量尺寸、照相、观察现象并翔实记录；⑧收藏或陈列。

（三）真空热干燥法保护文物的实例

湖北荆州博物馆吴顺清利用此方法对凤凰山167墓中出土的73件竹木漆器进行了真空热干燥处理，均取得成功。

（四）真空热干燥法的优点

①此法对古代漆木竹器脱水处理简便、经济、省时（一般需30小时左右）。

②可保持文物原貌，无任何副作用。

③长期保存安全稳定。

十四、乙二醛脱水定型法

（一）乙二醛的性质

乙二醛是最简单的二醛，常以无色聚合体形式存在，蒸馏时得单体，单体为绿色液体，可转变为黄色晶体。

在水溶液中常以水合物形式存在，乙二醛的化学性质非常活泼，少量灰尘的影响都会使它聚合。

（二）乙二醛脱水定型法的原理

乙二醛脱水定型法的原理主要是利用乙二醛易溶于水，吸水易形成水合物填充在器物中固化。

（三）乙二醛脱水定型法的操作

①将器物从水中取出，清洗干净擦干，测量尺寸、称重、做好原始记录、照相；②将上述清洗过的器物放入乙二醛溶液中（30%～40%～50%），器物漂在液面上，为加速渗透，隔几天将浸泡液搅动一下；③待器物完全沉入乙二醛溶液后，取出器物，用水冲洗器物表面，擦干，测器物尺寸、称重，让其干燥脱水，直至器物恒重；④待器物脱水、加固、定形后，

再测尺寸、称重、照相，放入囊盒保存或展出。

（四）乙二醛脱水定型法的脱水实例及效果

湖北江陵望江山一号战国墓出土的最引人注目的雕有 51 条（只）动物（其中蟒 20 条、小蛇 17 条、蛙 2 只、鹿 4 头、凤 4 只、雀 4 只）的座屏，用此法脱水定型，效果非常好。

（五）乙二醛脱水定型法的优点

①从 1978 年至今 40 余年的实践证明脱水效果非常好。

②此法适应性强，不受树种、器物类别、形状，漆膜薄厚的影响。

③经处理的器物能与环境保持平衡，环境中 RH 增大，自动吸水，RH 降低时，则向大气中自动释放水分，即对环境有特别强的适应性。

④具有可逆性：乙二醛聚合物在一定条件下能溶于水，这使脱水定型器物中的乙二醛聚合物有可逆性。

⑤处理的器物的收缩率接近或等于零。

⑥方法简便、成本低、易推广。

十五、乙醇—鲸蜡醇脱水定型法

（一）乙醇—鲸蜡醇脱水定型法的原理

鲸蜡醇不溶于水，易溶于乙醇，分子量相对较低，无毒，可渗透到木材内部，填充细胞而加固稳定木材。

（二）乙醇—鲸蜡醇脱水定型法的操作

①首先对欲脱水漆木器进行去污，测量尺寸、称重、照相、记录等。

②用模具固定器物，防止脱水过程中变形。

③置换：将欲脱水器物依次置于 20% ~ 100% 的乙醇中，将器物中的全部水分置换出来。

④加固：将脱水后的器物马上放进加热熔化的鲸蜡醇中，浸透加固。

⑤干燥：取出加固后的器物，去除器物表面残留的鲸蜡醇，然后缓慢自然干燥。

十六、脱胎换骨法

脱胎换骨法是我国传统的修复漆器的方法之一。当漆器的内胎已经非常朽烂，原有木胎已经残存不多时，利用前述几种方法都不能使器物复原了，此时只能用更换内胎的方法才能保护漆皮、恢复器形。这就是所谓的脱胎换骨法。

处理时先把漆皮从朽烂的木胎上小心地剥离下来，仿做一个新的木胎，然后把漆皮照原样粘贴在新的木胎上。这样做成的漆器外表没有变化，只是胎已不是文物，而被新的骨架代替了。应用此方法保护了原来的漆皮，尤其是对于那些原胎质已经糟朽成泥，或仅留下痕迹而漆皮仍保留下来的情况，采用此方法仍具有一定意义。

以上就目前国内外对出土饱水木漆器进行脱水定型处理的几种主要方法作了论述，但究竟采用何种方法最适宜，则需要视具体情况而定。由于木材的种类，器物大小、形状，以及保存状况等各种因素，选择方法有密切关系，至今还没有发明一个绝对可靠，而且普遍适用的方法。因此，在任何正式地处理出土漆木器之前，先做实验是十分必要的。可选择同一类型的小块残片或不重要的试块做实验，在取得成功的经验后再作处理。

第五节 糟朽漆木竹器的加固和修复

糟朽的漆木竹器需要适当给予加固和修复，才能再现原貌。

一、糟朽漆木竹器加固和修复的基本原则

①保持文物原貌、修旧如旧，保存文物的历史标记。

②要做好保护加固和修复计划，要预防"保护性"损伤，处理不留后患。

③必须把治理与保护结合起来，既要消除危害文物的病变，又要防止或延缓不利因素对文物的破坏。

④在保证文物保护处理的长期性、稳定性的前提下，争取满足处理的可逆性及再处理性。

⑤文物保护材料应立足国内，原料易得，来源丰富，工艺简便，价格便宜，既不污染文物也不污染环境。

⑥要取得满意的加固修复效果，关键在于根据文物的质地、性质、保存程度选择适合的方法和适合的黏结加固材料。实际操作时先在试样上模拟实验，不允许直接用糟朽文物本身去做。

二、糟朽漆木竹器加固和修复的必要性

①糟朽漆木竹器是纤维类有机质，长期处于地下水的浸泡和水中各种酸、碱、盐物质的腐蚀，一般比较糟朽，一旦出土根本无法长期保存或展出。

②糟朽漆木竹器不经加固和修复，不能显现文物原貌。

③糟朽漆木竹器出土后如不采取积极正确的加固和修复，不进行抢救性保护，就要毁于一旦，造成无法挽回的损失。

三、糟朽漆木竹器的加固修复材料和方法

（一）蜡、蜡与树脂混合加固法

巴西棕榈蜡（加洛巴蜡）：主要成分为烷醇酯、游离烷酸以及少量的脂肪烃，由产自南美的棕榈树树叶制得。20世纪60年代曾用作油漆彩绘的表面处理，后用来修补木质文物的裂缝。方法是先将文物用织物和巴西棕榈蜡紧密包裹，放入76℃左右的熔化蜡质中浸泡，取出冷却后用汽油洗掉表面蜡质，揭下织物。

用于饱水湿材时充当已软化出土木材的加固剂。处理时，先用醇—醚联浸置换出木质中的水分，然后用60℃的蜡质浸泡木材，使蜡质注入木材内部。最后用1份达玛树脂、1

份纯净棕榈蜡、1份石蜡加3份蜂蜡的混合物，在80℃下浸泡木材。干燥、冷却后就完成了加固过程。

使用棕榈蜡对饱水湿材效果较好，可耐气候的变化，而且处理后器物尺寸改变很小。但对一般木质，渗透深度不够，表面会有颜色的改变，不利于进一步加工。

1. 蜂蜡

蜂蜡主要成分为烷酸烷醇酯及少量游离烷酸、烷醇和脂肪烃。用于木材的加固和保护较早，且一直沿用至今。20世纪初就用热的蜂蜡—树脂混合溶液浸泡木材，当时主要用来处理油画的画板、画框等。方法是将木件放入熔化的蜡中，保持110℃的温度，直到木件中没有气泡冒出，再将熔融物冷却至70℃，过一定时间后取出木件。这样处理后蜡的吸收量可以达到木材起始重量的50%。

在用蜂蜡或蜂蜡与树脂的混合物对木质器物做加固处理后，器物中腐朽的部分可用一种由蜡配制成的油灰填塞，配方：1份蜂蜡，2份干燥白垩粉，1份AWZ（酮树脂）。而用亚麻籽油浸注的木质文物可以用蜂蜡等制成的涂料作保护涂层，配方：3份蜂蜡，2份巴西棕榈蜡，与100～200份松节油混合，用这种涂料多次涂刷并抛光。

（1）蜂蜡作加固剂的优点

①易加工、不活泼、可逆、不受湿度变化影响。

②处理时如果在蜡质中加入杀菌、杀虫剂就可在加固的同时起到防腐、杀虫作用。

（2）蜂蜡作加固剂的缺点

①老化性能不好，处理时若掌握不好浓度，木件还会变暗，有油污感。

②蜂蜡与树脂混合后较易受气候的影响。

2. 石蜡

石蜡主要成分是分子质量为275～400的烃的混合物。大约在1890年，石蜡已被用来保护木材，如与松节油混合处理腐朽的家具及建材或与其他蜡质混合对木材进行浸注处理。它也是上光蜡的组成部分，用于家具、乐器的表面上光处理。

用作彩绘器物的保护，可用石蜡：蜂蜡：棕榈蜡为2：1：0.5的松节油溶液涂刷。腐朽木材，先用碱式铜盐处理后再用石蜡处理。用热石蜡浸泡时，起始温度为70℃，逐渐升温到150℃，取出放入90℃石蜡中，浸泡至少2小时。对于饱水器物，先用乙醇、丙酮逐步置换出其中的水分，再用苯和石蜡的1：1混合溶液浸泡，最后使丙酮挥发。小件受潮软化的木质文物，可用硬质石蜡与其他蜡和树脂的混合物做加固处理。

石蜡很少单独使用，一般都是与其他蜡质一起，作为小件木制品的加固剂。反应可逆，但受热熔化，不但影响强度，还给重新处理带来不便。

3. 处理方法

使用单纯的矿物蜡、动植物蜡，或各种混合蜡，以及各种蜡质与树脂的混合物。将加热后的蜡涂在器物表面，然后用红外线加热熔化蜡质，使其渗入器物内部。例如可以使用这样的配方：漂白蜂蜡 90 份 + 环己酮树脂 9 份 + 达玛树脂 1 份。这样处理的效果稳定，器物不透水，不吸水。缺点是器物颜色有变化，重量增加，并且高温下蜡质会发生熔化。

（二）合成树脂加固法

1. 合成树脂加固糟朽漆木竹器常用的树脂及溶剂

①醋酸乙烯酯 + 溶剂（9 份甲苯 +1 份丙酮）。

②甲基丙烯酸丁酯 + 溶剂（丙酮或二甲苯）。

③甲基丙烯酸甲脂 + 溶剂（氯仿）。

2. 操作方法

①用有机溶剂溶解树脂单体；②加入少量引发剂后对器物进行浸泡处理，使树脂单体渗入器物固化。

四、有针对性的加固和修复

（一）小件需要支撑的艺术品的加固和修复

1. 常用的支撑材料

①常用聚酯或环氧树脂玻璃钢作内撑。

②用 15% 的丙烯酸酯类共聚物 + 丙酮溶液 + 木屑调成胶做成弹性内支撑来加固器物。此种材料易收缩，因此为防止器物变形而分多次使用来完成。

2. 表面大多残碎、字迹模糊不清的木简类文物加固和修复

①清除木简表面的污垢；②设法为木简整形，如可用乙二醇使木简自然舒展，然后用玻璃条绑夹固定，使其恢复到原来的平整状态；③用 5% 的草酸（$H_2C_2O_4$）溶液处理，使原来模糊不清的字迹清晰显露出来；④用树脂溶液渗透加固。

（二）残断竹简的黏结和修复

器物的修复，关键是选择良好而适用的黏合剂，既要黏结牢固，不影响文物原来的外观，又要使用方便。这就要根据具体修复对象来加以选择，如原来已经残断的竹简，可以进行对口黏结和修补。可用来黏结的黏合剂种类很多，最简便的配方是蜂蜡 40% + 达玛树脂 30% + 乳香胶 30% 熔合使用，也可用聚醋酸乙烯乳液。

操作：①将按上述配方配好的黏合剂混合熔化涂于竹简残断处；②对好茬口黏结；③进行适当修补。

（三）对竹质严重损坏的竹简的加固修复

对于一些竹质严重破坏，产生空隙，或纤维残缺不全，竹质薄壁细胞破坏程度较大，颜色发深，字迹不清，或只剩下空壳的糟朽竹简需要进行加固和修复。

1. 清洗

①先用蒸馏水将竹简清洗干净；②浸入 5% 的草酸溶液中，待竹简颜色变浅，字迹变

清晰时再用蒸馏水漂洗至中性。需要特别注意的是，漂洗时一定要用蒸馏水，以防草酸与自来水中的钙、镁形成草酸钙、草酸镁，而呈白色粉末沉淀，遮盖住竹简上的字迹。

2. 脱水

用乙醇置换器物中的水，再用乙醚置换乙醇，待乙醚挥发后即可达到脱水的目的。

3. 加固

①在乙醚挥发之前，用透明、可逆，又有一定填充黏合作用的乳香胶乙醚溶液浸泡渗透，直至渗透完毕，一般需浸透 3 天。②用电子显微镜观察竹简切片来判断渗透完全与否。③渗透完全后将竹简置于新鲜乙醚溶液中迅速通过，以除去竹简表面多余的树脂。④然后将竹简置于干燥环境中，待乙醚挥发后，再用乙醚溶剂擦拭竹简表面，擦去多余的树脂，确保竹简表面无树脂残留，以防影响竹简的原貌。

（四）出土竹席、竹筐的加固和修复

竹席是我国考古发掘中经常出土的一种珍贵文物，它反映了我国古代劳动人民的纺织技术水平，是研究古代手工艺的重要资料。

对出土竹席的加固和修复曾采用以下方法。

1. 最初对出土竹席的保护方法

只是以两片玻璃封夹，但自然干燥后不仅产生收缩断裂，而且变得非常糟脆。

2. 脲醛树脂涂布加固修复法

此法是以脲醛树脂为主要成分的混合剂涂布方法，其操作如下。

①清洗：用蒸馏水清洗竹席上的污泥浊土。

②漂洗：用 5% 的草酸溶液或双氧水溶液，以还原或氧化的方法清理暗黑污斑，再用蒸馏水漂洗除去草酸，以防与自来水中的钙、镁形成草酸钙、草酸镁，而呈白色粉末留在竹席上，影响竹席的外观。

③加固和修复：用加少量引发剂的脲醛树脂溶液涂刷竹席两面，强度不够时，在竹席背面用柔软的薄膜涂脲醛树脂背贴。

优点：①可以增加竹席的强度；②使竹席脱水定型。

缺点：①处理竹席色泽深暗；②使竹席缺乏弹性、质感变硬、脆而易碎，不能卷曲，且易老化，若加背贴，只能保持一面文物原貌，而背面不能维持文物原貌。

3. 聚乙烯醇加固法

用 4% 聚乙烯醇溶液涂其正反两面，待其干固后，使糟朽竹席变成具有良好色泽和弹性，可以任意卷曲强度较好的竹席。

（五）漆器漆皮碎片的加固和修复

生漆又名大漆、天然漆、国漆，是我国著名物产之一，是一种优质的天然涂料，享有"涂料之王"的美称。在我国古代史籍中，关于生漆的记载很多，已发现的资料和出土文物不胜枚举。如 1965 年湖北江陵雨台山出土的战国彩漆虎座凤架悬鼓；1976 年湖北出土了鸳鸯豆等近千件漆器；在浙江余姚河姆渡出土了距今 7000 多年之久的漆碗等。大量事实证明，在六七千年前，中华民族的祖先就已懂得用生漆涂饰器具，并在 2000 多年以前，就达到了很高的工艺水平。几千年来，生漆在我国被广泛应用，如木器家具、建筑物涂饰等方面，还加工成各种精美的工艺美术品。

1. 生漆的化学成分

（1）漆酚。这是生漆的主要成分，在生漆中含量达 50% ~ 80%，能溶于有机溶剂及植物油中，但不溶于水，它是生漆的成膜物质。

（2）含氮物质。漆液的成分中，一种不溶于乙醇，也不溶于水的褐色粉末，化学分析结果含有氮，所以称为含氮物质。在生漆中的含量在 10% 以下（3% ~ 7%）。经研究其实际上是一类糖蛋白质。

（3）漆酶。它存在于生漆的含氮物质中，不溶于有机溶剂，也不溶于水，而溶于漆酚。漆酶是一种含铜的糖蛋白质，氧化前，在我国产的生漆中含量高达 0.2% 以上。其中作为辅基的是和漆酶的活性部分结合的，这样铜和蛋白质的结合价态会影响到此前的功能。铜的脱除或价态的变化会使酶失活。漆酶上的铜离子作用很大，首先是作为酶的组成部分，协同参与反应。其次，通过酶蛋白中的配位数或离子键合以维持酶活性的必要构象，促进催化功能。最后，铜离子在酶与底物的结合中，还起到了桥梁的作用。

天然生漆中的漆酶与生漆中的其他成分形成非常复杂的关系，在相互作用时又存在许多至今难以解释的原因与现象。生漆成膜（干燥）自古以来，便依赖与漆酚共存的漆酶，但漆酶的催化作用不能符合生产的要求。也就是说，漆酶的催化能力非常差，以致慢得超过人们的要求很多。例如，使生漆成膜的漆酶要在 20 ~ 30℃，80% ~ 90% 的相对湿度下进行。而且即使满足这个条件，催化作用也还是很慢。如将温度升高，反应速度虽然能加快，但又有破坏酶的倾向。从实用方面考虑，漆酶在催化过程中可以在一些辅基作用下协同进行——我国古人就曾加入铁化物加速氧化作用的进行。现代科学也证明了一些过渡元素及其化合物都能有这种作用。

（4）多糖（树胶质）。生漆中不溶于有机溶剂而溶于水的部分，主要是多糖，另有钙、钾、铝、镁、钠、硅等元素。过去习惯称为树胶质。在生漆中含量达 3.5% ~ 9%，在生漆干燥过程中漆酚先行降解，而多糖的骨架还保留着。多糖与生漆干燥性能也有重要关系，同时它还是一种很好的悬浮剂和稳定剂，能使生漆中各种成分成为稳定分散的乳胶体。

（5）水分。生漆含水量一般在 20% ~ 40%，少数低于 10% 或高达 50%。水分多少不仅与树种、环境、割漆时期有关，也与割漆技术有直接关系。割漆时割口过深，切入木质部时，流出漆液的含水量就多些。通常水分少的生漆质量好些，水分多的质量较差。生漆中的水分不但是形成乳胶体液的主要成分之一，也是生漆在自然干燥过程中漆酶发挥作用时的必要条件。即使在精制漆中，大量的水分被蒸发掉了，但含水量也必须保持在4%~6%，否则将极难自干。

以上是生漆的主要成分，对生漆的质量起主要作用。此外，还含有少量油分、氨基酸、有机酸、糖类、烃类化合物、含氧化合物及无机物等成分。

2. 生漆的固化成膜机理

生漆在常温下会自然干燥成膜，这是氧化聚合过程。在其过程中要不断与空气接触吸氧，而且必须依赖漆酶起催化作用，因而需要特定的环境条件20~30℃，相对湿度为80%~90%）。生漆在成膜过程中的化学、生化、物理变化是相当复杂的，其产物结构也是极其复杂的。漆酚、糖蛋白、多糖、水分等都参加反应，生漆中的金属元素和其他化合物也会参加反应。主要成膜物质是漆酚，如不考虑彼此间的相互联系，将反应简化，可将生漆氧化聚合机理简化为以下三个阶段。

（1）生成漆酚醚：表现是乳白色漆液表面逐渐变成棕色。

（2）生成漆酚二聚体。由于漆酚醚反应性强，它又与共存的漆酚反应生成20多种二聚体，其主要产物是联苯型漆酚二聚体和以下两种二聚体，在此阶段层由红棕色变为褐色。

生成长链或网状分子化合物：漆酚二聚体侧链氧化聚合，生成长链或网状高分子化合物。这一阶段漆层颜色由褐色逐渐变黑，黏度也增大了，漆膜此时可以说已经干燥了，但由于聚合物分子量还不够大，还不是成膜的最后阶段。

（3）生成体型结构高聚物：在氧化聚合反应基础上，漆酚侧链上的不饱和链会进一步聚合，形成体型结构的聚合物。

实际上，漆酚与多糖及糖蛋白之间发生了接枝反应，在成膜时是多元的体型结构，情况要复杂得多。

3. 漆膜的特性

（1）物理机械性能

漆膜硬度大，可达0.68~0.89（漆膜值比玻璃值）；耐磨性大于其他常见合成树脂及涂料；光泽明亮；密封性好，漆膜上的针孔非常少，是防渗透的独特涂料。此外，漆膜与木质的附着力很强，在加入填料后与钢板的黏结力达70 Kg/cm²。

（2）化学稳定性

耐热性高，耐久性好。漆膜的耐热性比脂肪族聚脂、不饱和聚酯、芳香族聚酯、环氧树脂、酚醛树脂高，可以在较高温度下使用；至今没有任何其他涂料的耐久性可以与生漆相比。而且漆膜耐化学腐蚀，耐有机溶剂。

（六）漆皮裂缝、裂纹及起翘的加固和修复

漆器木胎、漆胎糊布、灰地子基本完好，只是漆皮发生裂缝、裂纹或部分漆皮起翘时，应进行修复加固，以防漆皮裂缝、裂纹扩大，漆皮脱落。

①细小裂缝的加固修复：可用漆片＋酒精制成溶液或用聚醋酸乙烯酯＋苯或丙酮溶液，灌入裂缝，使裂缝黏合填充。

②较大裂纹可用环氧树脂作为修补材料。

③漆皮起翘的加固修复：先用热水使漆皮软化；用微晶石蜡插入漆皮下面，用电热器加热将其贴补在漆器上。曾用此法加固修复木板漆画和镶螺钿风。

（七）较严重损伤漆器的加固和修复

较严重损伤的漆器一般指漆皮脱离木胎，漆胎的糊布、灰地子局部脱落或糟朽。

加固修复操作：

①先将糟朽的糊布、灰地子残余部分清洗干净。用软毛刷蘸上 0.02％ 的 MD 溶液涂于漆皮表面，以防发霉。

②用漆片或聚醋酸乙烯酯乙醇或丙酮溶液灌实，以防在修复中脱落，待固化后，对残片部分进行修补，做旧，使其色调协调一致。

（八）严重损伤的漆器的加固和修复

严重损伤的漆器不仅漆皮脱离骨胎，漆胎的糊布、灰地子局部脱落糟朽，而且木胎也糟朽腐烂，这种严重损伤的漆器，可采用脱胎换骨法更换木胎。其操作如下。

①漆皮的揭展：将漆皮用浸湿的多层麻纸，只湿而不滴渗水，放于漆片上，让湿气使漆片及泥土类黏结物潮湿变软，用打平之据条平切漆面轻轻从腐朽木胎上揭展下来，若干揭会使漆皮干裂，颜料脱落。

②仿做一个木胎，然后将漆皮按原样贴到新木胎上。

此法可保留原来的漆皮，保持原来的外貌。

也可用合成树脂调锯末、石膏之类作修补孔洞的材料，如用聚醋酸乙烯酯乳液＋木屑＋石膏＋适当颜料配合起来加固严重糟朽的漆木竹器类文物。

第六节 漆木竹器的保养

前文我们重点介绍了漆木竹器的脱水定型、加固修复，下面主要介绍漆木竹器的保养问题。

一、脱水定型、加固修复与保养的关系

脱水定型、加固修复是指对出土的饱水漆木竹器类文物进行抢救性保护。而漆木竹器的保养主要是创造良好环境和有效措施，尽量减少外界因素对文物的不利影响，延长文物的寿命。也可以说前者是治病，而后者则是防病。

二、漆木竹器保养的措施和方法

（一）控制温湿度

不适宜的温湿度及温湿度的剧烈变化，对漆木竹器的长期保存非常不利。

第一，潮湿温暖的环境下，利于霉菌的滋生繁殖，不仅严重影响文物原貌，而且更严重的是加速材质的分解、侵蚀、糟朽。

第二，气候过于干燥又会使器物开裂、变形。

第三，漆木竹器保养的最佳温湿度。

当漆木竹器与周围环境处于平衡状态时，依然含有一定量的水分（12% ~ 15%），如继续干燥到更低的程度时，就会翘曲、开裂，但过湿也不利。一般漆木竹器保养的相对湿度控制在 68% ~ 45%，最佳的相对湿度是 50%，最佳温度是 15 ~ 20℃。

第四，控制温度的措施和方法。

控制温度的冷热程度可用空调器、控温器、制冷器。绝对不能用煤炉，因为煤燃烧时产生二氧化硫（SO_2）、二氧化碳（CO_2）等有害气体危害文物。

控制湿度就是控制文物保养环境中空气中水蒸气的含量，即空气的潮湿或干燥程度。气候过于干燥时可用加湿器加湿，也可在展柜中放敞口的盛水容器调节湿度。平常在展柜或库房中放温湿度计，随时观察温湿度变化。若相对湿度过大超过 68% 时，可用除湿器来除湿，也可采用放干燥剂来吸收水分，使湿度降到安全上限以下，目前常用的干燥剂及干燥方法有以下几种。

①无水氯化钙（$CaCl_2$）。

无水氯化钙表面呈蜂窝状白色固体，可从空气中吸收大量的水分，形成含有六个结晶水比较稳定的水合物分子。

无水氯化钙是一个吸水量大，常用的、价格便宜的干燥剂。

使用方法：将适量的无水氯化钙放在一个小烧杯或小的广口瓶中，烧杯或广口瓶口用干净纱布扎好，注意观察，若无水氯化钙吸水变成粉末时，及时更换。

②生石灰（CaO）。

生石灰是坚硬的白色块状，吸收空气中的水分变成白色粉末状的氢氧化钙[$Ca(OH)_2$]、熟石灰。

平常为了使天平室或精密仪器室保持一定的干度，常用木箱装上生石灰，在箱盖上打几个小孔，上面用纱布盖上，既防止石灰粉末逸出，又不影响其吸水作用。

③变色硅胶。

变色硅胶是一种蓝色透明颗粒，它吸收空气中水分时，由于吸水程度不同而颜色不同，因此可根据颜色变化判断其吸水程度。

此干燥剂是一种优良再生干燥剂，失效后变粉红，在干燥箱中于 120℃ 烘 2 小时，即可全部失水变成蓝色硅胶。

使用方法：A.将变色硅胶放在敞口容器（烧杯或结晶皿、培养皿）中，放在展柜中。B.将变色硅胶装在透气性好的布袋（或纱布袋）中，放在展柜中。C.烧碱（固体氢氧化钠）。

烧碱是白色强烈吸湿的固体颗粒或棒状固体，有强烈腐蚀性，不能触及皮肤，只能用塑料容器。

（二）杀菌防霉腐、杀虫防蛀

霉腐、虫蛀是文物两大害，对有机质文物危害最大，因此杀菌防霉腐、杀虫防蛀是文物保养中的重要工作。

①优点：蒸汽法穿透力强，见效快，杀菌杀虫彻底，这是充分利用气体可以分布所有空间，特别是可以杀死文物深处如装订缝隙中的菌虫，不会污染更不会损害文物。

②缺点：由于气体易逸散，因而效果不能持久，预防作用不能长效。

（三）竹简的保养

竹简的保养主要是控制温湿度、防干裂、防霉、防虫、防老化、防碰撞。

1.防霉、防虫

将夹好的竹简，两头垫数层用防霉防虫剂处理过的棉花，装入玻璃管抽真空或充氮气，封闭保存，防霉防虫，延缓老化。

2.防光、防老化

将上面装好竹简的玻璃管放入涂有紫外线吸收剂的匣子内，既防紫外线、防老化，又便于移动或运输。

（四）传世漆器的保养

1.外界因素对传世漆器的影响

（1）光中紫外线对漆器的影响

紫外线会使漆器褪色，使被杀死而粘在漆器上的微生物残骸变黑而污染漆器，因此漆器必须避免日光直射，也要避免强烈灯光。

（2）温湿度对漆器的影响

漆器要保持一定的温湿度，既要防热，又要防冷，既要防干，又要防湿，因漆皮受热会失掉水分，发脆断裂、卷曲剥落。漆皮受冷会脆断，太干燥又会干裂，适宜环境温度应保持在 20 ~ 25℃，相对湿度为 50% ~ 60%。

（3）外力对漆皮的影响

漆皮较脆，受到外力，如外力冲击、摩擦、挤压、颠簸、震动都会造成严重损伤。

2.传世漆器的保养方法

传世漆器常采用"滋润漆皮、包装收藏"的保养方法，其操作方法如下。

（1）将漆器擦洗干净，可用蒸馏水清洗，（因传世漆不溶于水）擦干。

（2）在漆面上打上一层薄而均匀的高级地板蜡或高润蜡＋"霉敌"，用软布蘸蜡轻涂，再用绒布或绒片轻擦，使漆器表面附着一层薄薄的蜡膜，既滋润漆皮，又可防潮湿空气袭击，还会增加漆皮的光泽。

3. 漆器的包装

（1）小件漆器的包装

先用油印蜡纸包，再用细"银皮纸"层层包裹外衬棉入匣内（一物一匣），若有条件，特别是珍贵漆器可用软垫衬里，包装匣包装。

（2）大件漆器的包装

先用"银皮纸"包裹缠好，再套上布面绸里棉套，外面再包厚蜡纸，再用棉布带缠扎（防止用棉绳、麻绳，绳股不平会磨漆皮，再用棉花衬装于木箱中保存）。

第十一章 纺织品文物保护技术

第一节 纺织品文物的分类和化学组成

我国劳动人民掌握纺织技术，已有数千年的历史。最早，人们利用自然界野生的葛、麻、蚕丝、兽毛等作为纺织原料。相传在黄帝的时候，我国劳动人民已经利用蚕丝织成丝绸。在3000多年前，我国就有关于麻的种植和麻纤维的文字记载。到了周代已有很细密的葛布，并且掌握了苎麻的脱胶技术。秦汉时，我国养蚕、制丝和丝织技术逐渐传到欧洲；汉代张骞通西域后，汉与中亚开始交通，丝绸输出就更多了；历史上丝绸从黄河上游，经过新疆运往中亚细亚和欧洲，这就是世界闻名的"丝绸之路"。汉晋时代，民间的手工毛纺织技术逐步发展起来，织制的毛纺织品不但用作衣料，还用来制成精致的挂毯。隋唐时期，棉花从缅甸、越南、伊朗等地开始传入我国，之后在我国得到普遍种植，至明朝时期棉织品已成为我国主要的衣着用料。

由于纺织品文物主要由植物纤维和动物纤维精制而成，纤维素、半纤维素、角朊蛋白质、胶原蛋白质等均为天然高分子化合物，其耐久性不如无机化合物，加之地下环境潮湿，许多纺织品文物深埋在地下就已糟朽。如果地下环境干燥低温，有些纺织品文物仍可保存比较完好，如新疆吐鲁番阿拉沟遗址出土的约公元前300年的毛织品，长沙马王堆1号汉墓出土的精细苎麻布，新疆民丰东汉墓出土的蓝白印花棉布，宁夏贺兰县拜寺沟方塔出土的西夏丝织品绢、绫、罗、锦等。在北京故宫博物院保存的许多精美绝伦的传世纺织品体现了我国古代高超的纺织技术。

纺织品文物按其纤维原料不同，主要可分为毛织品、丝织品、棉织品和麻织品等。春秋战国之前，中国古代劳动人民曾以葛纤维为原料织"葛布"，作衣被之用。葛是一种野生植物，蔓生，喜潮湿，多生长在河边或沼泽低洼地带；葛纤维的性质与麻纤维相似，但其脱胶方法与麻纤维韧皮不同，麻系沤制，而葛则用煮法。"葛布"在历史长河中历时较短，现存世极少。

一、纺织品文物纤维原料的分类及理化性质

（一）毛纤维

中国是世界上手工毛纺织技术发展较早的国家，古代用于毛纺织的原料有羊毛、牦牛毛、骆驼毛、兔毛等。据历史文献记载，早在公元前 3000 年陕西半坡人已经驯羊。在新疆罗布淖尔地区出土的约公元前 2000 年的羊毛织品，其纱线的宽度最细可达 1 mm；新疆和田民丰出土的公元前 260—前 200 年的羊毛地毯，手工制作精致，色彩鲜艳，其纱线宽度最细可达 0.1 mm，细如蚕丝，黏度十分均匀，说明毛纺织技术到汉代已有重大进步。

天然动物毛的种类很多，以绵羊毛数量最多，是古代毛纺织品的最主要原料，绵羊毛简称羊毛。

1. 羊毛纤维的分子结构

羊毛纤维是天然蛋白质纤维，它的主要组成物质是角蛋白质，组成其大分子的单元是 α—氨基酸残基。

羊毛角朊蛋白质由近 20 种 α—氨基酸组成，氨基酸的种类因侧基 R 的不同而不同，角朊蛋白质中的每一个氨基酸残基以肽键—CO—NH—联结，其中以精氨酸（二氨基酸）、松氨酸、谷氨酸（二羟基酸）、天冬氨酸和胱氨酸（含硫氨酸）的含量较高。

羊毛分子结构的特点是蛋白质大分子之间除了依靠范德华力、氢键结合，还有盐式键、二硫键相结合，从而使大分子具有网状结构。羊毛角朊大分子的空间结构可以是直线状的曲折链（β 型），也可以是螺旋链（α 型）。在一定条件下，拉伸羊毛纤维，可使螺旋链伸展成为曲折链，去除外力后仍可能恢复。如果在拉伸的同时，给予一定的温湿度条件，使二硫键（—S—S—）拆开，大分子之间的结合力减弱，α、β 型的转变就较充分，再恢复到常温条件时，形成新的结合点，外力去除后不再恢复，羊毛的这种性能称为热塑性。

羊毛角朊蛋白质中含有相当数量的胱氨酸，这使得角朊蛋白质中除了碳、氢、氧和氮，还含有硫，硫的存在和含量的多少将影响到羊毛纤维的物理化学性质。

2. 羊毛纤维的形态结构

羊毛纤维的截面形态因细度不同而有变化，一般细羊毛截面近似圆形，粗羊毛截面呈椭圆形。羊毛纤维截面从外向里由鳞片层、皮质层和髓质层组成。

（1）鳞片层

鳞片层像鱼鳞或瓦片一样重叠覆盖在羊毛纤维表面，对羊毛纤维起保护作用。鳞片在羊毛纤维表面覆盖的形式基本上有环状覆盖、瓦状覆盖和龟裂状覆盖三种。各种羊毛的鳞片大小基本相同，而鳞片在羊毛上覆盖的密度因羊毛的品种和羊毛的粗细不同而有较大的差异。鳞片的形态和排列密度对羊毛光泽和表面性质均有很大影响。细羊毛的鳞片呈环状覆盖，排列紧密、对光线反射小，因而光泽柔和；粗羊毛的鳞片呈瓦状和龟裂状，排列稀疏，表面光滑，反光强，光泽亮。此外，鳞片层使羊毛纤维具有了特殊的缩绒性。

（2）皮质层

皮质层是羊毛纤维的主要组成部分，它决定了羊毛纤维的物理化学性质。皮质层一般由两种不同的皮质细胞组成，一种称为正皮质，另一种称为偏皮质，它们的性质有所不同。正皮质结构较疏松、含硫较少，对酶及化学试剂反应活泼；结晶区较小，易吸湿。偏皮质结构较紧密，含硫较多，对化学试剂反应较差，这两种皮质细胞在羊毛中分布情况随羊毛的品种和粗细而异。羊毛皮质层发育完善，所占比例大时，羊毛纤维的品质优良，表现为强度、卷曲、弹性都比较好。此外，皮质层中还含有天然色素。

（3）髓质层

髓质层是由结构松散和充满空气的角朊细胞组成，它的有无和在纤维中所占比例的大小因羊毛的品种而异，它的存在使纤维强度、弹性、卷曲变差。

3. 羊毛纤维的理化性质

（1）卷曲性

羊毛纤维沿长度方向有自然的周期性的卷曲，卷曲的形状和多少一般随羊的品种或纤维类型不同而不同。

（2）强伸性

羊毛纤维在拉伸外力的作用下有天然的伸长能力，是一种重要的机械性能，其断裂伸长率为25%~35%，并且具有优良的弹性恢复能力，因此羊毛织物比较坚韧耐久。

（3）吸湿性

羊毛纤维大分子中，亲水基团的数目和种类影响吸湿能力的大小，如羟基（—OH）、酰胺基（—CONH$_2$）、氨基（—NH$_2$）、羧基（—COOH）等都是较强的亲水基团，它们与水分子的亲和力很大，这类基团越多，纤维的吸湿能力越强。在一般大气条件下，羊毛的含水量可达16%，羊毛纤维的吸湿性能在四种纺织纤维中占首位。

（4）非溶解性

羊毛纤维的主要组成物质是非水溶性角朊蛋白质，羊毛角朊蛋白质中含有一定比例的胱氨酸，胱氨酸中二硫键在羊毛纤维的结构和性能方面起着重要的作用，这种化学键使毛纤维的空间结构稳定，从而有助于纤维变形后的恢复，使羊毛纤维在一些溶剂中不易溶解。

（5）酸碱两重性

蛋白质是一种两性化合物。在蛋白质大分子中存在着羧基（—COOH）及氨基（—NH$_2$）基团，在酸性溶液里蛋白质带正电荷；在碱性溶液里蛋白质带负电荷，当溶液在某个pH时，使蛋白质所带的正电荷和负电荷恰好相等，即总电荷为零，在此pH条件下，蛋白质化学结构最为稳定。

在羊毛的大分子中，酸性基团和碱性基团的数量并不相等，也就是羊毛的耐酸碱性并不相等。羊毛对碱的作用非常敏感，耐碱能力远低于耐酸能力；羊毛抗酸能力较强，但高温、高浓度的酸也会使羊毛受损，受损程度视酸的种类、浓度高低、温度高低和处理时间的长短而不同。碱对羊毛的作用比较剧烈，碱使羊毛变黄，使二硫键断开，含硫降低，以及部分溶解。将羊毛放在5%的氢氧化钠溶液中煮沸5分钟，羊毛即全部溶解。

（6）氧化还原性

氧化剂对羊毛损伤较大，特别是在碱催化时更显著。卤素族类的漂白粉或其他含氯的漂白剂对羊毛纤维均有强烈的破坏作用，尤其是对于羊毛的鳞片具有特别强烈的破坏。温度为30℃的1L次氯酸钠（3.6%～5%浓度）溶液能使羊毛破坏，以致溶解。对于3%浓度的过氧化氢（H_2O_2）稀溶液，温度为50℃时，羊毛在短时间不产生直接的显著变化，但纤维的抗碱能力下降。

还原剂对羊毛损伤较小，特别是在酸性条件下，破坏更小；但在碱性介质中，还原剂对羊毛的作用也是明显的。

4.其他动物毛

（1）山羊绒

山羊绒由鳞片层和皮质层组成，没有髓质层。山羊绒鳞片的边缘光滑，呈环状覆盖，间距较大。山羊绒横截面接近圆形，平均直径多在15～16 μm，平均长度在35～45 mm。山羊绒有不规则卷曲，卷曲数比细羊毛少。山羊绒的吸湿能力、弹性、伸展性一般优于绵羊毛，对化学品的作用比绵羊毛敏感。

（2）兔毛

兔毛纤维分30 μm以下的绒毛和30 μm以上的粗毛两个类型。兔毛长度最短的10 mm以下，最长的可达115 mm，大多数为25～45 mm。兔毛纤维都是由鳞片层、皮质层和髓质层组成。兔毛纤维表面鳞片光滑，断面为不规则的椭圆形或四边形。兔毛的髓质层较其他动物毛发达，形成多腔气孔。兔毛纤维的特点是细、轻、软、滑，吸湿能力强。

（3）骆驼毛

骆驼毛中含有细毛和粗毛两类纤维，通常称细毛为驼绒，粗毛为驼毛。驼绒的平均直径为14～23 μm，长度为40～135 mm；驼毛的平均直径为50～20 μm，长度为50～300 mm。驼绒主要由鳞片层和皮质层组成，也有一些绒毛有较细的髓质层，驼绒各方面的性能与山羊绒相似。驼毛的组织结构近似于羊毛，驼毛的髓质层是连续的。骆驼毛表面鳞片极少，边缘光滑。骆驼毛带有天然的杏黄、棕褐等颜色。

（二）丝纤维

中国是闻名于世的丝绸之国，据历史文献记载，早在4700年前我国就已经开始养蚕。我国现存最早的、载有2000多年前五大行星历象的《五星占》就记载于丝帛之上。1973年长沙马王堆出土的《慧乐图》《地形图》《驻军图》是我国现存最早的地图，也均记载于丝帛上，而且每幅面积达96 cm×96 cm，说明当时的绿帛拼接技术和托裱技术已达到了相当水平。秦汉时代除了利用家养蚕丝制作衣物，还从未间断利用野蚕丝，特别宋元以后柞蚕丝的利用更有所推广，开始用来制作坚韧牢固而且价格低廉的丝织品。

1987年，文物部门在清理法门寺倒塌的塔基时，意外发现封闭了1000多年的唐代地宫，并挖掘出土了大量皇宫遗留的珍贵文物，其中丝绸文物数量之大、等级之高、种类之全极为罕见。根据地宫中出土的《监送真身使随真身供养道具及恩赐金银衣物账》记载，仅武则天、唐懿宗、惠安皇太后等的丝绸服饰就达700余件。其中数量众多的织金锦属存世最早的实物，而捻金丝最细的直径则只有0.1 mm。地宫发现的这批丝绸织品无论质地还是制造水平都体现了皇家风范，代表了唐代宫廷丝绸制造业的最高水平，是唐代丝织方面的一次具有划时代意义的发现。

天然丝是指由蚕分泌的黏液所形成的纤维。可作纺织品原料的主要有桑蚕丝、柞蚕丝和蓖麻蚕丝，其中以桑蚕丝为主。

1. 蚕丝的物质组成和化学结构

蚕丝主要由丝素和包覆在丝素外的丝胶组成，此外还有少量的蜡质、脂肪和灰分等。

在这些物质中，丝素是丝织品的主要物质，丝胶有保护丝素作用，在煮茧制丝及织绸过程中丝胶及其他成分会全部或部分去除。丝素是纤维状蛋白质，大分子链为线形 β 曲折链；丝胶是线形肽链弯曲盘绕而成的球状蛋白质。蚕丝和羊毛一样都是天然蛋白质纤维，丝蛋白聚合物是由20多种不同的 α—氨基酸缩合而成。

蚕丝的化学结构和羊毛的化学结构有许多相同或相似之处，因而它们具有一些共同的特性。但由于丝朊蛋白和角朊蛋白内所含的氨基酸种类、数目、排列组合不同，所以两类蛋白质的结构也有差异。丝朊蛋白质分子结构的特点是不含硫或含少量的硫（少量的硫主要存在于丝胶中）。蚕丝蛋白质大分子间仅靠范德华力、氢键和盐式键相结合，基本少含二硫键。丝朊大分子中的 R 基团较小且为直线状的曲折链，大分子侧基大多体积小，结构简单，大分子排列较为规整紧密，能形成较完整的结晶，结晶度较羊毛大，因而蚕丝的强度比羊毛大3倍，一般断裂长度在22～23 km。据分析水解老化时，丝织品的强度损失与天门冬氨酸含量的降低成线性关系。

2. 蚕丝的形态结构

一根茧丝由两根丝素外包覆丝胶而成，带有丝胶的茧丝呈不规则的椭圆形，除去丝胶后的单根丝素截面呈圆三角形。柞蚕丝的横截面较桑蚕丝扁平。分析这一点，可以帮助我们判断出丝织品文物的纤维原料是桑蚕丝还是柞蚕丝。

3. 蚕丝的理化性质

（1）吸湿性

蚕丝的吸湿能力较强，在一般大气条件下，含水量可达9%～13%。柞蚕丝截面的椭圆形比桑蚕丝更为扁平，并带有大小不等的毛细孔，所以在同样条件下，含水量要高于桑蚕丝。

（2）溶解性

丝纤维内含有较多的极性氨基酸，所以水溶性比毛纤维强。

（3）酸碱两重性

蚕丝蛋白也是两性化合物，在一定条件下既能与酸作用又能和碱作用。由于蚕丝的两性性质，酸和碱都会促使丝素纤维水解，其水解的程度随酸碱的种类、浓度、温度以及作用时间不同而异。在生丝中，丝胶较丝素反应剧烈。柞蚕丝对酸碱的抵抗能力比桑蚕丝强。

蚕丝对酸的抵抗能力较强，但比羊毛差。无机强酸的稀溶液，在常温下，对蚕丝无明显破坏；在高温情况下，可引起光泽、强度、伸长率降低。当无机酸浓度提高后，丝素膨胀，溶解成淡黄色的黏稠物。无机弱酸及有机酸对生丝无明显破坏作用。

蚕丝的耐碱性较差，对强碱稀溶液，即使在常温下，也可引起丝素蛋白质的水解。碱溶液的浓度越大、温度越高，其水解程度越高。弱碱溶液如碳酸氢钠、碱性肥皂液等在短时间内只能溶解丝胶，不会破坏丝素，但长时间沸煮，将引起丝素缓慢水解。

（4）氧化性

蚕丝对氧化剂作用比较敏感，特别是在高温下长期处理会使蚕丝彻底破坏，还原剂对蚕丝的破坏作用较小。

（三）棉纤维

据史料考证，我国普遍种植棉花的历史较晚，但在新疆地区使用野生棉纤维较早。在南方地区出土较早的实物为1979年福建武夷山岩墓的船棺中发现距今3200多年的一块青灰色棉布。在北方，1955年新疆民丰东汉墓出土了蓝白印花棉布、白布裤、手帕等棉织品残片。这些棉织品文物直接利用棉花纺纱线织成，织物中的纤维仍然保持天然棉纤维的许多特征。到了唐宋以后棉花普遍种植，棉布织品逐步代替麻成为大众衣着原料。

1. 棉纤维的物质组成和化学结构

纤维素是一种天然高分子化合物，其化学分子式为$(C_6H_{10}O_5)_N$，是一种多糖物质，每个纤维素大分子是由N个β—葡萄糖残基彼此以1，4苷键（G_1—O—G_4）联结而形成的。纤维素大分子中的基本单元是葡萄糖残基，为不对称的六环形结构。相邻两个葡萄糖残基彼此的位置扭转180°，依靠苷键连成一个重复单元，长度为1.03 nm，是纤维素大分子结构的恒等周期。

2. 棉纤维的形态结构

（1）纵向

棉纤维具有天然卷曲，可见中腔；其成熟度不同，形态和可纺性不同。

（2）截面

棉纤维沿长度方向截面的形状和面积都有很大变化。纤维截面形状随成熟程度不同而不同，正常成熟的棉纤维横截面呈腰圆形，并可见中腔；未成熟的纤维横截面呈扁环状，胞壁薄，中腔长；过成熟的纤维截面为近圆形，中腔圆而小。

（3）棉纤维截面构造

棉纤维的横截面由许多同心层组成，目前已可区分出六个层次，主要的有初生层、次生层、中腔三个部分。

初生层：是棉纤维的外层，即棉纤维在伸长期形成的纤维细胞的初生部分。初生层的外皮是一层极薄的蜡质与果胶，蜡质对棉纤维有保护作用，能防止外界水分的侵入，还能增润棉纤维的光泽。初生层与棉纤维的表面性质密切相关。

次生层：是棉纤维在加厚期淀积纤维素而形成的部分，是棉纤维的主要构成部分，几乎全由纤维素组成，由外向内又可分为 S_1、S_2、S_3 三个层次。次生层决定了棉纤维的主要物理机械性质。

中腔：是棉纤维生长停止后遗留下来的内部空隙，中腔内留有少数原生质和细胞核残余物，对棉纤维颜色有影响。

3.棉纤维的理化性质

（1）溶胀性

纤维素大分子的官能团是羟基和苷键。羟基是亲水基团，使棉纤维具有一定的吸湿能力；吸湿后的棉纤维膨化，但不溶解，横截面增大 $40\% \sim 50\%$，长度增加 $1\% \sim 2\%$，脱脂棉纤维吸水性增强。

（2）酸碱性

酸对纤维具有腐蚀作用，在酸性水溶液作用下纤维水解，强力下降。无机酸如硫酸、盐酸、硝酸对棉纤维均有腐蚀作用，热稀酸和冷浓酸能使纤维溶解；有机酸如甲酸等作用较弱。酸对棉纤维的作用随温度、浓度、时间的不同而改变。棉纤维耐碱性比耐酸性强。

（3）氧化性

棉纤维经氧化剂如过氧化物、次氯酸钠等漂白剂长时间处理后，分子链断裂，强力下降以致纤维素分解。

（四）麻纤维

我国古代劳动人民最早使用的纺织品就是麻绳和麻布，大麻布和苎麻布一直作为大宗衣料，黄麻和亚麻布自宋代开始生产使用。从新石器时代遗址、商墓、西周墓、战国楚墓等处都出土有麻布，都可辨认出经过脱胶的痕迹。甘肃永靖早期商代遗址出土的麻布其细密程度几乎可以与现代细麻布相比；马王堆1号汉墓出土的精细苎麻布，经分析纤维上残留胶质较少，大多数纤维几乎呈单根分离状态。从现存的苎麻织物来看，古代的苎麻布品种丰富、质地精良，能与丝绸媲美。

1. 麻纤维的物质组成和化学结构

麻纤维的主要化学组成物质为纤维素，除纤维素外还含有半纤维素、木质素、果胶、水溶性物质、脂肪、蜡质、灰分等物质。

纤维素的性质在棉纤维部分已做过介绍。麻纤维大分子的聚合度一般在 1 万以上，其中亚麻纤维的聚合度在 3 万以上，从而决定了麻纤维具有较大的强力及湿态强力。麻纤维的结晶度和取向度很高，使纤维的强度高、伸长小、柔软性差，一般硬而脆。

半纤维素：半纤维素也是由单糖脱水聚合而成的聚糖类高分子化合物，但与纤维素不同的是半纤维素是由许多不同的单糖，如木糖、甘露糖、葡萄糖等脱水聚合而成的"不均一单糖"。半纤维素的聚合度很小，分子链很短，并且有支链。半纤维素的分子结构决定了半纤维素难以产生氢键和结晶区，从而易溶于碱溶液中；易吸水膨胀，呈现黏滑性；比纤维素更易发生水解反应，氧化和光解的反应速度也较快。因此，半纤维素的稳定性要比纤维素差。

木质素：木质素是一种以苯基丙烷为结构单元，具有网状空间立体结构的高分子化合物。木质素不溶于水，在常温下不溶于稀碱、稀酸溶液；在高温下一定浓度的酸或碱可与木质素作用而使其溶解。木质素容易氧化，尤其在光照条件下，氧化更快。在纺织前脱胶过程中木质素会部分去除。

果胶物质：麻皮中含有果胶物质，它是一种含有酸性、高聚合度、胶状碳水化合物的混合物，化学成分较为复杂，与半纤维素一样属于多糖类物质。

其他成分：麻皮中还含有脂肪、蜡质和灰分等。脂肪、蜡质一般分布在麻皮表层。灰分大多为金属和非金属的氧化物及无机盐类，如 SiO_2、P_2O_5、Fe_2O_3、CaO、MgO、Na_2O 以及钙盐、钾盐等。

2. 麻纤维的形态结构

麻纤维大多成束聚集于植物的茎部或叶中，单纤维呈管状，与棉纤维不同的是麻纤维的细胞两端封闭，纤维与纤维之间依靠果胶黏结，经脱胶后纤维分离。麻纤维具有初生层、次生层和第三层，其内纤维素分层沉积。

苎麻纤维在麻茎中呈单纤维状，截面为腰圆形并且有裂痕，纤维有纵向条纹且有横节。初生层和次生层中的纤维素呈 S 向螺旋分布，其初生层的取向角约为 12°，次生层的取向角为 9°～10°。

亚麻纤维的截面呈不规则的多角形，中间有空腔，纤维纵向表面有条纹，且在某些部位有横节。亚麻纤维的次生胞壁由原纤组成，原纤与纤维的轴心形成8°～12°的螺旋夹角。其外层的螺旋角与次生胞壁相同，向内逐渐减小，直至逐渐减小，直全0°。

大麻中的单纤维末端比较宽粗，或形成分叉，纤维的中腔被压扁，比亚麻的中腔宽得多。纵向条纹的横向错位也比亚麻更为急剧，而且错位处发生弯曲。初生层和次生层中原纤束呈 Z 向螺旋分布，只是倾斜角度从外层的 20° ~ 35° 逐渐减小为内层的 2° ~ 3°。初生胞壁及次生胞壁的外层果胶含量较多。

黄麻、洋麻、蕉麻、剑麻纤维的横截面形态多为多角形或不规则的圆形，纵向有竖纹和横节。

3. 麻纤维的理化性质

由于麻纤维和棉纤维的主要化学成分均为纤维素，两者理化性质极为相似。但麻纤维比棉纤维粗硬，柔软性差；吸湿性、耐光性、耐热性比棉纤维好。

二、纺织品文物染色成分

《周礼·天官》"染人染丝帛"的记载说明早在 3000 多年前，我国劳动人民就掌握了染色技术。当时的染色有石染和草染之分，石染是指用矿物颜料染色，因其在纤维上难以附着，所以后来较为少见。草染是用植物染料染色，植物染料也称染草，到清代时植物染料的颜色已相当丰富，达数百种之多。

（一）矿物颜料

1. 矿物颜料的概念和性质

无机矿物颜料通常是金属的氧化物、硫化物、汞化物，硫酸盐、铬酸盐、铅盐等盐类，以及炭黑等，是不溶于水和有机溶剂的有色细小颗粒物，它与被着色材料没有亲和力，是通过颗粒分散于材料表面和中间而着色的。其着色力主要取决于化学结构、晶体结构以及在介质中的分散性。无机矿物颜料的耐光坚牢度较好，一般为 5 级、6 级，最高达 8 级。坚牢度是指有色物质受到外界理化因素的损害，所具有的抵抗能力。矿物颜料还具有耐酸、耐碱、耐热等性能。

2. 古代纺织品常用矿物颜料

据考证，北京山顶洞人已使用天然的赤铁矿粉（Fe_2O_3）涂染串珠贝壳和筋绳，直至春秋战国时期，仍然用这种红色颜料涂染麻织品，用这种麻布制作的衣服当时称为衣，无领的赭衣则为罪犯的囚衣。从远古到西汉，织物染色除使用红色天然赤铁矿粉（赭石）外，还有其他天然矿物颜料，主要成分如下：

红色：赭石（Fe_2O_3）、朱砂（HgS）；

白色：绢云母 [$H_2KAl3(SiO_4)_3$]、胡粉 [$CPbCO_3 \cdot Pb(OH)_2$]、蜃灰（$CaCO_3$）；

黄色：石黄（雌黄 As_2S_3 与雄黄 As_4S_4 的混合物）；

绿色：石绿 [$CuCO_3 \cdot Cu(OH)_2$]；

黑色：墨炭（C）。

1972 年湖南长沙马王堆 1 号汉墓中出土的汉初的朱红菱纹罗丝绵袍上的朱红色，经 X 射线衍射分析，它的谱图就和六方晶体的红色 HgS 完全相同。

（二）植物染料

古代的植物染料主要是从植物的花、叶、果实、树皮和根中提取的色素，通过 Ca、Al、Fe、Cu 的盐类作媒染剂进行染色，或对织物纤维进行还原染色。例如，从植物靛青的叶中提炼出蓝色染料，从槐树及姜根中可提炼出黄色染料，苏木及五倍子等可加工制成黑色染料，红色染料则是由茜草中提炼出来的。

1. 染料的概念

染料是指采用适当的方法能使纤维材料或其他物质染成具有鲜明而坚牢颜色的有机化合物，其分子中的发色体系结构能保证染料对可见光的吸收特性。一般可溶于水和有机溶剂，或可转变成溶液而染色；化学性质不稳定，不耐酸、不耐碱。

我国是使用染料在织物上染色较早的国家，最先的染料就来源于天然植物。植物染料可分为直接染料、媒染染料和还原染料。

2. 直接染料

（1）直接染料的概念

直接染料是指具有水溶性基团的染料，在染纤维素纤维和蛋白质纤维时，不需要媒染剂的帮助即可直接染色，直接染料可溶于水，多以—SO_3Na 和—$COOH$ 为水溶性基团。

（2）古代纺织品常用的直接染料

据《史记》《齐民要术》记载，栀子、黄檗树是使用较早的直接性染料。秦汉时期，古人盛行用栀子浸染天然纤维，栀子中主要成分是藏红花酸，化学式为 $C_{20}H_{24}O_4$，是一种黄色色素，用它可直接在纤维上染出鲜艳的黄色。

南北朝时期又盛行用黄檗树来直接染丝帛。这是因为黄檗树中富含小檗碱，为多种黄酮类化合物，不但可在丝绢、羊毛等动物纤维上染黄色，还具有杀虫防蠹的功效，小檗碱属盐基性染料。古代还用鼠李科植物冻绿的浸液染绿，其色素的主要成分为 $C_{42}H_{28}O_{27}$ 和 $C_{15}H_{12}O_6$。

3. 媒染染料

（1）媒染染料的概念

媒染染料是一种不能直接在纤维上着色或着色后不耐久，需与不同媒染剂作用生成不溶性色淀而固着在纤维上的染料。所用媒染剂一般为无机盐，如 $FeSO_4$、$Al_2(SO_4)_3$ 等。

（2）古代纺织品常用的媒染染料

①茜素

《诗经》中就记载有茜草的媒染方法。茜草根中含有红色的茜素，为红色针状晶体，几乎不溶于水，溶于乙醇和乙醚；具有良好的耐洗性。在长沙马王堆 1 号汉墓中出土的深红绢和"长寿绣丝绵"袍底色，就是用茜素媒染而成的。

②苏木红素（又名苏木精）

苏木红素由苏木或苏植树的木材中提取，是一种无色菱形晶体，遇光氧化后变为红色，难溶于冷水和乙醚，易溶于热水和热乙醇、碱、氨和硼砂等溶液。古代常用于丝、毛、棉、皮革的染色，染色的成分主要是氧化苏木精。用不同的媒染剂可得到不同的颜色。

③芸香苷

芸香苷是从槐花中提取的黄色植物染料，为黄色粉末或结晶粉末，略溶于冷水，易溶于热水。

在《天工开物》中描述了槐黄媒染染料的制法，用 Sn 媒染剂得艳黄色，Al 媒染剂得草黄色，Cr 媒染剂得灰绿色。槐黄染料色牢度好，色光鲜艳。

④姜黄色素

从姜黄和郁金香的根中可以提取姜黄色素，为橙黄色结晶粉末，不溶于水，微溶于乙醚和苯，加热时溶于乙醇，易溶于冰醋酸和碱溶液。

姜黄色素能直接对毛、丝、棉进行染色，用 A1 媒染剂得柠檬黄色，Cr 媒染剂得棕黄色，Cu 媒染剂得黄绿色，Fe 媒染剂得橙黄色。用姜黄染色的织物，色光鲜嫩，但耐光、坚牢度稍差。

媒染法使很多色素得到了广泛的应用。染草除了茜草、苏木、槐花外，还有染紫的紫草，染黄的荩草，染褐色的桑树皮，染黑的橡树、柿子、冬青叶、鼠尾草、乌桕叶、石榴皮，还有拓木、槐树的花蕾等。紫草根含有紫色的紫草素、乙酰紫草宁（$C_{18}H_{18}O_6$），荩草中含有木樨草素，橡树、柿子、冬青叶、鼠尾草、乌桕叶、石榴皮中含有单宁异槲皮黄素（$C_{20}H_{20}O_{13}$），柘木中含有非瑟酮。

值得一提的是，古时服色与人的尊贵地位紧密相关，统治者穿的是当时最高贵的染料服，如非瑟酮染出的织物，在日光下呈带红色的黄色，在烛光下却呈光辉的赤色，这种神秘性光照色差，曾为帝王将相所青睐。《唐六典》记"自隋文帝制柘黄袍及带以听朝，至今遂以为常"，到明代也是"天子所服"。相反，单宁质和媒染剂硫酸亚铁染出的黑色，成了古时的平民服色。

4. 还原染料

（1）还原染料的概念

还原染料是指在碱性溶液中，以强还原剂进行还原才能使织物染色的染料。这种染料对棉纤维没有直接性，上染纤维后的隐色体经空气或其他氧化剂的氧化，转变成原来不溶性的还原染料而固着在纤维上。

（2）古代纺织品常用的还原染料

靛蓝是天然还原染料。从蓝草叶子中提取的靛蓝素，俗称靛青，为蓝色粉末或红蓝色糊状物，不溶于水和乙醇。

靛蓝的具体染色过程是通过还原反应，将靛蓝素还原成靛白素，使其附着于纤维之上，然后再利用空气中的氧气将其氧化成靛蓝素而显蓝色。周代以前大量直接用蓝草着色，春秋战国时期，采用了发酵法还原蓝靛成靛白，而得青色染料，故有"青，取之于蓝而青于蓝"。长沙马王堆1号汉墓出土的青罗类染色织物，有棕色等染料套染靛蓝的藏青和藏青黑。

第二节 纺织品文物的保护

遗存到今天的古代纺织品文物数量不多，其主要原因是麻纤维和棉纤维是由 β—葡萄糖脱水聚合组成的植物天然高分子化合物，而丝纤维和毛纤维是由 α—氨基酸脱水聚合组成的动物天然高分子化合物，这些高分子化合物在一定条件下会起水解反应，聚合度下降，纤维强度和质量降低；而高分子化合物内含有的活泼基团在一定条件下会发生氧化、中和、光解、光敏等反应，其耐久性不如无机质文物。即使深埋在古墓内，地下环境条件较为稳定，出土后也会立即发生质变和色变。如1958年，我国文物考古部门曾有计划地发掘明定陵，出土了几百匹足以代表中华民族纺织和刺绣艺术水平的织锦布料，专家们采用了当时世界上最为先进的保护方法，希望能将其永久保存下来，可是出土不久几乎全部损坏或变黑，有的甚至化成一摊污水。即使有些纺织品文物得以流传下来，也难以避免霉变和虫蛀。

一、纺织品文物的糟朽原因

（一）棉麻纤维化学腐蚀

1. 水解反应

棉麻纤维的主要成分纤维素在一定条件下会和水发生水解反应。从纤维素分子的结构式可以看出，纤维素分子是由若干个葡萄糖基通过氧桥（—O—）联结而成的。氧桥中的氧原子（O）有吸引氢离子（H^+）的特性，在酸作催化剂的条件下，由于氢离子的影响，氧桥中的氧（O）与碳（C）之间的作用力减弱，β—葡萄糖1，4苷键（C_1—O）容易断裂，水分子（H^+—OH—）加入，发生水解反应。纤维素水解反应的中间产物是水解纤维素，水解纤维素是指纤维素加水分解断链以后，生成比原来纤维素分子链短的一群物质的总称。纤维素一旦发生水解，聚合度下降，分子内和分子间的键能均减弱，纺织品的强度也就下降，寿命缩短。纤维素水解反应过程大致如下：

纤维素→水解纤维素→纤维糊精→纤维二糖→β—葡萄糖。

棉麻纤维抵抗碱的能力要强于抵抗酸的能力，纤维素水解反应与酸的种类、浓度、纤维种类和温度有关，棉纤维比麻纤维不容易水解。

2. 氧化反应

纤维素的氧化反应发生在纤维素分子的羟基（—OH）上，每个葡萄糖基上存在三个自由的羟基，根据反应时氧化剂的种类及反应条件，可相应生成含醛基（—CHO）、酮基（—CO）或羧基（—COOH）的氧化纤维素。氧化纤维素的结构、性质与纤维素不同，是一群易于老化泛黄的物质。纤维素氧化时也容易使葡萄糖基环破裂，导致聚合度下降，这种现象称为氧化降解。纤维素氧化的最终结果是生成小分子的酸。因此，棉麻纤维中一旦发生纤维素氧化反应，强度下降，酸性上升，耐久性变差。纤维素氧化反应在有光、水的条件下反应加剧。

（二）丝毛纤维化学腐蚀

1. 水解反应

在组成蛋白质的各种氨基酸结构中，同时存在碱性的氨基（—NH$_2$）和酸性的羧基（—COOH），所以蛋白质同时兼有酸碱两重性，蛋白质在酸或碱的催化作用下能水解成一系列的中间产物，最后生成各种组分的α—氨基酸混合物。水解反应主要是由两个相邻氨基酸之间的肽键（—CO—NH—）断裂，水分子加入。

丝毛蛋白质抵抗酸的能力要强于抵抗碱的能力，碱催化蛋白质纤维发生水解与碱的种类、浓度、时间、温度有关。

2. 光氧化反应

丝纤维对日光或紫外线的作用很敏感，易发生光氧化降解作用及光化学作用，从而泛黄、发脆。丝是高分子聚合物，当光的能量等于或超过分子间氢键、原子间共价键结合力的能量时，会使蛋白质分子发生变性、断裂，特别是当肽链上存在支链碳时，更易发生光敏反应，造成链的解离。蛋白质大分子的光老化是紫外光和氧参与下的一系列复杂反应的结果，它们是一个由光能引发的自动氧化过程。空气中的氧在光激发下产生活泼的游离态氧，引起蛋白质氧化变质，此活泼氧同时与水蒸气作用形成过氧化氢，更进一步促使蛋白质氧化。

有关专家曾对现代丝绸和5件出土丝织品进行氨基酸定量分析，发现古代丝织品文物在长年埋藏过程中氨基酸总含量大幅下降，其中丝织品中主要氨基酸成分丝氨酸、甘氨酸、丙氨酸的含量下降最为明显。陕西宋墓出土的丝织品状况最差，无柔软性，脆化、酥粉现象严重。

（三）古代纺织品的生物腐蚀

1. 微生物腐蚀

（1）微生物的酶降解

在微生物的生长过程中，菌体会分泌出各种水解酶（如蛋白酶、纤维素酶）对织物纤维进行水解，水解的小分子物质即成为微生物繁殖的营养物质，从而使纺织材料受微生物侵蚀而降解。

（2）色泽污染

微生物的菌落和孢子大多有色，有些细菌和霉菌还分泌各种色素，当霉菌与纺织品上微量金属元素作用时，常会在纺织品表面形成黄色、绿色、青色、褐色、黑色的霉斑，污染文物。

（3）代谢产物污染

微生物生命过程中的代谢产物甲酸、乙酸、乳酸、琥珀酸等有机酸长期积累在织物上，会催化加速纤维素和蛋白质的水解反应。有些细菌如纤维黏菌、蚀孢黏菌在代谢过程中产生大量水和黏液，内含糠醛和糠醛酸成分，再加上织物有水浸泡、尘埃堆积会使纺织品相互粘连。微生物代谢废物会使纺织品发臭。

（4）纺织品文物微生物种类

一般来说，能在纺织材料上生长、繁殖使材料发生降解的微生物有霉菌、细菌、放线菌和某些藻类。对于不同的纺织材料，使之霉变侵蚀的微生物主要有以下几类。

棉：纤维杆菌、棒状杆菌、绿色木霉、烟曲霉、土曲霉、球毛壳霉、镰刀菌、淡黄青霉、蜡叶芽枝霉。

麻：黄曲霉、烟曲霉、黑曲霉、土曲霉、木霉。

毛：铜绿色假单胞菌、普通变形杆菌、产碱杆菌、芽孢杆菌、变色曲霉、黄曲霉、烟曲霉、土曲霉、球毛壳霉、青霉、镰刀菌。

一般情况下，植物纤维比动物纤维容易受微生物侵蚀。蚕丝纤维由丝素和丝胶组成，丝胶属分子量较低的蛋白质，结构较松散，极易受微生物的侵蚀，但在丝绸加工中，这种蛋白质大部分被脱去，这就使丝织品耐微生物侵蚀的能力得到提高。但在适宜条件下，残留的少量丝胶蛋白也可能引起丝绸的霉变和色变。

羊毛的表层是含硫极高的鳞片层，结构紧密，受微生物侵蚀较慢，在不干净的羊毛表面若附有微生物生长的养料，加之适宜温湿度条件，微生物就在羊毛上生长、繁殖，并分泌出水解蛋白酶，渗入羊毛内部，将羊毛内部皮质层蛋白质大分子水解，则羊毛纤维强力大大降低，并发生严重的色变。

2. 有害昆虫蛀蚀

纺织纤维的主要成分纤维素和蛋白质是昆虫的理想营养源，纺织品文物保管稍有不慎便会遭害虫蛀蚀，危害纺织品文物的昆虫主要有衣物蠹虫、地毯蛀虫、蟑螂、臭虫蜗牛、棕色狗虱、大理窃蠹、白蚁等。

（四）染色材料糟朽原因

史料记载表明，早期洗染所用的矿物颜料虽然性质比较稳定，但细度有限，胶料易于洗掉，染色后的织物色牢度差，不能长久留存；而植物染料和织物之间以化学键结合，色牢度大大高于矿物颜料，故而现今发现的西汉以后的纺织品多以植物染料染色为主。

天然植物染料中多为蒽醌结构的有机化合物，根据有机染料发色原理，染料分子中的 C=C、C=O、C=N 等发色团，和—OH、—SO$_3$H、—NH、—OCHA 等助色团，化学性质不稳定。分子中的 K 电子共轭体系和具有一定反应性能的基团，在光辐射和某些物质的分子作用下容易发生分解、重排、加成、取代等反应，结果使染料的发色体、发色团、助色团、醌型

结构和 π 电子共轭体系受到不同程度的破坏，从而引起色彩的变色甚至褪色。

二、纺织品文物的保护

（一）纺织品文物出土时的注意事项

纺织品文物的来源主要有两类。一类是传世珍品，如北京故宫博物院收藏的御用龙袍、锦被、地毯等，由于所处的温湿度条件相对稳定，较少暴露于强光下，因此织品的老化速度较缓慢。另一类是出土织品，在中国西北部地区埋葬环境干燥、密闭条件好，织品基本保持古代原貌，易于提取，但污物泥垢仍要暂时保留，对叠压成块状的织品要整体提取。

如果埋葬环境温度高、湿度大，土壤酸碱度对织品腐蚀严重，导致纺织纤维和染料的化学性质和结构改变，发生断裂、酥脆甚至矿化腐烂。在此情况下，从墓内取出纺织品时要掌握时机，防止织物因急剧干燥而更脆弱。一般采用的方法是在织品尚潮湿的情况下，于其表面敷帖棉纸，依靠棉纸的强度，将纺织品取出。如织品已腐烂成团，整体取出后，放置在衬有棉纸的木板上，再覆盖棉纸，装入塑料袋中密闭，带回实验室进行揭取、清洗、灭菌、固定等保护技术处理。

出土之后纺织品所处环境温湿度升高、见光、遇氧，迅速激起各种理化变化。在考古现场经常遇到刚打开棺盖时的那种质地优美、色彩艳丽的织物不久后就会变得面目全非，不仅色泽褪变，而且质地也迅速炭化。所以，有经验的考古人员在发掘出织品后会及时地将其置于低温环境中，并绝对避光保存。

法门寺唐代地宫的发现震惊了世界，该地宫内珍藏了大量武则天、唐懿宗、惠安皇太后等御用的丝绸文物。由于没有良好的保护技术和条件，这些国宝至今仍放在冰箱里低温、密闭、避光保存。

（二）除污

出土的纺织品文物一般不可避免地黏附有大量泥土杂质，去除这部分杂质是对纺织品文物进行保护的首要步骤。

1. 除尘

大多数的陈年纺织品上面都附有许多灰尘，可使用洗耳球轻轻从中间向四周吹去微尘。大一些的杂质选用镊子小心钳去，镊子需尽可能拿得平稳，动作要轻，因金属尖头极易碰伤表面纤维。

2. 除泥垢

出土纺织品文物大多附有难以去除的泥垢，可用酒精（CH_3CH_2OH）将其溶解，黏土和酒精都是极性分子，容易相互溶解。采用酒精替代蒸馏水是因为其张力小于水分子，可避免使炭化纤维造成塌陷。用小羊毫毛笔蘸 75% 酒精溶解泥垢，当露出织品以后，羊毫笔尖要向同一个方向移动，否则会使泥浆嵌入织品的纹理中，造成织品图案模糊不清，从而影响观赏效果。

（三）消毒

出土的纺织品文物，尤其是随葬品，有些在入葬时就已沾染病毒、细菌，埋葬后又受到地下各种微生物的侵蚀，所以纺织品文物出土后一般要先进行消毒，一方面避免人体接触受到病毒和有害菌的感染，危害人体健康；另一方面也可以消除或减少有害微生物对出土纺织品文物的进一步损害。一般采用的方法是在发掘取出纺织品文物后，立即放入准备好的复合塑料袋，通入配好的环氧乙烷与二氧化碳混合气体（环氧乙烷与二氧化碳的重量比为 1∶9），然后把塑料袋封好，放置 24 小时后取出。也可将出土的大批纺织文物集中放入一间密封熏蒸室，然后通入环氧乙烷与二氧化碳混合气体，密闭 12～24 小时后取出。

环氧乙烷杀虫灭菌广谱性好，对细菌及其芽孢、病毒、真菌及其孢子等都有较强的杀伤力，对纺织纤维无腐蚀作用，也不会使染料褪色。它有很强的穿透力，不仅对纺织品表面的微生物和害虫有杀灭效果，而且能穿透到纺织品内部。环氧乙烷灭菌机理是其烷基能与菌体蛋白质内的氨基、羟基、酚基、疏基结合，造成菌体细胞代谢产生不可逆的破坏作用。

（四）清洗

1. 清洗前试验

对有色织物进行清洗前，必须进行局部点滴掉色试验，以判断水或其他溶剂对色素的溶解程度。其方法可以在有颜色的次要部位滴上一滴试验溶剂，湿润 1 分钟后，用棉球或吸湿纸沾拭，若发生颜色转移，这种现象称为"流淌"，表明这种溶剂能使织物掉色，应改用其他溶剂。也可以用 5% 的 NaCl 水溶液或 2%～5% 的醋酸溶液先进行颜色固定，必要时可以增大醋酸浓度，最高可达 20%。然后再做点滴试验，经固色后若无流淌现象，方可使用此种溶剂。

蛋白质纤维对于碱性溶液很敏感，而植物纤维对酸性溶液很敏感，水洗过程中一般不加入其他化学试剂，有时为了固定颜色可采用 1% 的 NaCl 水溶液。在水洗过程中，必要时应加入表面活性剂，一般以非离子表面活性剂为好，有时也可加入阳离子活性剂。通常加入表面活性剂量在 0.2% 左右，对溶液的酸碱性影响不大。

天津博物馆的科研人员对 100 多年前的清代氅衣进行水洗、去霉斑处理前，先用脱乙酰化甲壳质（壳聚糖）的稀酸水溶液进行固色。这件丝织文物表面布满了雨点状霉斑，霉菌孢子深嵌在纤维中间，黑色面料色牢度很差，丝纤维脆化。固色后丝纤维强度增强，质感挺而不硬，用手触摸仍有丝绸的滑爽感和柔韧性，外观无变化。再用酸性离子水清洗霉斑和污物，因形成的小集团分子水容易浸入丝纤维中间，去霉彻底。

2. 水洗

出土织物由于自然界的综合腐蚀作用，纤维已变得非常脆弱。纤维的抗拉强度、耐折度都很小，再加上黏结成团，必须用大量的水才能清洗干净，但又不能直接放入水中清洗，可用托网和斜面平台托衬糟朽织物，避免织物进一步损坏。

（1）托网清洗法

托网是采用木质边框的尼龙网。清洗池可用平底搪瓷浅方盘或不锈钢浅方盘，采用去离子水或蒸馏水清洗织物，而不直接用自来水，以防止自来水中残留的氯或次氯酸盐对织物产生侵蚀和漂白作用。水温保持在 25 ~ 30℃，水洗法对棉、麻、丝、毛织物均可。清洗时将托网在水中轻轻晃荡，但不能用力过猛，每次托网入水和出水时都要缓慢。利用托网清洗时，对于质地较好的织物，可以利用两张托网对扣的办法，将织物从一张托网转移到另一张托网上，来回转洗织物的另一面。

目前已将超声波方法应用于古代丝织品的水洗过程，应使用能量较小的超声波波源，因为有些织物老化得很厉害，过分的振荡会加速纤维的断裂。

（2）斜面平台清洗法

对一些老化严重的织物，应将其放在脱脂纱布衬垫的斜面玻璃平台上，在上面薄敷一层棉花或纱布，用温热蒸馏水把污渍浸湿，使污物溶解被底垫吸收，直至玻璃上流下来的水干净时为止。

还可利用高温水蒸汽的强穿透力溶化黏结物，使块状织物变软、脱胶而慢慢疏解开来，每通一次蒸汽流，织物上的污物就会落在棉垫上。

其方法是用纱布和脱脂棉铺成薄片做底垫，将待洗的织物放在底垫上，织物上面再覆盖同样的棉垫，然后通入蒸汽流清洗，这样每清洗一次，织物上的污物就会落在棉垫上。然而此法温度较高，会对古代织物本身产生一定的影响。

3. 干洗

点滴掉色试验表明不能水洗的织物可换用有机溶剂清洗（同样需做掉色试验），常用的有机溶剂有丙酮、石油醚、四氯乙烯、四氯化碳等，也可采用几种有机溶剂混合液清洗。

无论用何种方法清洗污垢后，一般不得采用烘晒的方法，而应置于通风阴凉处晾干，以避免古代织物的热氧老化、光氧老化。

（五）加固

1. 丝网加固

所谓丝网加固，就是将涂有树脂黏合剂的蚕丝网，热压覆盖在织物上，从而起到对破损织物加固的作用。丝网亮丽透明，薄而轻，手感好，加固后对织物的原始纹理及图案影响不大。具体方法：先将丝网平铺在毛毡上，然后把织物放在丝网上，再在织物上铺上一层丝网，形成一种三明治结构，最后将织物和丝网一体物放在两张聚四氟乙烯薄膜中，用可调温电熨斗（温度设在丝档，约80℃左右）稍用力有顺序地移动，将丝网与织物紧密地粘在一起。丝网加固实际上是一种改进的树脂"热加膜法"——在热塑性树脂薄膜中，压粘有丝网。在此，树脂不只是黏合剂，更是主要的成膜物质，与一般树脂膜相比，它不是密膜，而是网状膜。由于蚕丝的理化性能较植物纤维素低，是一种不耐久的天然纤维材料，现国内外多采用合成纤维来做衬托。

2.高分子化合物渗透加固

高分子化合物渗透加固是应用浸泽、喷雾或软毛笔蘸溶液涂刷等方法，将某些高分子材料涂布于织物表面，逐渐渗透进入织物纤维内部，以达到增加其强度的一种方法。

（1）高分子加固剂性能要求

所用的加固剂应符合以下要求：

①化学性质稳定，耐老化性能好，不黄变，不会加速织物材料的老化或褪色。

②具有柔韧性，并能增加织品的强度。

③无色透明，不会改变织物的色泽、质地和外观，不会使纤维膨胀。

④尽可能具有可逆性，分解时不会产生有害产物。

⑤黏度适中，以确保良好的渗透性，不发黏，不吸尘。

（2）高分子加固剂种类

①聚烯烃及其缩醛类：聚乙烯、聚乙烯醇、聚乙烯醇缩丁醛等。

②丙烯酸酯类：聚甲基丙烯酸甲酯、聚甲基丙烯酸丁酯、丙烯酸丁酯等。

③聚酯类：聚对苯二甲酸乙二酯。

④纤维素类：乙基纤维素、羧甲基纤维素、醋酸纤维素、羟丙基甲基纤维素等。

在上述加固材料中，以聚甲基丙烯酸丁酯和羟丙基甲基纤维素性能较为优良。

丙烯酸酯类具有透明性好、耐热、耐光和耐氧化降解的特性，而且通过调整丙烯酸及其共聚单体的种类、比例、聚合物的分子量以及聚合工艺等一系列措施，可制得性能和应用范围非常广泛的高分子材料。丙烯酸酯类纺织品加固剂能够形成柔软且富有弹性的薄膜，聚合物中的酯基具有相当强的氢键结合力，对织物产生一定的黏附性，使其能固化在纺织品上。

（3）有机硅高分子加固剂

某些高分子加固剂有其难以克服的弊端，如低分子量聚乙烯醇会使纺织品颜色加深、发黏、吸湿性增强，易于吸尘及粘上其他污物。用聚乙烯醇或聚乙烯醇缩丁醛处理的织物发硬，织物会受到老化后坚硬、开裂的加固剂锋利的边缘的摩擦损伤。

近年来，人们采用一种有机硅改性的丙烯酸树脂加固糟朽丝织品。有机硅改性的丙烯酸树脂材料具有良好的理化性能，在一定程度上减小了加固剂对织物的不利影响。通过向丙烯酸酯乳液中引入有机硅的方法而制得的有机硅改性丙烯酸酯乳液也称为硅丙乳液，其耐候性远优于纯丙烯酸树脂。其中有机硅起到改性丙烯酸酯的作用，提高其耐沾污、耐老化和耐水性能。中国建筑科学研究院硅丙涂料研究室合成的一种适用于丝织品保护代号为SA—6的硅丙乳液，经加固丝绸老化实验，丝织品强度增加一倍以上，色泽、手感都比较好，具有较优的耐热性、耐热性和耐霉性。

3. 接枝加固

接枝加固是利用接枝反应达到增强文物材料强度的一种方法。接枝反应的研究始于 20 世纪 50—60 年代，其反应机理一般认为是自由基链式加聚反应。在加热条件下，引发剂分解，产生初级自由基，进而引发单体形成自由基，然后与丝素大分子发生接枝共聚反应。

通过接枝反应一方面将能改善材料性能的分子或基团结合到丝纤维上；另一方面使线状纤维彼此间发生交联，增加织品的强度。

丝织文物丙烯酰胺接枝加固以丙烯酰胺作为丝纤维的接枝单体，以过硫酸铵为引发剂，按单体用量 4 ~ 6 g/l，浴比 1：50 配制反应液，将丝织品投入恒温水浴锅中升温至 70 ~ 75℃，按 1.5 g/l 比例加入引发剂过硫酸铵，恒温反应 120 分钟左右，然后用温水清洗，漂净后置于通风干燥处晾干。

对两件清代传世的和一件出土的明代的，颜色分别为蓝色、橙色、棕色的织品进行接枝加固，处理后颜色未见变化，三件织品的接枝率分别为 10.4%、37.7%、29.3%，重量有所增加，但质感较好，强度增大，而且可以清洗。

4. 丝胶加固

生丝主要由丝素和丝胶组成，丝胶是丝素的保护物质，具有黏合和维持丝素强度的功能。据测定，一般桑蚕茧中的丝胶含量占生丝总量的 20% ~ 30%。可从生丝中提取丝胶，利用其黏合特性加固糟朽纺织品文物，此种加固既可以提高颜料的附着力，又可增加织物的强度。

具体方法是将未脱胶的生丝洗净，放入烧杯加入蒸馏水，水浴法加热，温度控制在 90 ~ 100℃，数小时后，外层丝胶溶解，加入 30% 的乙醇蒸馏水液体，配置成丝胶含量 1% ~ 1.5% 的混合液。将混合液装入手捏式喷枪中，均匀喷涂织物表面。喷涂同时保持一定的温度，以防丝胶冷凝。

我国曾用丝胶加固法对马王堆 1 号汉墓出土的一幅完整的金银火焰纹印花纱进行保护处理，取得较好效果。该织物褶皱多，质地强度下降，表面色彩脱落严重。方法是：首先理平褶皱，将织物平展于铺垫棉布的工作台上，用干净的滤纸吸水后轻轻置于褶皱处，待织物湿润后揭去滤纸，理平褶皱；个别难于理平的大褶皱，用包覆纸张的熨斗温度控制在 80℃左右熨平。然后用 1% 丝胶液均匀喷涂织物两面数次。织物晾干后两面衬垫中性纸，用 2 mm 厚的有机玻璃平压。

三、纺织品文物库房保管环境要求

纺织品文物的强度降低及颜色褪变，除本身的材料、染料结构等内在因素外，还受到外界温湿度、光线、空气污染物等自然因素的影响。为营造出一个适合纺织品文物保存的小环境，阻止或延缓文物的劣化变质而采取必要的防护措施，最大限度地减少文物糟朽，是永久保存文物的一项重要工作。

（一）严格控制库房温度

织物材料在自然环境中起化学反应，就意味着文物受到损害。而化学反应的速度与温度有关，一般认为温度每上升 10℃，化学反应的速度加快 1 ～ 3 倍。纺织品文物的保存环境要求以低温干燥环境为最好，文物库房温度以控制在 16 ～ 20℃ 为宜，夏季不高于 25℃，日温度变化控制在 2 ～ 5℃，高于 25℃ 库房则会害虫繁殖，霉菌滋生。

（二）严格控制库房湿度

纺织品文物的含水量与相对湿度有关，纺织品文物在高湿环境下纤维会发生水解，且颜色褪变速度增快。沙漠干燥地域出土的染织物色彩鲜明，说明低湿环境对保持色泽有很大作用。文物库房应配备去湿机，一般情况下，库房相对湿度应控制在 55% ～ 65%，日湿度变化不应超过 2% ～ 5%，空气过于干燥会引起织物失水而开裂脆化，过湿会加速织物老化和褪色。特别重要或糟朽较严重的织物应放置于干燥器内，干燥器下面平铺硅胶、无水氯化钙、氧化钙等吸湿剂，也可将包有吸湿剂的纱布袋放置于存放织物的箱柜内。

（三）避光保存

纺织品文物属于对光特别敏感的文物，要求照度标准应小于 50 lX，年总曝光量低于 1200 lX，即一年只允许陈列 30 天（每天 8 小时）。光源的紫外光含量比值应小于 75 微瓦 / 流明。纺织品文物无论存放于库房，或陈列于展厅，我们都要注意将其展开放平，绝对不要折叠，且严格防止采光中的光线照射，尽可能减少曝光时间和降低照度。紫外光波长短、能量大，是造成纺织品文物糟朽的主要原因之一，因此在保管过程中，应对环境进行滤紫外光处理，较为理想的滤光措施是在窗户玻璃和荧光灯管上涂布紫外吸收剂。如中国科学院化学研究所研制的 KH—1 型紫外涂料和薄膜滤光效果较佳，透光性也较好。实验表明，KH—1 型紫外涂料透光率达 99%，紫外线滤光率达 99% 以上；KH—1 型紫外薄膜透光率达 85%，紫外线滤光率达 99%。

（四）防尘

灰尘对纺织品文物的危害极大。灰尘是固体杂质，形态不规则，且多带有棱角，落在织物上，在使用过程中会引起对文物的摩擦，使织物产生机械损伤和污染。灰尘一般易吸收空气中的水分，在文物表面形成一层相对湿度较空气大的灰尘层，它能吸附空气中的有害化学杂质，落在织物表面上可产生酸解、碱解、变色、褪色及酥脆等破坏作用。灰尘是各类微生物的载体，是霉菌孢子的传播者，是微生物寄生和繁殖的场所，可使文物受到霉烂、腐朽。因此，洁净的环境是做好纺织品文物保护的关键。

减少文物库房颗粒污染含量的有效措施就是在库房的通风口设置空气过滤器，过滤器按微粒捕集的位置可分为表面过滤器和深层过滤器。

表面过滤器有金属网、多孔板等形式，微粒在表面被捕集。用纤维素酯、聚酯等制成的化学微孔薄膜，厚度一般在几十微米左右，表面带有大量的静电荷，均匀分布着 0.1 ～ 10 μm

的圆孔，平均每平方厘米上有 10^7 ~ 10^8 个小孔，孔隙率高达 70% ~ 80%。比孔径大的微粒通过这些孔时，可 100% 被截留在表面，甚至只有孔径 1/15 ~ 1/10 大小的微粒也可被滤膜截留。

深层过滤器又分为高填充率深层过滤器和低填充率深层过滤器两种，微粒的捕集发生在表面和内层。高填充率深层过滤器结构多样，有颗粒填充层、各种多孔质材料、各种后层滤纸等，这些孔隙在厚度方向相当于毛细管。低填充率深层过滤器，有各种纤维填充层过滤器、薄层滤纸高效过滤器和发泡性材料过滤器等。深层过滤器捕集微粒的效果比表面过滤器好。

（五）防有害气体

有害气体是指人类活动和自然过程引起某些物质进入空气中，呈现足够的浓度达到足够的时间改变了大气正常组成。当其达到一定浓度时，就会对物质产生不利影响。有害气体对文物产生的危害日益严重，尤其是硫化物具有腐蚀作用，对纤维素、蛋白质等均起到腐蚀破坏作用，并对染料褪色有重大影响。

由于空气中的有害气体多呈酸性，因此可以让其通过碱性材料，经过中和作用使其生成盐类而从空气中分离出来，这样就会使进入库房的空气中有害气体的浓度大大降低。可将空气通入 $NaOH$、Na_2CO_3 溶液中，使其净化后再导入库房。也可与去尘措施结合在一起进行，如在滤层中放入碱性物质，这样既能消除空气中的有害气体，又能阻止大气尘通过，经过这种处理的空气就比较洁净了。

（六）防霉防虫

纺织品纤维原料主要成分纤维素和蛋白质是微生物和害虫的理想营养源，纺织品文物保管库房环境污染，温湿度控制不当，就会发生霉烂虫蛀灾害。因此，纺织品文物入库前要进行消毒处理，入库后需定期检查，发现发霉生虫隐患应及时处理。根据纺织品文物性质及霉菌、害虫的生命特征，常用的灭菌杀虫方法有冷冻法、去氧充氮法、微波法、射线辐射法、化学熏蒸法等。常用的熏蒸剂有环氧乙烷、硫酰氟等；常用的防霉剂有麝香、樟脑、邻苯基苯酚（OPP）等。

第十二章 文物管理现代化评价体系的构建

第一节 文物管理现代化评价概况

评价，首先由评价主体借鉴国内外评价经验，制定两套评价标准，再根据评价标准，从政治、经济、社会、生态、政党等多方面综合考察、判断，权衡利弊，对评价对象整体或其某类特性进行定量和定性考核，最终得出相对科学、令人信服的结论。

一、评价目的

科学的评价是正确决策的前提和基础，本书进行文物管理现代化评价的目的就是为文物管理的持续改进提供决策依据，保障文物事业规划目标和年度重点工作贯彻落实，促使文物行政部门的文物管理现代化水平得到提升，管理能力得到增强，管理视野更为宽广，推动国家文物事业不断向前发展。具体来说，评价目的有以下几个点。

第一，评价。通过评价体系，客观反映文物管理工作的实际开展情况。既可以对各级文物行政部门做出恰当、准确的评价和定位，又能对存在的问题和解决途径做出科学判断。

第二，考核。评价结果可以作为考核各级文物行政部门工作水平和能力的重要依据，考核评价结果，及时发现问题，落实相关责任，并能总结工作创新经验，加强宣传。

第三，引导。评价可以为进一步推进各级文物行政部门管理的现代化、科学化和专业化指引方向。文物管理现代化评价体系以文物保护法律法规和司法解释相关文件、国家文物局制定的综合规划和专项规划、"三定"方案等为依据，通过对上述法律法规和相关文件中对文物管理工作的规定进行梳理、深入剖析和科学概括，将依法行政的内在要求分解、细化和量化，转化为若干清晰可辨、可供测评的指标，进而组成一个对文物管理各个环节具有不同要求的评价体系。该体系将从宏观上全方位引导各级文物行政部门向既定的方向努力，成为推进文物行政工作的驱动力，提高文物行政能力和水平。

第四，教育。通过评价促使广大文物干部转变文物管理理念，加强法律、法规的学习，增强依法行政意识，增强为人民服务的意识，提高服务效率、能力和质量。

二、评价原则

评价原则体现了评价主体在评价中的基本精神、基本思想、基本理念、侧重点和中心。不同原则指导下的评价将会导致不同的评价结果。评价的基本原则主要包括以下几个方面：

1. 客观性原则

客观性可以说是科学评价的首要原则，在文物管理现代化评价体系中，要实现这一原则应注意以下问题：评价标准要客观，评价标准应当基于评价对象基本特征和评价目的实事求是地设计；评价资料全面且可靠，以保证做出的评价结果是根据评价标准得出的客观且恰当的结论，而不是预先设定的某个结论；评价人员没有主观偏见，并且能不受外界干扰。此外，只要不是涉密内容，应当尽量把评价标准、评价过程、评价结论及时公开，接受社会的监督，以保证评价的客观公正。

2. 系统性原则

系统性原则要求在评价过程中应从系统整体性、有机联系性、动态性出发，遵循全面的、发展的、相互联系的观点。文物工作涉及对象类型丰富、工作层级较多、涉及面广，评价指标较多，因此指标选取要注重综合性，力图涵盖评价目标的各个方面。

3. 分类原则

分类原则是评价结果得以客观、准确的重要保障。因为文物管理评价对象的多元性和复杂性，应当根据评价对象的不同特点和不同属性，确定分类标准，设计不同的评价体系、评价程序和评价方法，以保证评价结果具有可比性。

4. 可操作性原则

评价的目的在于发现评价对象存在的问题，提出解决方案，并且指导实践活动。文物管理由于地域性差异、工作对象的不同、工作领域的复杂性，故要求评价时在立足全面评价的前提下，适当舍弃一些针对性不强、与实际情况关系不大的指标。评价指标尽量精简、层级不宜过多，以使评价体系便于操作。

三、评价主体

评价主体，又称评价者或评价人，主要是对某个对象进行评价的主观能动体，既可以是个人，也可以是团体。传统的政府管理评价机制中，一般是上级政府对下级政府或者政府对其组成部门进行评价考核。这样会导致实际政府管理中只对上级负责而忽略公众感受，甚至评价可能受到有关方面干扰。因此，在文物管理现代化评价中，采用多元化评价主体方式，根据文物管理的性质及其公开的程度，引入不同的评价主体，包括上级行政机关、本单位人员、第三方评价咨询机构和社会公众。在传统的政府自评价体系之外建立独立评价主体机制，作为政府自评价体系的必要补充，可逐步实现评价主体社会化。如此，可使民意表达渠道更加多样和畅通，使民意反映更加充分、及时，以保证评价的客观性、科学性、公正性和严格性，进而使评价结果具有权威性和可信度，形成广泛社会影响。

四、评价对象

文物管理现代化评价体系的评价对象按照常理应该是文物管理主体从事的文物管理。现行《中华人民共和国文物保护法》第八条规定："国务院文物行政部门主管国家文物保护工作。地方各级人民政府负责本行政区域内的文物保护工作。县级以上地方人民政府承担文物保护工作的部门对本行政区域内的文物保护实施监督管理。县级以上地方人民政府有关行政部门在各自职责范围内，负责有关的文物保护工作。"第九条第一款和第三款规定："各级人民政府应当重视文物保护，正确处理经济建设、社会发展与文物保护的关系，确保文物安全。公安机关、工商行政管理部门、海关、城乡建设规划部门和其他有关国家机关，应当依法认真履行所承担的保护文物的职责，维护文物管理秩序。"

由此可见，文物管理的主体包括负有监管责任的国务院文物行政部门和地方各级文物行政部门、负有主体责任的县级以上地方人民政府，还有承担相应文物管理责任的公安、工商、海关、城乡建设规划、发改、财政、国土、旅游、宗教、海洋等其他部门。文物管理的现代化水平与多个职能部门密切相关。但是，若将评价对象范围扩大到各级政府以及政府其他职能部门，不可控因素较多，并且部分数据在采集时候也会遇到不少困难，甚至有的数据不可得而影响评价结果。鉴于评价的目的就是提高文物行政部门的文物管理水平，为了便于评价，同时积累经验，本书将评价对象范围适当缩小，定位为文物行政部门为主导的文物管理。

根据上述法律规定，文物行政部门包括国务院文物行政部门和地方各级文物行政部门。前者是指国家文物局，后者指省、市、县级文物行政部门。目前我国地方文物行政部门的设置差别较大，情况比较复杂，主要有文化局、文物局、文物旅游局（管委会）等类型。

第二节 文物管理现代化评价指标选取时应注意的问题

评价指标，简单来讲，就是评价标准或是尺度，评价体系就是评价指标的集合，是反映评价对象全貌的信息集合。每一项评价都需要设置多种指标去体现，这些指标构成一个层次分明、相互联系的评价体系。一个设计合理的评价指标体系，可以把评价对象描述得清清楚楚，并能得到科学、准确的评价结论。可以说，评价体系的构建是否成功，直接影响整个评价的成败。文物管理现代化评价的基础是评价体系的建构，反映文物管理现代化的指标种类繁多，有的指标具有很强的相关性，有的指标虽然也很重要，但是在具体的操作中不易获取准确的数据。所以，对于文物管理现代化评价指标的选取应当遵循既与管理现代化具有共通之处，又体现文物管理专业性的原则。具体注意以下几个方面。

一、定量指标与定性指标相结合

定量指标是通过数学计算的方法，可以准确定义数量、精确衡量并设定绩效目标的考核指标，由于定量化的评价指标便于确定清晰的级别标度，提高评价的客观性、准确性、简便性，使得本来相对含混的概念变得清晰，避免了主观评价中的不确定因素，因此在实践中被广泛使用。但是正是定量指标要求量化、要求统一的特性，使得其难以对环境因素、个体差异、心理状态等一些不可量化、统一的因素做出准确反映，从而不免导致评价结果流于形式，单质化。相对而言，定量指标更侧重于评价结果。

定性指标是指无法直接通过数据计算分析评价内容，需对评价对象进行客观描述和分析来反映评价结果的指标，所以定性评价中会更关注评价对象的个性发展和差异，发现定量评价中不易发现的多元化因素。但是定性指标也有其固有缺陷，即指标设定上无法摆脱评估主体的主观倾向，这可能导致评价结果无法反映真实情况。相对而言，定性指标更适用于评价过程。

鉴于定量指标和定性指标各自存在优点和缺点，以及评价对象的复杂性和多元化，在评价过程中，选取评价指标时就应注意定量指标和定性指标相结合。选取两种指标都要适量，使评价结果在精确性和有意义之间达到有效平衡。要保证文物管理现代化评价结果的客观性、完整性和有效性，在指标选取时就一定要注意定量指标与定性指标相结合。

二、指标应少而精

评价指标可以通过一些关键指标反映评价的目的，而不需要面面俱到，设计评价文物管理现代化的关键指标，不仅可以帮助把有限的资源集中在关键领域，同时可以有效缩短评价信息的处理过程，乃至整个评价过程，可以参照企业绩效评估中运用的关键绩效指标（Key Performance IndiCator，KPI）方式。关键绩效指标，顾名思义，即评价指标不是一般的指标，而是对单位绩效产生关键影响，同时对单位的战略目标具有深远影响的指标。在文物管理现代化评价体系的构建中运用关键绩效指标的思想主要有以下优点：

第一，使考核的结果更加客观，更具有可比性。文物管理现代化评价要求客观公正，运用关键绩效指标筛选出文物管理现代化评价的基础数据，从而避免评价主体按主观想法进行考评而导致的评价结果偏差。

第二，有助于提升文物系统尤其是文物行政部门内部成员之间的沟通力和组织凝聚力。关键绩效指标为文物管理的进一步发展提出明确的方向和要求，文物管理现代化评价体系中设定的各项指标即是文物管理逐步实现现代化过程中需要注意和加强的方面。通过评价，这些关键指标在接受评价的广大文物管理干部心中树立了明确的努力方向和目标，更倾向于为了同一个目标而相互协调沟通，有利于单位凝聚力的提升。

第三，关键绩效指标的稳定性与动态性，符合文物管理现代化评价的现实要求。由于关键绩效指标的设定是按照当下评价对象的现实情况设定，随着具体环境的变化，之前的关键绩效指标可能会有所变化，即之前重要的评价指标削弱了，自然就会被删减，而其他指标则可能变成关键绩效指标；但是为了保证组织制度的稳定性，关键绩效指标在设置之后的一段时间内，不会被轻易调整。文物管理现代化评价，正是需要关键绩效指标这样的性质，来保证评价的时效性和权威性。

三、数据具备可获得性

由于评价对象的复杂性和多元性，评价过程中必然会接触到很多反映评价对象不同方面性质的评价因素。这些评价因素数量庞大、纷繁复杂，相互之间还可能存在交叉，这就需要对这些评价因素进行取舍。取舍的一个重要标准就是指标数据的可获得性，即在选择评价指标时要注意是否能够完整地收集到指标的评价信息，如果有的指标根本收集不到信息，或者需要投入大量的人力物力才能收集到信息，而这一指标对评价结果又没有决定性影响，则应果断放弃，而采用其他可以获得信息进行评价的指标代替。总之，评价也要考虑成本，要注意评价的投入与收益。

四、指标相互独立且具有差异

指标独立，要求指标之间要有明确的界限，不能混淆。只有指标之间相互独立才能对指标进行客观的评价，才能保证评价结果的合理性。指标差异，是指每一个指标都要有其自身的评价目的，并且表述上也应各有不同，以避免造成反复评价。实际评价过程中，要在评价体系建立之后，对各级各项指标做出详细、完整的释义，尤其对可能存在交叉的指标做出界定，明确这项指标与其他指标之间的评价边界，保证指标独立且有差异，保证评价的顺利进行。

第三节 文物管理现代化评价指标的选取方法

构建文物管理现代化评价体系的程序，可大致分为四个步骤：第一步，要进行单位、部门或员工的职能分析或岗位分析，在此基础上，运用专家会议法收集和梳理专家列出的指标，形成文物管理现代化的理论指标。第二步，用隶属度分析对理论指标进行第一轮实证筛选，淘汰隶属度较低的指标。第三步，选出可能高度相关的若干指标对，对这些指标对逐一进行相关性分析，若指标确实高度相关，则淘汰其中隶属度较低者。第四步，通过计算和比较指标变差系数的方式比较指标的鉴别力，淘汰鉴别力较低的指标。通过三轮实证筛选的指标体系再经过信度检验和效度检验最终确定管理现代化评价体系。

一、理论指标的选择

利用专家会议法（头脑风暴法），让专家在自由的会议环境内充分发挥自己的意见，说出他们认为能够评价文物管理现代化的指标，或者利用调查问卷法让受调查的专家根据自己的专业知识和对评价对象现代化管理工作的理解列出指标，将这些指标汇总、分类形成文物管理现代化的理论指标。

二、指标的隶属度筛选

隶属度筛选主要用来判断一个指标能够在多大程度上反映评价目的的情况。首先将理论指标逐一列出，利用李克特量表，将每个指标的隶属度分为 1～5 五个等级，1 代表完全不能够反映评价目的的情况，5 代表完全反映评价目的的情况，让专家对指标的隶属度进行判断，求出平均值作为指标的隶属度，淘汰隶属度较低的指标。

三、指标的相关性分析

指标的相关性分析需要所分析的指标有成组的数据记录，其方法是首先从经过隶属度筛选的指标中选取可能相关的若干对指标，分别对每对指标利用 SPSS 软件包进行 Pearson 简单相关分析，若某对指标存在显著相关，则淘汰这一对指标中隶属度较低者。

四、指标的鉴别力分析

指标鉴别力分析也需要指标有成组的统计数据在实际应用中，人们通常用变差系数来描述评价指标的鉴别力，变差系数越大，该指标的鉴别能力就越强；反之，鉴别能力则越差。为了提高评价指标的整体鉴别力，在实际应用中通常淘汰变差系数相对较小的评价指标。

根据上述原理，运用 SPSS 统计软件包对经过相关性分析的评价体系中隶属度较低的指标，在方差分析基础上计算各个评价指标的变差系数，淘汰变差系数较低者。

第四节 文物管理现代化评价指标释义

一、现代化管理过程

现代化管理过程这个一级指标，并不是涵盖现代化管理的全部过程，而是特指管理工作的两个主要方面，即依法行政和公共服务两个因素。依法行政，是我国依法治国基本方略的重要内容，是指行政机关必须根据法律法规的规定设立，并依法取得和行使其行政权力，对其行政行为的后果承担相应责任的原则。依法行政也是市场经济体制条件下对政府活动的要求，是政治、经济及法治建设本身发展到一定阶段的必然要求。公共服务指的是政府或其他公共组织向社会提供的公共产品或消费，着重于保障公民权利，是 21 世纪现代化政府管理的重要体现。公共服务包括水、电、交通等基础设施建设的基础性服务，技术咨询、推广等经济型服务，教育、医疗、环保等社会性服务等。目前很多地方都建立了当地的公共服务平台，便是建设服务型政府的良好体现。依法行政是社会发展所必需的政府行政行为，满足公民的间接需求；而公共服务旨在使公民的生活、生存与发展等某种直接需求得到满足，能使公民受益或享受社会进步的成果。

（一）依法行政

1.法律规范完备度

这项指标可以从数量和质量两个维度去考量。首先是法规数量。2014 年 10 月 23 日，中国共产党第十八届中央委员会第四次全体会议审议通过《中共中央关于全面推进依法治国若干重大问题的决定》，提出"全面推进依法治国的总目标是建设中国特色社会主义法治体系，建设社会主义法治国家"。由此可见，建设社会主义法治国家，必须坚持立法先行。依法保护文物、管理文物事业，是依法治国、建设法治国家的重要组成部分。如前文所述，中华人民共和国成立以来，经过70余年的文物保护实践和文物法治建设，构建并基本形成中国特色文物法律体系，为依法行政、依法保护管理文物提供了重要的法律保障。目前，我国的文物法律体系包括《宪法》《中华人民共和国文物保护法》及其他相关法律，《中华人民共和国文物保护法实施条例》《长城保护条例》《中华人民共和国水下文物保护管理条例》《博物馆条例》等行政法规和地方性法规、规章以及大量的规范性文件。应当说明的是，在本项指标中，评价范围除了以上提到的法律法规，还将司法解释和相关的技术标准规范纳入考量范围，并统称为"法律规范"。法律规范是依法行政的基本前提，这也是在依法行政评价中首先提出这一指标的原因。

2. 法律规范的执行

"天下之事，不难于立法，而难于法之必行。"的确，历史经验告诉我们，如果有了法律而束之高阁，或者实施不力、做表面文章，那再多法律也只能是一纸空文。党的十八届四中全会《中共中央关于全面推进依法治国若干重大问题的决定》指出，法律的生命力在于实施，法律的权威也在于实施。如果有了法律而不能严格地贯彻实施，法律就成了"纸老虎"和"稻草人"，就会失去应有的效力。长此以往，将动摇民众对法律的信仰。只有坚持严格执法，做到"法立，有犯而必施；令出，唯行而不返"，法律才能发挥治国重器的作用，全社会才能形成对法律的尊崇和敬畏。因此，评价体系将对法律规范执行情况的考量作为依法行政的第二个指标项。

执法情况可通过执法主体和程序是否合法、执法手段是否适当来评价。2002年《中华人民共和国文物保护法》赋予文物行政部门行政执法权，为此，各级文物行政部门纷纷组建执法机构。国家层面，国家文物局于2003年成立执法督查处，2009年3月，国家文物局设立督察司，专门负责指导文物行政执法和文物安全工作。地方层面，省级的文物行政执法机构已基本建立，但市县级基层文物行政执法机构依然严重缺乏，即使设立也多是合署办公或隶属其他行政单位，专职文物行政执法人员更少，这种情况容易导致执法不及时，甚至不合理、不合法，或者是无力执法。《国务院关于进一步加强文物工作的指导意见》要求地方各级人民政府要结合综合行政执法改革，进一步加强文物执法工作，加强省级文物行政部门执法督察力量。市县级文物行政部门也可委托文化市场综合执法队伍或其他综合行政执法机构承担文物执法职能。文物资源密集、安全形势严峻的地方可根据实际需要，设立专门的警务室。文物行政部门要强化预防控制措施，加大执法稽查力度，及时制止违法行为；建立案件分级管理、应急处置、挂牌督办等机制，建设文物执法管理平台。相信随着《国务院关于进一步加强文物工作的指导意见》的贯彻落实，文物行政执法机构不健全、人员不充足的现状会得到改善。

另外，法律法规政策发布或者文件出台之后，各级文物行政部门是否及时组织传达、学习也是本项指标的考量内容。比如，2016年4月中旬国务院在北京召开全国文物工作会议，国家文物局政府网站上设专版，宣传全国文物工作会议精神。这种做法可以说是宣传贯彻文物保护法律政策的常见方式之一。

3. 行政审批

行政审批，是指行政机关、法律法规授权的组织、规章委托的组织根据自然人、法人或其他组织提出的申请，经过依法审查，准允其从事特定活动、认可其资格资质、确认特定民事关系或者特定民事权利能力和行为能力的行为。行政审批效果反映了政府的回应力大小。政府回应力是现代公共行政的重要特征，表现为政府对社会和民众的诉求能否及时有效地回应。必要时还要向公民征求意见、解释政策，以及说明办理各类行政事项是否符合规定时限和程序，公布应当公开的办事依据、办事结果、相关数据等。增强政府的回应力，有利于树立以人为本的行政理念、强化责任意识、完善行政问责制，以及构建多元化的政府绩效评价体系。是否建成回应型政府也是管理现代化的标准之一。

4. 责任追究

权力就意味着责任，对文物管理的主体，尤其是各级文物行政部门要强化主体责任，严格责任追究。实行追责制度，是对依法行政的有效监督，可以规范工作人员行为，在规定期限内办事，防止推诿扯皮、烦冗拖沓，造成不良影响。各级文物行政部门及其领导干部不依法履行职责，决策失误、失职渎职导致珍贵文物或者文物保护单位损毁、灭失的，应依法追究实际责任人、单位负责人、上级单位负责人责任，涉嫌犯罪的，移送司法机关处理。应当建立文物保护责任终身追究制，对负有责任的领导干部，无论是否已调离、提拔或者退休，都必须严肃追责。

各级人民政府应进一步提高对文物保护重要性的认识，敬重祖先留下来的珍贵遗产，切实履行文物保护主体责任，把文物工作列入重要议事日程，作为地方领导班子和领导干部综合考核评价的重要参考；建立健全文物保护责任评估机制，每年对本行政区域的文物保存状况进行一次检查评估，发现问题及时整改。

5. 法制宣传

公众知法懂法才能敬法守法，所以加大普法宣传力度便是提高文物管理水平、增强管理效果的重要前提。国家文物局一贯重视法制宣传工作。2017年，国家文物局《中华人民共和国文物保护法》（2017年修正本）施行后，要求各地文化、文物行政部门充分认识贯彻落实文物保护法的重要意义，认真做好有关文物保护法的学习、宣传工作。国家文物局印发了《中华人民共和国文物保护法》的单行本，并组织召开了多种形式的学习贯彻落实文物保护法座谈会。各地文物部门多次积极组织宣传，特别是利用文化遗产日、国际博物馆日、国际古迹遗址日，以制作展板、发放宣传册、举办知识竞赛、有奖问答等多种形式，将文物保护的法律知识讲到学校课堂，带到田间地头，广泛进行了文物法制宣传教育。

文物行政部门应继续保持这一优良作风，将《中华人民共和国文物保护法》的宣传普及作为重要工作任务常抓不懈，切实增强全民文物保护意识和执行文物保护法的自觉性。法制宣传形式主要包括：组织开展全国文物系统普法工作；开展文物法律进机关、进乡村、进社区、进学校、进企业、进单位的"六进"主题活动；制作文物法律宣传片、印发普法读物和其他宣传材料，运用互联网等现代化传媒手段加大宣传力度，结合文物工作实践，采取以案说法等形式，开展普法宣传；加强宣传队伍建设，培养专兼职的宣传教育队伍，充分发挥普法宣传员、普法讲师团和法制文艺队伍等社会力量在文物法制宣传中的积极作用；推进阵地建设，完善城市、乡村公共活动场所文物法制宣传教育设施等方面的内容。这些也将是本指标项考量的依据。

（二）公共服务

随着政治文明建设不断深入，我国政府的执政理念更加现代化，意识到政府管理绝不仅仅是对公民政治行为和政治权利的管制和约束，同时更是为了保障公民权益，服务于公民权益的实现。纵观我国政治体制改革的历程，会发现政府管制的色彩越来越少，为人民服务的意识则日渐增强。建设服务型政府的执政目标逐渐清晰。

文物管理领域的公共服务性主要体现在公共文化服务方面。加强公共文化服务体系建设，是繁荣发展社会主义先进文化、构建社会主义和谐社会的必然要求。

1. 公众参与

民主是现代化管理的一个主要特征，而民主的重要表现便是公众参与。本项指标主要考量公众参与机制的建立情况和参与渠道的完善程度。随着国家经济社会的长足发展，人民群众生活水平不断提高。今天，绝大多数中国人基本不用为食不果腹、衣不蔽体而忧虑了，在物质愈加丰富的当下，丰富精神文化生活的愿望更加迫切。文物作为国家民族传承的文脉，是公众了解过往历史、感受艺术魅力的重要载体，能使人产生精神愉悦和民族自豪感，公众接触文物的欲望日渐强烈，文物更多地进入公众视野。公众对文物管理也有了更多的关注和期待，要求更多的参与权和发言权。人们不再认为文物管理仅仅是政府的责任。同时，我国文物保护的现状是不可移动文物近77万处，全国可移动文物1亿多件（套），而文物业从业人员只有15万余人，文物行政部门已经意识到，公众参与文物保护既有必要性，也有广阔的发展空间。坚持发扬发动群众参与文物保护的优良传统，是文物保护管理工作得以顺利开展的重要保障。

公众参与文物保护的渠道多种多样：可以是通过文物行政部门设立的意见箱和门户网站上的问答板块反映对文物工作的意见、了解文物工作情况；可以申请成为文物志愿者，直接参与各种类型的文物保护活动；可以去博物馆当义工或是讲解员，参与宣传文物知识；也可以经政府允许自愿投入资金参与修缮文物的利用；等等。就文物志愿者来说，目前有文保志愿者、长城保护员、讲解员等各种形式。例如，2014年4月，北京市文物安全保护志愿服务行动在国子监启动，以后每年的4月18日被定为"北京文物安全保护志愿者日"，旨在向市民宣传倡导文化遗产保护理念，培养并增强民众自觉保护文化遗产的意识。截至2017年，志愿行动已经开展了3年，北京文保志愿者每年都在增加，文保志愿者队伍是北条文物保护工作的有益补充。

公众参与渠道的畅通，有赖于参与机制的建立，鼓励社会参与文物保护政策措施的实施。比如鼓励民间合法收藏文物，支持非国有博物馆发展，培育以文物保护为宗旨的社会组织，制定文物公共政策应征求专家学者、社会团体、社会公众的意见，提高公众参与度，等等，由此才有望形成全社会保护文物的新格局。

2. 群众满意度

本项指标重在对文物管理工作中公共服务的效果和水平的考量。这项指标的设计，事实上是为了加强社会公众对文物管理的社会监督，引导建立文物管理的公示公开制度。由于在实际工作中，很多具体行政行为都会直接或间接地涉及和影响人民群众的权益，所以在评价中特别将群众满意度作为一个指标项。群众是否了解文物管理，是否有渠道了解文物管理，对文物管理是否满意，一定程度上能有效地衡量政府是否切实做到依法行政，判断政府依法行政的整体水平和法治政府建设的整体进程。

二、现代化组织建设

从管理学的角度来讲，所谓组织，是指这样一个社会实体，它具有明确的目标导向和精心设计的结构与意识协调的活动系统，同时同外部环境保持密切的联系。本书拟从领导班子建设、队伍建设、机构建设和国际影响四个方面评价文物行政部门组织建设的现代化水平。

（一）领导班子建设

影响文物管理现代化的因素除了制度因素，还有一个重要因素就是管理主体的素质，关键是要抓住领导干部这个"关键少数"。关键少数，是指推动发展的关键因素，一般是事物的最精华部分，数量极少但在发展过程中作用最大，是引领发展的关键。"关键少数"往往就是各级政府部门的领导班子成员，甚至是第一责任人，也就是所谓的"一把手"。按照马克思主义辩证唯物主义分析和判断，"一把手""关键少数"就是事物发展中矛盾的主要方面，是"牛鼻子"，必须牢牢抓住。在我国当前行政体制下，政府部门"一把手"的意见和态度往往具有决定性作用。若"一把手"发挥好第一责任人作用，严格自律，积极正确地履行岗位职责，就能事半功倍。以文物行政执法为例，抛开体制、机制、制度等因素，领导班子对执法效果、执法力常会产生很大的影响，这种影响有时候甚至是决定性的，对于文物行政部门，如果领导班子成员具备坚定的法治意念、缜密的法治思维、较高的法律素养，就能在很大程度上保证文物保护法律法规的有效贯彻和文物行政执法不打折扣。否则，便可能导致对行政相对人的违法行为处置不当，甚至姑息纵容。领导班子建设情况是组织建设的重要方面，具体评价要素为以下四点。

1. 思想政治建设

思想政治建设是管根本、管长远、管方向的建设，是领导班子建设的核心和灵魂。

习近平总书记指出，政治问题始终是根本性的大问题，抓领导班子思想政治建设，必须突出政治性这一根本属性，加强领导班子思想政治建设，要把加强和深化思想政治教育贯穿始终，必须坚持问题导向，解决好班子队伍中更深层次的思想问题，增强"四个意识"、坚定"四个自信"，做到两个"维护"，着力净化政治生态。评价领导班子思想政治建设情况，主要考量领导班子开展理论学习情况、建立学习制度情况；是否制定各级领导班子成员思想政治建设"一岗双责"责任清单，明确目标、措施、工作时限，并形成追责机制；是否对思想政治建设实施项目化管理，并形成定期分析机制。

2. 作风建设

作风建设关乎人心向背，关乎党的生死存亡。领导班子的作风，在很大程度上会影响整个单位的作风。加强领导班子作风建设，防止形式主义、官僚主义、享乐主义和奢靡之风，是一个永恒的课题。

领导班子作风建设一般包括领导班子的学风、工作作风和生活作风等方面。本项指标主要考量领导形象、领导实际工作时间、群众反馈意见、会议记录以及有无负面消息等内容。

3. 党风廉政建设

中央提出抓作风建设，反对形式主义、官僚主义、享乐主义，反对奢靡之风，就是提出了一个抓反腐倡廉建设的着力点，提出了一个夯实党执政的群众基础的切入点。全党同志一定要从这样的政治高度来认识这个问题，从思想上警醒起来，牢记"两个务必"，坚定不移转变作风。坚定不移反对腐败，切实做到踏石留印、抓铁有痕，不断以反腐倡廉的新进展、新成效取信于民，确保党和国家兴旺发达、长治久安。

本项指标包括开展党风廉政建设责任制情况、开展反腐倡廉制度建设情况、开展权力监督与制约情况、开展廉政教育和预防腐败措施情况以及开展文物系统整纪纠风情况等。

4. 科学民主决策

健全科学民主决策，是实行思想政治建设的有效途径。坚持科学民主决策，坚决防止"谁职务高谁说了算、谁资格老谁说了算、谁分管谁说了算"和主观决策、随意决策、盲目决策等不良倾向。要做到领导班子重大事项决策全程记录、全面公开，形成重大决策终身责任追究制度及纠错纠偏、责任倒查机制，建立完善决策论证评估和专家咨询、群众参与的征求意见制度，力争各项决策实现依据合法、过程科学、结果公正。坚决防止主观决策、随意决策、盲目决策、违法决策、越权决策等不良现象。有关文物保护利用工作的决策是否科学合理，将直接关系到文物能否得到有效保护和合理利用，文物部门和相关部门的领导班子应给予高度重视并力争做到。

本指标可以从决策依据是否合法、决策过程是否科学、决策结果是否公开，以及领导班子做出决策时是否贯彻民主集中制等方面考量。

（二）队伍建设

文博人才资源是提高文物保护、利用和管理水平的关键，是促进国家文物事业发展、确保文化强国战略目标实现的战略性资源。改革开放以来，我国文博人才工作和人才队伍建设取得了长足进步，文博人才队伍规模不断扩大，整体素质明显提高，人才工作制度和机制不断完善，为文物事业发展起到了重要的支撑作用。但我国文博人才队伍总体状况与建设文化遗产强国的要求尚不相适应：人才总量短缺，队伍结构不合理，人才素质偏低，人才发展体制机制障碍依然存在。所以，加强文博人才队伍建设，是推动文物事业发展的根本举措。队伍建设情况，可以从以下两个方面评价。

1. 人才培养

目前，市县级文物部门综合型人才缺乏，需要复合型人才或者文物通才。而文博科研机构专业人才、技术型人才匮乏，尤为缺乏的是文物保护理论研究人才。这些人才问题将或多或少影响我国文物事业的发展，也不利于文物管理工作的开展。《国务院关于进一步加强文物工作的指导意见》中指出：实施人才培养"金鼎工程"，加快文博领军人才、科技人才、技能人才、复合型管理人才培养，形成结构优化、布局合理、基本适应文物事业发展需要的人才队伍。组织高等院校、科研院所以及文物大省的专业人才，实施保护项目与人才培养联动战略，加快文物保护修复、水下考古、展览策划、法律政策研究等紧缺人才培养。重视民间匠人传统技艺的挖掘、保护与传承。加强县级文物行政执法、保护修复等急需人才培训，适当提高市县文博单位中高级专业技术人员比例。加大非国有博物馆管理人员、专业人员培训力度，完善文物保护专业技术人员评价制度，加强高等院校、职业学校文物保护相关学科建设和专业设置。这些要求，为加强文博人才培养指明了方向。

2. 工作生活质量

工作生活质量（QuAlity of Work LiFe，QWL）也称为"劳动生活质量"，它是由"生活质量"引申而来的管理学术语，物质产品越丰富、经济越发达，人们对工作生活质量的要求越高。这一概念诞生于20世纪70年代，包括个人目标与单位满足个人目标的程度两个考量维度。工作生活质量是指一种过程，即在这个过程中管理者通过有计划、有组织的干预，改善单位的工作环境、人际关系、经济报酬和福利等与员工自身利益密切相关的因素，来提高单位效能。换句话说，工作生活质量表达的是个体在单位营造的集体环境中，各方面需求被满足的程度，满足的程度越高，说明其所处的工作环境越好，其工作生活质量越高；

反之，则越低。也就是说，个体满足程度与工作生活质量成正比。

工作生活质量包括工作的硬件环境和软件环境：工作硬件环境与职工的工作生活质量有直接的关系，主要包括薪酬待遇和办公环境。软件环境相对于硬件环境较不易考核，但与职工的工作生活质量关系更为密切、深刻，主要包括工作中的人际关系是否和谐、稳定、团结；单位是否为职工提供了良好的发展空间和上升空间，即职工是否有进一步深造学习的机会，是否能够通过努力得到晋升机会，能否在工作中获得更大的心理满足感；单位的决策是否民主，是否为职工提供参与决策的路径，尤其是做出涉及单位发展方向、全体职工切身利益的重大决策时，职工能否发表意见。

文物行政部门，特别是基层文物部门，一方面要履行上级交办的任务和面对考核压力，另一方面还可能要承受来自舆论和百姓的质疑，但是办公场所和工作环境往往较差，薪酬水平、社会地位相对于巨大的工作量和安全责任而言，普遍不高。还有一些文物管理所由于地处偏远郊区，人迹罕至，交通和生活存在诸多不便，没有现代化的办公用房和保暖、降温等配套设施，更没有电脑等现代化的办公设备，干部职工长期工作在野外，常常是"暑天一身汗、雨天一身水"，加之培训机会较少，没有很好的发展和上升空间，心理满足感较差，工作热情和积极性不高，不想做事，也难做成事，没有工作荣誉感和存在感。长此以往，造成事业和个人发展上的恶性循环。素质高和责任心强的同志只能靠固有的热情维持工作，而一些责任心不强的同志就是抱着守摊子的心理，得过且过。可以说，目前文物部门职工的工作生活质量还有不少提升空间。

（三）机构建设

《国务院关于进一步加强文物工作的指导意见》中提出对机构建设的要求和希望：要支持文物行政部门依法履行职责，加强文物行政机构建设，优化职能配置。文物保护，基础在县。县级人民政府应根据本地文物工作实际，明确相关机构承担文物保护管理职能。各级文物行政部门要深化行政管理体制改革，转变职能，强化监管，守土尽责，敢于担当。评价机构建设现代化水平的具体指标有以下几个方面。

1. 机构设置是否健全

健全合理的机构设置是文物管理过程中政令得以畅通、信息及时反馈的有力保障。设计这一指标旨在考量文物管理的顺畅度，以及落实文物管理职责的状况，也能从一个侧面反映出地方政府对文物工作的重视程度。目前，我国文物管理机构主要包括行政机构和专门机构两种，前者是指文物行政部门，后者是指"文保所"或文物保护单位的文物保护管理机构等。

2. 协调机构的设立

此处的协调机构，特指文物行政部门为了更有效地进行文物管理，与其他相关部门加强沟通、合作、协调而设立的机构，该机构通常的存在形式为某管理办公室或某种协调机制（不是实体单位），其中的组成部门保持各自独立性，协调机构可以分为文物部门主导、其他部门配合，以及其他部门主导、文物部门配合两种组成方式。是否存在这样的协调机构，以及协调机构在多大程度上发挥作用，是考量文物管理科学性、合作性等现代化特征的重要因素。

一般来说，协调机构主要在文物联合执法和联合检查整治行动等文物管理过程中较为常见，在装备、人才等方面也需要协调配合。比如全国文物安全工作部际联席会议，集合了文物、文化、公安、住房城乡建设、国土资源、环境保护、旅游、宗教、海洋等部门和单位；公安、海关、工商、海洋、文物等部门和单位联合对盗窃、盗掘、盗捞、倒卖、走私等文物违法犯罪活动形成严防、严管、严打、严治的长效机制，结案后相关部门向文物行政部门移交涉案文物；文物行政执法和刑事司法衔接，建立文物行政部门和公安、司法机关案情通报、案件移送制度；文物保护装备产业由工业和信息化、文物等部门和单位共同推进；文物工作急需人才培养方面需要教育部门给予支持，并建立联合培养机制。

（四）国际影响

国际影响，即国际影响力，反映了小到一个组织大到一个国家的国际地位。国际影响越大，意味着国际地位越高，组织建设的国际认可程度越高，示范意义也就越强。国际影响指标体现了一种标杆管理的思想。本指标旨在考量中国文物管理中的组织建设的国际认可度，以及被其他国家相关单位学习、借鉴的情况。主要表现在以下三个方面。

1. 对外合作交流

文物领域的对外合作交流是展示国家形象、提升文化软实力的有效手段，是促进文化交流、扩大中华文化国际影响力的重要途径。早在 20 世纪 70 年代初，毛泽东、周恩来等老一辈国家领导人就曾推动"文物外交"，经国务院批准成立中华人民共和国出土文物展览工作委员会和出土文物展览工作室，专门负责国家对外文物展览工作。在周恩来总理的直接领导下，由郭沫若、吴庆彤、王冶秋、夏鼐等老一辈文物工作者组织的"中华人民共和国出土文物展览"，自 1973 年起先后赴法国、英国、日本、美国、澳大利亚、菲律宾等15 个国家和地区展出，多位举办国国家领导出席展览活动。展览获得巨大成功，开创了文物交流合作的先河。改革开放以来，我国文物交流不断发展壮大，业已形成包括举办文物展览、文物保护援外（合作）项目工程、考古发掘合作项目、学术研究交流、业务人员学习培训等在内的多元化的交流合作态势。我国文物出展国家和地区进一步扩大，参与国际文物事务的广度和深度进一步拓展，积极配合国家外交大局的能力进一步提高。值得一提的是，文物在国家外交中一如既往地扮演着重要角色。北京故宫，作为全国重点文物保护单位、世界文化遗产，是中华文明的重要象征，集成了古代宫廷建筑精华，代表着历史上中国的国家规模、成就和气势，至今已经承担数次外国首脑接待任务，在外交关系发展中发挥了重要作用。

2. 条约的签订

加强文物领域的政府间交流合作是扩大国际影响力的重要手段，近年来，我国积极参加或者承办有关国际会议，加入文物保护公约，拓展了中国对外开放领域，提升了在国际文物领域的话语权，深度参与了国际事务，产生了更大的国际影响力。我国目前把签署防止盗窃、盗掘和非法进出境文物的政府间双边文件确定为政府间交流与合作的重点。

3. 外媒关注度

国外媒体对中国文物管理的关注度可从一个侧面反映出文物管理的国际影响力，本项指标的考量，可关注并选取几个主要国家的主流媒体，进行跟踪监测其关于我国文物管理的报道，通过判断报道的兴趣点、及时性、准确性和客观性进行评价。

经粗略调研，可以大致看出国外媒体对于我国文物管理中涉及多国关系、国际事务的部分关注较多，内容涉及考古（包括水下考古）、文物修复、文物展览、文物拍卖、文物进出境管理、流失文物返还等管理领域。

我国的一些地方政府，专门组织国际媒体采访报道活动，向世界呈现地方独特魅力。比如江西省从2014年到2016年已经连续举办三届"外媒看江西"活动，邀请几十个国家的记者来赣采访采风，景德镇古窑、吉安燕坊古村等文物古迹在这些外媒的受众中得到了广泛传播和关注。这种主动邀请外国媒体关注文物管理的做法不失为扩大国际影响力的一种有益尝试。

三、现代化管理手段

管理手段是保证管理方法得以发挥作用的工具总称。文物管理手段应有利于充分发挥文物的作用，把文物保护管理的各项要求和内容付诸实施，具体包括法律手段、行政手段、技术手段和教育手段等。本书选取信息管理和评价机制两项指标对现代化管理手段进行评价。

（一）信息管理

信息管理是指运用现代信息技术，对文物管理相关的信息进行计划、组织、领导、控制的行为，即对文物信息资源和信息活动的管理，而文物信息管理的过程包括文物信息收集、文物信息传输、文物信息加工和文物信息的存储。在文物管理现代化的评价中，信息管理涉及电子政务等系统建设情况、信息数据完备率、信息公开制度和信息安全管理。

1. 电子政务综合信息管理平台

该项指标主要评价文物行政部门是否充分运用电子政务系统实现高效办公，是否运用财务软件、考古管理系统、博物馆信息管理系统等业务管理系统解决专项工作，并且打通电子政务系统与业务管理系统，在上述平台予以展现。对硬件基础平台的搭建，是否考虑到专有云与公有云之间的对接，考虑到大数据冗余等；数据层架构中，是否考虑到连接上下游，并以此为重点，是否打通文物与教育、文物与旅游、文物与公安等之间的壁垒；应用层接口，是否考虑到移动技术与人工智能、区块链的利用，是否考虑到行政管理开发需要与为公共服务企业提供必要的接口；表现层的多端融合，是否考虑到大屏幕端、电脑端、手机端（"三屏"）的综合展示与互通等。例如运用 OA 系统实现电子化办公，运用考古审批系统全面掌握考古发掘项目的管理。

2. 信息数据管理

该项指标主要评价文物行政部门是否重视建设文物管理数据库，数据库信息是否尽量齐备、完整，能否实现动态修改，是否具备可参阅性、可加工性，以便有效服务于文物行政管理、提高执政能力。目前，我国文物管理中已有的信息储备有博物馆馆藏文物信息、文物保护单位"四有"信息、文物拍卖备案信息、文物机构和人员信息、文物保护经费信息等方面。

此外，我国已经开展了诸如全国不可移动文物普查、全国国有可移动文物普查，以及长城资源调查等国情国力资源调查项目，及时准确地将这些普查后获得的数据登录到数据库中，完善文物档案，并合理使用这些数据，必将有利于国家对全国文物资源的整修掌握，有利于制定文物保护的合理措施，有利于有效开展文物保护利用，有利于提高文物管理的信息化水平即现代化水平。

3. 信息公开制度

信息公开是依法行政的重要组成部分，通过此种方式，可推动各级政府和有关部门依法履行文物保护职责，提高公众对文物保护的认知水平。该项指标主要评价文物行政部门是否制定信息公开办法，并建成信息公开制度；公开的形式，是否便于文博单位、科研机构及社会公众对文物数据信息进行查阅和统计；是否切实保障公民对文物管理工作的知情权，对文物数据信息的接触、了解和使用权。具体做法如践行和落实《国家文物局政府信息公开指南》，办好用好政府门户网站，建立数据共享客户端等。

4. 信息安全管理

该项指标主要评价文物行政部门对面临的计算机病毒、恶意软件、信息失控、网络安全等复杂环境制定相应的防御措施，保护文物管理信息安全的能力。例如，是否对所有信息资料和文件进行了异地容灾，是否建立文物信息定期检查机制，是否对相关文物信息的管理和维护人员进行教育和培训等。

（二）评价机制

评价机制是指对评价对象进行定性或定量评价所建立的评价体系、评价标准、评价方法以及考核制度的总和。文物管理评价以客观、真实的结果对文物管理工作进行监督和促进。对于文物管理评价机制的考核主要选取三项指标：评价机制的建立、评价机制的运行、评价体系的认可度。

1. 评价机制的建立

该项指标主要考核文物管理部门是否建立起与文物管理相关的评价体系，如文物管理部门人员的绩效考核机制。正如前文所述，目前在文物领域中已经积累了比较丰富的评估经验，在博物馆管理、世界文化遗产管理、国家考古遗址公园建设、全国重点文物保护单位保护利用等领域已经不同程度地开展了评估实践。

2. 评价机制的运行

该项指标主要考核评价机制的运行过程的有效性及运行结果的有利性，如评价机制是否提高了人员的效率、是否提升了文物管理的质量、是否降低了运行成本等。

3. 评价体系的认可度

该项指标主要考察相关评价制度的运行得到上级领导、评价对象以及社会公众等各方面支持和配合的程度。例如评价对象是否接受相关评价制度，是否认可评价结果，能否积极根据评价结果做出相应改进。

四、现代化管理意识

管理意识是在长期的管理实践中逐渐形成的管理认识、态度、经验和智慧。管理意识源于管理实践又指导管理实践，可分为大局意识、整体意识、危机意识、责任意识等。本书将从危机管理、责任与伦理两个方面来评价现代化管理意识。

（一）危机管理

危机管理是政府管理的重要部分，危机管理的效果直接反映出政府的管理能力。从政府管理的角度来看，危机管理就是指政府对危机发生前的有效预防和危机后的积极救治，具体包括：在日常工作中，有计划、有组织地制定和实施贯彻一系列危机管理措施和应对策略；面对危机及时采取措施规避或者减轻危机所带来的严重损坏和威胁；及时调查危机原因，并对相关责任人进行问责；与媒体、公众形成良性互动，积极消除社会不良影响，维护政府形象和信誉；等等。同时，危机管理也是一种持续动态的管理过程，政府针对潜在的或当前的危机，在危机发展的不同阶段采取相应的控制行为。在文物管理中，往往是文物受损事件导致危机。危机管理指标主要体现在危机预防能力、危机应对能力和危机恢复能力三个方面。

1. 危机预防能力

该指标是指文物管理者采取各种各样的预防措施，通过持续不断的努力和行动，以降低或者消除灾害和影响的风险，包括危机的疏缓（采取预防措施的能力）和危机的准备（制订应急计划和预案）；是否建立健全公共文化设施日常管理信息限时逐级报告制度。危机的预防不同于其他危机管理环节的一个重要特点在于它关注长期的预防性工作，而不是着眼于危机发生以后的应对。主要考核文物行政部门是否建立有效的风险管理体系，是否指导各文博单位制定和实施严格的安全防范制度，是否实施相关的危机预防教育。

2. 危机应对能力

该指标是指文物行政部门在危机发生的时候，能否迅速启动危机应对方案，及时发布相关信息，回应公众关切，采取一切合理适度措施最大限度地减少危机产生的负面影响。遇突发热点事件，应及时主动召开新闻发布会，使公众了解事件真相，争取理解和支持。

3. 危机恢复能力

该指标是指危机过后，文物行政部门是否能通过各种善后工作，使受到影响的文物工作恢复正常状态和秩序，并能改进危机预防手段，以防重蹈覆辙。危机恢复可以分为短期恢复和长期恢复。短期恢复是指在危机处置活动结束后立刻采取措施，并可以起到立竿见影的效果；长期恢复是指从有利于文物事业发展高度，总结危机教训，进行全面规划，完善危机预防和应对机制，以提升文物管理中的预防危机或降低危机影响的能力。

（二）责任与伦理

责任担当是公民对政府的期待与要求。责任包含主观责任和客观责任，文物行政部门的主观责任来自工作人员对责任的感受和信赖，强调之所以去做一件事情是源于内在的驱使力；客观责任是指法律规定以及上级交付的客观应尽的责任义务。伦理是指在文物管理中一些有约束性的价值观，是不可或缺的道德标准和人格态度。本书主要从职权是否明晰、工作胜任能力、道德修养三个方面对责任与伦理进行评价。

1. 职权是否明晰

该指标是指文物行政部门的工作人员是否都有自己清晰的岗位权力和职责。任何组织都是一个职、权、责体系，在组织活动中，职能、权力、责任是互为条件的。明晰职权是指权责分明，事有归属，责无旁贷，功莫由争，过无推诿。有职无权，不能完成工作；有权无责，则可能导致官僚主义、不负责任和滥用权力。本着权能一致的原则，明确划分各级文物行政部门及其内设机构的事权，建立权责分明的组织系统，使一事不分归两处承办，两部门不同办一事；本着分级负责、层级授权的原则，使人人有定事，事事有定人；本着法治精神，依法确定各部门、各机构的权限大小、责任范围，以及工作细则和职务规范等，明确各自的权责与工作。例如，制定文物管理权力清单。

2. 工作胜任能力

该指标是指文物行政部门工作人员熟悉岗位职责，工作技能熟练，适应岗位需求的能力。工作胜任能力也要求工作人员的行为必须要谨慎，不能草率，必须考虑其行为的后果，不能顾前不顾后。对于工作胜任能力的考核可以从多方面进行，如绩效水平、学历、专业背景等。

3. 道德修养

道德修养即"修身"和"养性"二者的结合，是指个人为取得某种美好品质，达到一定道德境界而进行的自我修炼。道德修养不是一种简单的修养和提升过程，而是一种有目标的自我完善的活动。道德中包含了职业道德、社会道德等，修养中包含了科学修养、文化修养等。

　　在文物管理工作中要注重道德修养的培养和养成。文物工作者，尤其是公职人员的职业道德水平，往往会对文物保护水平和效果产生十分重要的影响。文物的不可再生性对文物工作者的职业道德水平提出了更高要求。2012年7月4日，中国文物学会、中国博物馆协会联合修订并发布《中国文物、博物馆工作者职业道德准则》，提出忠诚文物事业、严格依法履责、追求科学精神、恪尽职业操守、树立文明新风五项准则。这是文物工作者的庄严宣誓，为进一步规范文博行业职业道德提供了基本遵循。

参考文献

[1] 王进修.博物馆陈列设计案例解析 [M].成都：电子科技大学出版社，2017.

[2] 宫政.中国国际设计博物馆馆藏"维也纳手工工场"产品研究 [M].杭州：中国美术学院出版社，2017.

[3] 沈辛成.纽约无人是客：一本 37.5℃的博物馆地图 [M].中西书局，2017.

[4] 胡妍.博物馆陈列设计理论与实践 [M].武汉：湖北科学技术出版社，2017.

[5] 杨冬江.INTERNI 设计时代再识博物馆时代 [M].北京：中国画报出版社，2017.

[6] 李倩倩.从空间到风格历史类博物馆展陈设计研究 [M].中国建筑工业出版社，2017.

[7] 刘金成，金国庆.高安元青花博物馆专辑（2017 年第 1 季）[M].南昌：江西美术出版社，2017.

[8] 安娜·路易莎·桑切斯·劳斯.博物馆网站与社交媒体参与性、可持续性、信任与多元化 [M].刘哲，译.上海：上海科技教育出版社，2017.

[9] 于立晗.展示设计 [M].西安：西安交通大学出版社，2017.

[10] 王伟，王雄.展示设计 [M].沈阳：辽宁美术出版社，2006.

[11] 廖尧禹.博物馆奇幻梦 [M].北京：中国铁道出版社，2016.

[12] 段勇.当代中国博物馆 [M].南京：译林出版社，2017.

[13] 西尔维娅·埃诺迪.开罗埃及博物馆 [M].桑巍，译.南京：译林出版社，2015.

[14] 卢卡·莫扎蒂.雅典考古博物馆 [M].陆元昶，译.南京：译林出版社，2015.

[15] 赵越.阿司匹林博物馆 [M].长沙：湖南文艺出版社，2016.

[16] 漆德三.陶瓷与博物馆 [M].南昌：江西高校出版社，2017.

[17] 坂田和实，尾久彰三，山口信博.日本民艺馆 [M].徐元科，译.北京：新星出版社，2017.

[18] 柳坡，博溪.故宫是座博物馆 [M].北京：故宫出版社，2017.

[19] 姜松.博物馆里的巅峰对决 [M].北京：中国青年出版社，2017.

[20] 玛利亚·特蕾莎，巴尔博尼·布雷萨，玛丽娜·桑拜，等.米兰波尔迪·佩佐利

博物馆 [M]. 高如，杨逸，梁爽，译. 南京：译林出版社，2017.

[21] 张秋生，杨辉祥. 大自然的科学童话：在博物馆的大厅里 [M]. 上海：少年儿童出版社，2017.

[22] 魏宇澄. 青春十年，留在了博物馆 [M]. 北京：北京燕山出版社，2017.

[23] 朱莉·德克尔. 技术与数字化创举——博物馆的创新之道 [M]. 余征，译. 上海科技教育出版社，2017.

[24] 朱莉·德克尔. 宾至如归——博物馆如何吸引观众 [M]. 王欣，译. 上海科技教育出版社，2017.

[25] 李沙，李若谷. 老字号文化丛书：中华老字号博物馆 [M]. 北京：中国轻工业出版社，2017.

[26] 简·基德. 新媒体环境中的博物馆：跨媒体、参与及伦理 [M]. 胡芳，译. 上海科技教育出版社，2017.

[27] 庞有学. 梁带村遗址博物馆 [M]. 西安：陕西科学技术出版社，2018.

[28] 徐善衍. 域外博物馆印象 [M]. 北京：中国科学技术出版社，2018.

[29] 奥林卡·维斯蒂卡，德拉任·格鲁比希奇. 心碎博物馆 [M]. 王绍祥，译. 北京联合出版公司，2018.

[30] 林深，一帆. 漫步大英博物馆 [M]. 南昌：江西美术出版社，2018.

[31] 爱丽丝·霍夫曼. 奇迹博物馆 [M]. 段琳，译. 成都：四川文艺出版社，2018.

[32] 查尔斯·安德鲁. 参观航天博物馆 [M]. BSG，译. 杭州：浙江摄影出版社，2018.

[33] 扬之水. 定名与相知：博物馆参观记 [M]. 桂林：广西师范大学出版社，2018.

[34] 凯伦·麦格希，乔治·麦凯. 动物博物馆：手绘动物大图鉴 [M]. 薛浩然，赵天昊，陈怀庆，译. 杭州：浙江教育出版社，2018.

[35] 陈剑秋，杨晓琳，贺康. 上海自然博物馆设计与技术集成 [M]. 上海：同济大学出版社，2018.

[36] 凯瑟琳·卡利·贾利兹. 大都会艺术博物馆：馆藏绘画 [M]. 谢汝萱，郭书瑄，译. 北京美术摄影出版社，2018.

[37] 沃伊切赫·米科乌什科. 去古生物博物馆吧 [M]. 孙伟峰，王珺，等，译. 北京联合出版公司，2018.

[38] 科妮莉亚·桑塔格. 世界艺术博物馆大师名作 1[M]. 贾晨星，译. 南京：江苏凤凰科学技术出版社，2018.

[39] 埃玛·刘易斯. 奇奇妙妙博物馆 [M]. 张弘，译. 上海：文汇出版社，2018.

[40] 陈博君，柯曼. 疯狂博物馆：遗落大迁徙 [M]. 杭州：浙江大学出版社，2018.

[41] 姜捷. 法门寺博物馆论丛（总第九辑）[M]. 西安：三秦出版社，2018.

[42] 王进先.中国史前遗址博物馆:河湟陶源(柳湾卷)[M].西安:陕西科学技术出版社,2018.

[43] 吉达·罗巴德,第一次参观博物馆[M].陆莹,译.北京:中国纺织出版社有限公司,2019.

[44] 西尔维娅·埃诺迪.都灵埃及博物馆[M].郑昕,译.合肥:安徽美术出版社,2019.

[45] 陈履生.博物馆之美[M].桂林:广西师范大学出版社,2019.

[46] 希瑟·罗斯.现代爱情博物馆[M].辛莘,译.桂林:漓江出版社,2019.

[47] 陆建松.博物馆建造及展览工程管理[M].上海:复旦大学出版社,2019.

[48] 宋娴.博物馆与学校的合作机制研究[M].上海:复旦大学出版社,2019.

[49] 皮耶罗·波卡尔多,等.热那亚新街博物馆[M].孙迎辉,译.合肥:安徽美术出版社,2019.

[50] 乔·富尔曼,詹姆斯·居力伟·汉考克,托米斯拉夫·托米奇.藏在橱柜里的博物馆[M].高源,等,译.南宁:接力出版社,2019.

[51] 刘旭恭,林满秋.欢迎光临我的博物馆[M].长春:吉林美术出版社,2019.

[52] 杰克·洛曼,凯瑟琳·古德诺.博物馆设计故事语调及其他[M].吴薇,译.上海:复旦大学出版社,2019.